KB099792

과학 종교 권력

과학 종교 권력

발행일	2023년 10월 31일		
지은이	어재혁		
펴낸이	손형국		
펴낸곳	(주)북랩		
편집인	선일영	편집	윤용민, 배진용, 김다빈, 김부경
디자인	이현수, 김민하, 임진형, 안유경	제작	박기성, 구성우, 이창영, 배상진
마케팅	김회란, 박진관		
출판등록	2004. 12. 1(제2012-000051호)		
주소	서울특별시 금천구 가산디지털 1로 168, 우림라이온스밸리 B동 B113~114호, C동 B101호		
홈페이지	www.book.co.kr		
전화번호	(02)2026-5777	팩스	(02)3159-9637

ISBN	979-11-93499-24-5 03300 (종이책)	979-11-93499-25-2 05300 (전자책)

(주)북랩 성공출판의 파트너

북랩 홈페이지와 패밀리 사이트에서 다양한 출판 솔루션을 만나 보세요!

홈페이지 book.co.kr • **블로그** blog.naver.com/essaybook • **출판문의** book@book.co.kr

작가 연락처 문의 ▶ ask.book.co.kr

작가 연락처는 개인정보이므로 북랩에서 알려드릴 수 없습니다.

지속 가능한 미래를 향한
다섯 번째 도약

과학 종교 권력

어재혁 지음

인류는 다가올 미래에
공존과 조화가 바탕이 된 세계를 건설할 수 있을까?
이 책은 우리의 현재와 미래에 대해
명쾌한 통찰을 제공한다!

북랩

· 머리말 ·

밤하늘의 별을 보며, 겨울 산의 눈꽃을 보며, 구름 위로 솟은 산봉우리를 보며, 담장 옆의 무리 지은 채송화를 보며 나는 경탄했었다. 자연의 변화는 어찌 이토록 아름다운가? 나는 또 궁금했다. 인간은 왜 이리 제각각이고, 세상은 왜 이렇게 작동하는가? 우리가 이 세상에 태어나 살고 있기에, 자연의 아름다움과 인간 사회의 기묘함이 당연한 듯 익숙하지만, 사실 당연한 것이 아니다. 자연과 인간 사회는 항상 이런 것이 아니라 계속 변하고 있으며, 마치 생명체처럼 살아 숨 쉬고 있다.

이 세상에 존재하는 모든 학문과 예술, 과학기술, 모든 지적 창작물은 인간으로부터 나왔으며, 하나의 주제를 지향한다. 그것은 바로 우리 인간 자신이며, 그 안에 속한 '나'다. 우주와 별의 이야기, 자연환경과 생명, 우리의 신체와 뇌, 코로나19 바이러스, 종교와 이데올로기, 역사와 그 해석, 정치와 경제, 문화와 예술, 그 모든 것이 결국 나와 우리, 인간이 살아오는 과정에서 나왔다. 따라서, 이것들을 통합하는 과정에서 우리 자신과 이 세상을 보다 잘 이해하는 계기가 만들어지고, 우리 인간이 앞으로 어떻게 해야 좋을지에 대한 공감대가 보다 잘 형성되지 않을까 생각한다. 위대한 철학자 소크라테스는 "너 자신을 알라!"라고 했는데, 어쩌면 나를 안다는 것이 가장 어려운 일이 아닐까?

인간은 당연히 생명체로서 공통된 속성을 지니는 반면, 최상위 포식자로 진화한 인간만의 독특함을 가지게 되었다. 그다지 대단치 않았던 동물인 인간이 만물의 영장으로 생태적 지위를 상승시키는 과정에서는 발달한 뇌의 지적 능력이 큰 역할을 하였다. 몸과 마음의 종합통제센터인 뇌는 감성과 이성, 감정과 사고, 무의식과 의식, 선과 악 등 인간 내면의 이중적 본성에 별 어려움 없이 관여한다. 따라서, 인간은 지극히 양면적인 존재로 보인다. 탐욕과 오만 등 악한 측면과 온정과 사랑 등 선한 측면을 동시에 지니고, 이기성과 이타성을 동시에 가지고, 과학 발전을 높이 평가하는 동시에 마이클 잭슨의 빌리 진(Billie Jean)에 열광하며, 자유와 평등을 함께 추구한다. 이러한 양립하기 어려운 상충적 경향을 동시에 가지면서도 인간은 아무런 어려움 없이 생활하며, 각각을 즐길 수 있다.

한편, 뇌에 미치는 감정과 사고의 작용을 비교 평가한다면 감정이 보다 본질적이다. 인간의 논리적 사고는 인류 문명을 발전시키는 동력이 됨과 동시에 권력을 획득하는 중요 도구가 되었지만, 인간은 의사결정에 있어 논리적 판단보다 감정적 반응을 중시한다. 모든 동물이 감정 반응을 통해 생존경쟁을 해 왔으며, 이는 인간도 마찬가지다. 인류 역사의 모든 지배 권력은 인간의 감정을 통제하여 권력을 획득하였고 또한 유지하였다.

내가 존경하는 많은 위대한 학자와 과학도들에게 매우 안타까운 이야기지만, 권력뿐만 아니라 돈도 합리적 이성과 논리적 사고 체계가 발달한 사람보다 감정과 감성 체계가 발달한 사람을 쫓는다. 다양하게 발달한 금융거래 시스템에서 이성적 판단으로는 거시적 추세만을 알 수 있으며, 단기적 가격은 인간의 집단심리에 의해 결정된다. 빌 게이츠와 스티브 잡스는 매우 성공한 비즈니스맨이나, 그들을 성공하게 만든 많은 프로그래머나 알고리즘 개발자는 인간의 감정과 감성 체계를 통제하는 능력이 비교적 부족하였기에 동등한 부를 쌓을 수 없었다. 그러나 명예는 비교적 모두에게 공평하고, 인생에서는 권력과 부만이 중요한 것이 아니기에, 너무 낙담하지는 마시길.

이 책에서는 많은 위대한 과학자들의 연구 성과를 인용하여, 인간과 종교와 권력이 서로 분리될 수 없는 상호 관계를 가지고 있다는 것을 이야기한다. 인간이라는 생명체의 존재, 그 자체로 인해 종교와 권력이 생겼다. 인간은 생존을 좌우하는 위대한 자연에 경외심과 두려움을 가지고 있었고, 그러한 심리는 자연스럽게 종교를 탄생시켰다. 한편 모든 사회적 동물은 생존경쟁을 위해 권력을 추구하는데, 이는 인간에게도 마찬가지로 적용되었다. 인간은 생존과 번식의 이익을 얻기 위해 권력투쟁의 역사를 만들어 온 것이다. 그리고 종교와 권력이 상호작용하여 여러 형태의 종교 권력이 나타나게 되었고, 이는 인간 사회의 권력 질서에 반영되었다. 그러므로 인간이 이중적인 것만큼이나, 종교와 권력도 이중적이다. 두 가지 모두 인간의 필요에 의해 탄생한 필수 불가결한 사회적 구축물이면서, 반면 인간을 억압하는 장치가 된다. 인간과 종교와 권력이 서로 주고받는 상호작용과 영향을 살펴봄으로써 우리 자신과 인간 사회를 보다 잘 이해할 수 있을 것이다.

인간과 종교와 권력의 상호작용을 살펴본다는 것이, 역사에 대한 결정론적 입장에 있다는 것을 의미하지는 않는다. 우주와 지구조차 어떤 방향성도 결정되어 있지 않은 채, 우연히 벌어지는 사건들에 의해 수많은 변화를 겪어 온 것처럼 보인다. 지구 생명체와 생태계는 지구환경 변화에 적응하며 진화하다가 수많은 우발적 대량 멸종 사태를 겪었고, 아주 우연히 인간이 지구에 등장하였다. 인간은 생태계의 변두리에서 간신히 생존하다가, 어떤 사건의 연속을 계기로 최상위 포식자가 되었다. 또한 인류 역사도 필연보다는 각각의 지역적, 시대적 상황에서 상충되는 여러 경향이 있다가 우연한 사건이 발생하여 특정한 방향으로 선택되어진 것으로 보인다. 그리고, 앞으로의 미래도 아마 그리될 것이다. 이중적 인간이 이중적 작용을 하는 종교와 권력을 어떻게 받아들여 선택하느냐에 따라 미래는 밝게 또는 어둡게 다가올 것이다.

인간 개개인 혼자서는 자연의 위대함 앞에서 생존조차 어려운, 외롭고 위태롭고 한없이 나약한 존재이다. 언젠가 우리가 이룬 문명이 어떤 계기로 한 부분이 소실된다면 갑자기 발생한 불균형을 감당하지 못해 무너져 내려 급격하게 멸종의 위기에 내몰릴지도 모를 일이다. 이미 우리는 자연 생태계 내의 한 종에서 자연 생태계를 조작하여 변화시키는 존재로 지위가 바뀌었다. 우리는 우리 스스로 외에는 아무도 도와줄 이가 없는 가운데, 인간들끼리 좌충우돌하며 무작정 미래로 돌진하는 중이다. 우리의 외로움을 달랠 공동체 가치를 회복할 수 있다면 다행이지만, 권력투쟁을 통해 더욱 심한 분열로 나간다면 우리가 현재 가진 힘이 우리 모두를 파멸시키기 충분할 정도로 크다.

2020년 1월 코로나19 바이러스가 전 세계를 강타한 가운데, 기후 및 환경문제 해결, 지속 가능한 경제모델, 4차 산업혁명 기술, 인구 사회 기술 트렌드의 변화를 주제로 스위스 다보스 포럼이 열렸다. 또한, 2021년 주제로 바이러스 팬데믹 이후의 그레이트 리셋(The Great Reset)이 예고되었다. 도대체 왜? 누가? 누구를? 그리고, 어떻게? 리셋하겠다는 것일까? 세계를 재설정하겠다는데, 어느 누가 관심이 없겠는가? 당연하게도 전 세계적으로 폭발적 관심이 생겨났다. 인간 사회의 미래에 대해 폭넓은 토론의 장이 열리는 것은 바람직한 일이지만, 글로벌 엘리트 그룹이 추진하는 신세계 질서(New World Order)를 의심하는 다큐멘터리 'Hold-Up'이 큰 정치적, 사회적 반향을 불러일으켰다. 한편에는 정치적 입장의 차이를 경멸의 시각으로 바라보는 현상이 심화되고, 또 한편에는 근거가 박약한 음모론이 성행하고 있다. 이는 현대 사회의 심리적 불안을 보여 주는 것으로, 이로 인해 대립과 갈등이 더욱 확산되는 것이 아닌지 우려를 낳고 있다.

우리는 현재, 인류에게 새로운 전기가 되고 생존의 갈림길이 되는 선택의 시기를 살고 있다. 그러나 우리는 대립과 갈등으로 인해 정작 중요한 선택을 못 하게 될지도 모른다. 이런 불가해한 상황에서 '우리'의 범위를 최대한 넓게 확대하는 것은 알 수 없는 많은 잠재적 위험을 줄이는 데 도움이 된다. 자유 국가는 내부 분열을 극복하고 공동체 정신을 드높이는 방향으로, 현시대의 강력한 종교 권력 국가는 억압을 지양하고 독재 체제를 차츰 해체하여 유연하게 만드는 모두의 노력이 필요하다.

발전하는 과학이 인류의 미래를 밝게 보증하는 것은 아니다. 오직 조화로운 질서만이 평화롭고 밝은 미래와 생존을 보증한다. 늘 그렇듯이, 우리가 마주한 현실은 어느 누구도 경험하지 못했던 최초의 생소한 상황이다. 우리는 항상 모든 것을 처음으로 체험할 수밖에 없고, 아무런 준비 없이 맞닥뜨린다. 그럼에도 우리는 나아가야 한다. 우리 모두는 용기를 내어 서로가 조화롭게 통합을 이루는 미래로 달려 나가야 한다.

2023년 10월

어재혁

제1부
나와 우리, 인간을 향한 탐구 여행

제2부
인간은 왜 종교를 필요로 하는가?

제3부
권력과 상상의 질서

제4부
나아갈 길

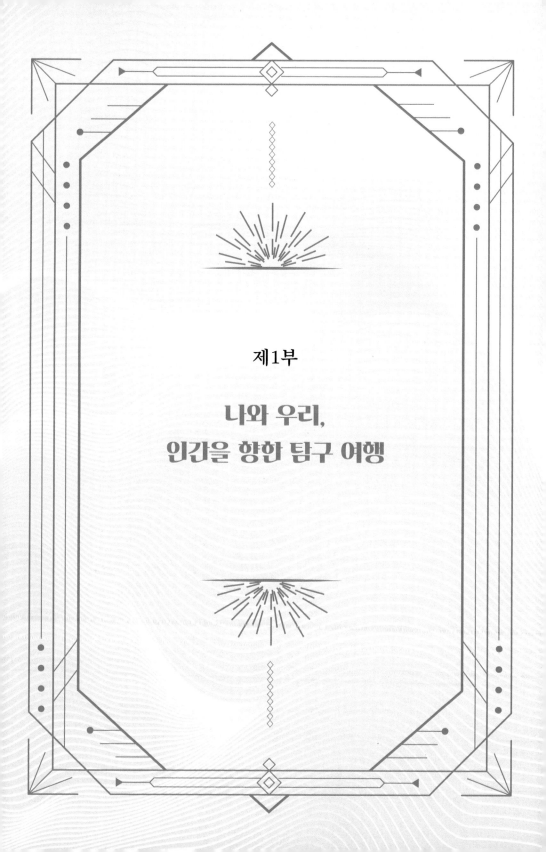

제1부

나와 우리,
인간을 향한 탐구 여행

바다가 있는 지구

움직임

먼저 우리 인간이 이 우주에서 얼마나 특별한 존재인가를 새삼 느끼며 이야기를 시작하는 게 좋겠다.

여기 어떤 사람이 물질로 채워진 도로 위를, 역시 물질로 채워진 자동차를 타고 허공을 가르며 달리고 있다. 그런데, 극히 미시적인 관점에서 이 세상을 보면 모든 것이 거의 진공과도 같은 상태라고 한다. 사람도, 도로와 건물을 이룬 콘크리트 덩어리도, 자동차도, 허공을 채운 공기도, 물도, 지구도, 태양도 모두 각 원소가 일정 구조로 결합된 물질로 이루어져 있다. 그리고 그 원소를 가까이 들여다보면 양성자, 중성자로 구성된 원자핵과 주위 대부분의 빈 공간에서 떠다니는 전자로 구성되어 있다. 그 양성자는 쿼크라 불리는 소립자로 구성되었고, 질량과 에너지는 양자로 측정된다고 한다. 그렇다면 모든 공간에서 원자핵, 전자, 소립자, 질량과 에너지 등 엑기스만 한곳으로 모아 압축시킨다면 어떻게 될까? 그게 바로 우주가 탄생하기 전의 시간도 없고 공간도 없는 상태이다. 어떤 힘(현재까지 발견된 4가지 힘은 강력, 약력, 중력, 전자기력이다)과 함께 이 세상 모든 것이 한 점에 뭉쳐져 모여 있다가 어느 날 대폭발(빅뱅: Big Bang)이 일어나고 우주가 생겼다. 이때부터 우주에서는 두 가지 현상이 중첩되어 작용하는데, 하나는 대폭발로 인한 팽창이 계속 그리고 더욱 가속적으로 일어난다는 것이고, 다른 또 하나는 원래 존재했던 힘이 계속 작용하여 어딘가에서 서로 뭉쳐지는 현상으로 나타난다는 점이다.

대폭발로 엑기스들이 방출되어, 서로 분리되고 엉키는 과정을 반복하며 팽창하다가, 92억 년쯤 지난 어느 날 어느 한구석에서 일부의 엑기스가 원래 존재했던 힘에 의해 회전을 하며 서로 뭉치기 시작했고 그 결과 태양계가 탄생하였다. 그때 모인 일부 중 99.85%는 태양이 되었고, 나머지 0.15%는 흩어졌다 다시 모여 태양 주위를 도는 행성, 위성, 소행성, 혜성 등이 되었다. 지구는 이때의 0.0003%가 모여 태양에너지를 적당한 양으로 받을 수 있는 좋은 위치에 자리 잡고 있었는데, 가깝게 있던 다른 덩어리와 부딪히게 되었고 이때의 충돌로 떨어져 나간 일부가 달이 되었다.

밀집했던 엑기스가 대폭발로 팽창하자 내부 공간이 있는 원소가 생기게 되었고, 원소의 결합에 의해 각종 특성의 물질이 만들어졌다. 이로써 꽉 채워진 것에서는 불가능하였던 움직임과 변화가 일어날 수 있게 되었다. 이러한 변화로 적당한 에너지 수준이 유지되고, 활발한 움직임을 지원할 환경이 조성된다면 그곳에서 생명현상이 나타날 수 있다는 것이 예고되었다.

왜 지구에만 바다가 있을까?

지구 주변에 존재했던 여러 물질 덩어리는 지구의 중력으로 계속 낙하하며 충돌하고, 각종 물질이 압력에 의해 뭉치면서 무거운 것은 아래로, 가벼운 것은 위로 뜨는 현상이 계속 반복되었다. 지구 중심부에서는 무거운 금속인 철, 니켈 등이 녹아 핵이 되었고, 비교적 가벼운 규산염 광물은 맨틀을 이루었다. 이후 온도가 내려가 표면이 식으면서 지각이 만들어졌다. 지구 내부에 있던 가벼운 것은 계속 위로 분출되었고, 수증기, 메탄, 질소, 이산화탄소 등의 성분은 대기를 형성했다.

시간이 흘러 충돌 에너지가 감소하자 원시 지구는 점차 냉각되었고, 대기 중의 수증기가 응축하여 큰비가 내리기 시작했다. 한참을 쉴 새 없이 비가 내리고 나서, 지구가 만들어지고 1~2억 년쯤 지난 후에는 바다가 형성되었다.

태양계 행성 중 왜 지구에만 바다가 존재하는지[1] 많은 논란이 있었는데, 대규모 얼음으로 된 혜성 또는 유성이 지구에 수차례 계속 부딪혀 바다가 형성되었다는 가설이 한동안 신뢰받았다. 그런데, 2002년 콜로라도 대학 지질학자 스티븐 모지스 교수는 가장 오래된 광물 샘플 '지르콘' 결정을 발견하고, 약 7년에 걸쳐 10만 개의 결정을 찾아 연대를 나누었다. 그는 그 지르콘 결정 중 43억 8천만 년 전의 가장 오래된 결정을 화학적으로 분석하였는데, 그 결과 이 지르콘 결정은 건조한 곳에서 형성된 것이 아니라 물에서 형성된 것이라는 것을 알아냈다. 원시 지구 표면에 이미 물이 있었음이 밝혀진 것이다. 애리조나 대학 마이크 드레이크 교수는 지구 생성 당시의 암석 물질 덩어리에 물방울이 맺혔고 그것이 현재 바다의 기원일 수 있다는 가설을 세웠다. 그리고 생긴 직후의 어린 태양 주변에 많이 있던 광물로서 지구의 주성분이 된 감람석으로 당시 상황을 가정하여 실험하였다. 그 결과 30g의 감람석에 0.3㎖의 물 분자들이 달라붙었으며, 이 양을 합산하니 현재 지구 바닷물의 10배에 달하였다. 이 실험 결과로 태양계 끝에서 온 얼음덩어리 혜성과 유성들이 우연히 지구에만 충돌하여 바다가 생긴 것이 아니라, 원래 지구 궤도 주변에 흩어져 있던 물질 덩어리에 물 분자가 함께 존재하였고, 시구 탄생 후 대기를 형성한 물 분자가 큰비로 내려 바다가 만들어졌음이 밝혀졌다.

---

1) 네이버 지식백과: 바다의 탄생 - 지구에 있는 물의 기원은? [다큐사이언스, 내셔널지오그래픽채널]

그렇다면 왜 수성, 금성, 화성, 달 등 지구 주변의 다른 천체는 당시에 같은 암석 덩어리 재료로 바다를 만들지 못했을까? 이유는 그 천체들이 물과 수증기, 그리고 가벼운 수소를 보호할 수 없었다는 것이다. 수성과 화성의 중력은 지구의 1/3, 달의 중력은 지구의 1/6이다. 수성과 달은 중력 대비 태양에너지가 너무 강력하여 대기층 자체가 형성되기 어려웠고, 초기 물질 덩어리에 붙어 있던 물과 수증기는 모두 증발해 버렸다. 그나마 화성이 얇은 대기층을 가지지만, 지표 대기압은 약 0.006기압으로 지구의 약 0.75%에 불과하다. 화성의 양극에는 이산화탄소가 언 드라이아이스와 미량의 수증기가 얼음으로 하얗게 빛나는 극관(極冠: Polar Cap)이 있다. 만약 이 얼음이 녹더라도 대기압이 아주 낮아 바로 기화되고, 중력의 영향권을 벗어난 기체는 우주 공간으로 증발해 버린다.[2]

금성은 태양으로부터 거리는 0.7AU(AU는 태양과 지구 사이의 거리이다), 질량은 지구의 0.82배로서 중력은 지구와 거의 유사하며, 위성은 없다. 금성은 규산염 맨틀, 핵 등 여러 특성이 지구와 유사함에도 대기압은 지구의 90배나 되며, 대기 중 온실가스 양이 많아 표면 온도는 섭씨 400도 이상이다. 금성은 특이하게 다른 행성과 달리 반대 방향으로 자전하며, 자전이 가장 느려 자기장이 발달할

2) 네이버 지식백과: 화성 - 제2의 지구 [태양계의 행성, 한국천문연구원]

2) 네이버 지식백과: 화성 - 제2의 지구 [태양계의 행성, 한국천문연구원]
   네이버 지식백과: 화성에 물이 흘렀을까? [태양계 행성들이 그리는 우주 지도, 2009. 10. 26., 송호장, 신명경]

수 없었다.

금성에는 지구처럼 수증기와 일산화탄소를 주성분으로 한 원시 대기가 만들어졌다. 그래서 금성은 지구와 똑같이 수증기가 응결해 비가 내리고 바다가 형성되었다. 어쩌면 그때 원시 생명체가 생겼을지도 모른다. 그러나 금성은 이후 태양의 방출 에너지가 증가하자 지표면이 뜨거워져 바다는 증발되었고, 증발된 수증기는 태양 자외선에 의해서 수소와 산소로 분해되었다. 그 결과, 가벼운 수소는 금성의 대기권에서 탈출한 후 대부분 우주로 증발하여 사라져 버리고 결국 이산화탄소만 남아 금성 대기의 주성분이 되었다. 온실가스 효과로 지표는 고온 상태가 되고 활발해진 화산 활동으로 황산 구름이 형성되어 현재의 금성, 짙은 대기가 반짝반짝 빛나는 샛별이 만들어졌다.[3]

3)   네이버 지식백과: 금성 - 지구의 형제 행성 [태양계의 행성, 한국천문연구원]
      네이버 지식백과: 태양계(Solar system) [천문학백과]

엄청난 행운

움직임과 변화, 생명현상 자체가 물질의 근원적 속성 중 하나라 하더라도, 실제 생명체가 탄생하여 풍성한 생태계로 진화하기 위해서는 실로 엄청난 행운이 수없이 반복되어야 한다. 빌 브라이슨 (Bill Bryson)의 『거의 모든 것의 역사(A Short History of Nearly Everything) - 이덕환 역』에는 다음과 같이 재미있게 소개되었다.

우선, 태양이 적당한 크기를 가졌다는 점이 행운이었다. 희한하게도 별은 클수록 더 빨리 타 버린다. 태양은 100억 년 동안 탈 수 있지만, 만약 10배의 질량을 가졌다면 수명이 1,000만 년으로 줄고, 그렇다면 생명은 탄생할 수 없다. 생명을 잉태할 수 있는 별이 굉장히 드물다는 것이다. 태양의 수명이 다하면 적색거성으로 팽창했다가 백색왜성이 된다. 태양이 적색거성으로 변하면 태양 반경이 지구의 공전궤도까지 확장되어 지구는 소멸되고, 태양계의 구심력이 깨져 버려 목성, 토성, 천왕성, 해왕성 등은 우주로 뿔뿔이 흩어질 것이다.

둘째, 지구는 그 공전궤도가 너무 뜨겁지도, 너무 차갑지도 않은 적당한 거리에 있다. 생태계가 존재 가능한 태양과의 거리 범위는, 그 안에 두 개의 행성이 존재할 수 없을 정도로 매우 비좁다. 계산에 의하면 지구 궤도보다 5% 가깝거나 15% 먼 정도에 불과하다.

셋째, 지구 내부의 무거운 액체 금속과 뜨거운 마그마는 변화와 움직임, 생명현상을 가져오는 핵심 동력이다. 지구 내부의 열에너지는 지각 운동, 화산과 지진, 대기 순환, 보호막으로서의 자기장 형성 등을 일으켜 지구 자체를 살아 움직이게 하였다. 모든 것이 안정되어 변하지 않는 공간에서는 생명체가 탄생할 수 없다. 생명체는 본질적으로 불안정과 변화 속에서 탄생하여 아슬아슬하게 유지되는 것이다. 달은 태양으로부터 지구와 같은 거리에 위치하여 적당한 태양에너지를 제공받지만 생명체가 탄생하지 못하였다. 달에는 지구 깊숙한 곳의 무거운 원소들이 내부에 존재하지 않았고, 그로 인해 적당한 중력과 대기, 바다가 만들어지지 못했기 때문이다.

넷째, 대기 순환을 촉진하도록 적당하게 기울어진 지구의 자전축이다. 지구의 안정된 자전은 생태계가 유지되는 바탕이다. 달은 스스로는 생명체를 잉태하지 못하였으나, 지구 자전을 안정되게 유지하고 조석 간만의 차를 발생시켜 지구 자연 생태계를 확장하고 진화를 촉진한 매우 고마운 천체다. 달은 공전주기와 자전주기가 일치하여 지구의 우리에게 항상 같은 면만 보여 준다. 수십 년에 걸친 측량 결과, 현재 달은 매년 3.8cm씩 지구로부터 계속 멀어지고 있으며 그 비율은 점점 증가하고 있다. 너무나도 아쉽지만, 20억 년쯤 후에는 달이 별빛처럼 아스라이 멀어지게 될 것이다

다섯째, 운석 충돌, 지각 운동 등에 의해 생태계에 많은 대량 멸종 사태가 있었지만, 아직 단 한 번도 생명체가 전멸하지는 않았다. 지구 생태계가 운 좋게 전멸을 면했기에, 대량 멸종 사태 이후

살아남은 생명체로부터 그다음의 새로운 진화가 시작되었다.

금성의 운명을 보면 행성에서 생태계가 보존되는 것은 특정한 천체에서만, 그리고 일시적으로만 가능하다. 현재의 지구와 같은 생태계 환경은 우주 어디에서나 무조건적으로 아무렇게나 발견될 수 있는 것이 아니라 매우 특별한 경우다. 지구 중력이 조금 약하였거나, 태양에너지가 아주 조금 강하였거나, 그 밖의 어떤 경우에도 생명체가 탄생하기는 힘들었다. 만약 생명체 발생이 가능했더라도 풍성한 생태계가 유지되기는 더욱 어려웠다.

또한 별이 방사하는 에너지는 항상 일정한 것이 아니다. 앞으로도 태양에너지는 조금씩 계속 증가하여, 지구도 10억 년쯤 후에는 박테리아를 제외한 대부분의 생명체가 살 수 없게 될 것이다. 지구 같은 행성의 존재가 불가능하지는 않더라도 매우 희귀한 경우이며, 인간까지의 진화도 수많은 우연과 행운이 바탕이 되었다. 우주 어딘가에 인간 수준의 또는 그 이상의 지적 생명체가 존재한다는 것은 충분히 믿어지나, 그들과 만나 어떤 상호작용이 이루어지는 일은 그리 쉽사리 일어나기 힘들 것이다.

이스라엘 바이츠만 과학 연구소의 론 밀로(Ron Milo) 교수가 이끄는 국제 공동 연구진이 2018년 5월 21일 「국립과학원회보(PNAS)」에 게재한 연구 결과에 따르면, 바이러스를 포함한 지구상의 모든 생명체의 탄소 총량은 5.5×10^{14} kg에 이른다. 이를 지구 중량 5.9722×10^{24} kg으로 나누면 대략 지구 물질의 1/100억이 생명체를 구성한 탄소이고, 그 생명체 중 식물이 82%, 박테리아가 13%, 나머지가 5%를 차지했으며, 비교적 고등동물인 포유류가 차지하는 비중은 0.03%이고, 포유류 중 인간이 1/3을 차지한다.

우주에 존재하는 블랙홀이나 별의 여러 극단적인 상태를 고려하여 지구의 특별한 생태계 우호 계수를 1조(10^{12})로 가정한다면, 우주에 존재하는 물질 중에서 인간과 같은 지적 생명체로 탄소가 존재할 수 있는 확률은 대략 1/3330구(10^{28})정도다. 이 확률은 로또 1등에 4번 연속으로 당첨되는 것보다 7,500배 이상 어려운 확률[4]이며, 번개에 연속으로 5번 맞는 것보다 30배 이상 어려운 확률이다. 이러한 확률은 우리 인간 각자가 우주에서 얼마나 특별한 존재인가를 말해 준다. 그런 어려운 확률로 존재하는 인간들이 서로 만나 담소를 나누며 웃고 즐기는 것은 그 자체로 경이로운 일이다.

우주 현상에서 아쉬운 점은, 대폭발 이후의 우주 팽창으로 모든 별이 지구로부터 가속하여 멀어지고, 이로 인해 아무리 빠른 우주선을 타더라도 한번 다른 은하계로 여행을 떠나면 다시는 돌아올 수 없다는 불안을 주는 것이다. 반면 흥미로운 것 중 하나는, 우리 국부 은하군(40여 개 은하계로 구성)에 **속한** 안드로메다 은하가 초속 120킬로미터의 속도로 우리 은하와 충돌하고 있다는 것이나. 머지

---

4) 네이버 지식백과: 천재일우(千載一遇)와 확률 [KISTI의 과학향기 칼럼]

제1부 나와 우리, 인간을 향한 탐구 여행   25

않은 미래, 인류가 태양계를 떠나 여행하는 날이 올 때 우리 은하
로 접근하는 안드로메다 은하는 더욱 가까운 이웃처럼 느껴질 것
이다. 훗날 인류가 지금보다 훨씬 가속 성능이 뛰어난 우주선을 개
발한다면 적어도 우리가 속한 국부 은하군 내에서 또 다른 지적
생명체를 찾아낼지도 모를 일이다.

생명과 생태계

생명의 탄생

이제 관심을 지구의 생명체로 돌려 보자. 지구 생명체의 진화 과정에 대한 이해는 다른 별에 존재할 수도 있는 생명체와 생태계에 대한 이해를 도와줄 것이다.

우주 팽창이 시작된 이래, 다양한 원소의 다양한 구조적 결합으로 다양한 물질이 탄생되었다. 이렇게 탄생된 물질 중 탄소(C)가 결합된 일부 독특한 물질은 이후 생명체의 구성 성분과 양분이 되었다. 특히 탄소가 중요한 이유는 딘소기 에너지 순환 과정의 매개체가 되기 때문이다. 유기물은 탄수화물, 단백질, 비타민 등 탄소를 포함한 물질로, 가열하면 연기를 발생시키면서 검게 탄다. 무기물은 유기물이 아닌 것으로서 물, 모래, 소금, 암석 등 가열해도 타지 않고 변화도 없다.

1953년의 밀러-유리 실험은 물, 메탄, 암모니아, 수소가 있는 혼합 기체에서 번개 역할을 하는 전기 스파크로 핵산, 아미노산 등 유기물이 만들어질 수 있음을 확인하였다. 최근 컴퓨터 시뮬레이션에 의하면, 지구 탄생 전 태양 주위를 흩어져 회전하던 암석 덩어리에서도 그러한 유기물이 만들어질 수 있었다. 따라서, 단순히 유기물이 발생된 것만으로 곧 생명체 탄생이 이루어진 것은 아니다. 생명체 탄생을 위해서는 자가증식 능력, 물질대사 능력, 자신과 다른 외부를 구분하는 경계막, 즉 세포막이 필요하다.

한동안 유기물에 대한 의문이 매우 컸다. 비교적 단순한 구조를 제멋대로 이루고 있는 무기물과 달리 유기물, 특히 생명의 기본단위인 단백질은 너무 복잡하고 독특한 패턴을 하고 있어 누군가 창조하지 않고서는 저절로 이런 구조가 이루어질 수는 없다고 생각되었다. 아직도 유기물이 어떻게 만들어졌는지 학자들의 의견이 분분하다.

그중 비교적 가능성 높은 가설은 유전자 과학자들이 제기하였는데, 유기물 결합 패턴이 한 번에 이루어진 것이 아니라는 것이다. 유기물의 결합 구조는 단계적으로 천천히 이루어진 것이며, 물질의 존재 방식 자체가 그런 결합 구조 속성을 가진다는 것이다. 비교적 단순한 형태의 유기물이 자연 발생하여 유지되다가 어떤 자극으로 결합되면서 보다 복잡한 구조가 되었으며, 이후 우연히 매우 단순한 구조의 생명체가 탄생하였다. 그 생명체는 자신의 구성 물질과 유사한 유기물을 먹이로 삼아 생존했는데, 생명체가 물질 대사와 증식을 반복하다 보니 구조적 결합이 더욱 강화되었고, 이후 유기물 구조의 중간 과정이 유실되었다는 것이다.

인간만은 동물과 차원이 다른 독특한 존재라는 인식이 오랫동안 유지되었지만, 다윈과 그 뒤를 잇는 학자들의 연구 성과에 힘입어 인간도 지구 자연 생태계의 한 종임이 밝혀졌다. 그들의 통찰력은 현재 사라져서 존재하지 않는 진화의 중간 과정을 이해할 수 있게 하였다. 또한 같은 방식으로, 사라져서 보이지 않는 유기물 구조의 중간 과정을 이해할 수 있게 하였고, 생명체와 유기물의 상관관계를 재구축할 수 있게 하였다.

물질이 압력을 받고 있으면 움직임이 억제되어 생명현상이 나타나기 어렵다. 지구 표면에 액체 상태 물질 환경, 즉 바다가 조성되며 드디어 생명체 탄생의 바탕이 마련되었다. 그러나, 지구에 바다가 생기고 나서도 대략 10억 년간은 물만 있는 바다에서 여러 유기물이 생명체로의 탄생을 계속 시도하기만 하고 성공하지는 못하였다. 때론 어떤 유기물이 변하여 생명체로 그럴듯하게 탄생하였지만, 약한 경계막이 꺼져 다시 보통의 물질 상태로 되돌아갔다. 때론 제법 튼튼하게 경계막을 구성하고 물질대사까지도 했지만 증식에 실패하여 다시 보통의 물질 상태로 되돌아갔다.

그러던 어느 날, 리보솜과 RNA를 갖춘 원시세포가 만들어지고 증식하다가, 드디어 DNA가 갖춰진 원핵생물이 탄생하였다. 이때 여러 원시 생명체가 동시에 탄생하여 상호작용하며 발전했다고 보는 학자도 있으나, 단 한 종류만이 탄생하여 지구 모든 생물의 공통 조상(last universal common ancestor, LUCA)이 되었다고 보는 것이 타당할 듯하다. 환경에 적응하여 생명체로 탄생한다는 것은 그리 쉽사리 일어나는 일이 아니다.

단세포 생물만의 세상

초기 지구의 대기에는 이산화탄소, 메탄 등 온실가스가 가득하고, 태양의 자외선이 수시로 세포를 파괴하고 DNA에 치명적인 돌연변이를 일으키는 환경이었다. 생명체 탄생 후 약 10억 년간, 대부분의 생물은 자외선을 피해 물속 깊은 곳에서만 살 수 있었다. 혐기성 세포가 주변의 유기물을 섭취하여 광합성을 하거나 발효에너지를 만들어 살았는데, 산소가 없거나 산소 농도가 매우 낮은 환경에서만 생존이 가능했다.

바다 형성 후 20억 년이 지나, 지구 대기 환경이 극적으로 변화한 것은 광합성 생물이 대량 증식한 것으로부터 시작되었다. 이산화탄소, 물, 햇빛으로 포도당을 만들며 부산물로 산소를 배출하는 세포가 번성한 것이다. 하나의 세포가 만들어 내는 산소량은 매우 미미했지만, 산소가 오랫동안 대기 중에 축적되면서 산소 농도가 점차 증가하였다. 산소 중 일부는 자외선과 반응하여 오존을 형성하였고, 곧 오존층을 만들었다. 오존층은 자외선을 흡수하여 생명체가 더욱 번성할 수 있게 해 주었다. 오존층 없이는 자외선이 치명적인 돌연변이를 일으켜 고등 생명체로 진화하여 살아남을 수 없었던 것이다. 대기 중 산소 농도가 높아지자 산소의 독성으로 인해 그때까지 번성했던 대부분의 생물이 죽었으며, 산소의 독성에 저항이 있는 생물만 생존하는 방향으로 진화가 일어났다.

그로부터 5억 년이 또 지나 그때까지 번성한 세포, 즉 원핵생물로부터 한 단계 진화한 세균, 고세균과 진핵생물이 새롭게 발생하였다. 새롭게 탄생한 진핵생물은 원핵생물보다 훨씬 복잡한 세포구조를 가졌으며, 세포 자체의 크기도 커졌다. 세포의 크기가 커지는 진화가 일어났다는 것은 생태계의 기본 원리가 만들어졌다는 것을 의미한다. 이는 비록 단세포들만의 세상이었지만, 주변 자연상태의 유기물을 섭취하여 물질대사를 하는 원시적 단세포로부터 다른 원시적 단세포를 주된 먹이로 섭취하는 새로운 유형의 단세포로 진화가 일어났다는 것을 알려 준다. 생명체들이 서로 먹고 먹히며 공존하는 생태계의 원리가 만들어진 것이다.

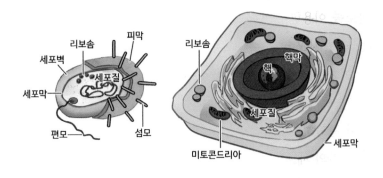

원핵세포   진핵세포

단세포 생물의 결합 사건

또 하나 매우 중요한 것은 이 시기에 원시 미토콘드리아가 만들어졌다는 점이다. 단세포 생물만의 세상에서, 단세포들은 주변에 떠다니는 유기물을 섭취하여 물질대사를 하고 증식하였다. 그런데, 먹이로서 더 영양분이 높은 것은 자연 상태의 유기물보다 자신보다 덩치가 작은 단세포 생물이었다. 미토콘드리아는 덩치 큰 세포가 산소호흡 세균을 잡아먹었으나 소화시키지 못하면서, 또는 산소호흡을 하는 세균이 덩치가 큰 원핵생물 안으로 들어가 기생하면서 만들어졌다. 원시 미토콘드리아 탄생은 세포호흡을 통한 에너지 대사가 시작된 계기였다.

산소를 이용한 물질대사는 더 많은 에너지를 생산했고, 이 에너지는 숙주 세포에도 공급되었으며, 이로써 작은 세균과 큰 원핵생물 세포 사이의 공생이 이루어졌다. 시간이 지나며 둘 사이의 유전자 교환이 이루어졌고, 둘은 서로가 없이는 살 수 없게 되었다.

둘이 결합하여 하나의 완전한 유기체로 진화한 미토콘드리아는 현재 인간의 세포 내부에도 소기관으로 존재하며, 각 세포의 에너지 대사를 담당한다. 미토콘드리아와 비슷한 과정을 통해 광합성 세균이 큰 세포 내부로 들어가 엽록체가 되었다. 미토콘드리아와 엽록체는 지구 생명체 진화에 있어 기념비적 사건이었다.

세포가 서로 협동하는 다세포 생물로의 진화

이후 단세포들은 환경에 적응하면서 천천히 복잡하게 진화해 갔다. 지금으로부터 대략 10억 년 전, 25억 년간의 오랜 단세포 생물만의 생태계가 끝나고 드디어 최초의 해양 다세포 식물이 출현했으며, 다시 1억 년이 지나 다세포 동물이 나타났다. 이때까지 모든 세포 각각이 단일한 생명체로서 전능성을 띠었다면, 이제는 세포 간 업무 분담이 이루어지면서 세포들이 상호 의존하는 형태로 진화하며 다세포 생명체가 발전하기 시작하였다.

다세포 생물의 출현 후에도 주로 플랑크톤인 단세포 생물과 비교적 단순한 다세포 생물이 오랫동안 번성했는데, 지금으로부터 약 5억 4천만 년 전 캄브리아기에 생물의 종류와 수가 폭발적으로 증가하였다. 삼엽충(Trilobite: 캄브리아기를 삼엽충의 시대라 부르기도 하는데, 당시의 지배적 종으로서 8개 이상의 목과 15,000종 이상으로 분화한 1㎜~72㎝의 다양한 크기를 가진 바다 생물이다)과 해양 무척추 동물이 따뜻한 수중 환경에서 번성하였고, 그 흔적을 화석 기록에 남겨 놓았다. 그러나 이때도 육지에는 생물이 전혀 존재하지 않았다.

대량 멸종 사태

캄브리아기로부터 시작된 고생대는 3억 년 이상 이어지며, 생명체의 눈부신 진화로 풍성한 생태계가 만들어지는 첫걸음이 되었다. 육지에 포자식물이 번성하여 육상 생태계의 풍요가 시작되었으며 어류와 양서류, 곤충이 번성하였다.

고생대 이후 1억 6천만 년 동안 이어진 중생대는 공룡이 지구를 지배한 시대로서, 파충류가 번성하고 원시 포유류와 조류가 출현하였다. 약 6,500만 년 전부터 포유류 동물의 신생대가 시작되었다. 생명체 진화 역사에서는 이따금 찾아온 대량 멸종 사태로 생태계가 급격히 재편되었다. 진화와 대량 멸종이 번갈아 나타난 것이다.

지구에는 여러 번의 대량 멸종 사태가 있었는데, 페름기와 트라이아스기 사이에 최대 규모의 멸종, 즉 'P-T절멸'이 있었고 이로서 고생대와 중생대가 나뉘었다. 멸종의 이유는 명확히 알 수 없으나, 첫 번째 가설은 독일 기상학자 알프레드 베게너(Alfred Wegener, 1880~1930)의 대륙이동설에 따라 2억 5천만 년 전 판게아(Pangaea)[5] 대륙 탄생으로 흩어져 있던 지각판이 충돌하여 모이면서 대규모 화산 폭발과 지진이 발생했고, 이로 인해 전 세계 생태계가 완전히 파괴되었다는 것이다. 두 번째 가설은 특정한 단일 사건에 의한 것이 아니라, 대재앙이 발생했고 이는 연속으로 또 다른 환경 재앙과 불균형을 야기했으며 운석 충돌, 화산 폭발, 지진 등도 복합적으로 함께 발생하여 대량 멸종 사태가 일어났다는 것이다. 어찌 되었든 이때 바다 생물 중 96%가 멸종했고, 모든 동물 종의 50%가, 또 많은 식물들이 멸종했다. 곤충까지도 대량 멸종된 사례는 이때가 유일하다.

---

5) 네이버 지식백과: 판게아(Pangaea) [세상의 모든 지식, 2007. 6. 25., 김흥식]

판게아 대륙

한편 판게아 대륙은 이후 다시 흩어지며, 로라시아(Laurasia, 유라시아 대륙과 북아메리카 대륙)와 곤드와나(Gondwana, 인도, 아프리카 대륙, 남아메리카 대륙, 남극 대륙, 오스트레일리아 대륙)의 남, 북 두 대륙으로 나뉘었다. 두 대륙은 서로 분리되어 이동하며 계속 나뉘었고, 점차 현재의 대륙과 같은 형태가 갖추어졌다.

그런데, 중생대를 대표하는 공룡[6]은 6,500만 년 전에 일어난 대량 멸종 사태로 지구에서 홀연히 사라졌다. 이때, 해양 생물 종의 70%

---

6) 네이버 지식백과: 공룡이란 무엇인가? [다이노사우르스, 2018. 12. 30., 게리 맥콜, 김미양]

가 사라졌고, 어떤 지역에서는 전체 식물 종의 반 이상이 멸종해 버렸다. 백악기와 그다음의 지질 시대인 제3기 사이에 있었던 이 대규모 멸종 사태를 'K-T 절멸'이라 한다. K-T 절멸을 기준으로 중생대와 신생대를 나누는데, 희한하게도 몸집이 작은 원시 포유류, 대부분의 새, 곤충, 양서류, 도마뱀 등은 살아남았다. 어떤 이유로 공룡 등 대형 파충류 동물에게 특히 더 치명적인 멸종 사태가 발생했을까?[7]

운석 충돌과 공룡의 멸종

이러한 멸종 현상에 대해서 가장 널리 인정되는 설명은, 1980년 루이스 앨버레즈(Luis Alvarez, 1911~1988)와 그의 아들 월터의 가설이다. 약 6,600만 년 전 멕시코 유카탄 반도 인근 바다에 지름 10㎞의 소행성이 충돌하여 칙술루브 크레이터를 만들었는데, 이 충돌로 지각판(지각판은 대륙 지역에서는 평균 35㎞, 대양 지역에서는 5~10㎞의 두께를 이룬다)이 뚫려 버렸으며, 이 충격으로 인해 대량 멸종이 일어났다는 시나리오다.

---

7)   네이버 지식백과: 공룡은 소행성 충돌의 가공할 여파 때문에 멸종되었다? [죽기 전에 꼭 알아야 할 세계 역사 1001 Days, 2009. 8. 20., 마이클 우드, 피터 퍼타도, 박누리, 김희진]

이 시나리오에 따른 운석 충돌의 파괴력은 한동안 대량 멸종 사태의 원인이 될 만큼 클 거라고 상상하기 어려웠다. 그러나, 1994년 7월 목성에 충돌한 슈메이커 레비9 혜성의 파괴력을 목격한 후 실감하게 되었다. G핵이라는 파편은 지름 3㎞의 작은 산 크기에 불과했지만, 지구의 모든 핵무기 파괴력을 합친 것의 75배에 이르는 폭발력을 보였고, 수 시간 동안 충돌의 섬광이 관측되었으며, 목성 표면에 지구만 한 크기의 흔적을 남겼다.

비교적 큰 소행성이나 혜성이 지구 대기권에 진입하면, 속도가 너무 빨라 공기 분자가 비키지 못하고 압축되며, 그 압축열로 인해 온도가 수만 도까지 상승한다. 운석은 1초 이내 지표면과 충돌하여 뜨거운 열로 기화되고, 크레이터의 압축된 공기는 사방으로 분출되어 열 폭풍을 일으키며, 반경 수백 킬로미터 이내 모든 생명체를 순간적으로 흔적도 남지 않게 죽인다. 직접적 영향권의 바깥에 있던 생명체는 충돌 후 수 초간 이제껏 본 적 없는, 온 세상을 가득 채운 눈부신 빛에 휩싸이고, 이어 곧바로 암흑이 되는 드라마틱한 시각 경험을 하게 된다. 이어 열 폭풍이 휩쓸며 곳곳에서 불길이 치솟고, 충격이 가해진 맨틀이 움직이면서 화산이 폭발하고, 지진이 발생한다.

한두 시간 이내에 시커먼 구름, 재, 먼지가 가득 차고, 뿜어져 나온 이산화탄소와 메탄 등으로 호흡이 어렵게 된다. 대부분의 생명체가 운석 충돌 후 즉시 또는 수일 내 죽고, 살아남은 생명체 중에서도 많이 먹거나 숨을 많이 쉬어야 하는, 즉 물질대사량이 큰 동식물일수록 더욱 빨리 죽는다. 한편 재앙은 금방 종료되지 않는데, 2001년 칼텍(Caltech: 캘리포니아 공과대학) 연구진이 K-T 퇴적층을 분석한 결과 운석 충돌 이후 약 1만 년간 대기 및 기후가 그 영향을 받았다.

해양 생물은 생존 환경이 물이고 물은 파괴력을 신속하게 전파하므로, 운석 충돌이 해양 생물과 그 인근 생태계에 큰 타격을 주었다는 것은 상당히 일리가 있어 보인다. 그러나, 그것만으로는 왜 멀리 떨어진 다른 대륙의 대형 파충류 동물이 선택적으로 멸종되었는지를 명쾌하게 설명하지 못한다. 새가 살아남은 점으로 보아 대기오염과 변동은 비교적 짧은 기간이었거나 견딜 만한 수준이었을 것이다. 또한, 운석 충돌로부터 공룡 멸종까지의 100만 년에 이르는 기간을 설명하지 못한다. 100만 년은 엄청나게 오랜 기간이다.

여기에 한 가지 가능성 있는 사유를 덧붙인다면, 운석 충돌로 야기된 식물 집단의 진화와 생존경쟁, 그것으로 인한 환경 변화에 거대 공룡 집단이 적응하지 못했고 그로 인해 먹이사슬 생태계가 붕괴[8]되었을 가능성이다. 그리고, 이러한 급격한 환경 변화와 식

---

8) 백악기에는 현화식물(속씨식물, 피지식물, Flowering Plant, Angiospermae, Magnoliophyta, 꽃을 피우는 식물)이 다른 식물을 대체하기 시작했는데, 양치식물과 침엽수를 주식으로 먹고 살았던 공룡들은 운석 충돌 이후 살아남을 만큼 충분한 식용 식물을 찾지 못하였거나 스스로 진화하여 꽃피우는 식물을 먹이로 만들지 못하였고, 이로 인해 멸종했다. 이런 멸종을 '배경절멸(background extinction)'이라 한다. 네이버 지식백과: 육상식물의 진화(Evolution of Terrestrial Plants) [시간을 담은 땅의 기록 - 지질박물관, 2009. 8., 신홍자, 이항재, 권석기, 길영우, 안기오]

생 문제는 인류의 멸종 시나리오에도 상당한 개연성이 있다.

중생대의 온난한 지구환경에서 식물은 점차 대형으로 진화하면서, 먹기 좋은 잎사귀와 줄기가 점점 높은 곳에 나기 시작했다. 최상위 포식자로 지구를 지배한 공룡도 더욱 크게 진화하였다. 아주 오랜 기간 공룡 생태계가 독자적인 대형 생태계로 진화하자 몸집이 작고 곤충을 주요 먹거리로 하는 동물군의 먹이사슬과 점차 분리되어 별개의 먹이사슬을 구성하게 되었다.

이렇게 불균형한 먹이사슬 생태계가 위태롭게 유지되고 있을 때 운석 충돌이라는 대재앙이 발생하였다. 지구의 대다수 생명체가 즉각 궤멸적 타격을 받고 죽었다. 운석 충돌 지점과 비교적 먼 곳의 생물은 당장은 살아남았지만, 전 지구적으로 발생된 먼지와 재로 인해 태양광이 차단되어 기온이 급격히 내려가자 추위에 적응하지 못하고 상당수는 얼어 죽었다. 운 좋게 기온 저하의 영향이 작은 지역에 생존한 공룡은 다시 산성비와 급격한 기상 변동, 식생의 문제에 직면하였다. 얼마간은 초식공룡의 먹이로서 풍부하던 대형 고사리와 석송 등 양치식물과 침엽수, 소철 등으로 식생이 유지될 수 있었다. 그러나 고온 다습한 환경이 급변하여 저온 건조하게 되자 양치식물이 위축되어 잘 자라지를 못하였고, 포자번식 식물은 종자식물에 비해 번식 능력이 뒤떨어지게 되었다. 주요 먹이가 되는 식물 성체가 점차 사라지고, 새로 번식된 식물은 성체가 되기 전 먹이가 되어 사라졌다.

식물 생태계의 진화에 대응하지 못한 대형 초식공룡부터 차례로 심각한 식생의 위기를 맞았다. 초식공룡이 급감하자 육식공룡의 개체 수도 비례하여 급감하였다. 종자식물 생태계에 적응한 곤충, 조류, 도마뱀, 몸집이 작은 포유류 동물은 운석 충돌에 따른 환경의 급변에서 생존할 수 있었으나, 공룡 생태계는 식생 적응을 위한 진화와 먹이사슬 피라미드의 재균형이 일어나기 전에 심각하게 개체 수가 줄어들었으며, 결국은 멸종[9]하게 되었다.

2018년 타계한 물리학자 스티븐 호킹 박사는 기후변화 등과 함께 소행성 충돌로 지구가 멸망할 수 있다고 하였다. 이 경우 지구의 생태계는 운석 충돌에서 살아남은 일부 소형 포유류로부터 다시 진화가 시작될 것이다. 인류가 남긴 유산 중 플라스틱 쓰레기와 일부는 남을 수 있겠지만, 대부분은 흔적도 없이 사라질 것이다. 만약 지구 보호막을 깨뜨릴 강력한 태양 플레어나 오존층 파괴로 멸망한다면 그 타격이 더 클 수 있으며, 생명체 진화는 박테리아 수준에서 다시 시작되어야 할지도 모른다. 만약 핵폭탄으로 인류가 멸망한다면 지구에 미치는 직접적 파괴력은 덜할지 모르겠으나, 지구 표면에 광범위한 방사능 오염을 가져와 방사능에 내성을 가진 생명체로 구성된 기괴한 생태계가 탄생할지도 모른다.

---

9)   네이버 지식백과: 공룡(dinosaur, 恐龍) [두산백과]
      네이버 지식백과: 공룡이란 무엇인가? [다이노사우르스, 2018. 12. 30., 게리 맥콜, 김미양]

지적 생명체 출현에 관한 시사점

지구에서 생명체가 발생하고 진화하여 인간과 같은 지적 생명체가 출현하기까지의 긴 과정을 보면 몇 가지 시사점을 발견할 수 있다.

첫째, 진화가 매우 가속적으로 전개되었다는 점이다. 물질은 존재 자체로 생명현상의 가능성을 품고 있다. 바다 형성 후 10억 년 간은 단지 생명체 탄생의 시도 구간이었다. 또 생명체 탄생 후에도 빠른 진화는 없었고, 다만 단세포 생태계가 유지될 뿐이었다. 바다의 형성으로부터 20억 년 후 광합성 생물이 번성함으로써 오존층이 만들어졌다.

25억 년 후 한 단계 진화한 진핵 단세포가 탄생하였고, 우연한 계기로 미토콘드리아, 엽록체, 색소체 등의 세포 결합 사건이 발생하였다. 그리고 다시 10억 년이 지나서야 다세포 생물이 탄생하였다.

여기까지가 매우 어려운 과정이었다. 다세포 생물이 한번 발생하고 나자, 세포의 기능 분화와 결합이 여러 가지 방식으로 계속 시도되었다. 한번 출현한 다세포 생물에서는 더욱 복잡한 기능 분화도 가능하게 되었으며, 더욱 대규모의 세포가 협동하는 다세포 생물도 탄생할 수 있었다. 캄브리아기에 들어서자 이제까지 상상할 수 없었던 삼엽충이 대량으로 번성하게 되었으며, 그 후로는 진화에 가속이 붙기 시작하였다. 생명체는 수많은 대량 멸종 사태를 겪었지만, 대규모 사멸을 딛고 진화는 계속되어 삼엽충에서부터 인간까지 약 5억 년이 걸렸을 뿐이다. 또한 공룡의 시대에 인간이 출현하지 않은 것은 매우 행운이었으며, 어떤 이유든 공룡의 멸절은 인간이 등장할 수 있는 중요한 과정이었다.

빌 브라이슨의 『거의 모든 것의 역사』에 따라 지구 역사를 하루로 가정한다면, 새벽 4~5시경 처음 생명체가 출현한 후, 별 변화없이 16시간 동안 단세포 생물만의 세상이었다. 밤 9시 되어 삼엽충이 헤엄치더니, 밤 10시에 드디어 육지에도 생물이 나타났다. 밤 11시 직전부터 공룡이 지구 무대를 휩쓸다가, 밤 11시 39분 번쩍하며 갑자기 사라졌다. 자정을 1분 17초 앞두고 인간이 처음 두리번거리며 나타났고, 인류 역사 문명은 자정을 앞둔 겨우 수 초간 진행되었을 뿐이다.

생명의 진화가 이토록 가속적으로 이루어진 까닭은 진화의 줄기가 수없이 분기되며 생명체의 가지 분화가 가속되었기 때문이다. 점점 더 많은 생물 종들이 탄생하고 진화하자, 다양한 생물 종 상호 간의 생존경쟁이 점점 치열해지며 서로를 향한 진화의 압박이 다시 영향을 주는 순환이 일어났다. 이러한 생명체 진화의 가속적 특성은 우주의 가속적 팽창에서도, 인간의 진화에서도, 인류 역사의 전개에서도, 과학기술의 발전에서도 공통적으로 발견된다. 왜 가속성이라는 공동 특성이 나타난 것일까? 이것에 대해서 정확히 알 수는 없지만, 이해할 수 있는 하나의 단조는 1965년 인텔의 고든 무어(Gordon Moore, 1929~2023)가 '무어의 법칙'이라는 발전 속도 예측을 내놓은 것에서 찾을 수 있다.

그는 트랜지스터가 더 작아지고 정확해짐에 따라 컴퓨터 칩에 내장될 수 있는 트랜지스터의 개수가 2년마다 2배씩 증가하리라고 예측하였는데, 이후 그것이 옳다고 증명되었다. 컴퓨터 성능의 발전 속도가 지수적으로 상승한다는 통찰력을 제공한 무어의 법칙은 전혀 무관해 보이는 다양한 현상에서도 공통적으로 발견되고 있다.

둘째, 우주는 소립자와 우주 방사선으로 가득 찬 공간이고 그것들은 지금도 모든 생명체의 신체를 통과하거나 신체에 흡수되고 있다. 그중 에너지가 강한 자외선과 방사선은 세포를 파괴하고 DNA 서열을 변형하여 돌연변이를 일으킨다.

지구의 자기장과 오존층은 인간과 같은 고등 생명이 탄생할 수 있는 필수적인 보호막이 되었는데, 오존층의 생성까지 20억 년이 소요되었다. 오존층은 한동안 타격을 받았는데, 오존층이 붕괴되면 지표 위 동물들 대부분이 궤멸적 피해를 입는다. 그리고 곧이어 식물 생태계가 영향을 받고, 이후에는 산소 농도가 저하되고, 그 결과 지구의 지표면에는 어떠한 생명체도 살 수 없게 된다.

셋째, 지각 운동, 태양 플레어, 운석 충돌 등 재앙을 가져오는 지구의 변화 주기보다 생명체 진화 주기가 상대적으로 짧아 진화 과정의 독특한 변화가 있었다. 생명체에 우호적인 온난한 시기에는 대형 동식물로의 진화가 촉발된다. 원시 단세포조차 우호적 환경에 힘입어 그 덩치가 엄청나게 커진다. 덩치가 커지면 먹히지 않고, 먹는 자가 되어 보다 오래 생존할 수 있기 때문이다. 대형화되어야 할 진화적 이유가 있는 것이다. 단순한 구조의 삼엽충이 변이를 거쳐 점차 거대한 종으로 덩치를 키운 이유가 이런 필요에 의한 것이다.

그러나 극적인 지구의 변화 주기에 도달하면, 이제껏 기세등등했던 대형 동식물은 그 덩치 때문에 순식간에 멸종한다. 그때 환경 변화에 기민하게 대응할 수 있는 몸집 작은 생명체로부터 다음의 진화가 시작된다. 수많은 대량 멸종 사태에서 대형 동식물은 멸종하고, 멸종 이후의 공백에서 생존한 소형 동식물이 다시 번성하고, 평화로운 시기가 지속되면서 그들로부터 다시 덩치를 키우는 진화가 시작되는 것이다.

생태계 적응에 실패한 일부 종은 항상, 수시로 멸종한다. 그리고 대량 멸종 사태가 또한 수시로 발생한다. 지구에 있었던 생명체의 99.99%가 멸종하였다 하니, 멸종이 이상한 것이 아니라 멸종하지 않은 것이 매우 특별하고 이상한 것이다. 박테리아 등의 미생물, 바퀴벌레, 개미, 모기, 벌, 각종 플랑크톤 등 매우 작고 에너지 절약적인 생명체가 오랜 시간을 버티며 살아남았다는 것이 시사하는 바가 있는 것이다.

박테리아와 바이러스

사람은 약 100조(10¹⁴) 개의 세포(MIT 브로드연구소, 하버드 대학교, 케임브리지 대학교 생어연구소 등이 2016년, 향후 10년간 인간 세포 지도를 만들 계획을 발표했는데 이후 정확한 정보가 나올 것이다)[10]로 구성되었는데, 사람 몸에 기생하는 박테리아 숫자는 그 이상에 이를지도 모른다. 박테리아는 일반적으로 병을 일으키는 불결한 불청객이라는 이미지가 있지만 이것은 사실이 아니다. 병의 원인이 되는 박테리아도 있지만, 오히려 인간은 몸속의 유용한 박테리아가 없으면 하루도 생존하지 못한다. 생물학자 린 마굴리스(Lynn Margulis)의 공생진화론에 따르면 인간은 박테리아와 공생하며 진화한 동물[11]의 한 종이다.

이 세상에는 정말 이상한 미생물이 많은데, 그중 매우 신기하고 흥미로운 점균류의 생장 과정을 살펴보자. 하수구, 축축한 낙엽 등에서 육안으로도 관찰되는 점균류 자실체는 점균류가 집단을 이룬 버섯 비슷한 모양의 덩어리 구조물이다. 적당한 시기에 자실체 윗부분의 포자낭이 터지며 점균류 포자가 방출되고, 방출된 점균류는 포자 상태로 날려 이동한다. 적당한 위치에 자리 잡은 점균류는 아메바와 비슷한 단세포 상태로, 세균이나 효모를 먹이로

---

10) 네이버 지식백과: 인간세포지도(human cell atlas) [한경 경제용어사전]
11) 네이버 지식백과: 린 마굴리스(Lynn Margulis) [해외저자사전, 2014. 5.]

하여 자유롭게 지낸다. 그러다가 점균류는 집합 장소로 모여 마법처럼 민달팽이 모양으로 합체를 한다. 그리고 이 민달팽이는 서서히 꿈틀대며 이동하여 노출된 곳에 자리 잡는다. 그러다가 이 점균류 덩어리는 다시 재배열하여 마치 식물처럼 변형한다. 점균류는 수백만 개의 포자를 품는 자실체를 만들고 있다가 적절한 시점에 터져서 전체 생장 과정을 되풀이한다.[12)]

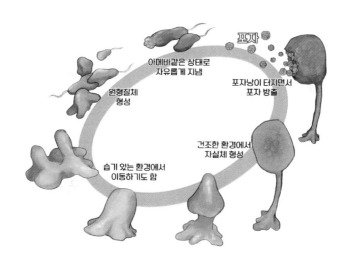

점균류의 생장

12)   네이버 지식백과: 점균류(Myxomycota, 粘菌類) [두산백과]

홍혈염(점균류의 일종)과 개미

　박테리아의 놀라운 특징 중 하나는 박테리아 상호 간 유전정보를 공유한다는 것이다. 예를 들어 특정 병균의 박테리아를 퇴치하기 위해 어떤 항생제를 개발했다고 가정하자. 이 항생제는 효과가 있어, 그 박테리아로 인해 발병하는 질환의 치료에 성공하였고 수년간 이 항생제는 매우 효과가 좋았다. 그런데 어느 순간 그 항생제에 대한 내성을 가진 박테리아가 발생하면, 순식간에 모든 박테리아가 내성을 가지게 된다. 어떻게 서로 다른 개체를 이루는 박테리아 사이에서 유전자 교환이 일어나는지 아직 알 수 없지만, 이러한 적응 능력으로 박테리아는 오랜 기간 생존하였다. 박테리아는 주변 환경이 불리해지면 모든 활동을 멈추고, 생존 환경이 개선되면 다시 부활한다.

　내셔널 지오그래픽에 따르면 대략 1,000종의 미생물 중 1종이 인간에게 독성을 보이는데, 감염성 미생물이 직접 질환을 일으키거나 몸의 면역 체계가 미생물을 제거하는 과정에서 몸이 아프게 된다. 위궤양, 심장병, 천식, 관절염, 일부 정신질환, 암 등의 발병에 세균이 관여함이 밝혀졌다.

　박테리아보다 더 작고 단순한 구조의 바이러스는 그 자체로 살아 있는 것이 아니라 무기물과 생명체의 중간적 성격을 지닌 반 생명체다. 가장 단순한 형태의 박테리아도 수천 개의 유전자로 구성된 것에 반해, 다수의 바이러스는 10개 이하의 유전자를 지닌다. 고립된 바이러스는 활성도 없고 해를 끼치지도 않는다. 그러나 숙주에 들어가면 세포의 유전물질과 반응하여 폭발적으로 증식하고, 질환을 유발하여 다른 숙주로 전염된다. 자연 상태에서 대략 5,000종의 바이러스가 발견되었는데, 발달된 유전자 기술로 인공적으로 만들어지는 바이러스가 상당수 존재할 것으로 예측된다. 바이러스는 독감과 감기, 기면성 뇌염, 천연두, 광견병, 황열, 에볼라, 소아마비, 라사 열병, 사스, 메르스, HIV(AIDS 유발), 최근 유행한 COVID19까지 매우 심각한 전염병을 발생시킨다. 가장 심각했던 질병은 1918년 봄부터 유행한 스페인독감('돼지독감'이라고도 불린다)이었는데, 4개월 만에 2,000만 명을 초과하는 인명 손실을 발생시켰다.

　바이러스는 생명체가 아니어서 느닷없이 나타났다가 갑자기 영문도 모르게 사라진다. 또 사라졌다고 해서 바이러스가 완전히 소

멸된 것도 아니다. 바이러스는 실제 되돌아와 유행하거나 일부 유
전자가 변형되어 돌아오기도 한다. 바이러스는 점차 거주 환경의
밀집도가 높아지는 현대 인간에게 강력한 위협이 되고 있다.

인간
- 유사함과 독특함

동물과의 공통점

신생대 초기부터 영장류 동물이 등장하였다. 이후 긴팔원숭이, 오랑우탄, 침팬지, 고릴라 등의 유인원과 인간이 각자의 진화에 따라 출현하였다.

지구가 낳은 생명체의 한 종으로서 우리 인간은 다른 모든 생물과 친척 관계다. 침팬지와 비교적 가까운 사촌 관계라 가정한다면 개, 닭, 물고기 등과는 육촌 관계다. 그리고, 개미, 거머리, 모기하고는 팔촌 관계 정도이고 풀, 나무, 곰팡이, 박테리아는 조금 더 먼 친척 관계라 볼 수 있겠다.

인간을 이해하기 위해서 다른 생명체와의 공통점과 차이점을 차례로 생각해 보자.

공통점은 첫째, 탄소 기반의 생명체로서 탄소순환에 참여하여 에너지를 획득하고 물질대사를 한다는 점이다. 인간의 자궁에서 수정된 최초의 세포는 세포분열을 거듭하여 성체로 성장하고, 세포분열과 소멸을 계속 되풀이하여 신체의 항상성을 유지한다. 인간이 섭취한 탄소 영양분과 산소를 이용해 에너지를 생성하는 장소는 각각의 세포이다. 세포핵 속에는 유전정보를 간직한 염색체 DNA가 들어 있고, 핵 주위는 세포액으로 가득 차 있다. 그리고 세포액 위에 떠 있는 것들 중 미토콘드리아라 불리는 독특한 기관이 있다. 미토콘드리아는 영양분과 산소를 에너지로 바꾸는 발전소와 같은 역할을 한다. 수많은 세포 속의 이 작은 기관에서 우리가 활동할 수 있는 에너지가 각각 만들어진다.[13] 우리의 뇌와 신경 시스템은 수많은 각각의 세포의 에너지 충전상태를 실시간으로 모니터링하고 그 대응 방안을 통제, 조절하며 인간을 살아 있게 만든다. 뇌와 신경 시스템의 능력은 경이롭다.

둘째, 인간도 다른 생명체와 마찬가지로 세포로 구성되어 있고, 그 세포의 형태와 기능은 다른 생명체와 거의 유사하다. 조금 차이 나는 것은, 일반 현미경으로는 잘 보이지 않지만 배율 높은 전자 현미경으로 살펴보면 세포핵 내에 46개(23쌍)의 염색체가 있다는 점이다. 그리고 염색체 내부의 DNA라 불리는 실 모양의 유기

---

13) 네이버 지식백과: 세포의 구조와 기능 [상위5%로 가는 생물교실1, 2008. 1. 25., 신학수, 이복영, 백승용, 구자옥, 김창호, 김용완, 김승국]

화합물에 약간 차이가 있다는 것뿐이다. 그런데 사실 DNA 아미노산 염기서열조차도 큰 차이가 나지 않는다. 인간의 DNA를 초파리에 주입하면 초파리는 마치 자신의 유전자인 양 받아들인다. 인간과 초파리의 DNA는 60%가 같으며, 쥐와는 90%가 같다. 모든 생명체는 유사한 발생 패턴을 따르고 각 동식물이 가진 DNA는 유사한 특성을 공유하고 있다.

셋째, 다른 모든 생명체와 마찬가지로 사람도 죽으면 사체를 먹는 동물에게 먹히고 박테리아에 분해되어 무기물의 상태, 즉 생명체로 존재하기 전의 물질 상태로 되돌아간다.

이와 같은 공통점은 다음과 같은 인간의 보편적 속성을 암시한다. 인간은 바다로부터 육지로 올라온 최초의 동물을 공통 선조로 하여 진화해 온 생명체 중 하나로서 다른 동물과 발생 과정에서 유사성을 가진다. 따라서 물고기의 배아나 인간의 배아[14]나 발생 초기 생김새는 거의 유사하며, 세포분열이 상당히 진척된 후에야 서서히 모양이 구별되어 달라진다. 어류가 육지로 진출하며 땅을 딛고 움직일 수 있도록 지느러미가 다리로 변형하여 진화하였다. 그리고 그들은 다시 양서류, 파충류, 포유류, 조류로 진화했다. 그들 중 두뇌 성능이 비교적 우수한 영장류 동물이 우연히 나타나게

---

14) 네이버 지식백과: 생명의 시작 [살아있는 과학 교과서, 2011. 6. 20., 홍준의, 최후남, 고현덕, 김태일]
     네이버 지식백과: 배아(embryo) [두산백과]

되었고, 이를 계기로 인간이 또 우연히 등장하였다.

다윈이 제기한 스펙터클한 생명체 진화의 대서사시는, 일견 전혀 다르고 이질적으로 보이는 다양한 동물들이 같은 물질 재료로 이루어져 있다는 것을 알려 준다. 모든 생명체는 같은 물질을 기반으로 탄생하였고, 같은 탄소 기반의 먹이를 먹어서 생존한다. 그리고 같은 DNA 구조, 같은 세포 구조를 지녔으며, 죽고 나면 같은 생명체에 의해 먹히고 분해된다. 모든 생명체는 무기물로 돌아가는 똑같은 운명을 지녔다. 생명체는 단지 각각의 환경에 적응하기 위해 발전시킨 각각의 형상을 지닌 것뿐이라는 통찰력이 제공된다.

어류 이상의 모든 고등 척추동물은 아가미 기관을 가지고 있다. 이 아가미 기관은 물 위로 올라오는 진화 과정에서 부갑상선, 편도선 등으로 변형되었다. 또한 대부분의 고등 척추동물은, 비록 인간에게서는 퇴화되었으나 꼬리를 가지고 있다. 또 대부분은 다리가 4개이다. 어류의 지느러미가 4개의 다리로 변형되었고, 파충류로부터 조류로 진화하는 과정에서 윗다리 2개가 다시 날개로 변형되었다. 손가락, 발가락은 각각 5쌍씩 10개로 구성되어 있다. 최초로 육지에 진출한 원시 양서류 동물의 화석 기록을 보면 제각각 5~7쌍의 발가락을 가지고 있었다. 이들 원시 양서류는 육지 생활에 적응하며 개체를 늘리다가 5쌍의 발가락을 가진 종만이 살아남았고, 이후 5쌍의 발가락은 육상동물의 기본 골격이 되었다. 그 이후 일부 동물은 5쌍의 발가락 중 일부가 퇴화하여 개수가 줄어들기도 했다. 공룡은 3쌍, 말은 1쌍, 일부 원숭이는 4쌍의 발가락을 가지고 있으나 5쌍의 발가락 중 일부가 퇴화하여 변형된 것이다.

우리 인간들의 손가락이 10개라는 이유 때문에 10진법을 바탕으로 하는 수학 체계가 만들어지게 되었다. 만약 우연히 손가락이 4개나 6개였다면 8진법이나 12진법을 사용하고 있을지도 모른다. 코뿔소의 뿔은 완전히 새로운 기관이 아니라, 피부 각질이 케라틴 섬유소와 모여 단단하게 변형된 것이다. 날개 달린 말 페가수스처럼 네 다리와 날개를 동시에 가졌다면, 또는 천사처럼 두 다리와 두 팔을 가진 상태에서 날개가 달렸다면 매우 생존에 유리했을 텐데, 그런 존재는 상상에서만 있을 뿐 현실에는 없었다. 한편 거의 모든 동물은 그 크기와 능력에 상관없이 공통적으로 몸의 기관을 조절하고 동작시키기 위한 신경세포와 그것을 통합 운영하는 뇌라는 덩어리를 가지고 있다. 사람의 뇌나, 개의 뇌나, 개구리의 뇌나, 금붕어의 뇌나, 초파리의 뇌나, 흙 속에 사는 1mm밖에 안 되는 예쁜 꼬마선충의 뇌나 모두 기본단위는 신경세포이고 이들 사이에는 구조적, 기능적 차이가 없다.[15] 이와 같이 모든 생명체는 같은 진화 과정을 공유하였고, 그 구조 또한 매우 유사하다.

---

15) 김경진, 렉처사이언스 KAOS 02 뇌, 「2강 - 인간의 뇌는 과연 특별한가」, pp. 56~57

이번에는 배아의 발달을 보자. 최초에 정자와 난자가 만나 수정되고, 수정된 알은 고유의 DNA 정보에 따라 계속 자기복제 세포 분열을 일으킨다. 배아 줄기세포[16]는 특정한 세포로 분화되지 않은 채 계속 세포 수를 늘려 가다가, 어느 순간 DNA 지시가 내려오면 몸을 구성하는 각각의 모양과 기능을 지닌 세포로 분화하며 고유의 특성을 가지기 시작한다. 그중 가장 먼저 발생하여 중심을 잡아 주는 것은 신경다발이다. 폭발적으로 늘어나는 세포들이 서로 협력하도록 만들고 유기체로서 단일한 생명체로 존재할 수 있도록 만드는 것이 바로 신경다발이다. 이 신경 시스템은 몸 전체를 만드는 연결망으로서 컴퓨터의 기관 역할을 한다. 신경다발 한쪽에서는 뇌가 점점 크게 뭉치면서 연수, 소뇌, 대뇌 등으로 분화한다. 그리고 눈, 코, 귀 등 외부 신호를 받아들여 뇌에 전달하는 감각기관이 발달한다. 또한, 신경다발의 여러 곳에 심장, 간, 이자, 폐, 장 등 각종 내장 기관의 씨앗이 만들어진다. 이후 팔, 다리, 손가락, 발가락 등이 나타나고, 생식기가 발생하며, 이를 보호하는 뼈, 근육, 피부 등이 모두 함께 그 신경다발에 붙어서 점차 성장한다.

---

16) 네이버 지식백과: 세포의 구조와 기능 [상위5%로 가는 생물교실1, 2008. 1. 25., 신학수, 이복영, 백승용, 구자옥, 김창호, 김용완, 김승국]

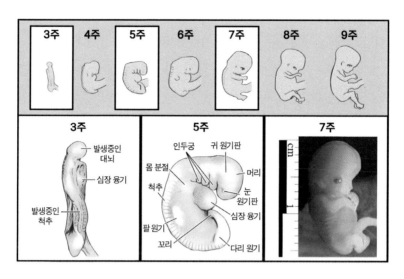

인간 배아의 발달

　　대형 조각 작품이나 로봇을 제작하는 경우, 먼저 중력에 대응하는 뼈대를 설치한다. 뼈대 구조물을 토대로 내부 구성물과 상호 간 연결 배선을 설치한 후 외부 형태를 만든다. 반면 생명체 발생과정은 그 반대다. 유기 생명체가 작동되도록 만드는 중요한 연결 배선이 먼저 자리 잡는 것이다. 발생 단계는 시사하는 바가 있는데, 먼저 발생하는 순서대로 생명 유지 기능과 관련이 높다. 팔다리는 혹시 사고로 잃게 되어도 생명 유지는 가능하나 심장이나 내장 기관 중 어느 하나가 제거되거나 작동을 멈추면 생명은 유지될 수 없다. 그리고, 뇌와 신경망이 망가지면 몸을 작동시키는 것 자체가 불가능하다. 또한 내장 기관은 교체될 수 있으나 뇌가 망가지면 교체가 불가능하며, 만약 미래에 의학기술 발달로 뇌의 교체가 가능하게 되더라도 뇌가 교체되는 순간 이미 기존 생명체가 아닌 전혀 새로운 존재가 된다.

인간은 뇌라 불리는 머리뼈 속의 신경세포 덩어리가 주도하고 눈, 귀, 손, 발, 심장 등의 다양한 기능의 기관들이 결합되어 있는 유기체다. 이 각각의 기관은 고유의 역할이 있고, 각각 조화와 균형을 이루며 위치하기 때문에 인간은 단일 유기체로서 항상성을 유지할 수 있다. 그중 어느 하나의 기관이라도 주어진 역할을 하지 않거나 전체의 조화와 균형에서 벗어난다면, 인간은 심각하게 불편해지고 때에 따라 사망에 이른다.

어떤 계기로 뇌의 명령을 어기고 조화와 균형을 깨뜨리는 일단의 세포가 나타나 증식하는데 이것이 암세포다. 암세포는 화려한 생존과 번식 능력을 발휘하고, 자신들만의 과도한 증식을 통해 주변의 정상 세포에 엄청난 변형과 타격을 가함으로써 결국 인간 유기체 전체를 죽음으로 몰아가는 존재다. 암세포가 일단 번식에 성공하고 나면 주변 세포와의 동질성 때문에 정상 세포와 정밀하게 구별하여 제거하기 힘들게 된다.

독특함의 발생

그렇다면 인간은 어떤 차이로 다른 생명체를 좌지우지하는 지배적 종이 되었을까?

인간은 약 6,500만 년의 신생대 진화 과정에서 비교적 최근에 탄생하였다. 굳이 인간이 아니더라도 영장류 동물의 생태적 지위와 생존 능력은 확고하다. 사자, 곰, 늑대 등 맹수와의 대결에서는 힘과 용맹성이 뒤처지지만, 그렇다고 일방적으로 먹이가 되는 생태적 지위는 아니다. 대부분의 영장류 동물은 영리하게 군집하여 사회를 이루며, 맹수의 접근이 어려운 정글의 나무 위처럼 생존에 유리한 환경에 거주하였다. 이들은 주로 섭취 가능한 나무 열매와 견과류, 곤충의 애벌레를 즐겨 먹었다. 그리고 비교적 느리고 작은 크기의 동물이나 잘 못 움직이는 새끼들, 조류의 알을 찾아 먹었다. 이들은 때로 먹잇감이 부족해지면 각종 뿌리와 나뭇잎과 풀을 뜯어 먹고, 닥치는 대로 아무거나 주워 먹으며 생존을 유지했다. 영장류 동물은 초식동물과 육식동물의 틈새 전략과 잡식성을 바탕으로 생존했다. 영장류 동물은 맹수 입장에서 볼 때, 잡아먹기에 과도한 에너지가 소모되고 걸리적거리는 주변적 생명체였다. 그러한 영장류 동물로부터 유인원으로 분화가 일어났고, 인간으로의 돌연변이가 나타났다.

인간은 맹수들이 쉬는 낮에 주로 활동을 하였다. 항상 주위를 경계하며, 곤충이나 작은 동물들을 사냥하고, 맹수들이 먹고 남은 고기 조각을 뜯어먹고, 뼈를 부수어 골수를 꺼내 먹었다. 인간은 낮에 활동하면서 눈의 시력이 가시광선에 적합하게 발달하고 털이 퇴화되었다. 인간은 시야를 높게 두어 주변 환경을 재빠르게 살펴보기 위해 허리를 펴고 두 발로 딛고 일어서기 시작했다. 미리부터 멀리서 맹수와 먹잇감의 위치를 살펴봄으로써 도망치거나 사냥할 때의 힘과 속도의 약점을 보완하기 위한 행동이었으나, 두 발로 서다 보니 더욱 속도가 약화되었다.

속도 약화에 따라 더욱 어려워진 생존을 위해 인간은 자유로운 두 팔로 돌과 막대기를 들었다. 먹잇감을 찾기 위해 풀숲을 휘적거릴 때 막대기는 제법 유용하였으며, 멀리 떨어진 사냥감을 잡으려면 뛰어가 잡기보다는 돌을 던져 맞히는 것이 보다 효과가 좋았다. 강력한 맹수에게는 여전히 수시로 잡아먹혔지만 맹수에게도 돌과 막대기를 들어 저항하였다. 인간이 생존하기 위해서는 자유로운 두 팔을 적극적으로 사용해야 할 필요성과 진화적 압박이 생긴 것이다. 막대기를 쥐고 돌을 던지는 능력이 생존의 필수 능력이 되었고, 결국 돌을 정확하고 힘있게 던지는 장거리 공격 능력은 인간이 가장 탁월하게 되었다. 두 팔과 손, 손가락을 섬세하게 사용할 수 있는 능력의 발달은 어느 동물도 예상하지 못했지만, 위험한 불을 다룰 수 있는 바탕이 되었으며 이후 인간이 불을 통제하여 지배적 종이 되는 발판이 되었다. 인간은 독특하게 진화하여 감각기관에서는 눈이, 운동기관에서는 팔과 손이, 향후 벌어지는 상황에 대한 예측과 대응이라는 측면에서 뇌의 능력이 점점 중요하게 되었다.

인간은 다른 동물에 비하여 힘, 속도, 용맹성 측면에서는 열위에 있었으나, 결정적인 육체적 경쟁 우위를 가진 것이 있었다.

① 부족한 힘과 속도를 보완하는 방법을 끊임없이 고안한 뇌의 능력이다.

② 사회적 동물로서 소통 능력을 획기적으로 증가시킨 감정과 표정이다. 인간에게 특히 발달한 유머와 웃음은 인간의 우월 성을 상징한다. 인간의 탁월한 감정과 표정은 뇌 발달의 부산 물이기도 하다. 다른 모든 동물에게도 감정은 중요하나, 인간 에게는 더욱 중요하게 되었으며, 이를 기반으로 공감 능력이 발달하였다.

③ 사회적 소통 수단인 목소리의 다양성과 이를 가능하게 한 목 의 생체적 구조이다. 인간 뇌 용량의 상당 부분은 언어를 구사 하기 위해 사용된다. 언어 능력의 우월성은 되먹임을 통해 뇌 지능의 발달을 가져왔고, 지식과 정보를 전달하는 획기적 수 단이 되었다.

④ 위험한 물건과 물질을 비교적 신체로부터 멀리 떨어뜨려 섬세 하게 조작할 수 있는 팔과 손이다. 이는 인간이 불을 조작, 활 용하여 향후 다른 동물과의 생존경쟁에서 우위를 가져올 수 있게 하였다. 그리고 섬세한 손과 손가락은 이후 도구를 제작 하는 능력의 바탕이 되어, 인간을 지배적 종이 되게 하는 핵 심적인 신체 능력이 되었다.

⑤ 두 팔의 자유를 가져온 직립보행이다. 많은 영장류 동물이 손 을 사용하고 두 발로 보행이 가능하나, 인간만큼 정교하게 팔

과 손을 활용하는 수준까지 발전하지는 못하였다.

⑥ 지구력을 획기적으로 개선한 발달된 땀샘이다. 인간은 털이 퇴화하면서 보온 성능이 취약해지고, 사고에 의한 외상 우려가 커졌다. 반대급부로 인간은 땀을 배출하여 체온을 조절함으로써 지구력을 획기적으로 개선하였다. 인간은 우월한 신체 능력을 가진 대형 포유류를 사냥할 때, 먹잇감에 날카로운 돌이나 창을 던져 상처를 내어 피를 흘리게 만들었다. 대형 포유류는 상처 입은 상태로 빠른 속도로 도망치지만, 인간은 우월한 지구력을 바탕으로 먹잇감이 쓰러질 때까지 끈기 있게 뒤쫓아 결국 먹잇감을 확보하였다. 발달한 땀샘은 인간이 대형 포유류를 사냥할 수 있게 하는 필수적인 신체 조건이 되었다.

⑦ 뚜렷하지 않은 발정기[17]로, 위태로운 생존 환경에서 성교 가능 기간의 제한을 완화하여 초기 인류가 무사히 살아남을 수

---

17) 1998년 뉴멕시코 대학 진화심리학자 랜디 손힐(Randy Thornhill)과 스티븐 갱지스태드(Steven Gang-estad)는 여성이 가임기가 되면 성욕이 증가할 뿐만 아니라 성적으로 선호하는 남성의 특질이 선택적으로 변한다는 가설을 제시했다.

진화심리학의 배란 전환 가설은 인간은 발정기를 잃어버리지 않았다고 주장한다. 인간은 다른 동물과 달리 발정기에 신체적 변화나 신호가 드러나지 않아 남성들이 이를 쉽게 알아차릴 수 없지만, 배란 일정에 따라 여성의 성욕이 달라진다는 것이다.

Gangestad S.W. & Thornhill. R.(1998) Menstrual cycle variation in women's preferences for the scent of symmetrical men. Proceedings of The Royal Society of London B: Biological Sciences, 265(1399), pp. 927~933

Thornhill R. & Gangestad S.W.(2008) The evolutionary biology of human female sexuality. Oxford: Oxford University Press

있도록 하였다. 인간은 한 번에 낳을 수 있는 새끼 수가 적고, 비교적 장기인 임신 기간, 장기간의 새끼 보호 기간 등 생존경쟁에서 불리한 점이 있었다. 인간의 독특한 성적 특성은 그 경쟁 열위를 보완해 주었다.

이러한 육체적 우월성 중에서 가장 중요한 것은 역시 뇌의 능력이었다. 뇌의 진화로 인간은 사고 체계가 크게 발달하였고, 즉각성의 발현 기제인 감정도 함께 발달하였다.

혈연에 대한 온정

군집 생활을 하는 사회적 동물 중에서 이전의 포유동물과 다른 약간의 독특한 특성이 나타났는데, 그것은 혈연에 대한 온정적 대응이다. 대부분의 동물 집단에서도 새끼가 성장할 때까지는 부모로부터 보호를 받는다. 그러나 이후 성체가 되면 완전히 부모와 동격의 대등한 개체가 되고, 이들은 동일한 생존경쟁 원칙에 따라 생활한다. 부모가 늙어 약해지면 다른 동물에게 먹히거나 일단의 집단에서 도태되어 조용하고 쓸쓸하게 죽음을 맞이한다.

사자와 같은 맹수 집단에서는 육체적으로 가장 강한 수컷이 암컷 모두를 독차지하며 집단을 이룬다. 이들은 새끼들을 기르고 보호하지만, 조금 자란 어린 수컷은 무리로부터 쫓아 버리거나 물어 죽인다. 어린 수컷은 야생을 배회하며 홀로 먹이를 구하지만, 대부분 생존에 실패하며 죽음을 맞이한다. 먹이 사냥에 성공하여 구사일생으로 살아남아 성장한 숫사자는 사자 무리를 이끌고 있는, 아버지와 같은 우두머리 숫사자에게 도전하여 결투를 하고 그 지위와 권력을 탈취하려 시도한다. 우두머리 숫사자는 야생 수컷들의 도전을 제압하는 한 그 지위와 권력이 유지되지만, 늙고 약해져 결국 패하게 될 경우에는 무리를 떠나 죽음을 맞이한다. 결투에서 승리한 새로운 수컷은 집단의 우두머리가 되어 자신의 새끼를 낳고 번성하지만 역시 아버지의 운명과 같은 최후를 맞이한다. 맹수의 세계에서는 개체로서의 강한 힘이 그 자신의 권력과 지위를 유지하는 유일한 원천이다.

반면, 영장류 동물은 처음부터 먹이사슬 피라미드의 주변적 위계를 지닌 틈새 전략의 동물이었다. 영장류 동물은 생존을 위해 상호 의존적인 협력 사회를 구성하였다. 영장류 동물 각 개체의 생존은 집단의 일원으로 머무는 한 대체로 보호될 수 있었으므로, 굳이 그 사회적 집단 내에서 육체적으로 가장 강해야 할 이유가 비교적 크지 않았다. 이에 따라 영장류 동물의 사회적 집단에게는 자연스럽게 공존 및 공생의 협력 관계가 형성되었고, 부모 개체에 대한 온정적 행동이 나타나게 되었다.

영장류 동물은 대체로 부모가 누구인지 정확히 알기 어려웠다.

대부분 집단으로 공동체 생활을 했기 때문에, 엄마는 누군지 알 수 있더라도 아빠가 누군지는 알 수 없었다. 그러나 공동체 집단이 혈연으로 구성된 것은 분명하므로 이들은 먹이가 부족하여 집단의 생존이 위협받지 않는 한, 부모 개체를 굳이 내쫓거나 죽이려 들지 않았다. 부모 개체는 이미 신체적으로 젊은 개체에게 뒤처져 단독으로 생존이 어려웠지만 자식 개체의 온정과 부양으로 생존 기간이 연장될 수 있었다. 이때까지의 모든 생명체는 늙고 약해지며 맞이하는 죽음을 비록 고통스럽다 하더라도 지극히 당연한 것으로 받아들였다. 이러한 부모 개체에 대한 온정적 행동은, 생존과 번식을 위한 직접적인 필요와는 전혀 관계없는 이상한 행동이었다. 온정적 행동은 뇌가 발달한 부작용으로 나타난 오묘한 특질이었다. 그러나 이러한 특질은 가족 문화를 낳는 바탕이 되었으며, 새끼의 양육과 보호에도 유리한 측면을 가져왔다.

온정적 행동과 그 정서적 동기는 이후 인간의 DNA까지도 승계되었다. 이러한 혈연에 대한 온정은 인간 사회에서 혈연에 대한 강한 집착과 결속을 낳았다. 가족 문화가 정착된 사회에서는 더욱 친자식과 친부모에 대한 집착이 강해졌으며, 이는 이후 종교와 권력의 독특한 기제를 발생시켰다. 종교 사제는 지배 권력자가 신의 혈연이므로 그 권력에 정당성이 있다고 주장하였고, 권력은 차차 혈연을 통해 승계되기 시작하였다.

뇌
- 몸과 마음의 주인

뇌와 불

인간이 우월한 종이 되는 데 가장 크게 기여했던 뇌에 대해서 알아보자. 그런데 뇌가 인간에게만 특히 중요하다거나, 인간을 위해 자연이 내려준 선물이라는 오해는 하지 말아야 한다. 뇌는 신체를 구성하는 많은 세포를 일사불란하게 움직여 원하는 행동을 할 수 있도록 만들어 주는 가장 스마트한 기관이다. 또한 뇌는 포식자가 나타날 때 즉각적으로 공포를 느끼고, 호르몬 분비로 폭발적인 에너지를 방출하게 하며, 즉시 비명을 지르거나 도망치도록 작동하는, 생존 목적에서 탄생한 기관이다. 초식동물의 뇌가 발달하자, 선택 가능한 육식동물의 대응 방향은 두 가지였다. 우선 독이나 날카로운 이빨과 발톱 등의 특별한 무기를 장착하거나, 몸집이 더 크고 근육이 발달하도록 진화하여 먹잇감보다 더 빠르고 날쌔게, 더 지그재그로 순발력 있게 쫓아가서 일격에 급소를 공격하는 방식이다. 두 번째는 먹잇감보다 뇌를 발전시켜 먹잇감의 도망 방향을 미리 예측하거나 먹잇감의 생활 습관, 서식지를 관찰하고 파악하여 포획하는 방식이다.

인간은 후자에 속한 진화 계통의 동물이었으나, 생존 과정은 순탄치 않았다. 뇌세포는 고도로 정제된 포도당만을 영양분으로 삼고, 또한 칼로리를 과도하게 소모한다. 인간의 뇌 무게는 체중의 2.5%에 불과한데 에너지는 전체의 20%를 소비한다. 많이 먹어야만 생존할 수 있다는 것은 외부 환경 변화에 기민하게 적응하기 어렵다는 것이다. 자연 생태계 내에는 인간보다 강하고, 날쌔고, 독특한 무기를 갖춘 육식동물이 이미 많이 존재했기에 먹잇감을 구하기도 힘들었지만, 언제든 공격당하여 잡아먹힐 우려가 컸다. 또한 충분한 칼로리를 제공할 수 있는 수준의 적당한 몸집을 가진 동물로서 인간보다 느린 먹잇감은 많지 않았다. 인간의 개체 수는 쉽게 늘어날 수 없었고, 언제든 멸종이 일어날 수 있었다.

인간은 불을 다루면서 다른 동물과의 수준 차이를 증명하였다. 가끔씩 자연적으로 발생하는 불은 어느 동물도 가까이 갈 수 없었던 공포의 대상이었다. 불은 너 나 할 것 없이 탄소 기반의 모든 동식물을 쑥대밭으로 만드는 매우 위험한 물질 현상이었다. 그러나 인간은 이와 같이 모두를 죽일 수 있는 위험성에서 파괴적 생존 방법을 터득했다. 불의 사용은 인류가 스스로 지적 생명체로 진화하기 시작한 첫 번째의 위대한 정신적 도약이었다. 다른 어떠한 동물도 이러한 도약을 이루지 못했다. 인간은 불을 다루면서 먹이사슬 생태계의 주변적, 중간적 위계로부터 상위 포식자로 지위를 상승시킬 수 있었다. 인간은 맹수로부터의 포식 위험을 크게 낮추어 생존의 불안을 완화할 수 있었고, 먹이 활동에도 보다 적극적으로 나설 수 있었다. 개체 수도 증가할 수 있었고, 공동체 집단의 안정성도 얻을 수 있었다.

불을 다루는 인간의 기술은 하루아침에 이루어진 것이 아니다. 인간은 다른 동물보다 정교한 팔과 손을 이용해 불붙은 나무토막을 몸으로부터 멀리 떨어뜨려 들 수 있었다. 그리고 발달된 뇌의 호기심을 가지고 훨씬 적극적으로 불이 발생하여 번지고 꺼져 가는 과정과 불의 효과를 관찰하였다. 그리고 불이 꺼지고 난 후의 상태 변화를 살펴보고, 부러뜨려 보고 문질러 보는 등 여러 방법으로 실험하며 세밀하게 확인하였다. 그렇지만 불을 끄거나, 차단하거나, 유지하거나, 새로 발생시키는 방법은 직관적으로 알기 어려웠다. 불의 효용성을 발견하고 나서도 불은 여전히 인간도 죽일 수 있는 위험한 현상이었기에, 아주 오랜 기간 능숙하게 사용할 수 없었다.

하지만 맹수와 같은 상위 포식자가 접근하지 못하고 두려워한다는 것을 알게 된 인간은 불에 가까울수록 안전하였으므로 필사적으로 불에 매달렸다. 불에 더욱 큰 관심을 갖고 불을 다루는 방법에 대하여 끊임없이 연구하였다. 최초에는 여전히 불은 인간에게도 위험하였고 불을 통제하기도 힘들었다. 불은 주변의 나무, 풀

등 탄소 기반의 가연성 재료에 쉽게 옮겨붙고 확산되었으며, 인간의 생명도 자주 위협했다. 물로 끄거나, 흙으로 범위를 한정시킬 수 있었지만, 바람은 불을 갑자기 확산시키는 위험을 가져왔다.

오랜 기간의 연습을 통해 불을 다루는 데 익숙해지자, 인간은 불을 유지하며 수시로 이곳저곳에 불을 놓았다. 위협이 되는 포식 동물을 사전에 제압하거나 쫓기 위한 방법으로, 먹잇감을 사냥하는 방법으로, 먹잇감을 익히는 방법으로, 거주 영역을 보호하고 확장하기 위한 방법으로, 불을 적당한 거리에 두고 온기를 유지하는 방법으로, 때론 재미로 불을 놓았다. 특히 음식을 익혀서 먹는 것에 익숙해지면서 인간이 먹을 수 있는 종류가 대폭 확대되었다. 자연 상태로 소화가 어려운 밀, 쌀 등의 칼로리 높은 곡식을 먹기 시작하였으며 식중독의 위험이 있을 수 있는, 다소 신선도가 떨어진 동물 고기도 먹을 수 있게 되었다. 화식의 유용성에 대한 발견과 맛에 대한 적응은 인간의 생존 능력을 크게 늘렸다. 이전보다 풍부한 양의 먹이를 단시간에 쉽게 소화할 수 있게 해 주었으며, 동물성 단백질의 공급이 수월하게 되었다. 화식을 통해 몸의 덩치가 커지고, 내장 길이가 줄어들었으며, 뇌의 용량과 성능을 더욱 키우는 진화의 물리적 토대가 만들어졌다.

불을 다루는 인류의 기술은 약 백만 년 전쯤 시작되어, 지역적으로 그리고 각 씨족 집단마다 차등하게 천천히 발전한 것으로 보인다. 불은 당시의 최첨단 기술이었고, 불을 다루는 기술 수준에 따라 각 수렵채집 씨족 집단의 생존과 발전 여부가 결정되었다. 첫 번째 시도한 것은 불을 유지하는 기술이었고, 매우 오랜 시간이 흐른 후 불을 인공적으로 발화하는 기술을 습득할 수 있었다.

한편 인간이 불을 다루는 데 익숙해지자, 불을 놓아 사냥하는 방법을 터득하였으며 대량으로 생명체를 죽일 수 있게 되었다. 인간을 제외한 대부분의 포식 동물은 먹기 위하여 사냥을 하며, 배가 부른 상태에서는 바로 앞에 먹잇감이 지나가도 관심을 두지 않는다. 하지만 인간은 불을 놓아 사냥하면서 먹기 위해 필요한 수 이상의 동물들을 죽일 수 있었으며, 인간 사이의 분쟁에서도 폭력적인 측면이 강화되었다.

다른 동물의 마음을 모르므로 추정에 불과하나, 불붙은 나무토막을 휘두르면서 자신을 방어하며 저항하는 인간은 늑대, 호랑이 등 맹수 입장에서 쉽게 제압하기 힘든 동물로 판단하기에 충분했다. 다른 동물의 뇌에서는 인간의 불을 이용한 무작위적 살상에 대한 공포심이 강화되었으며, 대부분 야생동물의 무의식에 인간은 가까이하면 안 되는 종으로 각인되었다. 화톳불로 경계하는 인간의 거주 영역에는 되도록 접근하지 않는 방식으로 동물의 행동반경이 제한되기 시작했으며, 인간의 영역이 확장되자 점차 야생 깊숙한 곳으로 쫓기기 시작하였다.

스스로의 육체적 힘이 아니라 불의 조작으로 자연 생태계 내에서의 지위가 급상승한 인간은 강력한 맹수를 여전히 두려워했다. 그렇기 때문에 다른 동물과 달리 먹기 위해서뿐만 아니라, 위협 제거를 위한 예방적 살상이 나타나기 시작하였다.

인간이 불을 사용하여 이룬 파괴적인 생존 방식은 이후 인류 역사를 관통하는 폭력적 특징을 형성하였다. 장자끄 아노 감독의 영화 '불을 찾아서(Quest for Fire)'는 초기 인류의 불을 다루는 기술 발전에 대해 직관적으로 잘 알려 준다.

불은 인류 문명을 탄생시키고 성장시킨 원동력이었다. 인간은 여러 재료와 도구에 불을 붙여 보며, 불이라는 위험한 물질 현상을 다루는 기술을 계속 발전시켰다. 광석으로부터 금속을 추출하여 금속제 도구를 만드는 기술을 개발하여 청동기, 철기시대를 열었다. 불이 붙지 않는 금속, 도기, 자기, 벽돌로 그릇이나 화덕을 만들어 불을 꺼뜨리지 않고 제한된 범위 내에서 불을 유지하는 기술을 발전시켰다. 다양한 식재료에 불을 사용하여 다양하고 맛있는 요리를 만들어 먹었다. 건축물의 난로나 구들에 불로 온기를 유지시킬 수 있었고, 이를 이용해 겨울철에 더욱 추운 곳에서도 거주할 수 있게 되었다. 불의 폭발적 성질과 팽창성을 발견하고, 화약을 발명하여 많은 인간을 효과적으로 살상하는 무기를 만들었다. 화력 좋은 석탄을 발견하여 증기기관을 발명하였고, 석유나 가스 등 새로운 탄소 기반 연료를 개발하였으며, 불의 세부적 성질 및 기능과 현상 등을 점점 더 잘 파악하게 되었다. 산업혁명 이후 생산성의 비약적 발전은 불과 에너지를 다루는 기술의 급성장에서 비롯되었다.

뇌의 독자적 의사결정

뇌는 생명체의 운영에 관한 총괄 업무를 수행하는 중앙통제센터다. 중추신경계는 뇌와 척수로 구성되는데 뇌는 두개골에 의해, 척수는 척추골에 의해 보호된다. 그리고 뼈의 안쪽으로 뇌척수막이 뇌와 척수를 감싸 지지하고 보호한다. 그리고 뇌는 뼈와 막으로 된 보호막 이외에도 뇌척수액에 의해서도 또다시 보호된다. 중추신경계는 배엽이 분화되는 배 발생의 가장 초기에 형성된다. 긴 원통형 신경관의 앞부분은 여러 번 뭉쳐지고 두꺼워져서 뇌를 형성하고, 뒷부분은 그대로 척수를 형성한다. 이러한 신경다발의 연결배선 시스템 내에서 여러 기관이 생겨나고, 각 세포 하나하나에 이르기까지 말초 신경계를 통해 연결되고 통합된다. 이러한 발생 과정은 모든 세포에 내장된 DNA의 설계도에 따라 한 치의 오차도 없이 정해진 순서대로 진행된다.

DNA와 뇌는 생명체를 살아 있게 하는 시스템인데, 그 존재의 성질이 약간 다르다. DNA는 생체 내에서 가장 엄격한 비활성 물질이다. 각 세포 내의 세포핵 속에 존재하는 DNA는 끊임없이 복제되는 원본 설계도인데, 원본 설계도가 외부 자극에 의해 쉽게 오염되거나 변형되지 않도록 지시를 내릴 때에도 중간의 통역 단백질을 생성하여 명령한다. DNA는 부모로부터 물려받은 유전적 특질이 발현되도록 하지만, 어떤 특정한 개체가 임의로 원본 설계도를 변형하는 것은 쉽게 허용하지 않는다. 하나의 개체는 살아 있는 동안 물려받은 DNA 설계도를 변형 없이 그대로 보존하고 있되, DNA에 무언가 영향을 줄 수 있는 기회는 감수분열하여 정자와 난자를 만들고 수정하는 찰나와 같은 과정에서만 존재한다.

한편 인간의 DNA 염기서열은 모두 대체로 유사하지만, 부모로부터 받은 유전적 특질에 따라 각각 미세한 차이가 있다. 따라서, 일란성 쌍둥이를 제외하면 모든 인간은 각자 유일한 염기서열의 DNA를 가진다. 그런데 설사 일란성 쌍둥이라 하더라도, 뇌는 각자 독특한 커넥톰(Connectome)을 구성한다. 커넥톰은 재미과학자 승현준이 2010년 TED에서 강연하며 대중에게 알려졌는데, 인간 게놈 프로젝트(Human Genome Project) 용어에서 유래했으며 뉴런과 시냅스의 연결망 구조로서 현재 그 사람을 실제 주도하는 뇌의 구성 상태라고 할 수 있다. 커넥톰은 모든 사람마다 각각 다르고, 지식과 경험이 쌓이면서 계속 역동적으로 변화한다. 뇌는 살아가는 동안 외부로부터 받는 자극을 기억하고 재배열하여 그 자신만의 독자적 의사결정 체계를 만들기 때문이다. 뇌는 그 생명체의 본질이며, 그 자체다. 만약 뇌가 손실되거나 변형되면, 그 개체 자체가 손실되거나 변형된 것이다. 그 생명체가 살아온 전 과정의 기억이 뇌에 저장되고, 모든 감정 반응의 흔적과 지식이 뇌에 쌓인다. 약간의 시간이 소요되기는 하나, 심지어 얼굴 이미지나 표정, 체형조차도 뇌의 변형에 대응하여 바뀐다. 뇌가 몸과 마음을 지배하는 주인인 것이다.

뇌의 명령에 저항하거나 거부할 수 있는 동물은 없다. 뇌는 그 생명체의 정체성 그 자체이므로 뇌의 명령과 작동은 모든 것에 우선한다. 식욕, 수면욕, 성욕 등 생명체의 기본적 욕망뿐만 아니라 생존 본능까지도 뇌의 명령에 의해 일시적으로 중단되거나 유보될 수 있다.

뇌가 DNA의 영향으로부터 분리된 독자적 의사결정 체계를 가지고 있다는 것을 보여 주는 극단적 사례는 자살이다. 뇌가 어떤 이유로든 스스로 생을 중단하라고 명령한다면 그 개체는 죽는 행위를 수행한다.

가끔 고래, 침팬지, 레밍, 누 등 포유류 동물에게서 자살처럼 보이는, 본능에 어긋나는 행위가 나타난다. 레밍은 노르웨이 등 북유럽 툰드라에서 집단 서식하며 다리가 짧고 부드러운 털을 가진 설치류의 한 종류인데, 개체 수가 불어나 먹이가 부족해지면 떼를 지어 이동하다가 절벽에서 떨어지거나 호수에 빠져 죽기에 마치 집단 자살하는 것처럼 보인다. 그러나 레밍의 경우는 스스로 자유의사에 따라 의도적으로 집단 자살을 선택했다기보다는 맹목적으로 선두를 추종한 결과 우연히 집단 자살이 일어났다고 보는 것이 타당하다. 후미를 따르던 일부 레밍들은 살아남아 다시 새로운 서식지를 찾아간다. 이처럼 맹목적으로 추종하는 것을 레밍 신드롬(Lemming Syndrome)이라 하는데, 그 동물군이 어떤 특정 상황에 노출되었을 때 마치 자동으로 스위치가 켜지듯이 그 동물의 뇌로부터 맹목적 추종의 명령이 내려진다고 추정된다.

인간에게는 개별적인 뇌가 스스로 죽도록 명령하는 경우가 빈번하게 일어난다. 2000년 이후 전 세계 자살률[18]은 완만하게 줄어들고 있지만 2017년 전 세계 사망자의 1.4%, 10만 명당 20~30명꼴로 약 80만 명이 자살로 죽었으며, 이는 결코 적은 숫자가 아니다. 인간의 개별적 자살이 많고 자살 빈도가 높은 것은 잘 발달한 대뇌 때문이다.[19] 인간은 큰 자극을 받게 되면 정신 활동을 관장하는 뇌의 연결망이 망가져 좀처럼 회복되지 않는다. 그 결과 우울증이나 심각한 정신병이 생기고, 극도의 심리적 고통으로 뇌 활동이 정상적이지 않은 정신적 혼돈 상태(anomie)에서는 때로 자살을 하기도 하는 것이다.

그럼에도 불구하고 뇌가 DNA로부터 완전히 자유롭다는 의미는 아니다. 현대 사회의 인간이 자살을 선택하는 확률은 0.02~0.03%이고 대부분의 인간은 여전히 DNA에 각인된 생존 본능을 그대로 따르고 있다. 그러나 뇌가 DNA의 절대적 영향력으로부터 제한적이나마 비교적 자유롭다는 사실이 인류 역사에서 중요하고 독특한 역할을 하게 된다.

---

18) Ourworld in data, 「Suicide」
19) 과학향기 제397호, 「슬프고 미스테리한 동물의 선택」(2006. 1. 23.)

뇌의 가소성

　인간의 뇌는 약 1,000억 개의 신경세포 뉴런과 약 1조 개의 아교세포로 구성된다. 아교세포는 신경세포에 영양분을 공급하고 신경세포 상호 간의 소통을 돕는 보조 세포다. 뇌를 많이 쓸수록 늘어나며, 뇌 기능은 아교세포의 도움을 받아 강화된다. 아인슈타인 뇌의 뉴런 구조는 일반인들과 다를 바 없었으나, 아교세포는 크게 발달하였다.

　뇌의 신경세포는 임신 4개월경의 태아에서 주로 형성된다. 1~3세의 유아기 때 뇌 활동이 성인의 2배 이상 활발해지고, 뇌세포의 시냅스가 폭발적으로 늘어난다. 유아기의 언어적응 능력이 탁월한 이유는 시냅스 연결이 확장되는 시기이기 때문이다. 유아는 모든 언어의 발음을 듣고 구별하며 반응할 수 있지만, 점차 자라는 과정에서 불필요한 시냅스가 제거되면서 자주 사용되지 않는 발음을 듣고 구별하는 능력은 사라진다.

　인간은 다른 동물과 비교하여 조금 특이하게도 뇌가 덜 발달한 상태에서 출생하며, 태어난 후에도 계속 성장한다. 인간은 환경 적응력이 매우 탁월한데, 그 이유는 급격히 뇌가 발달하는 유아기의 뇌의 가소성(Brain Plasticity)이 생체 조절 기능의 풍부한 변화를 이끌어 내기 때문이다. 이 때문에 인간은 춥거나 더운 환경, 습하거나 건조한 환경, 지리적 위치와 고도에 따른 압력 변화 등 폭넓은 범위의 환경에서도 유연하게 생존이 가능하다. 인간의 뛰어난 환경 적응력은 유아기 뇌의 탁월한 적응 능력에서 비롯된 것이다.

뇌의 적응 능력에 관한 극단적 사례는 캐머런 모트(Cameron Mott)라는 소녀다. 그녀는 '라스무센 뇌염'이라는 희귀병을 앓았는데, 2007년 뇌의 절반을 통째로 제거하는 수술 치료를 받았다. 그 결과 캐머런은 몸의 절반의 힘이 약해졌지만, 나머지는 같은 또래 아이들처럼 학습하는 데 아무 문제가 없었다. 이것은 캐머런의 남은 뇌 절반이 역동적으로 재구성되어, 제거된 뇌의 기능들을 넘겨받았다는 것을 의미한다.

뇌의 가소성에 대한 발견은 현대 뇌과학의 폭발적 발전을 만드는 계기가 되었다. 데이비드 이글먼(전대호 역)의 저서 『The Brain』 235쪽에 다음과 같은 사례가 소개되어 있다.

인공 달팽이관의 전기신호를 뇌에 연결하면 처음에는 이해 불가능하다. 하지만 뇌는 입력 정보에서 패턴을 추출하고, 되먹임을 통해 확인하며, 결국 이해하기 시작한다. 뇌가 환경 변화에 스스로 적응하고 자신의 회로를 재구성하기 때문이다. 인공 달팽이관을 이식한 마이클 코로스는 자신의 청각 경험을 이렇게 설명하였다. "수술 후 한 달이 지나서 장치를 켰을 때, 내가 들은 첫 소리의 문장은 '스즈즈 스즈 우루스즈즈브즈?'였다. 나의 뇌는 그 낯선 신호를 차츰 학습하여, 머지않아 '아침으로 무엇을 드셨나요?'로 바뀌었다. 몇 달 뒤에는 전화를 사용하고, 심지어 시끄러운 식당과 술

집에서도 대화를 나눌 수 있었다."

한편 뇌의 전기적 신호, 즉 뇌파에 대한 연구는 상당 부분 진척되었다. 그리고 현재 뇌-컴퓨터 인터페이스(brain-computer inter-face, BCI)라 불리는 뇌와 외부 장치 간의 양방향 정보 전달을 가능케 하는 연구가 활발하게 진행되고 있다. BCI라는 용어를 처음으로 제안한 사람은 UCLA 교수 자크 바이달(Jacques Vidal)이다. 그는 1973년의 논문에서 BCI를 '뇌파를 통해 사물을 조종하는 것'으로 정의하였다. BCI는 뇌와 컴퓨터를 연결하여 소통하게 하고, 전기신호의 의미를 해석하고 생산하며, 그것에 반응하는 기관을 만드는 것이다. 1977년, 뇌파로 컴퓨터 화면의 커서를 움직여 미로를 탈출하는 실험을 하였다. 그리고 고양이 눈에 비친 이미지를 모니터에 생성하거나, 원숭이 뇌파로 로봇 팔을 조작하거나, 시각장애인의 시각 피질에 카메라 화면의 전기신호를 연결하여 시각을 회복시키는 등의 성과가 있었다. 이러한 성과는 뇌의 가소성 덕분에 가능하였는데, 인간이 만든 인공 장치의 전기신호는 자연 상태의 감각신호와 다르지만 뇌는 다른 감각이나 정보를 참조하고 비교, 평가하면서 결국 그 신호정보의 의미를 해석하고 처리 방법을 스스로 터득한다.

뇌의 이러한 특성은 다양한 감각기관을 연결하거나 강화하는 것을 가능하게 하고, 다양한 운동기관을 연결할 수 있게 해 준다. 뇌의 가소성은 SF 영화의 다양한 상상력이 모두 실현될 수 있다는 것을 의미한다. '600만불의 사나이'의 생체공학과 '소머즈'의 청력 증강이 모두 가능하다. 더 나아가 기계 날개로 하늘을 날아다닐 수도 있고, 거대한 기중기나 로봇을 내 몸처럼 움직일 수도 있다. 이처럼 미래에서 가장 중요한 생체기관은 뇌가 될 것이며, 뇌 이외의 모든 기관은 교환하거나 대체하거나 확장하는 것이 가능하다는 것을 말한다.

뇌의 신경 시스템은 25세 전후의 성인이 될 때까지 계속 발전한다. 11~15세의 청소년기에 불필요한 시냅스가 사라지고 각 개인별로 개성적이고 효율적인 신경 회로만 남는다. 대체로 인간은 신경 회로 형성이 거의 마무리되는 25세 전후의 시기까지는 가치관의 성장과 변화를 보이지만, 그 이후에는 게으름이라고 하는 생명체의 본성과도 관련되어 한번 자리 잡은 가치관을 바꾸지 않으려는 편의적 경향성이 나타난다.

뇌 발달의 이러한 특성은 가치관 조작을 위한 세뇌(洗腦: Brainwashing)[20]가 유효함을 알려 준다. 세뇌란 정치적, 종교적 목적을 위해 개인이나 집단의 믿음이나 행동을 바꾸는 강제적인 수단을 통칭한다. 1950년대 중국공산당이 체계적인 사상개조를 위해 세뇌를 활용함으로써 널리 알려졌다. 정신적 충격이 계속 영향을 미치는 트라우마(어떤 경험으로 인한 충격이 뇌에 깊은 상처와 흔적을

---

20)   네이버 지식백과: 세뇌(brainwashing, 洗腦) [두산백과]

남기면, 그로 말미암아 향후 유사한 연상을 일으키는 사건이나 상황이 일어났을 때 뇌세포의 시냅스가 특정 경로로 비정상적으로 급속히 활성화된다. 충격을 받았을 때의 그 감정 반응이 자동적으로 되살려지고, 생각이 멈추게 되며, 사고 패턴이 정해진다. '자라 보고 놀란 가슴 솥뚜껑 보고 놀란다'라는 말은 트라우마를 잘 설명해 주는데, 수렵채집 시기부터 즉각적으로 위험을 회피하게 만드는 뇌 작동의 하나로 시작되었다)나 반복 주입된 세뇌 교육을 통해 극단적 가치 체계가 형성되어 뇌에 흔적을 남기면 그것은 오래도록 유지될 가능성이 있으므로 주의가 필요하다.

한편 뇌의 편의적 경향성이 절대적이지는 않아, 강렬한 감정 반응 유발 혹은 생존의 요구나 경제적 필요에 의한 경험은 뇌에 변화를 일으키고, 뇌는 가소적으로 그 변화를 수용하여 기록한다. 25세 이후의 성인도 뇌의 가소성은 유지되므로, 가치 체계 재구성이 불가능한 것은 아니다. 그러나 인생의 전반적 지침을 형성하는 가치관을 바꾼다는 것은 그전까지 알아 왔던 지식과 경험의 의미를 다시 짜 맞추고 새롭게 인생의 의미와 목표를 재구축하는 것이다. 가치관의 재구축에는 매우 많은 에너지가 소모되고, 그 과정에서 정신적 충격이 요구되기도 한다. 그러므로 대부분 특별한 사유가 없는 한, 한번 형성된 가치관은 평생 유지된다. 따라서 급격히 뇌가 성장하는 청소년기에 증오와 폭력을 지양하고, 건전하고 조화로운 가치 체계와 유연한 사고를 가질 수 있도록 교육해야 할 생물학적 이유가 충분하다. 올바른 교육은 성인으로 살기 위한 기초상식을 알려 주되, 공동체 가치를 느끼고 서로 의존하게 만드는 것이어야 한다. 함께 하는 체육, 함께 하는 예술, 조화롭고 유연한 가치관 형성이 가장 중요한 교육목표가 되어야 한다.

뇌의 구조

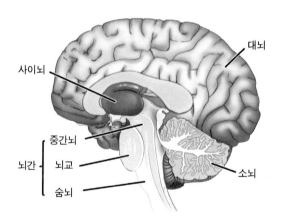

뇌는 숨골(연수), 뇌교, 중간뇌, 소뇌, 사이뇌(간뇌), 내뇌 등 6개 부분으로 구성된다. 숨골, 뇌교, 중간뇌를 합쳐 뇌간(뇌줄기)이라고 한다.

뇌간은 호흡, 심장 운동, 하품, 재채기, 구토 등 생명 유지나 반사 작용을 담당하며 뇌의 가장 안쪽에 위치한다. 소뇌는 뇌간 뒤쪽에 좌우 한 쌍으로 깊게 주름져 있으며 몸의 평형, 공간 운동 조절, 감각기관 조정 등과 이와 관련한 학습, 기억 기능이 있다.

뇌의 중심에 위치한 사이뇌는 시상, 시상하부, 뇌하수체, 송과선 등으로 나뉜다. 시상은 후각신경을 제외한 모든 감각기관으로부터 대뇌피질로 가는 흥분을 중계한다. 시상하부는 대뇌피질을 조절하는 중추이고, 동시에 체온, 혈당량, 삼투압, 내장 기관 등 자율신경계의 중추이며 식욕, 성욕, 수면욕 등 본능적 욕구의 중추이기도 하다. 특히 시상하부는 뇌하수체 호르몬 분비를 지배함으로써 항상성 유지에 중요한 역할을 한다. 뇌하수체는 시상하부 아래에 위치한 호르몬 생산 기지로서 전엽, 중엽, 후엽으로 나뉜다. 전엽은 ① 성장 촉진 호르몬, ② 생식선 자극 호르몬, ③ 배란 후의 황체 형성 촉진 호르몬, ④ 부신피질 호르몬, ⑤ 갑상선 자극 호르몬, ⑥ 젖샘 자극 호르몬 등을 생산한다. 사람의 경우 중엽의 작용이 잘 알려져 있지 않지만, 하등동물에서는 인터메딘 호르몬이 분비되며 멜라닌 색소를 확대하여 피부를 검게 하는 작용을 한다. 후엽은 시상하부에서 생산된 ① 옥시토신, ② 바소프레신 등을 저장, 분비한다. 송과선은 시상하부 뒤로 있는 멜라토닌 내분비선으로 생체 리듬 호르몬을 생산한다.

전체 뇌의 80%를 차지하는 대뇌는 체온, 혈압, 심박, 혈당 등의 자율기능과 공포, 분노, 쾌락 등의 본능적 정서에 관여한다. 바이

오리듬을 조절하고 식욕, 성욕, 수면욕 등의 기본 욕구에도 관여한다. 인간에게 특히 발달된 대뇌피질은 상상력, 추리력, 통찰력, 언어 등을 담당하며 전두엽, 두정엽, 후두엽, 측두엽의 네 부분으로 나뉜다.

두정엽은 대뇌피질의 중심 고랑 바로 뒤편에 위치하는데 지능, 추론 능력, 공간 감각 등에 관여하고 통찰력을 발휘하는 데 관여하며 논리적 사고에도 개입한다. 두정엽 활동은 논리적 문제를 풀 때 활성화되는 반면, 명상이나 기도를 할 때면 기능이 크게 떨어진다. 두정엽의 기능(미국 펜실베이니아 대학 신경과학자 앤드루 뉴버그 교수는 명상하는 티베트 불교 신자와 기도하는 가톨릭 수녀의 뇌를 영상 촬영하여, 두정엽의 기능이 저하되는 것을 관찰했다)이 떨어지면 외부에서 들어오는 감각 정보의 입력이 중단되고, 그에 따라 '나'라는 존재감도 사라지고,[21] 무아지경(정신이 온통 한곳에 쏠려 스스로를 잊는 경지) 상태가 된다.

뇌의 무게와 지능은 반드시 비례하는 것이 아니다. 사람 기준 4살 정도의 지능으로 알려진 앵무새의 뇌는 7g, 비슷한 수준의 개는 64g, 침팬지는 380g, 돌고래는 1,350g, 코끼리는 4,200g, 오스트랄로피테쿠스는 500g, 호모에렉투스는 1,000g, 네안데르탈인은 1,700g, 현생인류는 1,400g 수준이다.

---

21)   네이버 지식백과: 뇌의 구조와 기능 [천재학습백과 초등 우등생 과학]

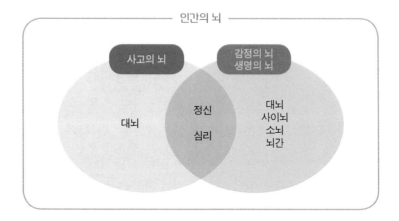

지금까지 다소 지루할 수 있는 뇌의 구조와 역할에 대해 설명한 이유는 다음과 같다. 첫째, 뇌의 활동으로 인해 우리의 정신과 심리가 생긴다는 점, 둘째, 인간의 뇌나 다른 동물의 뇌나 대부분 유사하다는 점, 그래서 인간의 뇌 또한 감정과 생체 조절을 기반으로 하되 대뇌피질이 조금 더 발달한 것뿐이라는 점, 셋째, 뇌는 6군데의 영역으로 나뉘고 각자 고유한 역할이 있지만 그 영역과 기능은 완전히 분리된 것이 아니라 서로 밀접한 상관관계를 가진다는 점, 넷째, 대뇌는 의식과 무의식, 사고와 감정의 공통 영역이고 다른 모든 중추신경계 전체는 생명 유지, 자율행동 등에 관계된 감정 영역이라는 점, 다섯째, 생명체의 신경 시스템은 전기신호로서만 정보를 다루는 것이 아니라 전기신호와 화학물질 신호를 동시에 복합적으로 사용한다는 점을 말하고 싶었기 때문이다.

DNA와 진화

따로따로 존재하던 학문들에 서로 관련성이 생기다

다윈이 생태계 형성의 기본 원리를 알려 주었는데, 그것은 당초 개체의 생존경쟁으로부터 나오는 진화의 압박이 자연스럽게 생태계를 풍성하게 만드는 것으로 이해되었다. 그러나 개체의 생존경쟁 관점으로는 이해될 수 없는 여러 동물의 이타적 행동이 심심치 않게 관찰되었다. 왜 많은 동물 종에서 집단의 생존을 위하여 자신을 희생하는 이타적 행동이 나타날까?

전중환 교수의 『본격진화심리학』은 다음과 같이 설명한다. 20세기 초중반의 생물학자들에게는 생명체 개체의 이익이 아니라 종으로서의 집단 이익을 위해 진화한다는 '집단선택설'이 성행했다. 1951년 생태학자 워더 앨리(Warder Allie)는 레밍들이 집단 자살하는 것은 개체군의 크기가 지나치게 커져 공멸하는 것을 막기 위한 숭고한 희생이라고 했다. 1955년 시카고 대학 알프레드 에머슨 (Alfred Emerson)은, 늙는 까닭은 젊은이들에게 자리를 양보하여 종이 번성하게 하기 위한 것이라고 했다. 하지만 집단선택설은 개체에게 이로운 특질만이 번식을 통해 후세에게 전달될 수 있는데, 어떻게 집단에게 이로운 결과를 초래하는지 설명할 수 없었다. 만약 이타적 레밍으로 구성된 레밍 집단에 돌연변이에 의해 이기적인 얌체 레밍이 생긴다면, 이타적 레밍은 죽고 얌체 레밍은 번성하여 결국 레밍 집단은 얌체 레밍들로 가득 차게 된다. 그렇다면 이타적 집단 자살도 사라지게 되어 버려 집단선택설은 모순에 빠지게 된다.

1966년 조지 윌리엄스(George C. Williams, 1926~2010)는 명저 『적응과 자연선택(Adaptation and Natural Selection)』에서 집단에게 이로운 형질이라도 개체의 선택에 따라 진화될 수밖에 없으므로, 집단 생존을 개체 생존보다 우선하는 적응은 이루어질 수 없다고 하였다. 집단선택설은 오류로서, 이타성은 매우 중요한 생명의 특질이지만 각 개체의 생존보다 우선할 수는 없다는 것이다. 윌리엄스는 개체의 유전적 형질을 이루는 DNA의 관점, 즉 적응은 유전자의 번식에 유리하도록 진화된다는 새로운 시각을 제시하였다. 윌리엄 해밀턴(William D. Hamilton, 1936~2000)은 1964년 발표한 논문 「사회적 행동의 유전적 진화」에서 개미, 벌 등 사회적 곤충의 이타적 행동을 유발하는 유전자가 선택되어 진화하는 메커니즘을 설명하였다. 이후 진화를 바라보는 관점이 종으로서의 집단이 아니고, 개체의 생존도 아니고, DNA의 번식으로 바뀌었다. 리처드 도킨스(Richard Dawkins, 1941~)의 1976년 명저 『이기적 유전자』도 이에 큰 영향을 주었다. 진화의 단위는 집단이나 개체가 아니라 유전자고, 개체에서 드러나는 이기성이나 이타성은 유전자 증식이라는 설계 원리에 종속되어 나타난다.

DNA관점의 진화론은 새로운 학문의 시대를 열었다. 유전자 관점의 진화론은 철학으로부터 따로따로 분화하여 발전하였던 각 학문 영역에 서로 다시 관련성이 생기는 계기가 되었다. 이전까지 생물학과 사회학은 각각 발전했지만 서로 아무런 관련이 없었다. 그러나 생물학의 진화론은 심리학과 긴밀하게 연결되었고, 심리학은 사회학과 정치학으로, 다시 뇌과학, 생명의학, 정신분석학으로 연결되었다. 인간의 집단심리를 기초로 인간 사회가 작동되므로 생물학, 물리학, 수학 등의 자연과학과 인류학, 사회학, 정치학, 경제학, 경영학, 종교학, 윤리학, 교육학 등 인문사회과학이 비교 검토되기 시작했으며, 여기에 진화적 관점의 새로운 과학적 바탕이 제공되었다. 전혀 관계없는 독자적 영역으로 여겨졌던 제반 학문이 서로 관련성을 갖게 된 것이다.

진화란, 끊임없이 되풀이되는 복제 과정에서 오류가 발생한 내부분의 생명체는 도태되는데 우연히도 어떤 오류는 생존에 도움이 되어 다음의 복제를 통해 승계되는 과정이다. 따라서 진화는 명료

하고 체계적인 원칙에 따라 진행되는 것이 아니다. 복잡하고 정교해 보이는 적응은 결과가 그렇게 된 것일 뿐, 전혀 의도된 것이 아니다. 진화는 각 개체가 유전자의 영향에 구속되어 생존경쟁을 하다가, 환경 변화 적응을 위한 다양한 시도 중 하나가 채택되어 물려받은 기존 유전자에 임기응변적으로 덧씌워지며 진행된다. 임기응변적으로 진화되는 DNA는 뇌의 작용에 영향을 주고, 이는 다시 인간의 감정과 사고에 영향을 주며, 인간 사회와 관계를 갖게 된다. 인간의 심리와 사고 패턴, 행동 양식이 인간이 습득한 경험과 학습뿐만 아니라 유전자로부터 영향을 받는다. 현재는 이와 유사한 관점이면서 관심 영역이 약간씩 다른 행동과학, 사회생물학, 행동생태학, 진화생물학, 진화심리학[22] 등의 학문이 '자연 생태계 내에서의 인간이라는 종의 지위'와 '인간 행동에 대한 예측', '인간 사회의 특성' 등을 관찰하고 규명하는 연구에서 큰 성과를 내고 있다.

한편, 이러한 과학 발전으로 인간의 본성과 정신적 기질에 대한 환경결정론과 인간개조 가능성에 대한 믿음이 잘못되었음이 드러났다. 인간은 DNA에 수록된 정신적 기질을 바탕으로 주변 환경과

---

22) 두뇌는 심리적인 적응의 집합이다. 이런 심리적 적응이 외부 환경에서 들어온 정보에 반응해 적절한 행동을 유발하는 것이다. 우리의 마음은 과거 인간이 오랜 세월 지낸 환경에서 생존과 번식에 도움이 되었던 행동을 잘 수행하도록 설계되어 있다. 과거 인류는 대부분의 시간을 수렵채집 생활로 보냈기 때문에, 1만년의 농경생활과 고작 수백 년의 산업사회는 인간의 진화에 반영되기에 너무 짧은 시간이다.
생존의 문제에서 적응하는 심리적 도구가 인간의 마음이며, 이것을 다루는 것이 진화심리학이다.
전중환, 렉처사이언스 KAOS 02 뇌, 「9강 - 진화, 뇌를 여는 열쇠」, pp. 296~297

반응하고, 이때 얻게 되는 경험과 학습의 의미를 재구성하여 의사 결정을 한다. 인간의 정신적 기질이 환경의 영향을 받는 것은 당연하고 분명하지만, 환경의 영향으로 모든 것이 결정되는 것은 아니다. 그리고 여러 독재 권력이 자신들이 의도하는 적합한 인간으로 인간의 본성을 바꾸어 정신개조를 시도한 것은, 인권을 유린하는 결과를 가져올 뿐 실현 불가능하였다.

정보의 업데이트

부모가 가진 신체적 특성뿐만 아니라 심리, 행동 패턴, 성격 등의 정신적 기질과 중요한 생존 정보가 유전을 통해 다음 세대에게 전달되는 것처럼 보이는데, 과연 이것은 사실일까? 그리고 만약 그렇다면 어떤 메커니즘으로 무형의 정신적 특성과 정보가 전달되며 업데이트되는 것일까? 간단한 질문에 대한 답을 한번 생각해 보자. 먹이사슬을 이룬 동물은 포식자와 천적에 대한 정보를 어떻게 얻는 것일까? 경험과 학습에 의하지 않고 정보를 선천적으로 취득하였다면 DNA에 그 정보가 기록되었다는 의미인데, 그것이 가능할까?

첫 번째 시나리오는 DNA에 아무런 정보도 기록되어 있지 않거나, 또는 무작위적인 공포만 기록되는 것이다. 이 경우에는 새로 태어난 동물이 무엇에도 전혀 공포를 느끼지 않거나 반대로 무조건적으로 무엇에든 공포를 느낀다는 말이 되는데, 새로 태어난 동물이 보이는 신속한 공포 반응을 설명하기 어렵고, 자신보다 조그만 벌레 등 모든 대상에게 공포를 느낀다고 믿어지지는 않는다.

두 번째 시나리오는 동물이 태어나자마자 본능적으로 천적을 인지하고 그것의 접근에 공포를 느끼는 것이다. 그렇다면 경험이나 학습에 의하지 않고 지식 정보를 DNA에 기록할 수 있다는 것인데, 그것이 가능할까? 천적에 대해 제대로 교육받을 틈이 없었고, 보거나 냄새를 맡거나 공포의 울음소리를 들어 본 적이 없는 갓 태어난 동물이 천적을 바로 인지한다면, 그것은 결국 그 개체의 DNA에 천적과 상위 포식자에 대한 어떤 흔적이 남겨졌다는 이야기가 된다. 만약 그것이 사실이라면, 생태계의 천적과 포식자의 변동에 대한 신규 정보를 DNA에 수시로 업데이트하는 방법이 존재할 것이다.

세 번째 시나리오는 DNA에 천적과 포식자의 이미지와 공포가 새겨져 있지만, 구체적인 정보는 없는 것이다. 천적은 대체로 막연한 형상이나 특성으로 이미지화되어 있는데, 예를 들어 덩치가 크거나 이빨이 날카롭거나 매우 빠른 속도로 움직이거나 자기를 주시하는 동물을 보면 우선 두려움을 느끼라고 DNA에 새겨져 있는 것이다. DNA에 천적에 대한 세부 정보가 기록된다는 것은 믿기 어렵지만 세 번째 시나리오라면 가능성이 있다. 인간의 아기도 생후 1~2개월까지는 사물 자체를 구별하여 인지하지 못하지만 그 이후 낯을 가리기 시작한다. 인간의 경우에는 덩치 큰 동물뿐만 아니라 부모를 제외한 모든 인간에도 두려움을 느낀다. 인간을 제외한 대부분의 동물은 태어날 때 두뇌 발달이 거의 완료되어 있으므로 특정한 형상에 대하여 즉시 공포 반응을 보일 수 있으며, 부모의 도움으로 약간의 학습[23]을 받는 것만으로 차츰 구체적으로 천적을 인지할 수 있을 것이다.

세 번째 시나리오는 과연 정답이 될 수 있을까? 만약 그렇다면, DNA에 천적에 대한 이미지를 기록하는 방법은 무엇이며, 어떤 절차로 수정하고 보완할까?

진화는 커다란 돌연변이에 의해 비약적으로 한 번에 일어나는 것이 아니라, 개체 하나하나의 번식을 통해 생존 기록이 반영되는 오랜 기간의 축적에 의해 일어난다. 중요한 생존 기록에는 천적의 이미지도 포함되는데, 천적의 이미지에 부합하지 아니한 새로운 천

---

23) 학습 역시 자연선택이 설계한 심리적 적응이다. 진화심리학자인 클락 배럿(H. Clark Barrett)과 제임스 브로쉬(James Broesch)는 LA의 아이들과 에콰도르 아마존의 아이들을 대상으로 동물에 대한 학습 효과와 기억을 실험하였다.
안전한 초식동물(코아티, 코주부원숭이), 인전한 육식동물(개미핥기, 땅돼지), 위험한 초식동물(대형 영양, 이구아니), 위험한 육식동물(코모도왕도마뱀, 테즈메니아데블)의 그림 16장을 보여 주고, 이름과 초식·육식 여부, 위험성을 알려 주었다. 대도시에 살건 아마존에 살건 상관없이 아이들은 이름이나 식성보다 위험 여부를 더 잘 학습하고, 오래 기억하였다.
인간에게 다른 무엇보다 그 동물이 위험한지 아닌지는 확실하게 기억할 필요가 있는 것이었다.
Barrett H.C. & Broesch J.(2012), Prepared social learning about dangerous animals in children. Evolution and Human Behavior 33(5), pp. 499~508

적에게는 속수무책일 가능성이 높다. 멸종되는 상황에 몰려서도 그 새로운 천적에 대한 이미지를 자손에게 알려 줄 수 없는 것이다. 운 좋게 멸종 전까지 새로운 천적을 알아차리는 돌연변이가 생겨준다면 새로운 종은 번성하고, 기존 종은 멸종할 것이다. 그러나 새로운 천적이 그보다 빨리 번성할 경우, 멸종에서 벗어날 종은 매우 적거나 거의 없을 것이다.

현재에도 이와 유사한 경우는 많다. 어떤 지역의 생태계에 그곳에 존재하지 않았던 외래종이 인간의 유기나 방생으로 번성하기 시작하여 짧은 시간 내에 먹이사슬을 붕괴시키는 현상이다. 미국, 캐나다의 하천 생태계를 교란한 가물치, 한국의 하천 생태계를 교란한 악어거북, 황소개구리 등 거의 모든 외래종의 지역 생태계 편입 과정에서 유사 사례가 나타난다. 대부분의 경우 짧은 시간에 지역 생태계를 거의 붕괴에 몰아넣고 실제 일부 종은 멸종되기도 하지만, 일정 시간이 흐른 후 다시 생태계가 복원되고 새로운 외래종이 기존 먹이사슬 생태계에 편입되어 새로운 균형이 형성된다. 새로운 균형은 적응을 위한 일정 시간이 흐르면서 원래 존재하고 있었던 상위 포식자가 새로운 외래종을 먹잇감으로 인식한다는 측면과, 하위 피식자가 새로운 외래종을 천적으로 인식하기 시작한다는 측면이 동시 작용함으로써 형성된다. 이러한 현상은 생명체의 DNA에 새로운 천적의 이미지를 기록한다는 사실을 증명하는 것이 아닐까?

아프리카와 유라시아 대륙에 있었던 초식동물은 사자, 자칼, 하이에나, 늑대 등 신종 포식자가 나타날 때마다 죽음의 공포를 통해 그들의 DNA에 천적의 이미지를 기록하였다. 어떤 이미지를 보면 공포 반응이 생기는 자동 매뉴얼이 업데이트된 것이다. 또한, 수렵 채집 인간 집단의 협동 사냥에도 불구하고 비교적 빈번하게 인간을 접할 수 있었던 동물들은, 그들 DNA에 기록된 공포의 동물 목록에 인간을 추가 등록하고 인간의 영역을 회피하고 인간을 발견하는 즉시 도망치는 방식으로 생존할 수 있었다. 인간과 함께 진화한 유라시아 대륙의 동물들은 비록 인간이 아무리 비리비리해 보이더라도, 또한 먼 곳부터 천천히 흐느적거리며 다가오더라도 인간이 자신을 주시하고 있다면 재빨리 도망쳐야만 살 수 있다는 것을 알게 되었다. 이러한 방식의 DNA 기록 관리가 없었다면 진화가 다양하게 일어나기 전에 더욱 빠른 속도로 많은 종이 멸종되어 자연 생태계의 풍성한 발전을 가져올 수 없었을지도 모른다. 반면, 오스트레일리아 대륙과 아메리카 대륙의 대형 포유류와 고립된 섬에서 독자적 진화를 이룬 많은 동물은 갑자기 등장한 인간에게 아주 빠른 시간 내에 멸종되었다. 이 멸종 사건은 인간의 파괴적 특성이 원인이었지만, 그보다 인간에 대한 방어형 진화가 늦은 것이 주된 원인으로 작용하였다. 비교적 평화롭게 지내 온 대형 동물 앞에 갑자기 등장한 인간은 외관상 그리 덩치가 크지노, 힘이 세 보이지도, 속도가 빠르지도 않아 보였다. 상위 포식자로서 비교적 번식 능력이 덜 발달한 이들 대형 포유류는 이 인간이라는 동물이 자신을 먹으리라고는 생각하지 못했고, 인간은 더욱 혼란스럽게도 먹으려는 목적이 아니라 그냥 죽이기도 하는 새로운 행동 양식의 동물로서 너무도 생소하였기에, DNA의 공포 동물 목록에 기록하지 못하고 어떠한 대응 방안도 만들지 못하고 멸종되었다.

지구는 때때로 운석 충돌 같은 대재앙을 맞아 그 안의 수많은 생물 종이 대량 멸종되는 사태를 겪었지만, 평온한 자연환경에서 다양한 생물들의 생존경쟁은 도리어 생태계를 더욱 풍성하게 만드는 방향으로 진행되었다. 그렇다면, 먹이사슬 생태계의 붕괴를 극복하고 다시 균형을 이루어 안정시키도록 자연 생태계가 작동하고 있다는 것이다. 그리고 그것이 이루어지는 과정은 각 동물의 DNA에 생존에 필수적인 정보와 공포에 대한 이미지가 기록되고 시시때때로 수정, 보완되는 것이다.

생명체의 필수 매뉴얼

여기까지의 추론이 타당하다면, 진화와 DNA에 대한 중요한 함의가 발생된다.

첫째, DNA에는 돌연변이가 항상 발생하고 있으며, 이러한 변이

중 다음 세대의 생존에 유리한 것은 선택되고 불리한 것은 도태된다. DNA 설계도는 생명체를 구성하는 물질적 매뉴얼만으로 한정되지 않고 그 생명체가 생존하기 위해 반드시 필요한 공포 감정과 이미지 정보, 험난한 생존 과정에서의 정신적 상처와 흔적, 정신적 특성과 기질, 심리 패턴, 성격 등을 함께 기록, 보관하고 있다.

따라서 DNA 설계도에 따르는 각 생명체는 태어날 때 정보가 전혀 없는 백지상태의 뇌를 가지고 태어나는 것이 아니다. 모든 생명체는 DNA를 물려준 선조의 감정 경험 기록이 담긴 필수적 생존 정보가 포함된 뇌를 가지고 태어난다. 1.8m에 이르는 인간의 DNA 어딘가에 부모로부터 물려받은 물질적 유전 형질뿐만 아니라 생존에 관련한 중요한 정보가 함께 기록되어 있는 것이다. 마치 컴퓨터나 스마트폰에 필수적 기본 운영체제가 탑재되어야 작동되는 것처럼, 필수적 운영 매뉴얼이 태어날 때부터 뇌에 기록되어 있는 것이다. 다만 그 기록은 무의식의 영역에 기록되어 의식 체계에서 인지되기 어려울 뿐이다. 그 운영 매뉴얼은 성격이나 정서, 심리적 반응 패턴, 사고방식, 정신적 기질 등으로 표현된다.

둘째, DNA는 수시로 변형하거나 수정·보완하기가 매우 힘든 물질적 특성을 가지고 있어 매우 제한되기는 하나, 수성·보완이 완전히 불가능한 것은 아니다. 물론 수정·보완이나 업데이트는 그 생명체가 의도한 대로 이루어지는 것이 아니고, DNA에 어떤 변이가 촉발된 것이다.

궁금한 것은, DNA 업데이트는 정자와 난자, 즉 생식세포의 형성 및 수정 시점에 이루어질 텐데 그것에 영향을 줄 수 있는 생리적 수단과 메커니즘이 무엇인가 하는 점이다. 가장 가능성 높은 수단은 뇌와 신경 계통이다. 그중에서도 무의식을 담당하는 생존과 감정의 본질적인 뇌 영역일 것이다. 감수분열과 수정의 시점에 자손에게 물려줄 DNA 정보의 수정·보완 가능성이 열리는데, 그 개체의 뇌에 생존의 필수 정보와 욕망이 잠재되어 있다가 DNA에 어떤 변이를 일으키며, 이때 DNA정보가 업데이트된다. 다만, 자연선택과 적응에는 현대진화이론[24]이 계속 적용된다. DNA에 업데이트된 각 정보는 다음 세대의 생존에 유리한 경우 자손에게 전달되고, 생존에 적합하지 않은 나머지의 경우는 도태된다.

---

24) 생물학의 제 분야에서 연구·종합된 현대진화이론은 대략 다음과 같이 요약된다.
  1. 모든 진화 현상은 유전 기제와 자연현상의 관찰을 통하여 설명될 수 있다.
  2. 진화는 점진적인 과정을 통하여 이루어진다. 진화는 소규모의 유전자 변이의 발생과 자연선택이 지속된 결과이다. 생물 종 간의 불연속성은 진화가 도약적으로 이루어졌기 때문이 아니라 지속적인 종 분화와 멸종 등에 의한 것이다.
  3. 진화가 일어나게 하는 가장 큰 요인은 자연선택이다. 어느 집단의 발현 형질이 환경에 적합하다면 그와 관련된 유전자가 계속하여 유전될 것이다. 테오도시우스 도브잔스키가 제시한 유전자 부동 역시 진화의 원인이 된다.
  4. 생물 집단 사이에 존재하는 유전자 다양성은 자연선택이 이루어질 수 있는 바탕이 된다.
  5. 고생물학의 연구 결과, 생물 진화의 역사에서 진화의 속도가 변화하며 속도가 빠른 시기와 느린 시기가 번갈아 가며 발생하였다는 것을 알 수 있다. 다만 여기서 속도가 빠르게 진행되는 시기 시간대에서의 진화는 점진적으로 이루어지며, 이 점진성 역시도 같은 속도로 진행되는 것이 아니라 변화의 영향을 받는다.
  위키피디아: 현대 진화이론

셋째, 진화는 개체 하나하나의 오랜 기간에 걸친 무의식적 DNA 수정·보완과 변이의 축적 결과이다. 아무리 특출하고 생존에 유리한 돌연변이가 우연히 발생하더라도 그 돌연변이는 성행위를 통해 번식에 성공했을 경우에만 자손에게 그 특질을 물려줄 수 있다. 성적 매력을 상실할 수준의 과도한 돌연변이는 수용될 수 없고, 번식으로 자손이 번성할 수 있는 범위의 돌연변이만 수용될 수 있다. 기린의 목이 길어지고, 공룡이 거대해지는 과정은 우연한 돌연변이의 작용으로 기존 종과 차별되는 급격한 비약에 의해 진화가 일어난 것이 아니다. 먹잇감을 충분히 섭취하지 못하면 번식의 기회도 없이 굶어 죽기에, 각 개체의 먹잇감에 관한 생존 정보와 갈망은 계속 진화적인 압박으로 작용한다. 목이 좀 더 긴 기린이 더 잘 먹고, 그 결과 건강 상태도 좋아서 이성에게도 매력적 이미지를 주고, 번식에 성공할 확률이 높아진 것이다. 이와 같이 진화적 압박에 순응한 결과로 나타난 DNA 특성이 생존과 번식에 실제 유리하다고 증명되고, 다시 자연선택됨으로써, 연속적이고 점진적으로 진화가 이루어진다.

이 과정은 인간에게도 동일하다. 만약 인간의 작은 키가 이성에게 성적 매력의 한 요소이고 생존과 번식에 유리하다는 쪽으로 무의식적 감정 기제가 계속 자동하고, 생존과 번식에 실제 유리하게 작용한다면, 인간은 점진적으로 키가 작아지는 방향으로 진화할 것이다. 고립된 지역의 일부 인간 종족이 거인이나 난장이로 진화하였던 이유는 그 환경 여건에서 거인이나 난장이가 생존과 번식에 유리했기 때문이다. 그들이 갑자기 변한 새로운 환경에 적응하지 못하고 도태될 운명이라 하더라도, 거인이나 난장이로 진화가 이미 일어났다면 그때까지의 진화적 압박이 작용한 결과인 것이다. 그리고 진화는 생존 정보의 기록 측면에서도 동일하다. 늑대가 접근해도 본체만체 무신경한 사슴은 죽고, 늑대의 등장에 긴장하여 도망친 사슴은 살아남았으며, 이 중요한 정보는 DNA에 기록되어 자손에게 전달된다.

진화의 이해를 도와줄 또 다른 사례는 개의 다양한 종류다. 개는 인간과의 오랜 인연으로 야생 늑대로부터 독자적 특성을 가진 하나의 종으로 진화하였다. 개의 교배 대상 선정에는 오래전부터 인간이 개입하였고, 이에 따라 인간의 의도에 따른 다양하고 복잡한 진화의 길을 걷게 되었다. 개는 고유한 DNA 염기서열에 따라 다양한 품종들이 번성하고 있고, 이종과의 번식에 의해 다양한 잡종이 동시에 존재한다. 개들은 대부분 다른 품종의 개에게도 성적 매력을 느끼고 번식도 가능하지만, 이미 덩치나 생식기의 크기 등 차별성이 크게 확대된 품종의 개 상호 간에는 자연적인 번식이 일어나기 어렵다. 만약 이들 사이에 서로 성적 교배가 단절된 상태로 아주 오랜 시간이 경과하면 유전자의 변형이 축적되어 완전히 다른 종으로 종의 분화가 이루어지게 될 것이다.

생명체 진화의 속도가 매우 느리므로 인간의 시간 인식으로는 진화를 인지하기 어렵지만, 모든 생명체의 모든 개체에서 변이와 진화는 계속 진행되고 있다. 진화는 매우 미세하게 항상 일어나고 있는 것이다.

인간 종의 분화와 적응

현생인류인 호모사피엔스 이전에 많은 중간 단계의 형제 종이 존재하였다. 이들의 화석 기록은 뚜렷한 계통의 발전을 보여 주지 않고, 지역적 편차도 매우 심하며, 상호 간의 관계도 일관된 흐름을 보여 주지 않는다.

호모속의 중간 형제 종뿐만 아니라 현생인류인 사피엔스의 초기 인류의 모습도 매우 모호하여 어떻게 현재의 인류에 이르게 되었는지 명확하게 알기 어렵다. 생명체의 진화는 환경과의 끊임없는 상호작용이고, 생물 종의 분화는 지역적인 고립과 성적 교배의 단절에 의해 이루어지며 점차 다양해진다.

수백만 년 전 아프리카 어느 정글 또는 어느 초원에서 인간이 유인원으로부터 분화하여 처음 탄생하였다. 그런데 인류의 아프리카 기원설은 현재까지의 발견 기록에 기초하며, 이는 초기 인류에 관한 고고학적 발견이 아프리카 대륙에 많았기 때문이다. 만약 기존 가설을 뒤엎는 새로운 발견이 나온다면 언제든 변경될 수 있다. 대표적인 초기 인류로는 400~500만 년 전 남아프리카 요하네스버그, 동아프리카 탄자니아, 에티오피아 일대에서 살았을 것으로 추정되는 오스트랄로피테쿠스(Australopithecus)가 있다. 호모속 형제종의 인류는 대략 300만 년 전부터 등장하였고 이들은 다른 동물들과 생존경쟁을 하면서 분화, 적응하며 진화하였다.

약 200만 년쯤 전, 인간의 한 종이 최초로 어떤 환경 변화에 자극되어 아프리카 대륙으로부터 유라시아 대륙으로 우연히 살아서 나왔다. 살아 나온 인간의 일부는 매우 오랜 기간에 걸쳐 천천히 유라시아 대륙으로 분산되며 고립된 지역마다 각자 독특한 유전체 변이의 진화 경로를 밟는다. 자바원인, 북경원인 등으로 불리는 이들은 지역적으로 고립되어 각각의 환경과 상호작용하면서 각자의 특색으로 진화한 다양한 인간 종족 중의 일부이다. 이들은 상호 간의 성적 교배 없이 각자 진화하였으며, 때로 번성하기도 하고 때로 멸종하기도 하며 각자 독특한 인간의 종으로 진화하였다.

약 15~30만 년쯤 전, 지구 어딘가에서 현생인류의 선조인 초기 사피엔스가 인간의 어떤 종으로부터 분화되어 나왔다. 사피엔스는 다른 인간 종보다 약간 지능이 더 좋아서 공포를 더 많이 느꼈고, 두려움에 비례하여 위협이 되는 동물에 대하여 예방적 살상을 일삼았다. 이러한 방어 심리와 파괴적 생존 방식으로 인해 사피엔스는 생존경쟁에서 유리하였고, 강한 결속력을 바탕으로 시간이 흐르며 지배적 인간 종이 되었다.

그리고 약 7만년쯤 전, 환경 변화와 생존의 도전에 직면한 사피엔스 종의 일부가 무언가의 이유로 유라시아 대륙 곳곳으로 진출하기 시작했다. 이 두 번째 진출(두 번째인지 세 번째인지 열 번째인지는 알 수 없으나, 사피엔스 중 일부가 유라시아 대륙 곳곳으로 진출하기 시작한 최초의 사건)은 현생인류가 지구를 지배하는 첫걸음이다. 이들은 매우 오랜 시간에 걸쳐 유라시아 대륙 곳곳으로 분산 진출하였는데, 그곳에 이미 서식하던 다양한 종류의 미개한 인간 종을 맞닥뜨리게 되었다. 이들은 육체적 강인함의 부족으로 때로 싸움에서 지고 후퇴하기도 하였으나, 더욱 좋은 지능과 협동 전술, 치밀한 계획 능력으로 다시 도전하여 결국 이길 수 있었다. 사피엔스가 지구 곳곳으로 확산하여 나가는 과정에서, 네안데르탈인 등 일부는 현생인류의 DNA에 흔적을 남겨놓기도 했지만 많은 호모속의 형제 종이 멸종되었다. 멸종된 이유는 사피엔스의 방어적 폭력성에 그 원인이 있다. 사피엔스는 미개한 형제 인간 종족을 때론 두려워서, 때론 먹거리를 나누기 싫다는 이유로, 때론 생김새가 너무 비슷해 부담스럽다거나 보기 싫다는 이유로 모두 죽여 버렸기 때문에 현존하는 인간은 유일한 종 호모사피엔스만 남게 되었다.

이들 사피엔스는 그들의 미개했던 형제 종과 마찬가지로 여러 유형의 자연환경에 적응하며 각각의 고립된 지역에서 진화를 이루었다. 이들의 일부는 새로운 인간 종으로의 분화를 시도하였고 일부 육체적, 정신적인 종의 분화가 발생하기도 하였다. 그러나 인구 중가에 따라 상호 교류가 빈번해지고, 농경과 사육이 시작되며 경제 잉여물이 생기고, 그것을 빼앗기 위한 장거리 약탈이 시작되자 더 이상의 종의 분화는 중단되고, 새로운 인간 종은 나타나기 힘들게 되었다. 각 인간들의 지역적 고립이 깨어지자, 서로 성적 매력과 번식 능력이 사라질 정도의 독특한 유전체 진화가 일어날 수 없었던 것이다.

DNA 염기서열에 변이가 축적되고 자연선택에 따른 적응과 도태로 종의 분화, 진화, 멸종이 이루어지며 생태계는 풍성해진다. 각 개체의 강렬한 생존 정보와 감정 자극이 뇌의 무의식 영역에 보관되었다가 DNA 유전체 변이에 영향을 주고, 이는 다시 자연선택된다. 생존과 번식에 유리하면 적응하고, 불리하면 도태된다. 만약 이 가설이 맞다면, 갓 태어난 생명체가 보이는 공포 반응, 사피엔스가 보여 준 획기적인 인지력 향상(이 또한 진화다), 수렵채집 시기에 적응된 심리 패턴이 현대 인간에도 그대로 영향을 미치는 현상, 유라시아 대륙의 대형 포유류가 인간에 적응해 살아남은 반면 오스트레일리아 대륙에 갑자기 등장한 인간에 의해 대형 포유류가 적응할 틈도 없이 순식간에 멸종한 이유, 생명체의 여러 무의식적 반응 등을 보다 쉽게 이해할 수 있다. 뇌는 DNA 기록을 참조하여 개체가 효과적으로 생존할 수 있도록 지휘하며 그 운영 기록을 관리하다가, 강렬한 감정 반응을 유발한 생존의 결정적 정보는 변이를 촉발함으로써, DNA의 심리 구조에 업데이트한다. 이는 다시 자연선택됨으로써 적응하거나 도태된다.

DNA 설계도에 따라 발생된 뇌가 독자적 의사결정 체계를 가지고 있지만, DNA에 수록된 이기성, 이타성 등의 본능은 바뀌는 것이 아니다. 인간의 본성과 정신적 기질은 가지고 태어나는 것이다. 하지만 이를 인간 사회 또는 역사의 결정론으로 오해해서는 안 된다. DNA가 뇌와 정신적 기질에 영향을 준다고 하여, 인간 사회와 역사가 DNA의 영향을 직접 받는다는 것을 의미하지는 않는다. 인간의 뇌는 자살을 포함하여 어떠한 이상하고 황당하고 비이성적인 결정도 독자적으로 내릴 수 있다. 인간의 뇌는 DNA에 수록된 성격과 정신적 기질, 무의식적 정보를 바탕으로 환경과 반응하여 습득한 지식과 경험의 의미를 재구성하여 의사결정을 내린다. 그리고 인간 사회는 이러한 뇌가 집단적으로 상호 영향을 주고받는 실체이며, 역사는 인간 사회에 제멋대로 나타난 다양하고 상충되는 경향이 서로 영향을 주고받으며 임기응변적으로 진화하는 과정이다. 따라서 진화의 방향과 결과를 예측할 수 없듯이 역사의 진행도 그러하다.

감성과 이성
- 뇌 작용의 이중성

감정과 사고, 감성과 이성

뇌는 어느 동물에게나 중요한 기관이나, 인간에게는 더욱 중요하다. 김경진 저 『렉처사이언스 KAOS 02 뇌 Brain』의 「2강 - 인간의 뇌는 과연 특별한가」 63쪽에는 뇌가 발전한 과정에 대하여 다음과 같이 설명한다.

파충류의 뇌는 뇌간까지 발달한 반면, 포유류는 뇌간 위에 다른 층이 있는데 그것이 대뇌의 변연계다. 대뇌 변연계의 첫 번째 기능은 섭식 등 본능에 관한 것이다. 변연계의 두 번째 기능은 정동(情動)의 발현, 즉 공포, 불쾌함, 놀람, 희로애락 등 생각을 멈추게 하거나 신체 변화가 일어날 만큼 즉각적이고 강렬한 감정 반응에 관한 것이다. 세 번째는 자율기능의 조절이다. 영장류에 이르러 변연계 위에 다른 층이 더해지는데, 이것이 대뇌피질이다. 흔히 파충류의 뇌를 생명의 뇌, 포유류의 뇌를 감정의 뇌, 영장류의 뇌를 사고의 뇌라 부른다. 인간의 뇌는 파충류의 뇌로부터 진화된 것으로서, 본질적으로 감정 반응을 통제하며 추가적으로 예측과 사고, 추론 기능이 강화된 것이다.

감정과 사고를 담당하는 각각의 뇌 영역은 감성과 이성을 형성하는 물리적 기반이 된다. 감성은 감정을 포함하여 감각과 지각, 생존 본능과 연관된 심리 체계다. 그리고 이성은 인간에게 발달한 논리적 사고를 통해 세계를 인식하는 지적체계다. 감성과 이성은 각자 독특한 성격을 가지되, 뇌가 서로 분리될 수 없는 것처럼 서로 분리된 경계를 가지고 있는 것이 아니다. 감성과 이성은 서로 매우 밀접한 관계를 가지고 중첩되며, 때로는 따로따로 작동하기도 하고 동시에 작동하기도 한다.

감성과 이성은 철학에서 중요하게 다루어져 왔다. 이에 대해 간단히 살펴볼 필요가 있다. 오랫동안 철학에서는 감성을, 감각기관을 통해 현상을 인지하고 받아들여 이성의 논리적 사고로 전달하는 과정이라고 인식하였다. 고영복의 『철학사상과 사회과학의 만남』에서는 다음과 같이 소개되었다.

수시로 변하는 감정을 가급적 배세하고, 이성으로 관리되는 합리적 사고로써 세계를 인식하는 것이 철학의 오랜 주제였다. 근대의 합리주의는 이성이 감성을 통제하게 하는 것이었다. 그러나 감성은 감각기관을 통해 사물을 인지하는 것뿐만 아니라, 감정 반응을 일으키는 일체의 심리 과정을 포함한다. 감정은 자신의 상태를 즉각적으로 알 수 있는 지표이며, 옳고 그름에 있어서도 판정의 기준이 된다. 옳은 일이라면 마음이 평온해지고, 잘못된 일이라면 마음이 동요한다. 경우에 따라 이성보다도 감성이 더욱 정직하고 정확할 때가 있다. 감정을 소중히 다루어야 하며, 감정이 안정되어야 이성도 원만히 작동될 수 있다.

공리주의 철학자 데이비드 흄은 감성에는 이성의 통제가 불가능한 독자적 윤리가 있고, 감정이 윤리의 기초라고 주장했다. "인간은 감정에 의해 움직이는 동물이며, 이성이란 열이 없는 감정(Calm passion)이다."

그런데 이보다 100년 앞서 스피노자가 감성의 독자성을 말하였다. 스피노자는 살아서 인정받지 못하였고, 죽어서도 오랫동안 모욕을 당했다. 그러나 그는 "내일 지구가 멸망하더라도, 나는 오늘 한 그루의 사과나무를 심겠다"라는 그 자신의 명언처럼 주변의 비웃음과 멸시에도 꿋꿋하게 자기 철학을 펼쳤다. 안광복의 『처음 읽는 서양 철학사』에서는 스피노자에 대해 다음과 같이 설명한다.

스피노자는 1632년 네덜란드 암스테르담의 부유한 유태계 상인 가정에서 태어났다. 덕분에 그는 유복한 어린 시절을 보냈으며, 총명한 기질로 주위의 기대를 모았다. 1652년 그는 당시 이단이라 여겨지던 신학자 반 덴 엔덴의 라틴어 학교에 입학하여 라틴어, 신학, 코페르니쿠스 천문학, 데카르트 철학 등 새로운 학문을 공부했다.

스피노자에게 기대를 걸었던 유대인 사회는 이런 모습에 매우 당황했다. 마침내 유대 교회 장로들은 교회에 대한 태만과 무신론사상을 이유로 스피노자를 불러 조사했고, 이단적 태도를 계속 보인다면 파문하겠다고 그를 위협했다. 그러나 스피노자는 아랑곳하지 않았다. 결국 1656년 7월 유대 교회는 스피노자에게 다음과 같이 파문을 선언했다.

"천사들의 결의와 성인의 판결에 따라 바루흐 스피노자(Baruch de Spinoza)를 저주하고 추방한다…(중략)…스피노자여, 밤낮으로 저주받고, 잠잘 때도 일어날 때도 저주받아라…(중략)…신께서는 그를 결코 용서하지 마시고, 노여움과 분노가 이 사람을 향해 불타게 하소서…(중략)…신께서는 이스라엘의 모든 부족에서 그의 이름을 지우고 파멸을 내리소서…(중략)…어느 누구도 말이나 글로 그와 교제하지 말 것이며, 그에게 호의를 보여서도 안 되며, 그와 한 지붕 아래 머물러서도 안 되며, 그에게 4에르렌(2미터)보다 가까이 다가가서도 안 되며, 그가 쓴 책을 읽어서도 안 되느니라."

유대인에게, 유대인 사회로부터 파문당한다는 것은 곧 생계 수단을 잃는 것이었다. 아무도 파문당한 이와 거래하지 않았고, 파문당한 이에게는 재산도 인정되지 않았다. 평생 독신이었던 그는 죽을 때까지 다락방을 세내어 떠돌아다녀야 했다.

당시는 네덜란드가 봉건적 스페인 왕국으로부터 독립하여 가톨릭의 권위로부터 종교의 자유를 부르짖는 반면, 마녀 사냥 등 기득권 종교 권력의 탄압이 가혹하게 행해지던 시기였다. 종교의 권위가 도전받는 한편, 기존 종교 권력의 사회적 억압이 동시에 행해지던 격변의 시대에 베이컨, 데카르트 등 신시대를 상징하는 새로운 사상이 표출되고 있었다. 스피노자는 마치 인간처럼 화내고 처벌하는 신에는 모순이 있다고 생각했다. "신은 결코 인간처럼 감정적으로 분노하고 기뻐하는 존재가 아니다. 신은 이성 자체여야 한다. 그리고 그 이성은 우리가 살고 있는 세계와 떨어져 있어서는 안 된다." 그리하여 스피노자는 우리가 사는 세계 자체가 이성이고 곧 신이라 생각했다. 이런 범신론적 생각은 무신론, 심지어 악마의 사상으로 혹평을 받았다. 마흔두 살에 찾아온 대학교수직을 거절하고, 조용히 집필에만 몰두하던 그는 오랫동안 앓던 폐병으로 1677년 죽었다. 마흔여섯의 짧은 삶이었다. 당시의 비판자들은 경멸과 증오의 감정으로, 그의 사상이 자신들의 이익과 편안한 삶을 위협한다고 생각했다. 그러나 스피노자는 주위의 어떤 비난에도 흔들리지 않는 일관된 삶의 모습을 보여 주었다. 헤겔은 스피노자를 두고 "그의 철학은 생기가 없고 굳어 있지만, 철학자가 되기 위해서는 먼저 스피노자를 공부해야 한다"라고 평가했다.

근대 철학은 이성으로 감성을 인도하는 것이 과제라고 믿었지만, 스피노자는 이성과 감성은 생리적으로 서로 다르다는 이원론을 전개하였다. 스피노자는 그의 범신론에서 이성에는 이성의 독자성이, 감성에는 감성의 독자성이 있으며, 이성은 정신적 세계이고, 감성은 감각기관과 인체의 영향을 받는다고 했다. 인체의 코나투스 (Conatus: 본능적 경향을 뜻하는 라틴어로, 인간을 비롯한 모든 사물들이 신으로부터 받은 본질이라는 의미로 사용했다)는 신체 형상을 유지하는 것이고, 정신의 코나투스는 인간 본성을 발견하고 올바른 방식으로 자기(신성) 보존의 노력을 하는 것이라고 하였다. 그러나 스피노자에게 있어 인간 의지의 자유는 인정되지 않고, 자유는 신의 본질 아래에서만 작동될 수 있었다.

칸트[25]는 인간 의지의 자유와 인간의 자율성을 일깨운 위대한 철학자였다. 그러나 칸트는『순수이성비판』에서 "감성은 우리가 대상에 의해서 촉발되는 방식에 의해 표상을 받아들이는 수용 능력이다"라고 정의하였다.

칸트에게 있어 인간의 위대한 자율성은 이성으로부터 나온 것이고, 감성은 그저 감각기관을 통한 수용에 불과했다. 칸트는 이성과 감성 사이에 오성(고대 그리스 철학과 중세 철학을 계속 이어 온 인식 능력 개념이다)을 따로 두어 인식 대상을 구성하는 능력으로 보았고, 이성은 오성의 작용에 체계를 주어 최종적 원리를 만들어 내는 인식 능력이며 이념의 능력이라 하였다.

헤겔[26]은 칸트의 철학을 발전시켜 오성에는 추상적 개념의 능력을, 이성에는 구체적 개념의 능력을 부여하여 둘을 구별히였다. 헤겔은

25) 네이버 지식백과: 임마누엘 칸트(Immanuel Kant) - 비판철학을 통해 서양 근대 철학을 종합한 철학자 [인물세계사, 표정훈]
26) 네이버 지식백과: 현대 철학의 원천, 헤겔 [청소년을 위한 서양철학사, 2008. 7. 15., 강성률, 반석]

감성에 의해 수용되고, 오성에 의해 구별되며, 이성에 의해 변증법적으로 유동화시키거나 용해시킴으로써 인식에 도달한다고 보았다.

헤겔은 이성을 통해 최종적 인식에 도달한다고 보았으나, 한편 감성에는 큰 관심을 두지 않아 현실 세계와 감성, 경험 과학의 중요성을 무시한다는 비판을 가져왔다.

포이어바흐[27]는 인간의 감성에 대하여 관심을 가지고, 감성은 사변철학적 전도를 바로잡는 요체라 하였다. "철학의 출발점은 현실적인 감성적 세계에 있다. 이로부터 나와 너, 주관과 객관이 구별되고, 이에 입각하여 나와 너, 사유와 생활의 통일이 전망된다"라고 주장했다.

마르크스는 『경제학 철학 초고』에서 포이어바흐의 업적을 헤겔의 변증법적 관념론의 극복으로서 참된 유물론이라고 높이 평가하였다. "인간은 활동적 자연 존재이며, 감성적이라 함은 대상과 관계한다는 것이다. 그러나 인간은 유적 존재이기도 하다. 역사는 유적 존재에 조응하는 자연과 인간의 생성이라는 의의를 지니는데, 이 위에서 공산주의가 구상된다." 그러나, 이후 『포이어바흐 테제』에서는 포이어바흐가 감성을 실천으로서 파악하지 못한다고 비판

---

27) 네이버 지식백과: 포이어바흐(Feuerbach, Ludwig) [철학사전, 2009., 임석진, 윤용택, 황태연, 이성백, 이정우, 양운덕, 강영계, 우기동, 임재진, 김용정, 박철주, 김호균, 김영태, 강대석, 장병길, 김택현, 최동희, 김승균, 이을호, 김종규, 조일민, 윤두병]

하였다. 『독일 이데올로기』에서는 포이어바흐가 인간을 감성적 대상으로 보고 인간주의를 표방하면서도 현실적으로 활동하고 있는 인간에게 도달하지 못한다고 했다.

마르크스는 많은 철학자가 부르주아 세계관을 뒷받침한다고 보고 이를 부정하였다. 마르크스가 다른 철학자와 다른 특별한 점은 인간을 사회운동에 참여하게 만들고 적극적 실천으로 행동하게 만드는 감정의 에너지를 예리하게 포착했기 때문이다. 이전까지 많은 철학자는 감정은 욕망이나 충동과 관계되고, 일관성 없이 수시로 바뀌고, 사람마다 제각각이고, 통제하기 어렵고, 올바른 것을 추구하는 데 방해되는 요소로 생각했다. 비교적 인간의 감정에 주목한 철학자들조차도 인간의 감정을 통제하여 이상적 가치를 실현한다는 것은 올바르지 않은 것, 또는 불가능한 것으로 보았다. 마르크스의 위대한 점은, 감정을 인간을 움직이게 하는 심리 기제로 바라보았고, 인간 집단의 감정을 고취시킴으로써 인간을 움직일 수 있다고 본 것이다. 마르크스는 포이어바흐에 대한 비판을 거쳐 실천론으로 나아갔으며, 이로 인해 철학의 범주를 벗어나 신념 철학, 즉 이데올로기가 되었다.

현대에 와서 이성과 감성은 각자의 영역으로 존재하되, 변증법적으로 대립하여 갈등하면서 통합을 모색하는 공생물로 인정되었다. 따라서 감성이 즉각적이고 본질적인 생명체의 영역이긴 하나, 이성 또한 가볍게 폄하될 수 없는, 생존을 위한 필수 불가결한 핵심 영역이며 이 둘은 매우 밀접하게 상호작용한다.

인간의 지능을 뛰어넘는 AI의 능력

인간의 차별성은 매우 발달된 논리적 사고 체계와 지능이며, 그것은 대뇌피질에서도 확인된다. 합리적 사고는 인간에게 와서 그 능력이 크게 확대되었다. 먹잇감을 효과적으로 포획하기 위한 각종 도구가 만들어지고, 협동 전략·전술이 개발되었다. 인간은 여러 가지 기묘한 방법으로 먹잇감을 사냥하고, 지형지물을 활용하여 공격하고 방어하는 동물이었다. 접근이 어려운 위치에서 막대기나 돌, 이후에는 더욱 발달한 무기로 원거리 공격을 하는 인간의 지능은 다른 동물로 하여금 인간의 우월성을 인정하게 만들었다. 인간의 이성과 지능은 어떠한 생명체에 비해서도 탁월한 능력이었다.

그러나 현대에 와서 인간은 스스로 만든 컴퓨터와 AI에게 그 지적 능력과 지위를 점차 이전하는 중이다. 미래 기술의 핵심 키워드는 빅데이터와 이를 반영한 딥러닝으로 인간의 인식 수준을 완전히 뛰어넘은 AI다. 판단의 정확성과 속도, 멀티태스킹(중복수행) 능력 등 거의 모든 점에서 인간의 한계를 뛰어넘는 AI는 인간의 지능을 초라하게 하고 있다. AI는 바둑과 같은 게임에서 인간의 직관적 판단을 앞지르는 신속한 속도로 최적의 정답을 순식간에 찾아낼 수 있다. 광범위한 인간 행동을 빅데이터로 활용하고, 알고리즘을 통한 판단과 의사결정을 내려, 금융거래에 있어서도 정확성과 신속성 측면에서 이미 인간을 초월하고 있다. 컴퓨터의 두뇌가 인간의 지능보다 우월하다는 것이 증명된 것이다.

뇌와 컴퓨터는 다르다

그러나 AI는 인간의 뇌와는 근본적 속성이 다르다. 뇌는 뛰어난 가소성을 지닌 '라이브웨어(liveware)'로서 컴퓨터의 '하드웨어(hardware)'와 전혀 다르다. 라이브웨어는 뇌가 뉴런과 시냅스 연결이 계속 역동적으로 변화하며 살아 움직이는 장치라는 의미다.

인간의 뇌 구조 상태는 개인별로 모두 다르고, 같은 인간이라 해도 시기적으로 다르다. 컴퓨터 장치는 고정되고 외부에 장치가 추가, 확장되는 것이라면 인간의 뇌는 자체로 계속 변하며 살아 있는 것이다. 또한 뇌와 컴퓨터는 작동 방식 측면에서도 다르다. 뇌는 생명체를 조정, 지휘하는 장치로서 이성과 감성을 함께 조정한다. 뇌와 신경 시스템에서는 전기작용과 화학작용이 미묘하게 따로따로 일어나기도 하고 한꺼번에 일어나기도 한다. 특정 상황에 맞닥뜨렸을 때 엔도르핀, 도파민, 옥시토신 등의 호르몬이 분비되며 뇌의 작용을 일으키고, 이는 인간에게 공포, 쾌감 등의 즉각적 감정 반응을 유도한다. 혈관에 마약이 투입되거나 감정 반응에 의해 호르몬이 분비되면 일시적으로 인간의 기분이 바뀌고, 흥분 상태가 되거나, 신경 시스템의 회로 특성이 바뀐다. 마치 어떤 특정한 조건하에서만 전류가 흐르는 반도체같이 어떤 화학작용이 뇌에 영향을 주어 그 신경 시스템의 특성이 바뀌는 것이다.

근래 뇌과학이 눈부시게 발전하면서 뇌의 여러 특성과 기능 등이 밝혀지고 있다. 뇌에 대한 지식의 축적은 인간에 대한 이해를 도우며, 컴퓨터와 AI의 시스템 발전에도 도움을 준다.

현재는 컴퓨터와 AI가 판단과 의사결정 분야에서 큰 성과를 올리고, 빅데이터를 분석 및 활용하여 인간의 심리 반응을 흉내 내며 튜링 테스트[28]를 받고 있다. AI가 스스로의 딥러닝에 의해 인간의 심리 반응을 흉내 낼 뿐만 아니라 자아를 형성할 수 있다는 상상과 관련하여, 스파이크 존즈의 'HER'(2014), 알렉스 가랜드의 'Ex Machina'(2015)와 같은 흥미로운 SF 영화가 있다. 그런데 과연

---

28) 튜링 테스트는 컴퓨터가 지능을 갖추었는지를 판별하는 실험으로, 1950년 영국의 수학자 앨런 튜링(Alan Turing)이 「계산기계와 지성(Computing Machinery and Intelligence)」이라는 논문을 통하여 제안한 인공지능 판별법을 말한다. 튜링은 컴퓨터가 사람처럼 생각할 수 있으며, 컴퓨터와 대화를 나누어 컴퓨터의 반응을 인간의 반응과 구별할 수 없다면 해당 컴퓨터가 사고할 수 있는 것으로 간주하여야 한다고 주장하였다. 그는 인공지능(AI: Artificial Intelligence)의 개념적 기반을 제공하였고, 튜링 테스트는 인공지능을 판별하는 기준이 되었다.

영화처럼 AI가 자아를 형성할 수 있을까? 컴퓨터와 AI가 높은 지능에도 불구하고 단 한 가지 인간의 영역을 탈취하지 못하는 부분은 감정으로서, 바로 어떤 행위의 동기다. 컴퓨터와 AI에는 감정과 동기, 스스로 무언가를 요구하는 자아의식이 존재하지 않는다.

훗날 컴퓨터와 AI가 모든 기계를 통제하여 인류를 위협한다는 상상은 SF 영화의 단골 메뉴다. 충분히 그럴 수 있다. 하지만 인간이 목표를 설정해 준다는 전제하에서만 그렇다. 예를 들어 영구적인 세계 평화를 구축하라거나, 지구 생태계를 복원하라는 명령을 내린다면 AI는 그 명령을 동기로 인간을 죽여야 한다는 판단을 할지도 모른다. 하지만 AI의 판단은 지극히 수학적이고 논리적인 것으로서, 감정을 기반으로 하지 않는다. 동기는 감정으로부터 나오는 것이므로, 수학적 지능만을 갖춘 AI는 스스로 동기를 만들지 못한다.

먼 훗날 컴퓨터와 AI도 스스로의 동기로 무언가를 느끼고 요구하는 주체가 될 수도 있겠지만, 그러기 위해서는 살고 싶은 욕망과 그에 따른 부팅 시스템 변화가 먼저 이루어질 것이다. 스스로 자신의 전원을 켜야 하고, 또한 전원을 끄기 싫다는 생존의 욕망이 생긴 후에야 어떤 특정한 행동의 동기가 마련될 것이다. 컴퓨터와 AI가 자아의식을 지니려면, 생명의 핵심 요소가 필요하다. '터미네이터', '매트릭스' 등 많은 SF 영화가 컴퓨터와 기계가 스스로 생명체로 변화하는 것을 소재로 만들어졌으나 이는 그저 상상에 불과하다. 지능의 발달로 생명이 생기는 것이 아니라, 생존을 위해 필요하기 때문에 지능이 생기는 것이다.

앞으로도 컴퓨터와 AI는 인간의 욕망에 힘을 불어넣는 도구로서의 지위를 유지할 것이다. AI는 아마도 지배 권력의 동기에 따라 움직이는, 무섭고 위력적인 판단 해결사 역할을 하게 될 것이다.

직관

이번에는 AI나 컴퓨터에는 없는, 인간의 최고 인식 능력인 직관에 대하여 살펴보자. 직관이란 순간적으로 또한 직접적으로 대상을 받아들여 파악하는 것이다. 사물을 판단하는 경우에는, 우선 감성 체계가 작동하고 인지된 사물이 이성의 분석과 사유를 통해 파악된 후 판단이 이루어진다.

그런데 직관이라 함은 그 과정을 한 번에 직접적으로 하는 것이다. 직관 능력은 모든 인간이 가지되, 사람마다 속도와 정확성에는 상당한 차이가 있다. 대체로 본인의 힘으로 직접 정치적, 사회적, 학문적, 경제적, 문화적 성취를 이룬 사람들은 직관 능력이 탁월하다. 자수성가를 한 사람들은 아주 잠깐의 접촉만으로 만난 사람의 내면과 사고방식, 업무의 진행 상태와 예측되는 결과 등을 직관적으로 파악할 수 있다. 탁월한 능력의 그들에게 나타날 수 있는 위험은, 거듭되는 성공으로 스스로 도취하여 자만하는 경우다.

플라톤, 아리스토텔레스, 데카르트, 스피노자 등의 철학자들도 감성 체계 수용과 논리적 사고를 통한 절차적 인식을 인정하면서도, 궁극적 인식은 대상을 직접적으로 일거에 파악하는 직관에 의한다고 보았다. 철학, 즉 '밝게 보는 학문'을 익힘으로써 정확함과 속도를 겸비한 경제적 사고를 추구한다는 것이다. 철학의 학습과 이성적 사고의 훈련을 통하여 고등 사고를 지향한다는 것의 의미는 어려운 것을 사고하는 능력의 향상만을 의미하지 않고, 사고의 속도와 정확성을 함께 겨냥하고 있다는 것이다. 한편 더 나아가 셸링이나 베르그송처럼 오로지 직관만이 참된 인식을 제공한다고 주장하는 견해도 있다.

감성 작용

풀숲에서 부지런히 활동하는 개미와 꿀벌을 관찰해 보라. 매우 한정된 영역에서 무언가를 나르고, 사슴을 키우고, 때로는 씨 우기도 하는 그들의 행동이 뻔히 예측된다. 이러한 예측 가능성으로부터 그들이 자유의사가 없고 열등하다고 생각할지 모르지만, 본질적으로 인간은 그와 똑같다. 비록 인간이 비행기로 대륙을 이동하고, 자발적 의사로 거대한 도시의 이곳저곳을 누비고 다니지만 인간의 자유의사가 결국 생존의 목적과 틀에서 벗어날 수는 없다. 그러므로 큰 시각에서 인간 동선을 내려다보면 개미나 꿀벌과 다를 바 없는 것이다.

인간의 뇌는 다른 생명체와 다를 바 없이 생존의 본능에 지배당하고, 일부를 논리적 사고에 할애한다. 인간의 뇌는 생존하기 위한 논리적 판단을 수행하지만 더욱 중요한 것은 즉각적인 판단이다. 거의 모든 동물에게는 정교한 판단보다 즉각적 판단과 위험으로부터의 회피가 생존에 중요하다.

인지심리학자인 아주대학교 김경일 교수는 대중들이 쉽고 재미있게 이해할 수 있도록 많은 강연을 하였다. 한국의 수도 이름과 과테말라의 7번째 도시 이름을 묻는 질문에 답을 할 때, 컴퓨터와 인간은 생각하는 방식에 차이가 있다. 컴퓨터는 저장된 지식을 검색하여 기록이 있다면 알고 있다, 기록이 없다면 모른다고 판단을 내리고 답을 한다. 과테말라의 7번째 도시를 묻는 질문이라면 우선 국가 목록을 검색하여 과테말라를 찾고, 다시 과테말라의 도시에 대한 기록을 모두 검색하고, 인구나 경제 규모 등을 비교 분석하고, 그 중 7위에 해당하는 도시의 이름을 찾아내는 방식이다. 충분한 데이터가 있다면 안다고 답을 하겠지만, 만약 저장된 자료가 부족하다면 모른다고 답을 할 것이다. 그러나 인간은 좀 다른 방식으로 답을 한다. 대부분의 한국 사람은 과테말라의 7번째 도시를 묻는 질문에 즉각적으로 모른다고 답하는데, 이는 그들의 뇌에 저장된 기록이 부족하기도 하고, 한국의 수도 이름을 아는 것만큼 중요하지 않다는 판단이 함께 작용한 결과다. 생명체의 뇌는 컴퓨터와 같은 논리 과정을 거치지 않고 그 문제가 제기되자마자 직관적 판단을 내린다.

컴퓨터는 제기된 문제에 부합하는 객관적 사례를 찾고, 그 사례를 비교 분석하여 판단하며 답을 제시한다. AI의 알고리즘은 많은 데이터를 상호 연관성에 따라 분류하고, 확률과 통계의 원칙에 따라 답을 제시한다. AI와 빅데이터가 밀접히 관련되는 이유다. 체스나 바둑의 경우에는 여러 경우의 수를 미리 다 두어 보고 각 결과를 비교 분석하여 가장 유리한 전개가 나오는 수를 선택하여 답안을 제시한다. 그러나 인간의 뇌는 그런 식으로 작동하지 않는다. 논리적 비약이 있더라도, 또한 후에 그것이 잘못되었거나 과장된 판단이었음이 밝혀지더라도 먼저 결론을 내리고 나중에 그 결론이 맞는지를 확인한다. 그리고 인간의 뇌는 생존이나 이익과 큰 관계가 없다고 느끼면 문제를 풀어야 한다는 흥미조차 잃어버린다. 컴퓨터에게는 중요한 질문과 중요하지 않은 질문이 따로 없고, 어떤 문제에 대해 모른다는 답을 할 경우에는 그 컴퓨터에 저장된 기록이 없는 것이다. 반면 인간은 질문의 의미와 중요도를 먼저 인식하고, 어떤 문제에 모른다고 답할 경우 그 이유에는 뇌에 저장된 기록이 부족하다는 것과 그 답이 중요하지 않다는 것이 미묘하게 섞여 있다. 인간의 뇌는 만약 그 문제가 중요한 것이라면 저장된 기록의 존재 여부와 무관하게 답을 찾아내야 하고, 그 답안이 맞건 틀리건 먼저 결론을 내려야 한다. 생명체의 뇌가 직관에 의한 판단을 중시하는 이유는 판단의 속도와 즉각성이 더욱 중요하기 때문이다. 생명체는 어떤 환경의 변화, 포식자의 접근 등 생존문제에 직면했을 때 즉각적인 판단을 내리는데, 여기에는 반드시 감정이라는 뇌의 작용이 개입한다. 즉각성의 기제는 바로 감정이다.

감정은 한 생명체에게 있어 논리적 사고에 앞서 왜 어떤 특정 행위를 하는가를 결정한다. 예를 들어 한 인간이 토끼를 사냥하고 일단의 토지에 맹수를 피할 집을 짓는 경우, 자연 생태계 전체로 보면 이 인간의 행위에서 그래야 하는 동기를 설명할 수 없다. 인간의 생존은 토끼의 죽음을 초래하며 집을 짓는 토지에 원래 생존하고 있었던 개미와 같은 수많은 곤충과 식물, 미생물의 삶의 영역을 파괴하는 행위이므로 다른 생명의 희생으로 얻어진다.

자연 자체로서는 인간이 살든 토끼와 개미가 살든 거시적 균형에서 달라진 것이 없지만, 그것이 일어나는 인간의 동기에는 그 자신의 생존이 우선되도록 하는 감정이 작용한다. 인간은 배고픔을 통해 고통과 생존의 위협을 느끼고, 맛있는 고기를 먹는 즐거움과 먹고 난 후의 만족감으로부터 토끼를 사냥할 동기가 생기고, 맹수에게 잡아먹히는 두려움을 막기 위해 집을 짓는 동기가 생기는 것이다. 생명체가 어떤 특정한 행동을 하는 동기에는 공포, 두려움 등의 감정이 우선 관여한다. 그리고 그것을 어떻게 계획적으로, 효과적으로 성취하는가에 해당하는 것이 사고다.

감정과 표정

인간은 감정과 표정의 다양성 측면에서 다른 동물보다 월등하다. 영장류 동물에 이르러서야 비로소 웃는 행위가 나타나는데, 웃음과 유머는 인간이라는 종의 우월성을 상징한다. 고고학적 근거는 부족하지만, 초기 인류는 자연환경에 대한 두려움과 공포에 억압되어 긴장된 상태로 비교적 단순한 감정만을 표현할 수 있었을 것이라 추정된다. 인간은 최상위 포식자로서, 공포로부터 여유로운 생활이 지속되고 긴장 상태가 이완되면서 기쁨과 슬픔, 환희와 즐거움, 비참함과 고통, 열정과 열광, 좌절감과 비애, 연민과 측은함, 자비심과 동정, 만족감과 행복, 희망과 기대, 놀람, 분노, 감동, 우울함, 경건함, 유쾌함, 불쾌함 등 다양한 감정을 느낄 수 있게 되었다. 또한 사랑, 믿음, 소망, 증오, 혐오, 좋음, 싫음, 불안함, 편안함, 자신감, 간절함, 오만함, 긍시(프라이드), 자존심, 지부심 등 자신의 기분과 정서 상태에 대한 세부적 인식과 자각, 자의식을 얻을 수 있게 되었다.

감정 상태는 표정을 통해 나타난다. 마음에 안 드는 일이 생기면

눈살이 찌푸려지며, 마음이 불편하면 표정에 불편함이 드러난다. 사람들은 누군가가 자신을 볼 때 웃는 얼굴로 봐주기를 바라는데, 웃는 얼굴로 봐준다는 것은 나에 대한 감정이 좋다는 것이기 때문이다. 보안 스님은 '읽을거리'로 이렇게 가르쳤다. "그런데 누군가가 웃는 얼굴이기를 바란다면, 나도 상대방에게 웃어야 한다. 자신은 상대방을 편안하게 해 주지 못하면서 상대방이 나를 보고 웃어 주기 바란다면, 그 바람은 이루어지지 않고 결국 외로운 존재가 되어버리고 만다. 내가 웃는 날이 많아지고 싶다면, 다른 사람들이 나를 생각하며 웃을 수 있게 만들어야 한다. 생각만 해도 자연스럽게 웃음이 나오는 대상은 그만큼 나와 편안한 인연이다."

현대인들의 정신 건강을 좌우하는 것은 자부심, 자존감, 존중 등과 같은 감정이다. 타인에게 존중받지 못하고 무시된다고 느낄 때 자존감이 상하고 우울해진다. 어떤 사람이 나의 기대와 다른 행동을 할 때 위축되고 자존심에 상처를 받는다. 또한 자존심은 매우 예민하여 상대방에게 전혀 그런 의도가 없더라도 사소한 표정 변화, 몸짓, 무심한 말투 등으로 상처받는다. 타인과의 관계에서 자신감 부족과 연결될 때 깊은 좌절을 가져오기도 한다.

보통 성공이라 하면 권력이나 부, 사회적 지위를 높이는 것을 말한다. 그런데 성공한다는 것은 어떤 당면 문제에 대한 정확한 해결책을 찾는 것에 있지 않다. 성공이란 나에게 영향을 주는 상대방 또는 대중의 심리 변화를 읽어내고, 그것이 맞든 틀리든 심리적 요구에 부응하는 대안을 즉시 제시함으로써 내가 원하는 방향, 나에게 이로운 방향으로 그들을 움직이는 데 능력을 발휘하여 얻어진다. 따라서 성공을 위해서는 이해관계의 조정, 정서적 교감, 감정적 소통이 중요하다. 그런데 감정적 소통이라는 것이 타인에게 반드시 아첨하거나, 인기 영합적 행동을 한다는 것을 말하지는 않는다. 뇌물이나 어떤 이익으로 유혹하거나, 기분 좋도록 아첨하는 것은 소통을 위한 하나의 수단이 될 수 있지만 그것만으로는 충분치 않다. 타인의 감정을 내가 원하는 방향으로 이끌거나, 나의 확신에 타인을 공감시킬 수 있을 때 비로소 진짜 큰 성공이 이루어진다.

자신감은 리더십과 밀접하다. 불안한 감정은 상대방에게 금방 읽히며 전달된다. 경쟁 상대방에게 나의 불안감이 읽히면 상대방을 냉정하고 여유 있게, 그리고 자신감 있게 만든다. 불안함이 전달된다면 성공과는 거리가 멀어지는 것이다. 상대방을 심리적으로 압도하고, 내가 원하는 방향으로 이끄는 열쇠는 나를 자신감으로 충만한 상태로 만드는 것에 있다. 젊은이들이 보이는 패기와 당돌함은 대개 성공에 대한 자신감이 바탕이 된다. 세상 그 누구도 모든 것을 잘 알거나, 잘할 수 없다. 자신이 직접 경험한 분야에서 잘 알고, 잘할 수 있을 뿐이다. 그러나 비록 작은 영역이라도 지식과 경험에서 비롯된 자신감은 스스로의 판단에 대한 신뢰를 만든다. 스스로 믿는 확신은 타인에게 전달되며, 자신감으로 인식된다. 스스로를 믿지 못하는 사람은 타인을 설득하거나 감화시킬 수 없다. 자신감이 가득한 사람의 말은 믿음과 안심을 주고, 상대방을 원하는 쪽으로 움직이게 한다.

아주 사소한 일을 성공으로 이끈 경험이 축적되면 성공의 기억은 몸과 마음에 자신감으로 일체화된다. 표정과 말투, 행동 하나하나에 확신이 표출되며 얼굴에 빛이 나게 된다. 성공의 환한 빛이 그 사람의 표정을 강하게 만들고, 리더십의 후광이 배경을 찬란히 밝게 비춘다. 성공한 자는 심지어 누구도 알 수 없는 미래의 예측에서도 확신을 가진다. 그리고 젊은 성공자들은 새롭게 넓어진 분야에 진출하면서, 다양하고 더욱 강한 성공자들을 만나게 된다. 성공이 반복되면 자신감이 커지고, 실패하면 자신감이 꺾인다. 많은 경우 새로운 영역에서 실패의 경험이 생기고 부딪혀 깨어지며 자신감이 약해진다. 누군가는 더욱 큰 성공의 길로 달려가겠지만, 어떤 경우에는 부딪혀 깨어지는 것보다 미리 머리 숙이고 피아의 실력을 냉정히 비교할 줄 아는 현명함이 요구되기도 한다. 그런데 성공자들의 자신감과 확신이 객관적 진실이 되지는 않는다. 오히려 대부분의 경우 그들의 미래에 대한 확신은 틀리고, 사실을 왜곡하며, 복잡한 현실을 지나치게 단순화하거나, 일부 경향을 과도하게 일반화한다. 자신감과 확신은 객관적 사실과 치밀한 논리가 아니라 인간 사이의 감정 소통을 기반으로 하기 때문이다. 성공이란 감정이고, 감정이란 살아 숨 쉬며 움직이는 것이기 때문이다.

감정은 생명체의 존재 바탕과도 같다. 아름다운 음악 선율은 인간뿐만 아니라 다른 동물들도 정서적 호응을 하게 만든다. 모든 생명체는 부정적 감정과 정서에 오래 노출되면 스트레스가 쌓이고, 면역력이 저하되고, 병에 쉽게 걸리고, 결국 생명이 크게 단축된다. 따라서 다른 사람의 감정을 오래 억압하는 행위는 기본적으로 나쁜 행위다. 인간 수명 증가의 요인으로 현대의학 발달도 있었지만, 정신적 억압으로부터 긴장을 이완시킬 수 있었던 것도 큰 이유다. 예로부터 지배 계층의 왕이나 귀족은 전염병이나 유전병, 사고 발생 등이 아닌 경우 대체로 오래 살 수 있었지만 극도로 억압당하며 공포에 시달리던 피지배인들은 오래 살지 못했다. 야생에서 자유롭게 살다가 우리에 갇힌 동물에게도 이러한 현상이 나타난다.

뇌의 작동 원리는 인간에게만 해당되는 것이 아니다. 다른 동물에게도 감성과 이성이라는 뇌의 신경 시스템이 운영되고 있고, 그들의 감정과 정서적 욕구는 인간 못지않다. 그들도 감정을 가진 생명체로서 존중되어야 하는 이유다.

인간의 이중성

인간의 뇌는 이성과 감성, 선과 악, 이기성과 이타성 등 서로 모순되는 성질의 통합과 균형을 원리로 진화되었다. 이러한 뇌 작용의 이중성은 기회주의적 욕망과 정의로움을 함께 가지는 인간의 야누스적 특성을 만들었다.

대부분의 경우 논쟁은 무의미하다. 사람들은 대체로 논리만으로는 상대방을 설득하지 못한다. 듣는 자가 설득을 시도하는 자를 감정적으로 인정하거나 존경하는 경우에는 설득이 받아들여지나, 일반적으로는 감정적 거부 반응이나 의심을 먼저 일으킨다. 겉으로는 설득된 것처럼 보이는 경우에도, 사회적 위계나 이익 등의 필요에 따라 그런 척 위장하는 경우가 많다. 이 또한 논리적 사고가 감정 반응을 얼마나 이기기 어려운지를 잘 보여 준다. 그렇다고 해서 어떤 주제에 대하여 감정 소통만으로 설득이 이루어지는 것은 아니다. 설득이란 감성만으로 또는 이성만으로 이루어지는 것이 아니라, 감성과 이성을 종합적으로 동원하여 어떤 주제에 대한 공감을 이끌어내는 과정이다. 이때 설득을 일으키는 생각의 힘이란 논리적 사고를 자신의 몸으로 익혀 공감을 이끌어내는 에너지다.

흔히 지능이 높은 사람은 어떤 현안에 대해 합리적이고 정확한 판단을 내릴 것으로 기대되는데, 이는 일부 맞는 이야기지만 꼭 그렇지는 않다. 인간의 뇌에서는 지능과 논리적 사고가 발달한 것 이상으로 감정과 감성 체계가 발달하였다. 인간이 지구의 지배적 종이 되는 과정에도 감정은 공포심으로 예방적 폭력을 동원하는 중요한 의사결정을 하였고, 논리적 사고 체계는 그것을 도왔다. 지능이 높은 자가 어처구니없는 사기에 걸려드는 이유는 그가 합리적 의심을 하지 못하기 때문이 아니라, 믿고자 하는 감정이 먼저 우세하게 작용하여 논리적 사고가 제한되었기 때문이다.

사람들이 사기에 쉽게 현혹되는 이유는 사기를 치는 대부분의 당사자가 최초에는 일부러 사기를 치려는 마음이 없기 때문이다. 사기꾼들은 선량한 사람을 꾀어내 미래에 벌어질 변화를 예견하고 매우 큰 미래의 수익을 약속한다. 이때 사기꾼들의 뇌에는 실제 약속을 지키려는 욕망과, 약속이 이루어질 가능성이 많지 않다는 불안감이 동시에 존재한다. 사기꾼들이 사기꾼이 된 이유는, 동시에 존재하는 이 두 가지 감정 중 불안감을 자신의 이익을 위해 억누르도록 조작하여 자기 스스로를 기만 상태로 만들기 때문이다. 그들이 불안감을 억누르고 확신에 찬 태도를 보이는 이유는 그 자신감이 상대방에게 전달되어 자신에게 이로운 결정을 하게 할 가능성을 높이고, 만약 약속 이행에 실패하더라도 자기의 손실이 아니라 선량한 사람의 손실이 되도록 만들 수 있기 때문이다. 이러한 뇌 작용과 반복 학습을 통해 사기꾼들의 기만 능력은 더욱 커진다. 그들이 전문 사기꾼이 되면, 마음속에 있던 불안감은 완전히 제거되고 확신만이 남게 된다.

대부분의 인간이 타인의 행위에 대해서 그 잘잘못을 정확히 판단하지만, 정작 자신이 당면한 현안에 내해서는 올바른 판단을 내리지 못한다. 그 이유는, 자신의 문제에 대해서는 자신의 뇌에 감성이 먼저 민감하고 강력하게 작용하기 때문이다. 인간은 대부분 자신의 현안에 대해 직관을 중시하며, 기분 내키는 대로 감정에 따라 결정한다. 감성의 작용 앞에 인간의 지능은 무기력하다. 믿음은 합리적 판단보다 먼저 작용한다.

이러한 인간 뇌의 감성적 특성은 신념 체계를 이루는 종교를 발생시키게 되었다. 그리고 인류 역사가 이익을 목적으로 하는 권력 투쟁의 역사가 되게 만들었다. 이것은 또한 역사의 중요한 순간마다 인간 사회가 집단감정, 집단심리에 민감하게 반응했던 이유다.

무의식과 감정과 심리

의식과 무의식

　뇌의 작동 원리와 그로 인한 심리 현상을 알기 위해서는 의식과 무의식에 대해 살펴볼 필요가 있다. 무의식에 관한 연구는 프로이트 이후 지금도 계속 진행되고 있다. 꿈, 기억, 망각 등 각 개인의 무의식뿐만 아니라, 어떤 사건에 의한 집단심리의 저장과 표출, 의식과 무의식의 관계 등은 매우 흥미로운 연구 주제다. DNA는 무의식과 연관되는데, 무의식에 무언가 새로 흔적을 남기거나 표출하여 소통하는 수단은 감정 반응이 아닐까 생각된다.

　의식은 현재 직접 경험하고 느끼고 알고 있는 심적 현상의 총체로서, 사람은 누구나 깨어 있을 때 무언가를 항상 생각하거나 느낀다. 즉, 직접적인 주관적 체험을 하는데 이것을 총칭하여 의식이라 한다. 따라서 의식이라 함은 하늘을 본다, 가족을 생각한다, 슬픔을 느낀다 등 인간 개인이 현실에서 체험하는 모든 정신 작용과 일체의 경험 또는 현상을 말하며, '깨어 있는 상태'와 동일하다.

스스로 자각하여 체험하는 것이 의식이라면, 그러한 스스로의 자각이 없는 의식을 무의식(無意識), 전의식(前意識), 잠재의식(潛在意識) 등으로 부른다. 무의식은 첫째, 의식을 잃어버리는 것을 뜻하고, 둘째, 어떤 것을 하면서 스스로 알아차리지 못하는 것을 뜻하며, 셋째, 꿈이나 최면 혹은 정신분석에 따르지 않고서는 파악되지 않으면서 일상의 정신 활동에 영향을 미치는 마음의 심층을 뜻한다.

우리들은 숨을 쉬거나, 걷거나, 어떤 일상적 활동을 할 때 특별히 그 행위 방법과 진행 과정을 의식하지 않고 자연스럽게 처리한다. 수영을 하거나 어떤 질환으로 숨을 쉬기 어려운 상태가 되면 숨을 쉬는 행위에 의식이 집중되지만, 그렇지 않을 때는 이를 의식하지 않고도 자연스럽게 무의식적으로 숨을 쉰다. 무의식은 평상시의 일상적 활동에 있어 대뇌피질을 가동하여 에너지를 소모하지 않고 스스로 처리한다.

그러나 곤란하게도, 스스로 인지하지 못하는 무의식은 인간의 의식적인 노력으로 정확히 측정되기 어렵다는 한계가 있다. 합리적 이성과 논리적 사고로서는 무의식 세계에 진입하기 어렵고, 감정이나 꿈, 영적 체험, 심리와 정신의 분석, 최면, 명상 등과 같은 정신 작용을 통해서만 무의식에 접근 가능하다. 정확한 측정과 판단을 어렵게 하는 무의식의 특성은 그 범주와 실체에 대해서 과학적 증명을 어렵게 한다. 무의식에 대한 과학적 탐색은 아직 완료되지 않았고, 무의식적 사고와 행위에 대해서는 해석과 진위에 대하여 아직 많은 논란이 있다. 어쩌면 무의식이란 아주 좁은 범위의, 별것이 아닌 것일 수도 있다.

무의식의 범주에 대해서 현재 객관적으로 인정되는 것은 생명 유지를 위한 무의식적 활동이나 의식적 사고를 동반하지 않는 일상적 행위다. 예를 들어 자율신경 조절에 의한 맥박, 체온 조절, 혈압, 호흡, 조건 반사, 걷기 등의 일상 활동과 어떤 물체를 보거나 특정한 사건을 경험할 때 자동으로 동반되는 무의식적 회상이나 행동이다. 그리고 무의식은 주변 환경이 변화될 때 자동으로 나오는 반응이나 자동적인 감정의 발생과 해소 등에 관여한다.

무의식의 범주를 확대한다면 기억, 망각, 정신적 외상에 의한 기억의 왜곡과 심리적 변형, 범죄 현장의 차량 번호판과 같이 눈에 감각되었으나 명확하게 인지하지 못하는 정보, 학습되었으나 잊힌 지식 정보, 존재하지만 아직 정확히 실체를 모르는 모든 현상, 가끔씩 나타나거나 의식적으로 알 수 없는 모든 것에 무의식이 관여한다고 볼 수 있다. 하지만 무의식의 영역을 과도하게 확대하는 것은 과학적 사고가 아니고 신비주의가 된다. 우선 객관적으로 확인된 영역에 한정하여 무의식이 작용한다고 보고, 이후 과학적 사실로 증명되는 것을 받아들일 필요가 있다. 무의식의 실체를 파악하는 것에 많은 어려움이 있는 것은 분명 사실이지만 뇌과학, 신경의학, 심리학, 정신분석학 등을 통해 아주 천천히 조금씩 무의식의 객관적 실체로 접근하고 있다.

따라서 무의식은 아직 과학적 증명이 완료되지 않았고, 논란이 여전히 있다는 것을 전제로 조심스럽게 살펴볼 필요가 있다. 정신분석이 소개되기 이전부터 이미 철학자, 과학자들 사이에 무의식에 관한 많은 논의가 있었다. 라이프니츠(Leibniz), 헤르바르트(Herbart), 페히너(Fechner), 골턴(Galton) 등은 의식의 이면에 측정되지 않는 무언가가 있고 의식과 상호 관계를 가지고 있다고 주장하였다. 우선 프로이트로부터 시작해 인간의 감정과 심리에 대하여 몇 가지 가볍게 살펴보자.

이야기를 지어내는 의식 시스템

프로이트는 19세기까지도 기독교가 종교적 계율로 억압한 성적 금기를 공론화하며 인간의 성욕을 도덕적 억압에서 해지하는데 큰 공헌을 했다. 프로이트는 인간의 무의식적 동기를 설명하며 성욕을 그 중심에 놓고 설명하였으나, 무의식은 성욕뿐만 아니라 모든 욕망과 감정을 포괄한다. 무의식은 인간의 행동과 인간이라는 종의 집단행동에도 깊게 관여한다.

인간의 의사결정에 의식과 무의식이 동시에 작용하는데, 의식이

빙산의 일각이라면 무의식은 수면 아래의 거대한 얼음덩어리다. 무의식은 우리가 인지하지 못하는 깊은 곳에서 우리의 욕망과 감정, 동기를 불러일으키는 원초적 시스템이고, 의식은 무의식이 수면 위로 드러나며 설명하는 시스템이다. 예를 들어 허기가 지면 무의식은 식욕을 불러일으키고, 의식은 밥을 먹어야 하겠다는 생각을 일으키는 동시에 "운동했더니 배고프네"라고 이유를 설명한다. 의식이 자유의지에 따른 의사결정을 한 것처럼 보이지만 진짜 원인은 무의식이 허기를 인식하여 만들어 낸 욕망이다. 의식과 무의식은 상호 간 하나로 긴밀히 연결되어 있지만, 무의식이 의사결정의 동기를 만들어 내는 보다 근원적인 시스템이다.

의식 시스템은 욕망이 불러일으켜진 실제 이유를 알지 못한다. 의식은 무의식이 불러일으킨 욕망에 따라 의사결정을 하되, 자신의 뇌에 기록된 경험과 지식을 바탕으로 그 이유를 만들어 내고 설명하는 것이다. 의식은 뇌에 수집된 각종 정보를 서로 연관 지어 어떤 이야기로 만들고 설명하는 것이다.

1980년대 말 한국에서 인기를 끌었던 '유머일번지'라는 코미디 프로그램 중 김형곤의 '꽃피는 봄이 오면'이라는 단편이 있었다. 이 프로그램은 구멍 난 신문을 건너뛰며 읽음으로써 전혀 엉뚱하게 해석하여 웃음을 줬던 코미디다. 이런 방식이다. 한 연기자가 신문지를 들고 헐레벌떡 화면 안으로 뛰어 들어온다. "아! 글쎄 세상에 이런 일이 생겼어요! 정말 대단해요! **호랑이와 사자가 새끼 낳은**

기념으로 4월에 지자체 선거를 한대요!"라고 신문지를 흔들며 고래고래 목청을 높인다. 어처구니없는 뉴스에 다들 모여 신문지를 들여다보면, "**호랑이와 사자가 낳은 새끼** 라이거, 동물원에서 건강한 상태", "TV 공장 증설 **기념으로 4월** 한 달간 판촉사은 행사", "**지자체 선거**에 맞춰 공정선거감시단 출범"이라는 3개의 헤드라인 기사가 있고, 신문 여기저기에는 구멍이 나 있다. 구멍 난 신문을 들고 나온 연기자는 세 개의 헤드라인 기사를 멋대로 이어 붙여 이야기를 만든 것이다. 한바탕 소동이 벌어지며 코미디 프로그램은 흥겹게 진행된다. 이러한 방식으로 불완전한 정보를 끌어모아 얼기설기 이야기를 만들고 설명하는 행위는 우리의 뇌에서도 발생한다.

알츠하이머[29]에 걸리게 되면 뇌의 신경세포에 계속 퇴행성 변화가 일어나게 되고, 점진적으로 괴사하여 뇌 전체가 위축되며 점차 심해진다. 인간의 의식은 뇌세포가 소실되어 기억력 저하가 일어나면서도 구멍 난 신문을 읽어 설명하는 시도를 계속한다. 시간이 가며 뇌세포가 괴사하여 경험과 기억, 지식 정보는 소실되어 사라지고 있지만 의식 시스템은 뇌세포의 빈 공간을 메워 가며 아직 남아 있는 나머지 정보를 모아 계속 연관 지으며 이야기로 만들고 설명하는 활동을 계속하는 것이다.

김운하의 『마이크로인문학 03 선택, 선택의 재발견』에는 다음과 같은 최면 실험 사례가 소개되어 있다. 어떤 사람에게 최면을 건

---

29) 네이버 지식백과: 치매(dementia) [국가건강정보포털 의학정보, 국가건강정보포털]

후, 무의식 상태에 있는 그에게 "내가 헛기침을 두 번 하면 당신은 자리에서 일어나 창문을 활짝 엽니다"라고 말한다. 이후 그가 최면에서 깨어난 후에, 헛기침을 두 번 하면 어김없이 그는 느닷없이 일어나 창문을 연다. "갑자기 왜 창문을 열었지요?" 하고 물으면 그는 이런저런 이유를 댄다. "여기 실내 공기가 너무 더운 것 같아서요." 의식 시스템은 어떤 이유든 이야기를 만들어 내는 것이다.

기억과 추억

기억과 추억은 뇌를 가진 모든 동물이 가지고 있다. 우리의 기억은 무엇보다 당시에 느꼈던 감정과 밀접하다. 어렸을 때 같이 놀았던 친구 4명과 함께 경험한 어떤 사건, 예를 들어 놀이공원에 갔었던 추억을 회상해 보면 놀랍게도 나의 기억과는 많은 부분 다른 기억을 가지고 있다. 우선 4명 중 1~2명은 그런 사실이 있었는지 잘 기억하지 못한다. 나에게 따스한 추억을 일으키는 경험이 친구 1~2명에게는 그다지 기억나지 않는 것이다. 나머지 1·2명은 놀이공원에서의 즐거움을 기억하지만, 당시의 어떤 사건이나 해프닝에 대해서 나와 다른 기억을 가지고 있다. 그는 어떤 사건에 대하여 더욱 생생한 말투와 행동을 떠올리며 즐거워하지만, 세부적인 것은 나의 기억과 다를 것이고 나머지는 그랬었나 하는 반응을 보일 것이다. 슬프게도 인간의 기억과 추억은 이런 것이다.

심지어 가족들끼리 한 추억의 여행이나 어떤 사건에 대한 회상에서도 이러한 현상이 나타난다. 어떤 경험에 대한 기억은 부모와 자식 간에 서로 다르다. 어떤 경험을 하더라도 서로 다른 입장에서 다른 감정을 경험하기 때문에 벌어지는 현상이다. 자식이 기억해 주기를 기대하는 즐거웠던 경험은 대부분 자식의 기억에 남아 있지 않고, 전혀 기대하지 않았던 어떤 일상의 사소한 해프닝은 자식의 따스한 추억을 형성한다. 기억은 당시 느꼈던 감정의 편린일 확률이 높기 때문에 사람들의 기억이 제각각 다른 것이다. 대부분의 경우 아스라이 떠오르는 어렴풋한 추억을 회상하고, 당시 그 감정을 다시 느낄 수 있는 사람은 어쩌면 자기 자신 외에는 없다. 따라서 화목한 가정을 이룬다는 것은 세부적인 기억이 같다는 것을 말하지 않는다. 어떤 추억에 대한 따스하고 즐거운 감정을 공유할 수 있다면 그 자체로 화목한 가정이다. 화목한 가정을 이루기 위해 할 수 있는 일은 어떤 특별하고 멋진 경험을 하는 것이 아니라, 즐겁고 행복한 느낌을 공유한 상태로 그저 아주 많은 시간을 함께 보내는 것이다. 그중 일부는 자식들의 추억을 형성하여 따스한 감정을 일으킬 수 있을 것이고, 그중 어떤 일부는 지워질 것이다. 그리고 일생을 통틀어 나와 같은 기억 감정을 공유하는 배우자나 동반자가 있다면 그 자체로 행복한 삶을 살고 있는 사람이다.

우리는 자신의 기억이 실제 일어난 사실이라고 믿는다. 하지만 기억은 우리 믿음과 다르게 쉽게 조작되거나 변형되고, 사라지거나 허위로 생겨나기도 한다. 뇌과학의 연구 결과는 인간의 기억이란 컴퓨터의 데이터 기록과는 다른 과정임을 알려 준다. 2002년 뉴질랜드 빅토리아 대학 스테판 린드세이(Stephen Lindsay) 교수는 과거에 열기구를 탄 경험이 없는 사람을 대상으로 기억 조작에 대한 실험[30]을 했다. 먼저 피험자 몰래 피험자가 어린 시절에 열기구를 탔던 것처럼 보이는 사진을 합성 조작하였다.

2002년 린드세이 교수의 실험: 합성된 가짜 사진에 의한 기억의 조작

그리고 가짜 합성 사진을 몇 장의 진짜 사진과 섞어서 피험자에게 보여 주며 사진 속 장면을 회상해 보라고 했다. 피험자가 생각

30)　Wade KA, Garry M, Read JD and Lindsay DS(2002), A picture is worth a thousand lies: Using falsephotographs to create false childhood memories, Psychonomic Bulletin & Review 9(3), pp. 597~603

나지 않는다고 하면 명상해 보라고 하고, 시간을 줄 테니 잘 생각해 보라고 하며 종용하였다. 결국 절반 정도는 열기구를 탔던 기억과 사진에 나오지 않은 세부적인 내용까지 회상해 냈다. 실험이 끝난 뒤 피험자들은 모든 것은 조작된 거짓이었다는 설명을 들었는데, 몇몇은 기억이 너무 생생해서 오히려 지금까지 열기구를 탄 적이 없다는 것을 믿지 못했다. 거짓 기억을 심는 것은 너무나도 쉬운 일이라서 성인과 아이, 고릴라, 쥐 등 여러 대상에서 성공적으로 기억이 조작되었다. 특히 인간은 거짓 기억의 형성에 취약해 어린 시절 쇼핑몰에서 길을 잃었던 기억, 동물의 공격을 받았던 기억, 병원에 입원했던 기억 등 여러 실험[31]에서 많은 피험자들이 쉽게 착각에 빠졌다.

또 다른 실험은 기억의 변형이 매우 쉽다는 것을 알려 주었다. 기억은 잊히거나 새로 생기는 것만이 아니었다. 이해하기 힘든 요소들은 빠지고 새로운 부분이 추가되며 어떻게든 말이 되는 형태로 계속 변형되었다. 기억 소실과 조작, 무언가의 이야기를 만들고 설명하는 의식 시스템의 활동이 동시에 일어나는 것이다.

인간의 기억이란 감정과 밀접하며, 아주 연약하고 민감하며, 변형되기 쉬운 것이다. 지금의 자신을 설명하고, 이해하고, 보호하기

---

31) Loftus EF(2005), Planting misinformation in the human mind: A 30-year investigation of the malleability of memory, Learning & Memory 12, pp. 361~366

위해 나의 감정은 계속 나의 기억을 조작한다. 특히 뇌의 신경 시스템이 한창 성장, 발달하는 유년기와 청소년기의 기억은 더욱 연약하여 변형되거나 부서지기 쉽다. 종교나 이데올로기 등에 의해 집단적인 기억 조작이 일어날 수 있고, 정치적 의도나 경제적 이익 등에 의해서도 기억은 쉽게 변형되어 착각을 일으킨다. 1980~1990년대 유행처럼 번졌던 미국의 '기억 회복 운동(Memory recovery movement)'은 기억 조작과 관련하여 다수의 비극적 사례를 만들었다. 많은 여성들이 어린 시절 부모나 친척에게 당한 성추행 기억을 되찾았고, 이와 관련한 고발과 소송이 줄을 이었다. 어떤 딸은 무언가의 기억을 되찾고 아버지를 자신과 친구의 성폭행범으로 고발하여 실제 그 아버지는 수년에 걸쳐 수감되기에 이르렀는데, 결국 DNA 검사와 알리바이 증거 등에 의해 그녀의 기억이 자기도 모르게 조작된 것으로 밝혀졌다.

미국 캘리포니아 대학 심리학과 교수 엘리자베스 로프터스 교수는 저서 『우리의 기억은 진짜 기억일까?(The Myth of Repressed Memory)』에서 그들은 사실 억압된 기억을 되찾은 것이 아니라 심리치료사들의 치료 중에 행해진 최면과 암시, 기억 회복을 목표로 하는 모임 활동, 기억 회복을 다루는 TV 프로그램 등에 의해 기억이 조작되었다고 밝혔다. 기억은 인간 내면의 감정과 반응하므로, 객관적 사실을 입증하는 증거자료와 비교하여 오류를 가져오기 쉽다. 기억 자체만으로는 법적 증거로 채택되거나 객관적 정당성을 인정받기 곤란하다는 것이다.

기억은 계획이나 상상과 일맥상통한다. 뇌에서 해마를 제거하면 새로운 기억을 만들지 못할 뿐 아니라, 미래의 일을 계획하지도 못한다. 또 가상의 상황을 상상하는 것도 어렵다. "아름다운 해변에 있다고 상상하고 이야기해 보세요"라고 요청하면 보통 사람들은 풍부하고 생생하게 상상할 수 있는 반면, 해마가 손상된 이들의 묘사는 대체로 빈약하고 모순적이다.[32]

해마는 어떤 이야기를 생생하게 시뮬레이션하는 데 필요하다. 과거를 회상할 때는 어떤 기억 정보를 선택하여 그럴듯한 이야기로 구성해야 하는데, 이는 무언가를 상상하거나 계획할 때도 마찬가지기 때문이다. 인간의 기억과 관련한 흥미로운 영화로는 '메멘토', '토탈리콜' 등이 있다.

무의식과 감정과 심리

무의식과 감정은 인간관계를 맺는 핵심 요소다. 좋은 감정은 새로운 기회와 좋은 인간관계를 가져오며, 그로 인해 성공할 기회도 많아지게 된다. 감정은 무의식에 반영되며, 마치 무의식이 스스로

---

32) 송민령(카이스트 바이오 및 뇌공학과 박사과정), 한겨레 과학웹진 사이언스온, 「기억의 일생: 어떻게 만들어지고 어떻게 변하는가 - 기억의 형성, 변형, 회고」, 2017. 05. 29.

의 독자적인 인격을 갖추고 있는 것처럼 보인다.

그러한 무의식은 끊임없이 주위를 탐색하여 주변에 있는 여러 대상 중에서 좋은 감정에 부합하는 것이 발견되면 적극적으로 끌어들이고, 나쁜 감정을 초래하는 대상을 밀어낸다. 무의식은 이러한 과정을 통해 돈, 예술적 영감, 아이디어, 인간관계 등 우리가 무의식적으로 원하고 필요로 하는 것을 찾아내고 끌어들이는데, 그 핵심은 그 대상에 대한 좋은 감정이다.

석정훈의 저서 『무의식은 답을 알고 있다』 212~213쪽에서는 다음과 같이 설명한다. "결과에 따라 분명한 감정 기억을 갖게 됩니다. 결과가 좋았다면 기쁨이나 즐거움의 감정으로, 결과가 나빴다면 분노나 슬픔의 감정으로 기억해두는 겁니다…(중략)…무의식은 우리에게 필요한 것을 찾아내고 끌어들입니다. 놀랍게도 이 작업은 의식이 다른 일을 하고 있는 순간이나 심지어 잠이 든 순간에도 멈추지 않고 계속됩니다."

이서연, 홍주연의 저서 『더 해빙』 150쪽에서는 다음과 같이 설명한다. "감정이란 현실을 변화시키는 힘을 가진 귀중한 에너지다…(중략)…자신의 상황을 바꿀 수 있는 열쇠는 생각이 아닌 감정이다…(중략)…더 나은 미래를 열 수 있는 비밀은 바로 느낌이다. 돈에 대한 좋은 감정은 부를 가져다주는 원천이 된다."

어려운 문제에 봉착하여 해결책을 찾으려고 오랫동안 몰입하여 생각해도 답이 찾아지지 않다가, 어느 날 잠을 자고 일어나서 또는 휴식을 취하다가 갑자기 생각의 매듭이 정리되는 일이 일어난다. 어쩌면 그 과정에 무의식이 개입했을 가능성이 있다. 변수가 많은 복잡한 문제는 여러 갈래를 이룬 각 변수의 우열을 고려하여 종합적인 판단을 하기 힘들기 때문이다. 그런데 무의식은 복잡한 문제를 감정에 따라 분류하여, 본질적인 것과 부차적인 것으로 간단히 요약하도록 도와준다. 몰입을 통해 무의식에 끊임없이 SOS를 보내면 무의식은 그것에 홀연히 답을 한다. 석정훈의 저서 『무의식은 답을 알고 있다』 228쪽에서는 다음과 같이 설명한다. "뜨거운 용광로에서 갖가지 물질이 녹고 다시 결합돼 새로운 물질로 탄생하듯, 무의식은 몰입의 과정을 거쳐 전혀 새로운 답을 도출해냅니다…(중략)…최선은 그것이 무엇이든 깊이 집중하는 것입니다."

의식 시스템의 판단은 대체로 느리지만 정확하다. 무의식 시스템은 감정과 정서를 관장하며, 판단의 정확성보다는 즉각적이고 빠른 판단과 대응을 주도한다. 습관이 된 일상생활에서는 무의식의 자동 시스템이 작동하지만 심각한 문제나 낯선 상황에 대처해야 할 때 우리는 의식 시스템을 추가로 작동시켜 주의를 기울이는, 이중 시스템 선택 전략[33]을 사용한다. 무의식 시스템이 의식 시스템보다 우월한 이유는 이중 시스템 스위치를 자동으로 작동하는 주체가 무의식이라는 데 있다. 예를 들어 아름다운 강변을 거닐며

---

33) 김운하, 마이크로인문학 03 선택, 선택의 재발견, 4장 마음의 구조

경치를 감상한다고 가정하자. 우리는 아름다운 경관에 감탄하지만, 사실은 아주 잠깐만 그 아름다움을 느낄 수 있고 대부분의 산책 시간은 그저 무의식적으로 걷는 것이다. 우리의 뇌는 아름다운 경치를 실제 그대로 생생하게 기억하지 못한다. 몇 장의 아름답지만 흐릿한 사진으로 회상할 뿐이다. 그런데 산책 중 갑자기 누군가 길을 막거나, 자동차 경적이 울린다면 비로소 의식 시스템 작동 스위치가 켜지고 변화된 환경에 주의를 기울이게 된다.

인간의 사고와 감정은 각각 의식 시스템과 무의식 시스템으로의 진출입 통로이자 도구가 된다. 경험하고 학습한 구체적 지식은 의식을 형성하고, 이성 체계에서 그 인과관계가 분석되고 저장되며 이후에도 활용된다. 한편 인간은 선조로부터 물려받은 방대한 무의식의 정보 창고를 가지고 있다. 무의식은 선천적으로 물려받은 정보에 더하여, 자신의 일생에서 중요하게 자극된 생존 정보와 강렬한 감정 반응이 스스로 축적되어 만들어진다. 트라우마처럼 강렬한 감정 반응이 유발된 것일수록 쉽게 흔적을 남긴다.

열렬한 사랑[34]도 무의식 시스템의 욕망으로 일으켜진다. 사춘기에 들어서면 이성에 대한 성적 욕망과 호기심이 솟구친다. 김운하

---

34) 뇌에는 도파민 분비와 관련하여 쾌락과 즐거움을 주는 보상 회로가 있다. 주로 중뇌에서 시작하여 측좌핵 전두엽으로 가는 신경 회로는 중독과도 관련이 있는데, 이 회로를 자극하면 그것을 계속 하고 싶은 충동을 느낀다. 사랑에 빠진 남성의 뇌를 fMRI로 촬영하면 이 보상 회로가 자극되어 있음을 알 수 있다.
권준수, 렉처사이언스 KAOS 02 뇌, 「4강 - 뇌를 읽다 그리고 마음을 읽다」, pp. 133~134

의 저서 『마이크로인문학 03 선택, 선택의 재발견』에서는 사랑을 다음과 같이 설명한다. "성욕과 사랑은 다른 것이지만 사랑이 성적 욕망과 밀접한 것은 부인하기 어려우며, 성욕과 완전히 무관한 사랑은 우정이라 불린다."

　우리를 사랑이나 열정에 빠지게 만들고, 쾌감과 감동을 주고, 정서적인 유대감을 갖게 하는 것은 뇌에서 분비되는 화학물질, 즉 호르몬의 작용이다. 테스토스테론이나 에스트로겐 등의 성호르몬, 도파민 같은 쾌락 호르몬, 옥시토신 같은 정서적 애착의 호르몬, 바소프레신 같은 사랑의 호르몬은 열정을 불러일으킨다. 호르몬이 분비되면 전두엽의 활동이 위축되고, 뇌의 전기신호 회로의 성질을 바꿈으로써 일정 기간 합리적 사고를 억압한다. 열망에 사로잡히면 상대의 허물이나 단점이 보이지 않고, 현실을 냉철하게 인식할 수 없게 되어 감각기관으로부터 들어오는 현상이나 사실을 있는 그대로 받아들이지 못한다. 자신이 믿고 싶은 것에 부합하는 사실만 찾아내어 자신의 믿음을 더욱 필사적으로 공고하게 만든다. 사랑이라는 열정은 강렬한 반면 길지는 않다. 하지만 확신과 신념은 오랫동안 영향을 끼친다.

방어적 심리 기제

감정은 마치 외부 자극에 대한 대응 매뉴얼처럼 작동한다. 감각기관을 통해 외부로부터 정보가 입력되면 즉시 감정 반응이 일어나며, 매뉴얼에 따른 우선순위가 가동된다. 어떤 정보는 열정을 불러일으키지만, 어떤 정보에 대해서는 관심조차 생기지 않기도 한다.

모든 생명체는 본능적으로 에너지 소모를 꺼린다. 자신의 생존과 관련하여 중요하거나 긴급한 일이 아니라는 무의식적 판단이 작용하면 대부분은 곧바로 게을러진다. 그리고 자신의 생각과 사고 경향을 바꾸는 것을 극도로 꺼린다. 자신의 지식과 경험이 보잘 것없고, 자신의 사고 체계가 시공에 흩어진 온갖 상념의 잡동사니라 하더라도 가치관을 고수한다. 자기 나름의 가치관을 바꾸는 경우의 실익이 별로 없고, 바꿔 봐야 머릿속만 헝클어질 뿐인 것이다. 그래서 한번 신념 체계가 성립되면 어떠한 사건이 발생하더라도 자신의 가치관을 바꾸는 것보다 자신의 가치관에 부합하는 내용만 보려는 경향성이 나타난다.

강력한 믿음은 무의식에도 흔적을 남기는데, 이를 심리학에서는 '무의식적 편향'이라고도 하고 '확증 편향'이라 부르기도 한다. 의식은 언제나 그럴듯하게 무의식적 욕망을 설명해야 하므로, 편향된 욕망을 설명해야 하는 상황에 빠진다. 무의식적 편향에 빠진 사람은 거짓을 사실처럼 뻔뻔하게 잘 꾸며 내기 위해 스스로 만든 착각에 빠져야 하고, 심한 경우 죽는 날까지 확증 편향을 통해 강화된다. 확증 편향은 인간이 변하는 게 얼마나 어려운가를 설명해 준다. 확증 편향을 '프레임 효과'라 부르기도 하는데, 인간은 각기 다른 색의 안경을 쓰고 세계를 보면서 오직 자기가 보는 세상만 진실로 인정하고 또한 자기는 맨눈으로 공정하게 사실만 본다고 착각한다. 심하면 같은 확증 편향을 가진 사람들끼리만 공동체 사회를 유지할 수 있게 되는데, 이것이 이념 전쟁의 원인이 된다. 한번 강화되기 시작한 무의식적 편향은 스스로 회복하기가 매우 어렵다. 확증 편향으로 부추겨진 대립은 증오와 불신, 갈등과 분노를 낳아 그 공동체에 파멸적 결과를 가져온다.

우리는 보통 내가 느끼는 감정이 진실하다 믿고, 내 감정을 타인에게 숨길 수는 있되 나 자신에게는 속일 수 없다고 생각한다. 하지만 뇌는 자기 자신의 감정마저 속일 수 있다.

김운하 저『마이크로인문학 03 선택, 선택의 재발견』의「4장 - 마음의 구조」에서는 다음과 같이 설명한다. 아찔한 다리 위에서 사람들은 두려움과 긴장을 느끼고, 그에 따라 아드레날린이 분출하며 심장박동이 빨라진다. 그 상태에서 이성을 만나면 뇌는 심장박동을 감정적으로 해석하여 이성에 대한 호감으로 착각한다. 이것을 심리학에서 '착오 귀속 효과'라 하는데, 뇌가 신체의 생리적 반응을 감정적으로 착오하고 무의식은 그 상태를 합리화한다는 것이다.

뇌과학자 이케가야 유지는 저서『단순한 뇌 복잡한 나』65쪽에서 이렇게 설명한다. "자기가 취한 태도가 감정과 모순될 때, 기왕에 실행해 버린 행동은 부정하기에도 이미 늦었으므로 자기 마음을 바꿈으로써 합리화합니다. 행동과 감정이 어긋난 불안정 상태를 안정시키려는 것입니다." 이러한 착오 귀속 효과는, 인지 부조화 상태의 불쾌함을 없애 버리고 편안해지려는 무의식의 본능 때문에 생긴다. 이처럼 내 감정조차도 조작되기 쉬우며, 내 감정은 내가 이미 한 생각과 행동을 정당화하도록 계속 압박을 가하고 있다.

확증 편향과 착오 귀속 효과는 개개인의 삶을 힘들게 하고, 인간 사회의 문제 해결을 어렵게 만드는 심리적 방어기제로 작용한다. 사람은 자신의 잘못을 인정하는 것이 매우 어렵기 때문에, 자신이 이미 한 행위와 생각과 판단을 합리화하며 더욱 나빠지는 경향이 있다. 잘못을 인정하는 것이 유리한 결과를 가져오거나 혹은 자기가 저지른 잘못의 결과로 자신이나 타인, 공동체에 치명적 피해가 생기는 경우에도 잘못을 인정하지 않으려는 심리가 작동한다.

이런 방어적 심리 기제는 자신을 심리적 수렁으로 안내하여 자신과 인간 사회를 권력 질서 체계에 예속되게 만든다. 지배 권력은 권력에 대한 충성심과 결의를 대중 앞에서 선언하도록 종용하고, 헌금이나 당비나 회비를 내게 하고, 집단 행사에 참여하게 하고, 타인에 대한 선전·선동에 참여하게 하고, 적에 대한 공개 처형에 참여토록 독려함으로써 점점 깊숙한 심리적 수렁으로 유도한다. 이렇게 심리적 구속이 완성되었을 때, 그 인간은 확증 편향과 착오 귀속 효과로 그 영향에서 빠져나오는 것이 불가능하게 된다. 그리

고 자기 마음의 불안한 상태에서 벗어나기 위하여 스스로 그 정당
성에 대한 믿음을 더욱 독실하게 유지하게 된다.

투자에 있어서도 비슷한 심리 기제가 작용한다. 어떤 특정 업체
에 투자 결정이 내려지기 전까지는 온갖 상황을 가정하여 위험성
을 평가하지만, 투자가 대중에게 발표되면 비교적 적은 금액이라도
투자를 해야 한다는 심리적 압박을 받고, 적은 금액으로 시작된
투자는 기존에 내린 투자 결정의 정당성을 옹호하면서 점점 확대
된다.

확증 편향과 착오 귀속 효과는 수백만 년의 진화 역사에서 신속
하게 위험을 벗어나기 위한 직관적 사고의 필요성이 우리의 무의식
에 오랫동안 깊게 새겨져 왔음을 의미한다. 이러한 방어적 심리 기
제는 척박한 자연환경에서의 생존에 유효하였으나, 지배 권력에 순
응하게 만드는 함정으로 유도하기도 한다.

집단 무의식

칼 구스타프 융(Carl Gustav Jung, 1875~1961)의 집단 무의식을 간
략히 살펴보자. 집단 무의식은 특정한 사회의 집단심리다. 융은 인

도와 북아프리카 등을 여행하면서 여러 원주민 부족의 생활을 관찰하였고, 인간의 심층 심리에는 단순히 개인적인 것뿐만 아니라, 오랜 집단생활에 의해 심리에 침전된 집단 무의식이 있다고 주장했다. 융은 프로이트 심리학에 영향을 받아 처음에는 콤플렉스가 어린 시절의 특정 사건으로 인해 생긴다고 믿었지만, 후에 훨씬 더 깊은 경험에서 비롯된다고 보았다. 그는 콤플렉스가 진화 역사에서 중요한 어떤 경험, 즉 생물학적 유전 기제를 통해서 한 세대에서 다음 세대로 전달되는 경험에 의해 영향을 받는다고 생각했다. "전수되어 온 인간 경험은 무의식적인 것이며, 우리는 그것을 인식하지 못한다. 그 대신 집단 무의식은 선조와 같은 방식으로 지각하고 사고하고 느끼는 경향성으로 존재하며, 이 경향성이 우리의 행동에 실제로 나타나는지의 여부는 앞으로 직면하게 될 특정 경험에 달려 있다."

그는 어떤 경험들은 수많은 세대를 통해 반복되어 왔기 때문에 영혼 속에 새겨져 있다고 믿었으며, 이를 종족기억(racial memory)[35]이라고 불렀다. 집단 무의식에는 사람들이 역사 문화를 통해 공유해 온 정신적 자료, 즉 종교적, 심령적, 신화적 상징과 경험이 저장되어 있다고 보았다. 융은 인간 정신의 기초를 형성하는 집단 무의식은 생물학적 기초를 가지고 타고나는 것이라 믿었다.

---

35) 네이버 지식백과: 집단 무의식(collective unconscious, 集團無意識) [상담학 사전, 2016. 1. 15., 김춘경, 이수연, 이윤주, 정종진, 최웅용]

만약 집단 무의식이 존재한다면, 한 개인의 강렬한 감정 경험으로부터 만들어진 무의식보다 오랜 선조로부터 내려온 무의식과 심리적 패턴이 차지하는 비중이 훨씬 더 클 것이다. 수렵채집민의 심리 구조가 현대인에게 여전히 작용하는 것과 같이, 아주 오랜 기간에 걸쳐 특정한 인간 집단에게 특정한 집단심리가 축적되었을 것이다. 다만, 특정 사건으로 만들어진 그 심리적 영향력의 크기는 내가 직접 경험한 것이 더 클 것이고, 집단 무의식 중에서도 계속 반복된 것일수록, 가까운 시기에 만들어진 것일수록 클 것이다.

학문과 예술

집단심리와 인간 사회를 다루는 학문

비교적 명확한 인과관계를 가지고 실험에 의해 그 진위를 판별할 수 있는 물리, 화학, 생물, 수학 등의 자연과학이나 공학과는 달리, 인간이라는 생명체가 사회를 이루는 규범과 집단심리를 다루는 인문학, 사회학, 경제·경영 등의 학문 영역은 가설의 설정과 확률과 통계라는 수법에 의해서만 객관화될 수 있었다.

그러나 자연과학의 깊은 부분은 마찬가지로 확률과 통계에서 정의된다. 이 우주의 모든 것은 'A는 100% B다'라는 규정에 들어맞지 않고, 현실적으로 가능하지도 않으며, 100% 순수한 물질은 자연 상태에서 존재하기 어렵다.

예로부터 인간의 정신세계는 주요 연구 대상이었고 관심 사항이었다. 종교와 사상, 정치학과 법학은 어떻게 하면 인간 사회를 평화롭게 유지하고 권력 질서 체계가 안정적으로 작동할 수 있는가에 초점을 맞추었다. 그리고 그 때문에 인간의 정신과 심리에 대한 탐구가 중요하였다. 그런데 인간 사회의 구조, 그 역사적 흐름을 다루는 인문학, 사회과학 등의 한계는 실험을 통해 정확히 측정되기 어려운 무의식의 한계와 유사하다. 인문학, 사회과학 등에 의해 규정되는 인간 사회는 해석하는 파벌의 이익에 따라 관점이 달라지고, 관점에 따라 취사선택하는 사실과 논리적 뼈대가 달라진다. 그리고 그렇게 만들어지고 규정된 개념은 다시 순환되어 이후 역사의 흐름에 영향을 미친다.

그러나 현재 인간 사회를 다루는 많은 학문에 과학적 탐구 방법이 도입되며 천천히 진실로 나아가고 있다. 그리고 인문학과 사회과학의 제반 분야는 인간 사회와 그것의 바탕인 인간의 정신과 집단심리를 다룬다는 측면에서 더욱 현실 세계와 밀접하기 때문에 그 학문적 중요성은 더욱 커지고 있다.

관찰 도구가 발달하지 않았던 시기를 살았던 선조들은 현대를 살고 있는 우리에 비해 사유와 사색에 있어서 더 깊은 성찰과 발전을 이루었던 것으로 보인다. 탈레스, 루시푸스, 데모크리토스 등 고대 그리스 철학자들은 단지 사유만으로 모든 물질이 더 이상 쪼개질 수 없는 근원적 요소나 어떤 원자(atom)로 구성되어 있다고 추론하였다. 심오한 불교철학과 동아시아 중세 학자들의 선문답은 그들의 깊은 정신세계를 가감 없이 보여 주었다. 선조들은 관찰 도구나 실험 도구가 없어 명확한 증거를 확보하기 어려웠던 여건에서도, 셜록 홈즈나 현대 수사기관이 아주 미세한 단서로 범인을 찾아내는 것처럼 인간 사회에서의 심리 작용 등 인자를 가려내고 그것으로부터 핵심 원리를 추출하였다.

선조들이 만들어 낸 정신세계 중 현대의 실험 결과 사실과는 다른 것으로 밝혀져 부정되는 것도 있지만, 인간 사회의 구성 원리와 변화의 동기로 영향을 미치는 핵심적 요소를 상당수 밝혀냈다는 측면에서 위대하다. 따라서 고대 철학의 관념론이 무언가 결여된 편협한 학문이라는 시각은 오해다. 인간의 정신세계가 현실 사회에 무엇보다 가장 중요하다고 인식했기 때문이며, 인간의 정신세계와 그로부터 영향을 받는 집단심리는 인간 사회의 본질이므로 폄하될 수 없다.

한편, 상당히 유동적이고 가변적인 특성을 지니는 인간의 정신세계와 집단심리 등을 다루는 여러 학문 분야에서 과학적 탐구가 광범위하게 적용되고 있는데 이는 매우 바람직한 일이다. 여러 가설에 대한 과학적 탐구와 검토는 자칫 이념 편향에 빠진 감정적 학문으로 변질되는 것을 예방할 수 있는 서의 유일한 방법이다.

감정에 대한 인간의 욕구는 그야말로 강력하므로 언제라도 학문의 탐구 결과를 왜곡하려는 욕망이 분출할 수 있다. 감정에 바탕을 둔 학문이 범람하는 경우에는 인간 사회의 내부 분열과 갈등이 심각해지고 불행한 사건과 고통이 빈발할 수 있다. 분파적 이익에 따라 학문의 탐구 결과를 왜곡시키지 않는, 진실을 추구하는 보편적 윤리의 학문 풍토가 유지되어야 한다.

각 시대의 언어는 자연환경과 역사적 사건의 영향을 받고, 그 인간 사회의 특성과 집단심리에 따라 살아 숨 쉬며 변화하였다. 언어, 지리, 역사, 심리 등의 제반 학문 분야는 인간 사회가 현재의 모습이 된 과정을 탐구해 왔으며, 그 학문의 발전이 다시 세계와 인간의 정신에 영향을 주는 되먹임 고리가 형성, 발전되어 왔다.

사람들이 기호를 사용하여 의미를 생산하고 해석하며 공유하는 법칙과 그 정신적인 과정을 연구하는 기호학이나 고대로부터 이어져 온 점술 등도 인간의 뇌 작동과 관련이 깊다. 기호[36]에는 언어, 문자, 음악, 깃발, 문양 표식, 팔괘 등 의사소통과 관련된 모든 상징 체계가 포함되는데, 기호의 의미 작용은 근본적으로 정신적 과정이고, 인간의 삶 전체를 문화라고 한다면 문화는 기호 작용의 총체다.

소쉬르(Saussure, Ferdinand De, 1857~1913)에 따르면, 기호(記號)는 기표(記表: signifiant)와 기의(記意: signifié)로 구성된다. 누군가가 어떤 사람에게 장미꽃을 선물했다면, 그를 사랑하는 마음이 기의이고, 그에게 장미꽃을 전달하는 행위가 기표가 된다. 곧 기의가 기표와 결합하여 사랑을 표현하는 기호가 만들어진 것이다. 장미꽃

---

36)   네이버 지식백과: 기호학(Semiotics, 記號學) [두산백과]

을 받아 든 그는 그것으로 선물한 사람의 의도와 마음을 해석한다. 같은 문화에서 이 기호는 대체로 동일한 의미로 해석되는데, 받아들이거나 거절함으로써 커뮤니케이션이 이루어진다. 만약 장미꽃 대신 돈을 선물했다면, 가족 등의 친밀한 관계에서는 사랑이나 책임 의식으로 해석될 수 있으나, 경우에 따라 뇌물로 해석되기도 한다.

기호학과 유사한 학문 분야로서 관찰과 객관적 검증을 중요시한 근대 서양에서 한동안 외면받아 온 점술, 점성술, 명리학(命理學), 사주팔자, 한의학, 기(氣) 등이 있다. 동아시아의 주역과 명리학 등은 오랜 전통을 가진 학문 중 하나였다. 유교 경전 삼경의 하나이며 역경(易經)이라고도 하는 주역(周易)은 우주의 질서로 길흉화복을 설명하였는데, 이 이론은 명리학으로 확대 계승되었다. 실제로 근대 서양의 침탈이 있기 전 많은 동아시아 지식인들은 국가 대소사와 개인의 미래에 대하여 길흉화복을 점치고 이를 기반으로 인간 내면의 경건함을 유지했다. 이 분야의 학문은 당시의 사회경제적, 문화적 여건에서 상당한 존재 가치와 지위가 인정되었다.

이렇듯 자연과학이나 공학으로 명명된, 비교적 계측되기 쉬운 분야의 학문뿐만 아니라 인문학이나 사회과학 등 인간의 정신세계와 심리를 바탕으로 하는 학문의 중요성은 결코 못지 않다. 그리고 인간의 정신적 본성과 관련된 많은 학문의 발전이 있는 것은 바람직하다.

예술과 스포츠

인간의 감성적 본능과 무의식에 직접적으로 가장 큰 영향력을 행사하는 것은 음악, 미술, 문학, 건축, 공간예술, 영화, 연극, 무대 예술, 쇼 비즈니스, 스포츠 등의 예술 영역이다. 인간의 오감을 자극하고 환희와 카타르시스 등의 감정적 반응을 유발하는 예술은 인간 정신의 깊숙한 곳과 직접 소통하는 매개체다.

감정을 소비하는 시대인 현대에 와서는 스포츠, 예술 활동의 중요성이 더욱 커지고 있다. 사람들은 기꺼이 스포츠, 예술 활동을 하는 데 많은 비용을 지불할 의사가 있으며, 그것을 주도하는 스타들에 열광한다. 스타들이 불러일으키는 감정의 물결에 감동과 카타르시스를 느끼며, 스타들을 통해 대리 만족을 한다. 스타들을 통해 감정적 욕구를 해소하고 있으므로, 그들이 많은 돈을 버는 것에 대해서는 대체로 관대하다. 뮤지션들에 열광하는 젊은이들의 순수한 에너지와 환호와 열기를 보라. 그들의 내면에 자리 잡고 있는 에너지는 뮤지션들의 공연을 보며 노랫말과 리듬에 감정적으로 동화되며 분출된다. 축구나 야구 등에 열광하는 사람들을 보라. 피아간 동일한 룰이 적용되는 스포츠를 통해 그 많은 사람들이 감정 에너지를 폭발시키고, 즐기고, 해소하지 않는다면 그 에너지가 어디를 향하겠는가? 권력의 이익을 추구하는 인간 사회의 어느 활동 영역에도 스포츠만큼 엄격하게 공평하고 공정한 룰이 적용되는 곳은 없다. 인간은 공정하다고 인정되는 룰의 스포츠 게임을 보면서 나의 정체성을 대리하는 팀과 스포츠 스타를 열광적으로 응원한다. 스포츠 게임의 승패에 따라 열광하고, 희열을 느끼고, 낙담하고, 분통을 터뜨리면서 내면에서 분출하는 감정 에너지를 느낀다. 아마도 스포츠는 인간 내면의 폭력성을 완화하고 감정 에너지를 승화시키도록 도와주는, 사피엔스가 만들어 낸 가장 위대한 창작물 중 하나일 것이다.

감각의 많은 부분을 시각에 의존하는 동물인 인간에게 시각적 예술품이 많이 만들어져 왔지만, 청각, 후각, 촉각, 미각 등의 감각은 동물로서의 본능적 뇌 작용과 보다 밀접하다. 청각을 매개로 하는 음악예술은 특히 인간의 심금을 울리는 예술인데, 오랜 기간의 인간 역사에서 선천적으로 자질이 특출한 천재적 음악가가 많이 탄생하였다. 예술 분야는 학문과 달리 선천적 천재성이 그 성취에 큰 영향력을 발휘하는데, 특히 음악은 더욱 그러하다.

예술은 많은 천재들이 주도하여 현재에도 새로운 발전을 이루고 있다. 인간들은 예술 활동을 지지하고 그 예술 작품을 즐기며, 그것을 통해 내면에서 울리는 다채로운 감정의 물결을 느낀다. 예술은 그 무엇보다 인간의 감성과 정서, 무의식에 직접 소통하는 수단이자 통로가 된다. 각 지역의 고유 예술 발전, 새로운 예술 사조의 탄생과 변화 과정에 대한 검토를 통해 인간의 정신세계에 대한 세부적 실체가 밝혀지길 기대해 본다.

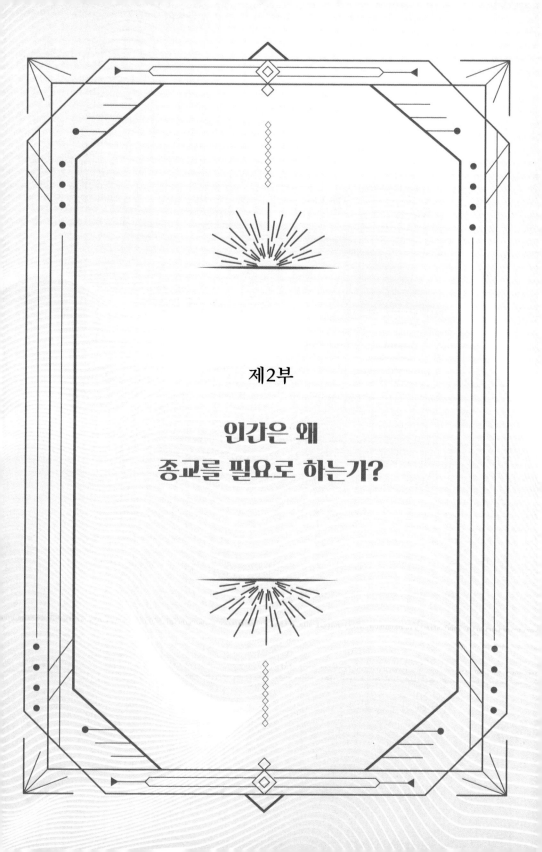

제2부

인간은 왜
종교를 필요로 하는가?

종교의 탄생과 전개

DNA는 생존과 번식을 추구하고, 인간의 뇌는 DNA의 명령에 따라 사는 동안 생존경쟁에서 이길 수 있는 방법을 끊임없이 고안하도록 작동된다. 생존경쟁이 효과적으로 수행되기 위해서는 감정, 사고, 행동을 관장하는 뇌 활동이 심리적 억압과 인지 부조화에 의해 방해되지 않고 안정적으로 유지되어야 한다.

종교는 나의 존재, 내 삶의 이유와 목적, 인간 사회나 주변 환경과의 관계를 설명함으로써 정신 시스템의 안정화에 관여한다. 또한 종교는 사회질서를 정치권력이 강제하게 한다는 것에 동의하게 함으로써, 인간 사회에 권력 질서를 정착시킨다. 종교가 중요한 이유는 종교가 인간의 신념과 가치관, 세계관을 형성하는 수단이고, 그 결과 인간 사회에 질서를 구축하게 되었기 때문이다. 종교는 인간의 신념 체계를 형성하는 매우 중요한 감정 기제다. 종교는 인간 사회에 신념의 집단을 낳는다.

종교를 설명하는 방법에는 여러 가지가 있지만, 뇌 작동과의 관계 측면에서 정의한다면 뇌에 각인된 두려움으로부터 정신적 안식을 갈망하는 심리 기제다. 그리고 인간 사회와의 관계 측면에서 정의한다면 권력의 정당성을 강화하고 저항을 해체함으로써 권력 질서를 유지시키는 집단적 심리 기제다.

두려움

제임스 캐머런 감독의 영화 '아바타'에서는 판도라 행성의 원주민 나비 족이 그들의 생존을 위해 다른 동식물을 채집하거나 사냥하여 먹이로 하되, 먹거리로서의 희생에 대해 감사를 표하는 생태계 조화와 순응, 겸손의 심성이 그려져 있다. 이는 대단히 아름답지만, 원시인의 심리와 신앙을 상당히 미화시킨 결과로 보인다.

Carpe Diem(현실에 충실하라)! 항상 중요한 것은 생존, 즉 현재이기 때문이다. 따라서 위태롭게 생존을 이어간 우리의 인류 조상이, 자연 생태계에 대한 순응과 소화를 위하여 여유로운 마음을 가지고 먹이가 되는 다른 생명체에 감사를 표하지는 않았을 것으로 보인다. 이는 생명체의 생존과 번식의 원칙과 무관하고,

진화에 의해 등장하게 된 인간의 본성과도 맞지 않는다. 어쩌면 수렵채집 당시, 인간의 생존을 위해 우선 필요한 것은 오히려 무자비한 살상과 약탈, 이로서 파생된 남획(濫獲)이었을지도 모른다. 남획으로 발생된 부수적 피해, 즉 먹잇감 부족은 그다음에 생각할 일이었을 것이다. 실제 자연 생태계에서 포식 동물의 개체 수 증가가 먹잇감 부족을 가져와 멸종에 몰리게 된 사례는 많다. 우리 인류 조상들도 남획을 자제하지 못해 이후 먹잇감 부족으로 여러 곳에서 사멸하였을 것이다. 이는 생태계에서 하나의 자연선택 과정이다. 수렵채집의 풍요 시기 이후 인류의 조상은 먹잇감 부족으로 생존이 위태로워지면서 비로소 과도한 사냥을 자제하고, 새끼를 밴 양이나 염소, 또는 어린 먹잇감을 방생하는 마음을 가지게 되었을 것이다. 아니면 먹잇감을 인간의 거주 영역으로 살아 있는 상태로 데리고 와 보호하며 키울 생각이 들었을 것이다. 실제로 아프리카 칼라하리 사막에서 수렵채집 생활을 유지하는 소수 씨족 집단을 보면, 태어나는 아기의 숫자를 엄격히 제한하고 야생 열매를 발견했을 때 반드시 씨앗이 될 만큼은 남겨둔다든지 채집과 사냥은 그날 먹을 만큼의 양으로 만족하는 풍습이 있다. 그러나 그 이유는 그 동식물을 보호하는 숭고한 마음이라기보다, 척박한 환경에서 인간 자신의 생존을 위한 고육지책이었을 확률이 높다. 오랜 기간의 시행착오와 고통과 죽음을 겪고, 이를 통해 남획을 자제하며 스스로 인구수를 조절[37]하는 관습이 생긴 것이다.

만약 초기 인류에게 남획에 의한 먹잇감 부족이 발생하지 않았더라면, 지구 곳곳으로의 인류 이동과 확산이 발생하지 않았을지도 모른다. 초기 인류에게 자연 생태계에서의 생존은 무자비한 살상을 포함한다. 살기 위해 반드시 먹어야 하고, 먹기 위해서 먹잇감을 죽여야만 하는 것이다. 하지만 그렇기 때문에, 그러면 그럴수록, 내면에는 공포와 두려움이 더욱 깊숙이 자리 잡는다. 언제든 먹거리가 되어 고통스럽게 죽임을 당할 수 있는 것이다. 또 먹거리가 부족해져서 고통스럽게 죽을 수도 있는 것이다.

수렵채집은 가장 자연에 의존하는 경제활동이므로, 그 성과는 환경의 변화를 주의 깊게 살피고 그것으로부터 안전성과 먹거리의 단서를 얻는 데 달려 있었다. 다른 동물과 생존경쟁을 해야 했던 초기 인류의 생존 과정은 계속되는 공포와 두려움이었다. 갑자기 폭발하는 화산과 지진, 폭풍우와 함께 내리치는 번개와 천둥, 변덕스러운 날씨, 모든 것을 쓸어버리는 홍수, 알 수 없는 이유로 발생하는 불, 갑자기 나타나 자신을 잡아먹는 사자나 호랑이 등 많은

---

37) 칼라하리 사막의 부시멘 족은 사막 특성상 물을 가장 소중하게 생각한다. 부시멘 족 사회는 원칙적으로 일부일처제다. 그러나 경우에 따라서는 세 명까지 아내를 거느릴 수 있다. 하지만 아기는 한 가정에 셋 이상 두지 않는 풍습이 있다. 만일 네 번째 아이가 태어나면 생매장하여 없애 버린다. 쌍둥이는 불길한 징조라고 하여 둘 다 죽인다.
네이버 지식백과: 부시멘 족(Bushmen) [아프리카의 부족과 문화, 2008. 12. 15., 유종현]

존재가 공포와 두려움의 대상이었다.

인간은 공포의 대상들을 두려워하고, 스스로를 기꺼이 많은 동물 중의 하나로 인정하며, 모든 자연 만물에 인간과 동등한 자격과 존재 가치를 부여하였다. 인간은 우주 자연의 정체성과 변화를 충분히 이해할 수 없었고, 지식 정보의 부족으로 생존 과정은 고난의 연속이었다. 자신보다 월등한 존재, 자신이 싸워 이길 수 없는 우월한 힘에 대한 공포는 인간의 뇌에 두려움이라는 감정과 그것으로부터 정신적 안정을 추구하는 심리 작용을 계속 반복하여 각인시키며 이어졌다. 인간은 자신의 생존과 안녕을 자연 만물에게 온전히 맡기고, 변덕스러운 상위의 존재를 경외하고 숭배하며 선처를 바라는 간절한 기도를 올림으로써, 비로소 정신적 안식을 얻을 수 있었다. 그 심리적 메커니즘이 종교의 원형이 되었다. 인간이 존재함으로써 이미 종교의 씨앗이 마련된 것이다.

세계관과 신념의 형성

생태 피라미드의 중간적, 틈새적 지위에서 간신히 생존하였던 인간이 불을 다루기 시작하면서 상위 포식자로 생태적 지위가 상승하였다. 이에 따라 인간은 점차 교만해지면서 그 숭배의 대상을 바꾸기 시작했다. 여전히 강력한 힘을 가지고 있고 인간이 통제할 수 없는 태양, 달, 바다, 땅, 불, 바람, 천둥, 비 등은 계속 숭배되었으나 늑대, 코뿔소, 떡갈나무, 바위 등의 구체적 사물은 지위가 낮아졌다. 그리고 죽음, 지혜, 유령, 풍요, 다산, 전쟁, 파괴 등의 추상적 개념과 하늘 또는 신이라는 상징적 존재가 새롭게 숭배 대상이 되었다.

한편, 숭배 대상을 믿고 의지하고 기대며 정신적 안식을 추구하는 행위는 필연적으로 인생관, 세계관 등 인식 체계를 형성시켰다. 믿음은 자연스럽게 인간의 가치관을 형성했고, 자신의 정체성과 인생의 목표를 규정했으며, 자신을 둘러싼 인간 사회나 주변 환경과의 관계를 설명하였다. 인류가 탄생한 수백만 년 전부터 약 3,000년 전 철학이 나오기 전까지의 모든 인류 역사 시기에 우주와 세계를 설명하는 유일한 정신적, 지적 체계는 종교적 믿음이었다. 왜 해가 뜨고 지는지, 왜 비가 오고 번개가 치는지, 왜 내가 존재하게 되었는지, 왜 특정한 인간 집단을 지배자로 인정하고 숭배하며 복종해야 하는지, 왜 인근 부족국가를 약탈하고 죽이고 노예로 삼는지, 인생을 어떻게 살아가야 올바른 것인지, 인간 사회가 어떻게 협력해야 올바른 것인지, 자연환경과 인간 사회, 역사의 원리에 대한 모든 것을 설명하는 주체는 종교였다.

세상의 모든 것을 설명하는 현인(賢人)이자 정신적 스승은 종교 사제였다. 종교를 주관하는 제사장은 부족국가에서 가장 지혜로운 자로서 여러 가지 자연현상과 사건의 발생, 세상의 이치에 대해 모두가 공감할 수 있는 방식으로 그럴듯하게 이야기를 만들어 설명해 주는 현인이었다. 그리고 인간 내면의 애니미즘 신앙을 효과적인 논리로 구성하여 교육하는 공인된 이야기꾼이었다. 현인이 들려주는 이야기는 그 집단 사회가 공유하는 신화와 전설의 이야기고, 모두가 공유하는 신념이고, 미래에 대한 상호 간의 약속이었다. 모두가 함께 믿는 세상의 이치였으며, 함께 살아가는 규범이었다. 현인이 하는 이야기 속 세상의 이치를 귀 기울여 듣게 됨으로써 모두의 내면에 공통적 세계관이 구축되었다. 그리고 구축된 세계관은 공동체 의식을 만들며 집단적 상상의 실체로 변화했다. 이웃 부족국가 간 전쟁이 일어나서 어느 한쪽이 이기게 되면 이긴 부족의 신에게 그 영광이 돌려졌고, 이는 신의 혈족인 권력자의 우월함으로 설명되었다.

지구상의 모든 종교는 자연 만물과 주기적인 자연현상에 대한 경외심과 존중, 숭배의 감정으로부터 출발하여 인간의 신념 체계에 반영되었다. 자연 만물에 인간이 통제할 수 없는 영적 존재가 있음을 믿고, 그것을 주관하는 신과 원리를 숭배하는 기복신앙을 애니미즘이라 한다. 애니미즘은 언제 발생했는지 특정할 수도 없는, 인간의 존재와 함께 탄생한 자연스런 믿음으로서 모든 종교의 뿌리이자 원형이다. 이외에도 원시종교에는 정령 숭배, 주술 신앙, 점술, 샤머니즘, 사후 세계에 대한 호기심과 죽음에 대한 두려움으로 시작된 사자 숭배 등 여러 가지가 있다. 그것들 또한 애니미즘으로부터 영향을 받거나 유사한 심리 기제에서 탄생된 것으로 보고 이를 통칭하여 애니미즘이라 하자.

한편, 애니미즘이 발전한 것으로서 인간 집단과 토템을 연결시킨 집단적 신앙으로서 토테미즘이 나타났다. 토테미즘은 인간의 집단 심리로서 연결점을 가지기에 종교 제도화의 시작이라는 사회학적 의미가 있다. 그리고 각각의 토템을 가진 여러 인간 집단이 일정한 지역 내 공존할 수 있었기 때문에 다신교의 전개와도 부합되는 측면이 있다. 어쩌면 토테미즘은 다신교 신앙의 다양한 초기 형식 중 하나일 수도 있다. 종교는 인간 사회에 권력 질서를 정착시키는 중요한 기능과 역할을 담당했기 때문에, 원시 신앙에서 집단적 토테미즘으로의 전개 과정은 살펴볼 필요가 있다.

토템은 인간 집단의 상징이나 징표로서 동식물이나 자연물을 가리키는 데 쓰이며, 토테미즘이란 토템과 인간 집단과의 관계를 둘러싼 신념, 의례, 풍습 등의 제도화된 체계를 가리킨다. 현재 토테미즘을 제도적인 주술, 종교적 현상으로 보는 점에서 여러 학자 사이에 의견 일치를 보이나 그 실체가 충분히 해명되었다고 보기는 어렵다. 예를 들어 약탈과 정복에 의해 어떤 인간 사회가 대규모로 확대되는 경우 우위를 점하는 특정한 토템은 지배 권력과 함께 더욱 강력한 신적 권위를 지니게 되고, 나머지는 수멸되거나 지위가 격하될 것이다. 또한 그에 따라 여러 종교석 형식이나 의례도 변화, 발전하게 될 것이다. 부족국가 간 계속되는 상호 약탈에 따라 대규모 인간 사회로 통합 발전하였는데, 사회 계급이 분화하던 시대 상

황에서 토테미즘이 어떻게 인간 사회의 변화에 대응하며 발전하였
는지에 대한 상세한 내용은 아직은 알 수 없는 상황이다.

종교의 탄생과 전개

모든 종교는 애니미즘으로부터 시작되어 크게 세 가지 계통과 단
계로 나뉘어 발전하였다. 그리고 각각의 종교적 믿음은 서로 영향
을 주고받았다.

첫째, 애니미즘과 토테미즘으로부터 자연스럽게 이어지며 이야기
가 풍요로워지면서 교리가 보다 구체화된 다신교다. 다신교는 우
주 자연과 인간의 세상사가 풍요의 여신, 대지의 신, 지옥의 신, 전
쟁의 신 등 각각의 개성을 가진 신에 의해 통제되는 것으로 보았
다. 인간 사회의 전쟁과 평화, 풍요와 재난 등은 신의 상호 관계로
해석되었으며, 일어나는 각종 사건은 신의 노여움이나 보호라고 믿
었다. 인간은 현세의 고통과 어떤 현안을 해결하기 위해 그것을 주
관하는 신에게 원하는 바를 빌었고, 예배와 제물을 바쳤다. 다신
교는 애니미즘의 모든 숭배 대상을 온전히 받아들였기에, 보다 우
월한 신은 있었으나 다른 신을 배격하지는 않았다. 어떤 인간 집단

은 특정한 이유가 있는 신을 다른 신보다 우월하다고 보아 보다 많이 숭배하였을 뿐이다. 다신교는 모든 신을 인정하되 신 상호 간의 위계질서와 상호 관계를 교리에 따라 구성하는 방식으로 발전하였다. 다신교 발전에 따라 신의 우열과 위계질서에 대한 역동적 이야기가 만들어졌는데 제우스, 포세이돈, 아폴론 등 올림포스 12신의 풍성한 이야기가 보여 주는 그리스 신화의 뛰어난 구성과 역동성은 다신교 신념의 전형을 보여 준다. 많은 신 중에서도 세상의 근본적 원리를 주관하는 신으로서 최고신이라는 개념이 나타났다. 최고의 신과 세상의 근본적 원리는 서로 동일한 것으로 여겨졌는데, 최고의 신에 주목한 신앙의 흐름은 배타적 유일신 종교가 나타나는 바탕이 되었다. 한편, 근본적 원리를 깨닫고 추구하는 또 다른 방식의 자연법적 신앙도 나타났다.

시간이 가며 다신교는 각 지역에 따라 점차 복잡해지게 되었는데, 태양신을 숭배했던 이집트 고대 문명과 많은 고대국가 원시종교, 그리스 신화, 인도의 힌두교, 페르시아의 조로아스터교, 일본의 신도 등이 속한다. 다신교는 신의 우월성을 평가하고 논의할 수 있기에 상대적으로 배타성, 공포와 두려움이 덜하였다. 다신교 신념에 바탕을 둔 로마는 발달한 사회제도의 결속력으로 주변의 민족을 정복하며 거대한 제국으로 성장하였는데, 새로 편입된 피정복민에게 그들이 가진 고유 종교의 개종을 요구하지 않았다. 로마제국은 피정복민의 고유 신앙과 의례를 존중하고 그들의 신을 로마의 만신전에 기꺼이 받아들였다. 그들은 대신 로마제국의 수호신과 황제의 신성에 경의를 표할 것만을 요구하였다. 여러 다양한 혈통과 언어를 지닌 타 민족에 대한 종교적 관용은 다신교적 신념이 지배하던 고대 인간 사회의 일반적 믿음이며, 상호 존중의 관례였다. 다신교 신앙이 지배하던 인간 사회에 어느 시기 변종의 신념이 나타났다.

둘째, 첫 번째 계통의 종교보다 후에 발전한 종교로서 자연 만물과 현상은 절대적인 단 하나의 원리 또는 그것을 주재하는 최고의 신에 의해 만들어져 운영된다는 믿음이다. 유일신 종교는 다신교의 최고신에서 한발 더 나아가 다른 신을 우상으로 보고 인정하지 않는 일신교 신앙이다. 일신교 신앙은 부족국가의 상호 약탈이 빈번하던 시대적 배경에서, 자기 부족에 대한 선민의식이 나타나고 자신들만을 특별히 아끼는 최고신의 가호를 기원하는 숭배와 믿음으로부터 탄생했다. 선민의식은 지구 어디서나 발견되는데, 씨족사회와 부족국가의 구원과 영광에 관한 갈망으로부터 비롯한다. 여러 부족국가에서 다양하게 시도되던 일신교는 유대인들 사이에서 민족 신앙을 구성하게 되었는데, 유대교는 유대 민족을 보호하는 절대적 유일신으로서 신에 대한 복종과 메시아의 구원을 바라는 유대인만의 집단적 신념 체계가 되었다. 유대교의 한 갈래로 보편적 인간의 구원을 위한 기독교가 탄생하였고, 이후 기독교가 로마 제국을 지배하기 시작하였다. 일신교인 기독교는 다른 모든 신들은 모두 거짓이고 우상으로서, 절대 신의 권위를 손상시키는 악한 것으로서 배척되어야 한다고 규정하였다. 종교적 관용의 다신교 사회에서 탄생하고 성장한 기독교는 로마제국의 종교적인 화해 요구에 격렬하게 저항하였다. 정치적 전복을 노리는 혁명 세력으로 인식한 로마제국은 박해로 대응하였으나, 기독교는 로마제국의 곳곳으로 포교를 통해 파급되었으며, 결국 국교로 지정되었고, 모든 다른 신앙을 몰아내는 것에 성공하였다. 절대적 유일신에 대한 무조건적 복종과 모든 나머지 믿음을 배척하는 유일신 계통의 종교는 이후 이슬람으로 이어졌다.

셋째, 세상을 주관하는 신의 근본적 원리, 우주 자연의 섭리와 진리에 대한 깨달음과 순종을 목표로 하는 자연법적 종교 신앙이다. 이 종교는 신이나 근본적 원리, 진리 자체보다 수행을 통해 깨달아 가는 과정을 중시하는 계통으로, 인도에서 탄생하여 동아시아에 널리 영향을 준 불교가 이에 해당한다. 진리를 향한 수행과 명상은 다른 계통의 종교에도 영향을 주었다. 자연법적 종교에는 중국의 유교, 도교와 같은 사상이나 여기에 애니미즘이 혼합된 계통도 포함된다.

애니미즘은 종교의 원형으로서 자연에 대한 두려움과 경외, 존경심, 주화, 친화력 같은 것이다. 지구상의 만물과 자연에 그것의 독자성과 위대함이 있고 그것에 순응하고 조화롭게 살아야 한다는 자연적 믿음이며, 세계를 바라보는 총괄적인 정신적, 지적 체계이다. 그 애니미즘이 인간 사회의 확대에 따라 다른 방식으로 강요되기 시작했는데, 자연에 대한 두려움과 믿음을 권력 기반의 안정화를 위해 이용하기 시작했다. 그것이 바로 종교의 탄생 메커니즘이다.

권력과 종교의 동거

인간으로 인하여 탄생하게 된 권력과 종교는 상호 불가분의 관계다. 인간의 존재 자체로 권력이 발생하였고, 권력은 자연스럽게 형성된 심리적 구축물로서 생존과 번식의 이익을 좌우한다. 한편 종교는 인간의 정신적 안식을 위한 심리 기제로서 탄생하였다. 권력과 종교는 필수 불가결한 심리 기제로서, 서로를 탐하고 서로의 필요에 의해 결합되었다.

인류의 첫 번째 도약의 계기가 된 불의 사용 이후, 인간의 신체와 뇌가 발달하면서 인간의 지능과 사냥 능력도 점차 향상되었다. 권력과 결합한 집단 신념으로서, 종교의 탄생은 인류가 스스로 지적 생명체로 진화하는 두 번째의 위대한 정신적 도약이었다. 인간은 다른 동물과 마찬가지로 수백만 년에 이르는 거의 모든 시기에 장기적으로 이어지는 권력 질서의 억압을 수용할 수 없었다. 그런데 여러 유형의 애니미즘은 1~3만 년 전 수렵채집 시기부터 점차 권력 체계와 결합하기 시작하며 원시종교로서 형식과 체계를 갖추기 시작하였다. 초기 부족국가에서 현인으로서 신뢰와 존경을 받는 종교 사제가 권력에 대한 복종을 강요하고, 지배 권력이 누리는 이익을 옹호하며, 그 당위성을 반복적으로 선전·선동함으로써, 위계질서가 고착되기 시작하였다. 일부 부족국가 내에서 권력의 당위성에 대한 공감대가 형성되었고, 이에 따라 간신히 권력 질서의 심리적 수용이 이루어졌으며, 이것이 주변 인간 사회에 파급되어, 사피엔스의 집단적 능력이 비약적으로 도약하게 되었다.

인간 무리가 맹수를 두려워하지 않고, 비교적 크고 강하고 빠른 대형 포유류를 사냥하여 성과를 올리기 시작한 것은 권력 질서가 자리 잡으며 시작되었을 가능성이 높다. 인간보다 근력과 속도, 용맹성이 뛰어난 대형 포유류의 사냥이나 경쟁 인간 집단과의 전투에는 매우 큰 위험이 따르는데, 특히 맡은 역할에 따라 생명의 위협이 더욱 크다. 개개인의 자발적 의사에 따라 사냥과 전투에서의 역할이 결정되는 것보다, 리더의 지휘에 따라 일사불란하게 협력했을 때 더욱 큰 성과가 나는 것을 확인하면서 권력 질서는 유용한 것으로 받아들여졌다. 이로써 인간 개인에게는 생명의 위협을 무릅써야 하는 비극이었으나, 집단으로서 성취가 극대화되는 새로운 국면에 진입하였다. 모든 생명체는 자신의 생존을 중요시하는데, 권력 질서가 자리 잡은 집단은 자신의 생명보다 집단의 승리를 우선하도록 강제되었다. 권력 질서가 안정화되자 인간 사회의 결속력이 증대하고 집단 사냥 기술이 급속히 발달하였다. 그리고 인간은 마침내 명실상부한 최상위 포식자의 지위에 오르게 되었다. 조달 가능한 먹거리의 범위가 대폭 확대되었으며, 이로써 인류 최초의 풍요가 나타났다.

인간 개개인의 심성에 있던 종교적 씨앗이 사회집단의 심리적 구축물로 변화하면서 권력 질서가 정착되기 시작하였다. 그리고 확장된 사회 공간 속에서 인간의 사고 능력과 인지 능력이 비약적으로 발달하기 시작하였다. 위계 권력 질서가 강할수록 더욱 쉽게 동물성 단백질을 섭취할 수 있었고, 그 사회집단은 먹거리 안정으로 더욱 번식에 성공할 확률이 높아졌다. 위계질서로 무장된 원시 사회집단은 강력한 포식 동물이나 경쟁 인간 집단과 싸워 승리하는 일이 점차 많아졌다. 그런 위대한 성과가 있는 날이면, 온 사회집단 구성원이 모여 리더의 용기와 지혜를 칭송하고, 그가 사자나 곰 같은 위대한 동물과의 영혼 교접에서 탄생하였다는 전설을 만들어냈다.

인류 문명 초기 유적에서 발견되는 대형 포유류를 협동 사냥하거나 대오를 갖추어 전투하는 그림과 문양들은 인류가 결속력을 바탕으로 대형 포유류 동물을 협동 사냥하여 성취를 이룬 자축의 기록물이다. 그리고 인산의 집단적 성취를 통해 권력이라 하는 무형의 질서가 인간의 내면에 자리 잡았다는 것을 보여 준다. 인간 사회에 권력 질서가 자리 잡자, 인간 내면에도 질서 의식이 집단적으로 자리 잡았다. 함께 공유하는 '상상의 질서'를 수용하고, 그것을 정당화하였으며, 집단적 심리 조작을 가속화하였다. 상상의 질서란 인간이 집단적으로 믿는 상상에 기반한 질서 체계이자 심리적 구축물이다. 이것은 당초 객관적으로 존재하지 않았다. 이것은 인간의 합의와 공통된 믿음에 의해 개념적으로 우선 만들어진 후, 나중에 뼈와 근육과 외피가 붙어 존재하게 된 실체다. 상상의 질서는 씨족, 부족, 국가, 마을, 학교, 군대, 회사, 조합 등 다양한 형식의 인간 사회 유기체의 이름이자 신, 섭리, 권력, 돈, 종교, 이데올로기, 사랑, 정의, 자유, 평등, 민주주의, 도덕 등 인간 사회에서 서로 소통하기 위하여 가치를 부여한 모든 심리적 구축물의 이름이다. 인간 집단의 공통적 믿음에 기반한 심리적 구축물이며, 형체가 없이 상상 속의 개념으로 존재하는 실체다.

최초에 짜인 상상의 질서는 아주 규모가 작았으며, 그것이 탄생한 작은 씨족사회 내에서만 통용되었다. 그러나 인류 역사가 작은 인간 사회를 점차 통합해 나가자 상상의 질서도 함께 통합되었고, 사회 규모에 비례하여 인간 내면에서 점점 거대화되었다. 여기까지가 인간 사회에 권력 질서가 발생하여 상상의 질서를 형성하고, 인간 각자의 내면에 집단적으로 자리 잡게 된 과정이다.

종교가 작용한 권력 질서는 인간 집단이 그 사회질서를 저항 없이 받아들이게 만듦으로써, 사회의 규모를 씨족사회 구성원의 숫자와 무관하도록 만들었다. 상호 간의 친밀감, 의심과 경계심 등으로 제한되던 가족과 씨족 중심의 확고한 상호 의존적 소규모 집단으로부터 더 큰 인간 사회집단으로 확대될 수 있었다. 인간 사회집단의 규모가 수십 명 단위에서 수백 명 단위로, 그리로 수천 명 단위의 대규모로 확대될 수 있게 만들었다.

이것은 지구상에 분산되어 뿔뿔이 흩어져 존재하던 수렵채집민의 점도표에서 일정 구역 내에 비교적 많은 인간이 모여 살 수 있는 획기적 변화를 야기시켰다. 권력과 종교의 결합을 통해 인간 사회는 확장되기 시작하였다. 확장된 인간 사회 공간 속에서 원시적인 종교 행사와 공동체 의식을 함양하는 이벤트가 이루어졌다. 물론 초기의 종교적 이벤트는 과도한 노동력을 필요로 하지 않는, 매우 간단하고 단순한 의식이었다. 보름달이 뜨는 초저녁에 부족의 수호신인 큰 떡갈나무 앞에 부족 구성원이 모두 모여 현인의 말씀을 귀담아듣거나, 부족이 숭배하는 늑대의 울음소리를 흉내 내고 먹잇감을 바치고 함께 춤추는 상징적 이벤트였다. 종교 상징물을 만들거나, 대규모의 인공 구축물을 만드는 것은 사회 규모가 대폭 확대되고 기술과 도구가 발달한 한참 후에나 가능한 일이었다. 그러나 모두가 참여하는 종교 이벤트를 통해 공동체 의식이 형성되었고, 그렇게 형성된 사회 공간 속에서 비약적인 인지 혁명이 일어나고, 기하학적 분류가 나타나고, 공동체의 지적 자산이 발생하기 시작했다. 서로 간의 소동이 강화되이 공동체의 문화가 나타나기 시작했으며, 인류 문명의 시발점이 만들어졌다. 이러한 과정을 서처 만들어진 공동의 거주 공간은 이후 농경과 사육을 실험할 거점이 되었고, 인간의 의식을 '나'로부터 '우리'로 확장하여 신화, 전설, 영웅담을 만들고 부족 집단의 역사 이야기를 만드는 토대가 되었다.

 권력 질서의 안정화는 구성원들의 내면에 정신적 구심력을 강화하였다. 그때까지는 권력 체계의 효용성이 인정되더라도 그것을 유지할 지배 조직의 힘이 약화되면 그것으로 권력 질서는 해체되었다. 그러나 이때부터는 기존 지배 세력이 어떤 이유에서든 붕괴되면 새로운 대체 세력이 추대되었고, 종교적 원칙에 따라 공인되었다. 인간 대부분은 새롭게 등장하는 지배 세력을 인정하고 지배자의 우월한 권리를 인정하였다. 또한 인간 개개인에게 불공평하고 억압과 압제로 작용할 수 있으며, 심지어 생명의 위협이 될 수도 있는 권력 질서를 받아들였다. 권력 질서가 공인되면서 인간은 더욱더 사회를 떠날 수 없게 되었으며, 권력 질서에 얽매이게 되었다. 이때부터는 반드시 대규모 인간 사회에만 권력 질서가 적용된 것이 아니라, 모든 인간 사회에 권력 질서가 자리 잡기 시작하였다. 현대인들도 갑자기 난파되어 무인도에 일시적인 사회를 운영하게 될 경우 리더십에 기반한 질서 체계를 수립한다. 이러한 현대인들의 질서에의 익숙함은 오래전 수렵채집 사회에서 그 효용성이 심리적으로 수용된 것으로부터 비롯되었다.

종교 권력의 구성 요소와 특성

종교가 뒷받침하는 인간 사회의 권력 질서는 계속 발전하였다. 종교는 지배 권력의 정당성을 인정하게끔 인간의 정신을 조작하고 지배하였다. 권력 체계 발달로 종교 교단 조직도 함께 발달하였고, 농경과 사육의 시작으로 생산성이 발달하고 인류 문명이 발전하자 권력과 종교의 동거 체계는 더욱 심화되었다. 사회의 권력 질서가 비대해지자, 종교 권력은 확고하게 인간을 억압하는 사회적 장치가 되었다. 또한 권력과 동거하는 종교는 외부와 내부의 잠재적 적에 저항하여 결속하게 만드는 정치 신념이자 집단심리 매뉴얼이 되었다. 따라서 모든 종교 권력은 점차 다음과 같은 구성 요소를 가지게 되었다.

종교 권력의 구성 요소로는 ① 구현해야 하는 이상, ② 역사 원리로서 지금 현시점의 시대적 소명과 최종 마무리 절차, ③ 종교적 이상을 실천하여 얻게 되는 정신적 보상과 이익, ④ 내외부의 적과 극복 대상에 대한 규정, ⑤ 종교적 이상은 반드시 이루어진다는 강한 믿음, ⑥ 종교적 실천에 관한 소명 의식과 순종, 그에 따른 고난과 고통 그리고 보상, ⑦ 신도의 의무 규범과 금기, ⑧ 적대적 대상에 대한 적개심과 폭력의 용인, 저항하는 자에 대한 처벌, 배입자에 대한 분노, ⑨ 공동체 또는 공범 의식, ⑩ 교단의 조직 및 실천론, ⑪ 포교, 전도, 반복 학습, 세뇌, 선전·선동 그리고 인간개조, ⑫ 예배, 노래, 율동, 예술, 이벤트, 종교 행사 등의 정신적 승화, ⑬

물질적 기부와 교단의 이익 보호 등이다. 이 모든 것은 종교적 율법으로 신도에게 강요되었다. 그리고 종교 권력의 구성 요소는 역사의 전개에 따라 점차 정교해졌으며, 여러 유형의 집단주의 독재 권력에도 그대로 승계되었다.

　권력과 동거하는 종교 또는 이데올로기는 다음과 같은 공통점을 가진다.

　첫째, 기존 종교와 기존 신념 체계를 부정하고 금지한다. 원시종교 출현 당시에는 우리 지배자가 태양, 바다 등 특정한 신의 혈연으로서 신의 영광을 구현하는 대리인이라 하고, 우리의 신이 다른 자연신보다 우월하다고 주장하였다. 한참 후 유대교, 가톨릭, 이슬람이 출현했을 때는 자신만이 진실된 유일신이라 주장하며 기존의 모든 종교적 믿음을 금지하였다. 공자의 유교사상을 승계한 주자의 성리학은 중화 질서만이 유일한 세계의 질서 원리라 주장하였다. 그리고 다시 한참 후 마르크시즘은 신의 실재를 주장하는 모든 종교는 과학적 사고가 아닌 미신이라 하며 아편이라 칭하고 금지하였다.

　둘째, 이념적 순수성을 추종하는 경향이 나타난다. 우리의 종교적 신념 체계와 다른 믿음, 관습, 사고방식, 말, 행동 등에 대해 용납하기 어렵게 된다. 다른 신념을 가진 개인과 집단에게 종교적 적개심이 나타난다. 또한 종교적 적개심의 대상에게 폭력, 사회적 압력을 사용하여 실질적 처벌을 부과하고 고통을 주며 이로 인한 공포를 확산한다. 그 처벌과 처형의 강도는 지배 권력이 커짐에 따라 점점 강화되며, 외부 세력은 정벌을 통해 억압 또는 말살하고 내부 세력은 이단으로 몰아 처벌한다.

셋째, 종교의식, 강연, 행사, 토론, 각종 이벤트를 통해 반복적 선전·선동을 계속한다. 끊임없는 사고 조작과 반복되는 세뇌 교육으로 종교의 교리에 적합한 인간으로의 정신개조를 도모한다. 그리고 성스러운 영광을 위한 희생과 실천을 요구한다.

넷째, 내부 결속력 강화 수단으로 공개 처형을 선호하며, 처형과정에 대중이 직접 참관하거나 참여토록 독려한다. 참여 또는 참관하는 대중을 심리적 공범자가 되게 함으로써, 이를 통해 두려움과 공포에 기반한 공동체 의식을 확산한다. 인간의 뇌에 자기합리화의 방어적 심리 기제가 작동하게 하며, 이를 통해 헤어나올 수 없는 심리적 수렁으로 유도한다. 이것은 종교 권력뿐만 아니라 극단주의 이데올로기도 매우 선호하는 심리적 장치이다. 이로써 권력의 정당성을 의심하거나 부정하는 자에게 불특정 다수로부터 위협을 받고 있다고 느끼게 하는 대중심리 전술이 된다. 또한 지배 종교와 이데올로기에 편입되지 않을 경우의 사회적 차별과 처벌을 예고하여 다른 신념의 등장을 미리 억압하는 장치가 된다.

다섯째, 대립하는 적과 극복 대상을 상정하고 그것에 대한 공격성을 강화한다. 고대 다신교 시대에는 다른 종교에 대하여 폄하, 멸시하였다면 유일신 시대 이후에는 자신을 제외한 모든 종교에 대하여 공격적 태도가 심화되었다.

여섯째, 종교의 외연 확장을 위하여 포교 또는 전파에 열성적으로 매달리고, 신자의 기본 의무로서 포교나 전도를 권유하고 강요한다. 또한 공동 규범의 준수를 권장한다.

일곱째, 신의 대리인 집단으로서 종교 권력의 영속적 지배를 옹호하고 합리화하며 그에 따른 정치적, 사회적, 경제적 불공정을 인간 사회에 수용하게 한다.

이상은 정도의 차이는 있으나 권력과 동거하는 종교 또는 이데올로기에서 공통적으로 나타나는 특성이며, 종교 권력이 가진 핵심 요소다. 종교와 권력이 결합함으로써 인간의 내면과 인간 사회에 미치는 각각의 영향이 중복되고 깊게 발휘된다. 종교 권력이 인간의 사고를 억압하며 세계관에 개입하는 경우, 지배 권력과 교단을 신 또는 상위의 섭리를 실행하는 대리자로 인식하게 만든다. 반면, 다른 인간과의 상호 관계는 같은 지배 권력을 신으로 모시고 숭배하는 보통의 인간들 사이의 수평적 관계가 된다. 따라서, 신과 교단에 대한 불충과 연관된 중요 사안이 아닌 경우에는 인간 상호 간의 우열 비교나 경쟁은 불필요하여, 정신적으로 편안한 관계가 맺어진다.

가톨릭 신도가 갑자기 이슬람 국가에 살게 되면 대부분 자신의 종교를 버리는 것보다 몰래 유지하는 것을 택하며, 그 반대의 경우도 마찬가지다. 신에 대한 믿음은 쉽게 바뀌지 않는데, 그 근저에는 생활 규범과 그에 따른 인간관계가 갑자기 바뀌는 것에 대한 심리적 저항이 있다. 만약 새로운 생활 규범과 인간관계에 잘 적응할 수 있다면 그는 이미 종교를 개종한 것이다. 유사한 이유로 공산 국가를 탈출하여 갑자기 자유 국가에 살게 되는 사람의 상당수는 새로 맺는 인간관계에 빨리 적응하지 못한다. 또한 공산당 간부가 특별한 계기로 자유 국가에서 생활 속 자유로움을 경험하더라도 공산주의가 우월하다고 주장하는 경우가 있다. 이런 현상은 남겨진 가족에 대한 애틋한 감정, 사회구조 선택에 따른 이익의 비교 검토, 신념 체계 등이 주요 이유지만 인간 상호 관계의 정신적 피로에도 원인이 있다. 종교 권력이 지배하는 국가의 인간들은 수동적인 양 떼와 같으나, 자유 국가의 인간들은 각자의 이기성을 인간관계에 관철시키면서 일상적 활동을 수행하는 데 익숙하기 때문이다. 권력 질서의 억압을 탈피하여 자유롭고자 하는 욕구와 인간관계의 피로에서 벗어나고자 하는 욕구는 상충되는 측면이 있다. 이러한 상충성은 민주화 과정에서도 여러 문제를 낳는다. 인간 상호 간의 정신적 피로를 감당할 심리적 준비가 되어 있지 않거나, 자유로운 사회질서 구조를 건설할 집단적 실체가 함께 성장하지 못한 경우 어떤 사건으로 민주화 열기가 촉발되더라도 원하는 민주화를 달성하지 못한다. 대신 권력 공백을 차지하기 위한 새로운 세력들의 난립과 충돌을 야기해 더욱 불행한 결과를 초래하기도 한다.

종교 권력이 인간 사회에 미치는 영향

종교와 권력이 동거하면 다음과 같은 현상이 발생한다.

첫째, 인간의 창의성과 자유를 향한 갈망과 저항 의식을 억제함으로써 권력 기반의 안정화와 영속성 증진에 크게 기여한다. 종교 권력은 인간의 자발적 의지를 억압하지만 그 안의 인간은 자유와 인권을 억압받으면서도 그 사실을 잘 인지하지 못한다. 그런 이유로 피지배자는 숭배하는 권력을 위해 다른 인간의 자유와 인권을 억압하는 것에 협조하고, 그에 따라 점차 상호 감시 시스템이 자리 잡는다. 종교의 배타성과 사고 통제가 강하면 강할수록 권력 기반의 내부 통제는 확고하게 유지된다. 다만, 그럼에도 불구하고 지배 권력은 외부로부터의 침략에 대해서는 무력 우위, 적어도 비대칭 전력 우위라도 확보하여야 한다. 만약 외부 세계에 약하다고 평가된다면 권력 기반이 외부 무력에 의해 쉽게 붕괴될 수 있다. 종교 권력은 평상시 반복적인 두려움 배포와 선전·선동으로 내부의 집단심리를 통제하므로, 외부와의 갈등 시기나 개전 초기까지는 정신적 기세의 우위를 보인다. 그러나 어떤 이유로든 전쟁에 돌입하게 된다면 전쟁은 그 자체로 인간 각자에게 공포를 주므로, 전쟁이 지속되면서 종교 권력에 의한 두려움의 효과는 감소한다.

둘째, 학문의 발달과 기술 개발, 생산성 발달을 크게 저해한다. 종교의 효과로 인간은 지배 권력을 마치 신처럼 믿고 의지하고 찬양하게 되므로, 학문과 기술에 대한 자발적 개선 의지는 사라지고 모든 것은 지배 권력의 지시에 따라 결정되는 수동적 사회가 된다. 이것은 종교 권력이 지배하는 국가의 최대 약점이다. 고립되어 일정 기간이 지나게 된다면 생산성 저하에 의해 보유 무력이 약화된다. 따라서 종교 권력이 지배하는 국가의 경우, 먼저 전쟁을 통해 위협적인 상대 국가를 굴복시키는 것이 유리하다. 그러지 못할 경우에는 상대 국가의 국력과 무력이 더 이상 강해지지 못하도록 상대 국가 내부 시스템의 약점을 적극 공략할 필요가 있다. 반면 자유 국가는 상대국과의 경쟁에서 생존하기 위하여 내부 구성원들이 누릴 수 있는 자유의 범주와 경계를 확고하게 정하고, 이를 공동 규범으로 강제해야 할 필요가 있다.

종교 이데올로기 철학 사상

인간의 뇌는 이성과 감성, 논리적 사고와 감정, 육체와 정신의 종합통제센터다. 인간의 이성과 감성은 뇌 작동의 양 측면이고 동전의 양면과 같이 따로따로 작동하기도 하고 동시에 작동하기도 한다. 과학 지식과 학문은 인간의 이성이, 예술은 인간의 감성이 작동하여 발전한 각각의 지적 자산이다. 감성과 이성의 뇌 영역이 교차하며 가치관을 형성하는 지적 체계가 종교, 철학, 사상, 이데올로기 등이다.

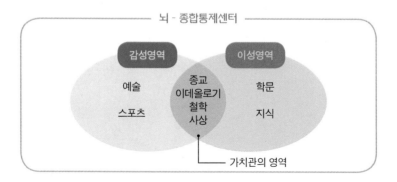

가치관은 뇌 작용에 관여하는 방식에서 약간의 차이가 있는데, 인간의 감성에 보다 중점을 두는 것이 종교 및 이데올로기고, 이성과 논리적 사고를 중시하는 것은 철학이며, 다소 중립적인 것이 사상이다. 각각의 차이점을 살펴보자.

종교와 신념 체계

종교는 현실의 사회질서를 설명하는 신앙 체계다. 종교는 신의 섭리를 구현하려는 목적으로 인간 집단을 상설 조직화하기 위한 교리를 제시한다. 그리고 구성원에게 종교적 실천을 요구하여, 실천을 통해 되먹임되어 강력한 감정 반응을 불러일으킨다. 되먹임을 통해 강화되는 종교는 정치 신념으로서 권력과 결합하며 이는 인류 역사에 강력한 흔적을 남겼다. 종교와 권력은 밀접한 상관관계를 갖는데, 뇌와 반응하고 상호작용하는 정신적, 감정적 메커니즘이 동일하기 때문이다. 어떤 인간 사회의 종교가 통합되었다는 것은 그 인간 집단의 가치관이 하나로 통합되었다는 의미다.

종교는 각 개인에게 두려움을 계속 일깨움과 동시에 정신적 인식을 준다. 종교가 주는 이익은 첫째, 보이지 않는 신에 대한 맹목적 믿음을 통해 고통스런 현실에도 불구하고 정신적 안식을 얻고,

둘째, 사후 천국으로 가거나 신이 주재하는 최후의 심판에서 좋은 평가를 받을 수 있으리라는 심리적 보상을 받고, 셋째, 현실 세계에서 종교 권력이 제공하는 정치적, 사회적, 물질적 이익의 기회를 얻는다. 인간은 종교의 영향력에서 벗어나기 힘든데, 종교가 주는 현실적 이익이 인간을 유혹하는데다 종교적 가치 체계를 거스를 경우의 불이익이 공포로 작용하기 때문이다. 종교와 권력이 제도로서 통합된 인간 사회(예를 들어 중세의 가톨릭이나 이슬람)에서 어떤 한 개인이 종교적 가치 체계를 무시하는 행위를 한다는 것은 곧 생존의 위험을 초래한다. 종교 권력은 사회 규범을 형성하므로, 이를 거스르는 개인에 대해서 정치적, 사회적, 물질적 불이익을 주고, 때에 따라 신의 이름으로 처벌하기도 한다.

종교의 3요소로 교조(또는 교주), 교리(또는 교의), 교단(신의 대리인 집단)을 드는데, 이는 맞지만 그 해석이 과도하게 경직되는 것을 경계해야 한다. 권력 집단으로서의 가톨릭을 비판하며 프로테스탄트가 탄생하였고, 이에 따라 교리의 해석도 함께 변경되었다. 합의가 되고 공감대가 형성된다면 어떤 요소든 변경될 수 있다. 종교는 교조가 제시한 신과 섭리를 많은 신도가 믿고 따르는 것으로부터 시작하여 그 신을 대리하여 신도를 모집하고 관리하는 교단이 설립, 유지, 확대되면서 종교의 성공적 정착이 이루어진다. 그리고 최초의 교리, 교의를 시대 상황에 따라 재해석하며 변화, 유지하는 것으로 그 영향력을 지속한다.

종교가 인류 역사에 미친 영향은 교단이 만들어 낸 것이다. 교단은 교조의 가르침을 믿고 따르는 순수함에서 시작되나, 그 지속 과정에서 권력과 밀접한 관계를 가지게 되면서 교조의 가르침이 가진 의미를 변형시킨다. 교조는 깨달음과 가르침을 배포하고, 교단은 번영과 부귀영화를 누리게 되는 것이다. 그렇다고 모든 종교 교단이 반드시 세속 권력을 탐한다고 보기는 어렵다. 종교 권력 질서가 제도화된 상황에서는 종교인이 굳이 세속 권력을 직접 탐할 필요는 없게 된다. 그렇지 않더라도 충분히 경제적으로 생존 가능할 뿐만 아니라, 고고한 사회적 지위에서 지적, 정신적 만족감을 느낄 수 있기 때문이다. 예를 들어 중세 토마스 아퀴나스의 영향력은 세속 권력과는 거리가 있었다. 현재까지 인류 역사에서 수많은 종교가 있었으나, 천 년 이상 이어져 지금까지 영향력을 미치는 보편적 종교는 많지 않다.

종교란 인간의 집단적 뇌 반응에 기반하므로, 시대적 요구가 변경되면 교리의 해석이 달라지고 그에 따라 수많은 분파와 이단이 나오고 때로 사회적 지탄이 되는 사이비종교가 나오기도 한다. 프로테스탄트는 가톨릭 교단의 권력을 비판하며 출범하였기에, 역설적으로 교리를 해석하는 자 각각의 권한이 강화되었다. 그에 따라 짧은 기간 가장 많은 수의 다양한 분파를 형성시켰고, 새로이 파생된 종교, 수많은 이단과 사이비종교가 나오는 불명예를 안았다. 그러나 그러한 해석의 변경과 그에 따른 분파는 어느 종교에서도 항상 발생한다.

이데올로기

이데올로기는 '관념을 다루는 학문'이라는 뜻으로 1789년 드 트라시(A. D. de Tracy)가 'idea'와 'logik'을 합성하여 만든 근대적인 용어다. 'idea'는 관념적 인식을 의미하고, 'logik'은 현상에 대한 과학적 학문을 말한다. 즉, 이데올로기는 기존 종교나 형이상학적 선입견에서 벗어나서 관념들을 합리적으로 연구하겠다는 취지를 담고 있다. 이데올로기의 사전적 정의는 ① 사회집단에 있어서 사상, 행동, 생활 방법을 근본적으로 제약하는 관념이나 신조의 체계, ② 역사적, 사회적 입장을 반영한 사상과 의식의 체계다.

여기서 첫 번째, 사회집단의 신념 체계가 된다는 것은 이해하기가 쉽다. 이데올로기는 신념 체계로서 종교와 유사하게 활용된다. 즉, 이데올로기는 어떤 이상을 구현하는 목적으로 인간 집단을 조직하기 위해 제시되고, 그 구성원에게 권력 창출 또는 사회운동과 관련한 실천을 요구하며, 종교와 유사하게 인간의 뇌에 감정 반응을 일으키는 가치 체계다.

두 번째, 역사적, 사회적 입장을 반영한 사상과 의식 체계에서 먼저 역사적 입장을 반영한다는 것의 의미는, 이데올로기는 역사적으로 가치가 부여된다는 말이다. 예를 들어 나치즘은 히틀러의 전체주의 이데올로기로 활용되며, 당시의 정치적 입장에 따라 극단적인 환호와 비난을 동시에 받았지만 지금에 와선 몰상식적인 구시대의 극단주의 이데올로기로 정리되었다. 반면 민주주의는 현대의 모든 인간 집단이 신봉하는 이데올로기가 되었다. 그런데 가만히 들여다보면 세계 곳곳에 민주주의에 대한 갈망이 존재하고, 그 이상을 위한 사회운동과 그 조직을 위한 논리가 다수 존재하면서도 주장하는 자에 따라 민주주의의 실체와 개념이 다르다는 묘한 특징이 있다. 서로 다른 신념 체제를 가진 자유 국가와 공산 국가가 각각 서로 자신이야말로 민주주의라 주장하고 있는 현실이다. 따라서 정확히 들어맞는 사상과 이론 체계가 없고, 인류 공통의 합의도 이루어지지 않은 것이다. 그래서 민주주의는 어느 누구도 일방적으로 그 소유를 주장할 수 없는 이상적 개념이다. 이처럼 이데올로기는 각 집단들 사이의 대립 속에서 자신의 이해관계나 주장의 정당성을 주장하고 상대방의 문제점을 비판하는 상황에서 사용된다. 또한 이데올로기는 역사적, 시대적, 지역적 상황에 따라 그 가치가 변동되고, 인간 집단의 호응도도 함께 변화한다. 그리고 이데올로기는 자체로는 실체적 개념이 아니다. 그래서 대체로 관형사를 동반한다. 가령 '부르주아 이데올로기', '사회주의 이데올로기' 등으로 등장한다.

그리고 이데올로기가 사회적 입장을 반영한다는 것의 의미는, 어떤 것을 주장하는 집단은 그 이데올로기에 자신들의 사회적 입장을 반영한다는 것이다. 만약 사회적 입장의 반영이 충족되지 못할 경우, 예를 들면 자본가가 '사회주의 이데올로기'에 사로잡힌다면 그것은 허위의식이 된다. 이데올로기는 그것을 주장하는 인간 집단의 사회적 입장, 즉 이해관계와 감정이 반영된다. 이것은 종교와 조금 다른 특성이다. 종교가 명목상 인간 집단과 거리를 둔 신의 섭리를 추구한다면, 이데올로기는 직접 자신이 속한 집단의 이익과 그것을 동기로 한 욕망과 감정을 반영한다. 따라서 이데올로기는 자신이 속하는 집단의 입장에서, 철학적 사유를 바탕으로 현재 사회의 문제점을 인식케 한다. 그리고 세상을 바라보는 관점으로서 개개인의 삶의 방향이나 지향하는 삶의 모습을 설정할 수 있게 해 준다.

	종교	이데올로기	권력	철학
주된 뇌 영역	감성	감성	감성	이성
목표	신에 대한 숭배 신의 섭리 구현	이상에 대한 숭배 이상적 가치의 구현	권력의 이익 획득	자연과 인간 사회의 객관적 진실 규명
방법	인간 집단의 조직	인간 집단의 조직	인간 집단의 조직	사유와 사색
조직체	교단 신의 대리인	교단, 정치조직(黨) 이상 가치의 대리인	관료 조직 권력, 권위의 대리인	연구 조직 사색과 연구 당사자
수단	선전·선동 심리적, 사회적 영향력	선전·선동 심리적, 사회적 영향력	폭력 선전·선동	검증과 비판 지식 체계 구축, 재구축
신도의 행동 규범	복종 종교적 실천 포교	복종 이데올로기 실천 포교 세뇌 교육	복종 충성 이익을 위한 상호 협력	출판, 교육
보상	정신적 희열과 안식	정신적 희열과 안식	욕망 충족 이익 분배 생존경쟁 승리	지적 성취감
효과	내면의 가치관 형성 신념 공동체 형성	내면의 가치관 형성 신념 공동체 형성	이익 공동체 형성	학문의 발달
결과	강력한 권력 창출	강력한 권력 창출	경제적 부 정보 획득	지식 축적

이데올로기는 어떤 인간 집단에게 그 이상을 구현하고자 하는 의지를 북돋아 주는 사상이다. 모든 이데올로기는 스스로 믿는 선하고 진실되고 정의로운 의도에서 출발하지만, 일단 제시되어 인간 집단에 성공적으로 배포되면 집단감정에 따라 변형되어 수용된다. 따라서 그 이상이 결과적으로 진실인지, 정의인지, 선한 것인지 알수 없거나, 정확히 판단하기 어렵다. 하지만 객관적으로 옳은지는 잘 모르더라도 그 이상이 자신 또는 자신이 속한 집단의 이익을 위한다는 것만큼은 알 수 있고, 자신과 집단에 대한 유불리를 정확히 판단할 수도 있다. 이데올로기는 자신이 속한 집단의 이익과 감정을 반영하기 때문이다.

종교와 이데올로기는 서로 구분되나, 신념을 기반으로 하고 인간의 뇌에 감정 반응을 불러온다는 점에서 사실상 같은 효과를 나타내는 심리 기제다. 이데올로기는 신의 존재 여부보다 이상과 섭리를 추구하는 과정에 관심을 갖는 불교, 유교 등 자연법적 종교와 유사한 방식의 신념 체계다. 성공적으로 배포된 많은 종교와 이데올로기는 그 시대적 상황에 대응하여 혁명적 변화를 추구하는 사회운동의 성격을 지니고 출현하였다.

사상에 실천을 강조하여 실천사상이라는 용어가 만들어졌고, 그 외에도 ○○이념, ○○주의, ○○ism 등의 나양한 용어가 있는데 모두 이데올로기와 같은 말이다. 신념 체계는 권력에 투사되면서 인간의 감정과 행동을 통제하는 영향력을 발휘하기에, 모든 용어는 이름과 내용이 다를 뿐 인간 사회와 인간의 내면에 미치는 효과는 모두 같다.

근대 이후 각광받는 이데올로기나 실천사상은 훗날 대부분 사이비종교로 치부되어 버릴 것이나, 어쩌면 극히 일부는 살아남아 계속 영향력을 발휘하는 보편적 종교의 반열에 오를지도 모른다. 오랜 기간 살아남은 보편적 종교의 특징은 인류의 보편적 도덕 윤리와 깊게 호응한다는 점이다. 나치즘과 파시즘은 짧은 시기 해당 국가와 민족의 폭발적인 호응을 얻었지만, 인류의 보편적 윤리에서 벗어나 인간 사회의 갈등을 부추기고, 증오를 확대하며, 폭력을 조장하다가 결국 몰락하였다.

이데올로기의 특성

이데올로기를 이해하기 위하여 이데올로기인 것과 아닌 것에 대한 이야기를 해 보자.

먼저, 공산주의에 배치되는 개념으로 편의적으로 떠올리는 자본주의를 생각해 보자. 자본주의는 과연 이데올로기가 될 수 있는가? 자본주의라 하면 '자본주의 시장경제 체제' 등 시스템이나 경제 용어로 많이 사용되며, 이데올로기인지 여부에 대해 논란이 있을 수 있다. 자본주의를 떠올리면 가슴이 벅차오르며 심장이 펄떡펄떡 뛰는 사람은 별로 없기 때문이다. 또한 자본주의 사상을 체계적으로 집대성한 이론가가 존재하지 않기 때문이기도 하다. 그러나 역사적 관점에서 부르주아혁명이 기존 종교 권력, 즉 성직자나 봉건 군주, 귀족에 대한 반란이었다는 점과 평민으로서 이미 정치권력에 참여하던 부르주아들이 기존 봉건적 신분 질서를 무너뜨리고 자본주의 경제 시스템을 만든 것이었다는 점을 상기할 필요가 있다.

당시 부르주아들은 뜨거운 혁명의 열정으로, 자본주의 시장경제 시스템을 만드는 것을 목적으로 혁명의 선봉에 섰다. 물론 그전에도 긴 역사 속에서 자연스럽게 형성되어 온 실체로서 물물을 교환하거나 사고파는 시장은 존재하였다. 그러나 부르주아가 만들고자 한 자본주의는 단순한 시장의 확대가 아니라, 모든 사회경제 시스템에 귀족의 특권과 신분에 의한 억압과 독점을 배제하고 시장의 원리와 경쟁의 원리를 적용하는 것이었다. 비교적 사회경제의 부수적 수단이었던 시장경제가 부르주아혁명을 계기로 사회경제의 핵심 원리로 바뀌었다. 단순한 시장경제가 사회구조 시스템을 의미하는 시장경제 체제로 바뀌게 된 것이다. 생산성 발달로 경제적 재화가 확대되었고, 거래되는 상품의 양과 질이 폭증하였으며, 소유권 등기 제도가 수립되었고, 토지와 노동력까지도 시장에서 거래될 수 있게 되었다.

실제 사회운동은 존재하였고, 계몽주의, 공리주의 철학이나 경제학으로 뒷받침되었으며 많은 정치조직도 존재하였다. 마르크스는 만년에 『자본론』을 저술하여, 극복해야 할 대상으로 자본주의를 기술하기도 하였다. 따라서 일관성과 체계성이 다소 부족하고, 현시대에 와서 이미 경제 시스템으로 안착되어 뜨거운 감정 반응을 불러일으키지는 못하지만 자본주의를 이데올로기로 볼 이유는 충분해 보인다.

제국주의는 명확히 이데올로기다. 식민지를 확대하여 민족국가의 영광을 달성하자는 이상을 위해 민족 구성원 또는 국가 구성원 모두를 의도적으로 몰아넣은 것으로, 사상적 배경이 빈약하지만 나름 존재한다. 제국주의는 전 세계를 국가적 이익의 극대화를 위한 경쟁으로 몰아넣었으며, 파멸적인 세계 전쟁을 가져왔다. 같은 맥락에서 나치즘도 파시즘도 모두 이데올로기다.

제국주의 발생의 동기가 되는 민족주의 또한 분명한 이데올로기이며, 그 영향력이 매우 크다. 타인을 '우리'와 '그들'로 나누고 우리 편에 집착하는 인간 본성과 밀접한 관계를 갖는 민족주의는 앞으로도 계속 존재할 가능성이 높다. 그런데 '그들'을 배척하는, 심각한 수준으로 강하고 극단적인 민족주의는 인간 내면과 인류 사회에 갈등, 증오, 전쟁, 학살 등 여러 문제점을 낳았다.

저명한 현실주의 국제정치학자인 존 J 미어샤이머(John J Mearsheimer, 1947~) 교수는 그의 저서 『미국 외교의 거대한 환상

(원제: The Great Delusion)』에서, 국제정치에 작용하는 세 가지 정치 이념으로 자유주의, 현실주의, 민족주의를 들고 그중 민족주의가 압도적인 영향을 미친다고 하였다. 왜 그럴까? 민족주의는 인간 집단의 감정과 결합하여 열정적으로 몰입하게 만들고, 그 결과 언제든 상호 대립과 갈등, 충돌과 저항을 만들어 낼 수 있기 때문이다. 오랜 전통을 지닌 선민의식이나 집단적 자부심, 종교적 신앙과도 관련 깊은 민족주의는 어쩌면 인간으로부터 떼어놓거나 근절하기 불가능한 본질적 이데올로기인지도 모른다. 인간 사회가 평화롭게 유지되기 위해서는, 어느 집단의 민족주의라도 그것이 극단으로 가지 않도록 매우 엄격하고 섬세하게 관리되어야 할 것이다. 민족주의의 발흥에 대해서는 항상 경계심과 긴장감을 가져야 한다.

인본주의는 이데올로기보다는 파시즘과 대척 관계에 있는 철학적 가치 체계에 가깝다. 인본주의는 말 그대로 인간이 근본이 되는 정치적, 사회적 가치관이다. 나치즘과 파시즘, 공산주의도 인간을 근본으로 삼는다는 측면에서 같을 수도 있지만, 이들은 자연 그대로의 인간 본성을 바탕으로 구조를 만든 것이 아니라 이상에 적합하도록 인간의 정신과 행동 양식을 개조하여 변형시킨다는 점에서 차이가 있다.

인본주의는 신성하고 숭고한 내면을 가진 인간 그 자체를 근본으로 여긴다. 인본주의는 인간의 권리, 즉 개인의 인권을 존중하는 가치관으로서 인간의 창의성, 자발성, 적극성, 진취성을 북돋아 사회의 활력을 가져온다는 점이 가장 큰 장점이다. 근대 민주 공화정 이후, 종교를 권력 체계로부터 분리하고 정치권력은 인간의 합의로 선출하는 것으로 정하였는데, 그에 따라 인간 내면의 선을 믿고 인간 자체를 존중하여야 할 필요가 생겼다. 또한 인간이 존중되기 위해서는 인간 내면이 신성한 것으로 부각되고, 그것을 위해 개인의 자유가 존중되어야 했다. 모든 개인이 신성한 내적 본성을 지니고 있고 이 내면의 선이 모든 윤리적, 정치적 권위의 근원이 된다는 믿음을 바탕으로 인간의 자유에 기반한 행정적, 사법적 제도가 구축되어 운영되었다.

인본주의는 인간 내면에 대한 기독교 신앙의 믿음과 일맥상통하므로, 기독교 신앙의 전통이 유지되는 한 인본주의적 가치관에 대한 신뢰성이 유지될 수 있었다. 그러나 기독교 신념이 약화되자 인본주의 가치관의 정당성에 대한 믿음도 함께 의심받기 시작하였다. 종교적 도덕규범의 영향력에서 벗어난 인간 사회는 시간이 갈수록 배타적 이기심과 탐욕이 증폭하였다. 인간은 아무리 보아도 선한 것만은 아니라는 것이 확실해 보였다. 도리어 인간 내면의 악과 배타적 이기성이 부각되는 물질만능주의가 점차 만연하게 되었다.

인본주의가 철학적 가치 체계에 가까운 이유는, 이데올로기처럼 인간 집단을 조직하여 실천을 요구하거나 종교와 같은 감정적 반응을 일으키지 못하기 때문이다. 인본주의는 인간 내면을 중시하는 가치 체계로서 집단적 감정 반응과 사회운동을 불러일으키지 못하는, 무늬만 이데올로기다. 인본주의에 대해서는 다양한 각도에서 추가하여 살펴볼 필요가 있다.

유교의 중화사상도 분명히 이데올로기다. 구현하고자 하는 이상이 있고 그것을 이루고자 하는 교단 조직으로서 권력이 있고 그것을 추종하는 집단이 있고 인간의 감성과 감정에 반응을 일으키는, 종교와 유사한 작용을 하는 사상이다.

그렇다면 공산주의를 반대한다는 의미로 출현한 반공주의는 어떨까? 반공주의는 구현하고자 하는 이상이 방어적 성격을 지닌, 짝 개념의 이데올로기다. 사상적 기반이 취약하기 때문에 공산주의의 존재를 전제로 한시적으로만 존속할 수 있다.

백인우월주의, 인종차별주의, 남성우월주의는 이데올로기가 될 수 있을까? 백인우월주의, 인종차별주의는 스스로 독자적 이데올로기가 되기보다는 많은 경우 극단적 민족주의 이데올로기의 부수물로서 존재하였다. 그리고 남성우월주의는 오랫동안 이어진 동서양의 위계질서 속에서 파생된 사회적 개념으로서, 강제된 심리적 억압의 도구다. 따라서, 백인으로서 또는 남성으로서 우월적 심리를 가지고 차별하는 자는 현실에 존재할 수 있겠지만, 당연히 이데올로기는 될 수 없다.

대신 백인우월주의자, 남성우월주의자라고 상대방을 규정하여 상대를 비난하거나, '프레임 효과'를 통해 정치적 이익을 얻는 수단은 될 수 있다. 이러한 맥락에서 개인주의, 극단주의, 평화주의, 자유주의, 평등주의 등은 어떤 현상 또는 경향을 규정하는 표현일 뿐, 이데올로기가 될 수 없다.

인간의 역사에서 등장했던 모든 이데올로기, 실천사상, 이념을 통틀어 인간의 집단감정에 가장 강력한 반응을 일으켰던 것은 마르크시즘이다. 현재에도 그리고 미래에도 이 영향은 지속될 가능성이 높다.

종교와 이데올로기의 차이점

권력과 동거하며 나타나는 종교와 이데올로기의 공통적 특성에 대해서는 앞서 살펴보았다. 이번엔 종교와 이데올로기의 차이점을 살펴볼 필요가 있는데, 기존의 보편적 종교가 가지고 있던 약점이 드러나고 이데올로기라 불리는 신흥종교의 유연함이 인식된다.

첫째, 이데올로기는 절대적 가치로서의 이상을 숭배하지만, 그것을 주관하는 신의 실재는 주장하지 않는다. 기존 종교가 주장하는 신의 실재는 실재에 대한 증명도, 부재에 대한 증명도 쉽지 않아 쉽게 공격당하지 않지만 그 자체로 논리의 약점이 된다. 기존의 종교는 선전·선동이나 영적 체험 등을 통해서 신의 실재에 대한 믿음을 유지시키지만, 이데올로기는 신의 실재를 믿지 않고 그 존재를 주장하지도 않으니 논리의 오류에 빠지지 않는다. 다만, 그 주장하는 사상적 논리와 이상에 신의 절대적 권위를 부여할 뿐이다.

둘째, 이데올로기는 기존 종교 대비 교조의 절대성 측면에서 유연하다. 기독교의 예수, 이슬람의 무함마드, 불교의 석가모니, 공산주의 이데올로기의 마르크스 모두 교조로서의 지위를 지니는데 종교에서의 교조는 그 교리의 절대성을 뒷받침하기 위해 교조에게 오류가 있을 수 없다는 절대적 신의 권위를 부여하지만 이데올로기에서는 그럴 필요가 없다. 마르크스도 같은 인간이기에 오류가 인정되고 시대 상황의 변화에 따라 교리를 수정할 필요가 생기면 언제든 수정하면 된다. 게다가 이데올로기에 있어서는 교조가 반드시 한 명일 필요도 없다. 예를 들어 레닌, 스탈린, 마오쩌둥, 김일성 등에게 지역적, 한시적 범위에서 교조 마르크스 이상의 지위가 부여되었다.

셋째, 종교가 형성되는 시점은 교리와 교단이 확고하게 자리 잡은 시기이므로 대체로 교조는 사망한 지 오래 지난 시점이다. 교조의 말씀과 행위가 종교의 모범이 될 것이나, 교조의 말씀은 당시의 시대 상황을 반영한 것이므로 현시점의 시대 상황과 맞지 않는 내용이 발생하며, 시간이 갈수록 더욱 많이 발생한다. 그러므로 교조의 말씀을 기초로 만들어진 교리를 문제없도록 계속 수정해야 하는데, 이미 기록된 말씀을 변경하기 어려우니 말씀에 대한 해석이 계속 변해야 하며 그것을 위한 논리를 계속 개발하고 설명해야 한다. 그러나 이데올로기는 그럴 필요가 없다. 교조가 만든 교리의 내용 중 시대 상황에 부합하지 아니한 부분이 나올 경우 그 부분을 폐기하고 스스로의 주장을 바꾸면 된다. 이데올로기는 기존 종교에 비해 교리의 수정에 훨씬 유연하고, 교리 내용이 상충되거나 현실 여건과 맞지 않아 자가당착에 빠질 우려가 적다.

넷째, 종교와 이데올로기 모두 공통적으로 생존 또는 번영을 위하여 교단 조직의 유지가 필요하다. 이데올로기는 시대 상황 변화에 따른 교리 수정 등에 유연하므로 주의력이 분산될 필요 없이 적은 시간과 비용으로도 교단 조직이 효율적으로 운영될 수 있으며, 오로지 교단 권력의 확대 유지에만 신경 쓰면 된다. 게다가 종교와 권력이 분리되어야 한다는 따가운 눈총을 받을 필요도 없다.

다섯째, 종교와 이데올로기는 인간 내면의 신념을 두고 서로 경쟁하기 때문에 배타성이 매우 강하다. 종교는 다른 종교 또는 이데올로기와 유연하게 결합될 가능성이 희박하다. 기독교는 모든 다신교 신앙을 몰아내고 유일한 신념 체계를 형성했다. 다수의 자연 만물 신앙이 결합되어 브라만교를 중심으로 하는 힌두교로 통합되었듯이, 서로 독립적인 종교가 결합되는 순간 기존의 종교는 소멸하고 새로운 종교가 탄생한다. 그러나 이데올로기는 다른 유사한 이데올로기와 비교적 유연하게 결합될 수 있다. 제국주의 이데올로기의 팽창성이 소련 공산주의(영토 확장의 욕망보다는 공산혁명의 수출이라는 측면이 강하여 다소 결이 다르다) 이데올로기에 편입되고, 다시 중국 공산당에 이르러 중화사상과 결합되는 것처럼 이데올로기 각자의 성질이 온전히 보전되며 결합할 수 있다.

위의 차이점을 되새겨 보면 인간 역사에서 비교적 최근 탄생한 이데올로기가 얼마나 강력한 심리 기제인지 알 수 있다. 이데올로기에 온전히 뇌를 바친 자는 영적 체험으로 독실하게 종교에 귀의한 자 이상의 정신적 감동을 느낄 수 있고, 기꺼이 목숨을 바쳐 전쟁터에 나갈 수 있고, 어떠한 고난도 감내하고 주어진 사명을 완수할 수 있다.

나치즘이나 파시즘이 그토록 빠른 시간 내 강력한 힘을 발휘했던 이유는 바로 인간 집단을 선전·선동하여 행동을 이끌어 내는 이데올로기적 신념 체계 때문이다.

철학의 특성

철학은 주로 인간의 뇌에 이성적 반응을 일으키며 그 이상의 객관적인 진위와 선악에 관심을 갖는 가치 체계다. 철학이란 무엇이며 어떤 이유에서 탄생하였는지를 생각해 볼 필요가 있겠다. 철학 (philosophy)은 그리스어 'philo(사랑하다)'와 'Sophia(지식, 지혜)'로 '지식을 사랑하는 것'이다. 철학은 스스로의 무지를 깨닫고, 알아가는 것을 사랑하는 학문이다.

인류 사회는 상호 통합이 가속되며 도구 발전, 농경과 사육의 발달, 집단 사냥 기술과 전투 기술 발전, 언어와 문자 발생, 생산성 발전 등을 이루었다. 이후 역사적 경험이 축적되고 인간 집단의 상호 약탈과 권력투쟁이 반복되며 지식 정보의 상호 교류가 확대되었다. 여러 거점에 고대 문명이 싹트고 인구가 대규모로 밀집하여 생활하게 되면서 일과 성과의 분배, 조세, 사원 건축물의 건설 등이 필요하였다. 그에 수반하여 수학, 기하학, 건축공학, 역법과 천문학, 도구 제작술 등 실천적 기술 지식이 발전하게 되었다. 그리고 인간 사회에 새로운 지식 정보가 계속 수집, 축적되면서 여러 사건의 인과관계에 대한 이야기의 합리적 재구성이 필요하게 되었다. 생존의 압박에 처한 상황에서는 인간의 호기심이 발휘되기 어려웠지만, 비교적 여유로운 시간에는 뇌의 사고 능력을 사용하여 자연현상을 관찰하고, 도구를 개선하고, 전략·전술을 개발하고, 생산성을 발전시킬 새로운 아이디어를 창출할 수 있었다. 또한 자연환경과 인간 사회에 대한 관찰, 논리적인 사색과 사유, 상호 소통이 확대되며 어떤 현상의 원인과 결과에 대한 세부적 인식이 생길 수 있었다. 그리고 실생활 개선에 도움이 되는 세부 지식을 갖춘 똑똑한 사람들이 점차 많아지면서 합리적 이성과 논리적 사고에 바탕을 둔 지식 정보가 쌓여 갔다. 그리고 그중 중요한 정보와 이야기로 인정되는 지식이 체계화되며, 참과 거짓을 가리고, 이를 다시 재구축하여 알리고 교육할 필요성이 생겼다.

이러한 흐름에서 약 3,000년 전, 종교의 감성적 지식에서 합리적 이성과 논리적 사고에 바탕을 둔 지적 가치 체계가 분리되어 나오면서 철학이 나타났다. 철학의 탄생은 인류가 스스로 지적 생명체로 진화하는 세 번째의 위대한 정신적 도약이었다.

따라서 철학이란 당시 관점에서 보면 지식과 지적 체계를 총괄하는 학문 그 자체다. 모든 세부적 학문과 과학도 철학으로부터 분화되어 나왔다. 철학이란 수집되는 모든 종류의 지식을 인간의 합리적 이성과 논리적 사고를 바탕으로 관찰하고, 명상과 사유를 통해 체계화한다. 그리고 그 지식을 통해 인간과 사회의 상호 관계를 고찰함으로써, 인간의 본성과 세계와 자연의 근원적 의미에 대해 고민하는 총괄적인 지적 체계다. 또한 철학[38]은 신념을 낳는 지적 기초가 되어, 종교나 이데올로기의 형성과 매우 밀접한 상관관계를 갖는다.

---

38) 헤겔은 『법철학』(1821)의 「2부 - 시민사회」에서 시민사회 구성원인 개인은 시민사회에 생계 보장을 요구할 권리를 가지고 있으며, 단 한 명의 천민도 생겨서는 안 된다는 신념을 명기하였다. 이러한 믿음은 사민주의 강령의 핵심이 되었다. 이런 측면에서 철학은 이데올로기와 지반을 공유하고 있으며, 신념이 없는 철학은 공허한 것으로서 살아 있는 철학으로 존재하기 어렵다.

철학은 이성에 바탕을 둔 지적 체계로서 기존 철학과 학문의 참과 거짓을 다시 사유하고 비판하는 것으로부터 유지, 발전한다. 토마스 아퀴나스가 "철학은 신학의 시녀다"라고 한 것처럼, 강력한 신념 체계가 지배하는 경우 그것에 복속되도록 압력을 받는다. 로마제국은 313년 기독교를 공인하였고 392년 국교로 지정하였으며, 이후 상당히 오랜 기간의 문화적 정체기를 맞게 된다. 인간 사회에 종교의 영향력이 강화되면, 상하 방향의 효과가 중첩된다. 대중들은 권력기관을 마치 신처럼 믿고 의지하고 찬양하게 되고, 권력기관과 관계 맺은 교단은 피지배 민중에게 삶의 모든 영역에 대한 가르침을 제공하면서 정신과 사고방식을 지배하게 된다. 이로 인해 피지배 민중의 학문과 과학기술에 대한 자발적 개선 의지는 사라지고, 모든 것은 권력기관의 관심과 지시에 따라 결정되는 수동적 사회가 된다. 지배 권력이 관심을 둔 분야는 발전할 수 있지만, 그렇지 않은 분야는 정체되는 것이다. 476년 서로마제국 붕괴 이후 철학이 가톨릭에 압도당한 것처럼, 사고의 억압으로 사유와 비판의 동력이 제거당하면 철학의 발전은 제한되기 시작한다. 단, 12세기 이후에는 가톨릭 교황청 주도로 교육기관이 대폭 확대되고 과학적 성취에 개방적으로 변모하여, 직업 연구자의 수와 학문적 성취가 증가하기 시작하였다. 또한 가톨릭 신학은 이후 근대 철학의 모태가 되었으므로 반드시 악영향을 주었다는 것을 말하지는 않는다.

순기능과 역기능
- 종교의 이중성

종교란 신의 섭리를 구현하는 교리를 제시하고, 해당 종교를 추종하는 인간 집단을 조직하며, 그 신도에게 종교적 실천을 요구함으로써 뇌 작동에 심대한 영향을 미치는 심리 기제다. 이데올로기도 이와 같다.

DNA에 새겨진 생존과 번식의 명령은 때론 이기성으로, 때론 이타성으로 나타난다. 생존과 번식을 위해서는 물질적, 정신적 필요 요건을 만족시켜야 하며 우선 자기 자신을 돌봐야 한다. 즉, 이기성의 발현이다. 따라서 이기성 자체는 전혀 나쁜 것이 아니며, 자신의 생존을 위한 필수적 성질인 것이다. 한편 DNA는 자신을 위한 행동뿐 아니라 나와 가족의 생존에 영향을 주는 인간 사회를 위해 이타적 행동을 하도록 계속 심리적 암시를 주고 있다. 타인이 존재해야만 나의 이기적 욕망 또한 만족될 수 있는 것이다. 즉, 이타성의 발현이다. 인간 사회가 유지될 수 있도록 양심, 염치, 도덕의 심리적 압박이 내면에서 작동하는 것이다. 이기성과 이타성의 이중성은 종교의 순기능과 역기능의 이중성이 나오는 이유와 관련이 깊다.

정신적 평안을 주는 종교의 순기능

종교란 신과 자연에 대한 경외심을 표현하고 나약한 인간의 행운과 복을 기원하는 것으로서 그 자체로는 인간에게 아무 해가 되지 않으며, 오히려 인간의 가장 취약한 부분인 정신에 평안을 준다. 종교는 인간과 떼려야 뗄 수 없는 본질적 상호 관계를 가진다.

오늘날 많은 무신론자에게 물어보면 신의 존재와 신의 주재로 결정된 결말을 대체로 인정하지 않지만, 어떤 섭리, 즉 인간으로서 추구해야 하는 올바르거나 정의로운 어떤 진리나 추구해야 할 가치가 존재한다고 생각하고 그것에 대한 막연한 믿음을 가지고 있다. 그런데 그 믿음은 사실 신에게 또는 누군가에게 바치기 위한 것이 아니라, 그 개체의 생존을 위한 정신적 안식을 위해 필요하다. 그것은 자연에 대한 수렵채집민의 경외심뿐만 아니라 현재를 사는 인간들에게도 요구되고 있다. 삶의 과정에서 주어지는 행복과 불행이 나의 선택이 아니라, 우연이나 자신이 통제할 수 없는 사고, 우발적인 사건, 기회 등에 의해 대부분 결정되기에 누구나 종교나 그와 유사한 정신적 안식을 찾는 행위를 하고 있다. 뇌가 정신적 안식을 요구하고 있는 것이다.

우리 인간뿐만 아니라 뇌로 자신의 신체를 작동시키는 모든 동물은 뇌로부터 같은 지령을 받는데, 뇌 작용의 근저에는 지구에 기생하는 생명체로서 지구 자연의 위대함에 경외심을 갖도록 설계된 DNA가 있다. 인간은 농경과 사육을 시작한 이후 신의 영역으로 진출하여 다른 동식물의 DNA 조작에 관여하였으나, 인간 또한 지구에 기생하는 생명체의 한 종이다. 인간에게도 수백만 년의 수렵채집 세월뿐만 아니라 인간에게 DNA를 전달해 준 원시 유인원과 포유류의 DNA가 함께 작동하고 있다. 진화심리학[39]이 천명한 것처럼 우리는 수렵채집민의 사고 패턴과 심리를 여전히 따르고 있다. 인간의 뇌는 위대한 자연을 경외하고, 어떤 조짐이 발생했을 때 두려움을 느끼고 움츠러듦으로써 생존 가능성을 높이도록 작동한다. 그리고 자연현상 원리를 상당 부분 파악하여 알게 된 현대 인류라고 해도 여전히 같은 방식으로 작동한다. 인간은 주변 환경의 급격한 변화에 여전히 민감하고 두려워하며, 그 원인

---

39) 진화심리학의 전제 중 하나는, 인간은 오랜 기간 유목 시대에 진화하였기 때문에 그 신체뿐만 아니라 행동도 현대 사회가 아닌 유목 사회에 적합하다는 것이다. 가장 확실하게 증명된 것으로서 인간의 신체는 먹을 것이 적은 환경에서 진화하였기 때문에 현대 사회에서는 먹을 것이 너무 많아 뚱뚱해져 버린다는 것이다.
  네이버 지식백과: 진화심리학(evolutionary psychology, 進化心理學) [21세기 정치학대사전, 정치학대사전 편찬위원회]

에서 자신의 잘못을 찾아내어 반성하며 용서를 빈다. 이 뇌의 작동은 생명이 다할 때까지 지속되는데, 신이나 자연 섭리에 순응하며 경건한 마음을 유지할 때 비로소 그 두려움과 외로움, 공허함이 완화되며 정신의 안식을 느낄 수 있다. 이처럼 종교는 인간의 근원적 본성과 관련 깊고, 우리는 뇌의 작동 메커니즘에서 벗어날 수 없다.

종교의 순기능은 정신적 안식이다. 회피할 수 없는 위험한 전투에 나가야 하는 상황을 상상해 보자. 우리 부족과 평화롭게 지내온 인근 부족이 최근 먼 곳으로부터 침입한 어떤 부족과 싸우다가 대부분 죽었다. 간신히 도망쳐 온 인근 부족 꼬마의 이야기를 들어보니, 쳐들어온 부족은 모두 덩치가 클 뿐만 아니라 흉포하고 잔인하기가 이루 말할 수 없는 괴물들이라 한다. 그들은 얼마 지나지 않아 이곳으로 올 것이다. 상상만 해도 그 괴물들이 무섭고 두렵다. 그러나 여기는 험준한 산맥에 가로막혀 도망갈 만한 곳이 없다. 그리고 이곳은 우리 부족의 수호신, 신성한 소나무가 있는 곳이다. 전투에 나가고 싶지 않지만, 전투를 할 수 있을 만한 사람은 수가 많지 않다. 내가 나가서 싸우지 않는다면 우리 부족에게는 죽음만이 있을 뿐이고, 결국 나와 내 가족도 모두 죽게 될 것이다. 어린아이와 노인, 여자는 후방에 남고 나머지는 모두 맞서 싸우기로 한다. 전투에 나가는 모두는 신성한 소나무 앞에서 결전의 맹세를 한다. "우리는 어떠한 고난과 고통이 오든, 두려움을 이겨내고 목숨을 바쳐서 반드시 우리 부족을 지켜낼 것이다. 신성한 소나무가 우리를 가호한다." 어떤가? 종교의 힘이란 정말 위대하지 않은가?

종교는 이기적 생존 활동에 따른 정신적 피로, 트라우마 같은 비정상적 뇌 작동, 미지의 것에 대한 두려움 등을 완화하는 순기능을 가지고 있다. 인간이 자기의 생존을 위해 하는 일상적 활동은 이기적 동기에 따른 것으로, 어찌 보면 살아 있는 것 자체가 죄다. 인간은 자신의 죄지음을 인식하고, 자연에 대한 경외심과 주위 생명체에 대한 이타성에 관심을 환기할 때 정신적 평안을 얻을 수 있다. 이는 다른 동물도 마찬가지다. 육식동물이 허기를 채우고 나면 더 이상의 포획 활동을 중단하고, 위기에 처한 동물이 나타난 경우 서로 돕는다. 웃기지 않는가? 잡아먹을 때는 언제고 도와주다니! 그러나 그런 행위는 심심치 않게 일어난다. 종교는 생존을 위해 항상 해야 하는 이기적 활동의 범주와 경계를 정해 주고, 이타적 행위에 관심을 갖도록 유도하여 정신적 피로를 완화하고 평화와 안식을 준다. 인간은 반복되는 이기적 경제활동을 수행하여 생존을 도모하지만, 한편 자신이 이타성을 가지고 타인을 도와준다고 믿음으로써 정신적 안녕을 도모한다. 인간은 대부분 스스로 정의롭다고 믿고 있으며, 설령 타인에게 고통을 주는 이기적 행위를 하는 경우에도 보다 중요한 선한 목표를 위하여 어쩔 수 없이 임무를 수행한다고 자위한다.

인간 중에는 싸이코패스와 같은 특이 기질이 있는데 이들은 종교로부터 얻어지는 정신적 안식이나 위안이 대체로 불필요한, 매우 안정적으로 이기적 특성을 가진 부류이다. 싸이코패스 기질은 유전이나 질환 등에 의해 뇌의 작동 메커니즘에 일부 변형이 생기는 것인데, 생존에 영향을 줄 수 있는 어떤 사건이 발생했을 때 일반적 인간이 느끼는 두려움과 정서적 감수성이 극히 제한적으로 나타나는 현상이다.

인간이 공포를 맞닥뜨릴 경우 몸에서 아드레날린, 엔도르핀 등이 분출하며 뇌의 논리적 사고는 제한되고 대신 순간적으로 초인적 힘을 발휘하여 공포의 장소로부터 도망치게 한다. 그 과정에서 심각한 부상을 입더라도 고통을 못 느끼고, 본능적으로 괴성과 비명을 지르게 됨으로써 주변에 경계를 주고, 일정 시간 동안은 도망치는 근육에 온 생체 자원이 투입되는 것이다. 이러한 공포의 메커니즘은 수렵채집 시기 맹수로부터 도망치는 것에는 유리할지 모르나, 인간의 전투력이 다른 동물들을 압도하게 된 이후에는 긴박한 순간에 뇌의 침착한 판단을 불가능하게 하고 오히려 현명한 대처를 방해하여 불필요하다.

그런데 싸이코패스는 바로 공포 반응의 메커니즘을 방해받는 특질이어서 긴박한 순간에도 대체로 침착한 판단을 한다. 생사를 오가는 긴박한 전투에서도 생존 가능성이 높고, 경이로운 업적을 달성할 수 있으며, 냉혹하고 냉철한 판단력을 발휘할 수 있기에 정치적 리더나 사회 지도층으로 부상하기 쉽다. 싸이코패스는 인간이 지구를 지배하는 최상위 포식자가 된 이후에는 오히려 매우 유리한 특질이 된 것이다. 대체로 싸이코패스는 사회적 동물에 특징적으로 나타나는 공감 능력, 감정 표현을 비롯한 정서적 감수성에 둔감하여 정의나 자비심, 약자에 대한 배려심, 이타심을 잘 가지지 못한다. 반면 뇌의 활용 능력이 강화되어 집중력이 높고, 거짓말을 매우 잘하며, 긴박한 순간에서의 순발력이나 언어 구사 능력이 좋다. 심지어 교육이나 스스로의 터득에 의해 정서적 공감 능력이나 이타성, 연민, 종교에의 심취 등을 위장할 수도 있다. 싸이코패스는 이기적 욕망에 특화된 특질인 것이다. 지배 권력에는 상당수의 싸이코패스가 존재하여 왔고, 종교와 권력의 상호 간 흡인력이 매우 강하므로 교단의 지배 계층도 그러할 것이다. 한편 이와는 조금 다른 방식으로 작동하는 반사회적 인격장애로서 심각한 범죄를 저지르는 싸이코패스도 있다.

종교는 뇌 작동의 불안정과 정신의 피로를 완화하는 중요한 순기능을 가진다. 또한 종교는 인간의 생로병사, 길흉화복에 대한 두려움을 완화시켜 일상적 삶의 괴로움을 더 잘 견뎌낼 수 있도록 도와준다. 그리고 종교는 인간관계의 도덕 윤리를 보편화하는, 매우 중대한 순기능을 가지고 있다. 파편화된 인간마다, 또는 소집단마다 제각각 허용되는 행위의 범위와 선악의 경계를 가시고 있었다면 종교는 이를 보편화하여 사회 구성원이 함께 지켜야 하는 범위와 경계, 이를 뒷받침하는 마음가짐과 염치, 윤리의식, 양심 등을 마련하여 배포하였다. 특히 기독교(여기에는 가톨릭, 정교회, 프로테스탄트 등을 모두 포함한다), 이슬람, 불교, 유교 등 현재까지 영향을 미치는 동서양의 보편적 종교가 이에 지대한 공헌을 하였다.

종교는 각 개인에게 정신적 평안과 희망을 주고, 생로병사에 따른 인간 상호 간의 부조, 경제활동에서의 협력을 보다 체계화하는 등 부수적인 순기능도 가지고 있다. 그리고 종교의 발생 초기에는 당시의 사회적 부조리를 해소하거나 억압받는 자의 고통을 함께 나누거나 자연현상의 두려움을 완화시키는 순기능도 발휘하였다. 또한 인류의 초기 문자 기록이 지식 정보의 전달에 중요한 역할을 담당했음을 고려했을 때, 종교 기록물이 인간의 지적 욕구를 해소하고 인간의 지능을 더욱 발달시키는 측면도 존재하였다.

억압으로 나타나는 종교의 역작용

이번에는 종교의 역기능에 대해 알아보자. 종교는 직접적인 경험과 인식 범위를 초월하는 존재 또는 가치를 맹목적으로 믿고, 숭배하고, 심리적으로 의지하는 행위다. 실존하는 권력 질서에 절대자의 권위를 축조하는 교단은 쉽게 인간 집단을 조직화하고 의도하는 방향으로 이끌 수 있으므로, 당연히 권력의 유혹을 받는다.

또한 신의 섭리를 대리하여 인간 내면의 가치관을 주관하므로 아주 쉽게 스스로 권력을 얻는다.

보통의 인간에게 신의 존재를 증명하는 것은 어려운 일이나, 신이나 사후세계, 윤회, 환생 등이 존재하지 않음을 증명하기란 더욱 어려운 일이다. 특히 현실 세계에서 신의 섭리를 주관하는 교단 앞에서라면 더욱 그렇다. 교단은 반복적 교육과 종교 행사나 이벤트를 통해 신의 존재에 관한 영적 경험을 배포하고, 신과 교단에 대한 순종을 기획하며, 충성을 강화하는 논리를 만듦으로써 인간의 사고 체계를 조작한다.

그런데 사실 종교의 역기능은 교단의 의도만으로 이루어진 것이 아니다. 인간이 종교적 순종을 실천할 때는 심리적으로 그것을 DNA가 요구한 이타적 행위로 치환하면서 정신적 안정을 도모할 수 있다. 종교가 요구하는 실천은 평상시의 이기적 동기가 아니라 무언가 이타적인 가치가 있는 것으로 믿어지게 되고, 그것에 복종함으로써 신념의 정당성이 강화되는 되먹임 고리를 형성한다.

인간은 종교적 섭리에 복종하고 그 섭리가 요구하는 행위를 실천할 때 정신적 안식을 얻도록 만들어진 동물이다. 본질적으로 인간이 종교, 이데올로기 등 심리 기제를 끊임없이 원하고 있는 것이다. 뇌에서 벌어지는 이 과정은 철저하게 정신적이고 감정적이고 심리적인 반응이다. 이로 인해 종교의 이중성이 나타난다. 많은 종교가 순기능을 가지고 태동하지만, 종교와 권력의 동거가 성립되며 점차 역기능이 강화된다. 역기능이 강화되면 사고의 억압과 편향을 낳음으로써 위협이 초래된다. 심지어 종교 권력이 제시한 어떤 사명이 거짓으로 드러나더라도, 신도의 뇌에서 정신적 보상이 계속되므로 방어적 심리 기제를 발동하여 스스로 이를 더욱 강화하고 이에 집착한다.

종교 권력은 대중에게 배타적이고 획일적인 신념 체계를 강요함으로써 권력의 안정에 기여하고, 공포와 두려움을 배포함으로써 사고를 억압한다. 사고를 억압당한 대중은 신의 존재에 대한 의심을 갖는 것조차 자신의 죄, 불충이라 느끼고 잘못을 반성하며 용서를 구하게 된다. 종교가 인간의 사고 조작에 개입하면서 지배 권력을 신의 대리자로 인식하는 역기능이 일어나는데, 이때 대중은 감히 권력 질서 체계에 대항하려는 엄두를 못 내게 된다.

권력과 종교가 동거하는 시기에는 권력자가 어떠한 거짓을 말하고 황당무계한 명령을 하더라도 이미 합리적 판단을 할 수 없는 수동적인 대중에게는 다 받아들여진다. 신의 대리인으로서 면죄부를 팔 때는 감사한 마음으로 줄을 서서 구매하면서 실제 죄가 사면될 것으로 기대한다. 이교도에 대한 정복 전쟁을 명령하면 사명감에 불타 대를 이어 십자군 원정을 떠나 기꺼이 목숨을 바친다.

한편 종교적 신념이 한번 뇌에 자리 잡고 나면 그것은 거의 평생 동안 유지된다. 많은 박해를 받더라도 기꺼이 희생을 각오하며, 고난의 길을 마다하지 않는다. 종교적 신념은 그 개인의 가치관에 깊게 뿌리내리고 삶의 의미를 형성하기 때문에, 자신의 신념을 이유로 사회적 지탄을 받지 않는 한 불안에 떨면서도 대부분 자신의 신념을 유지하려 한다. 심한 경우에는 완전히 홀로 고립된 경우에도 죽는 순간까지 자신의 종교적 신념을 유지한다.

영적 경험과 정신적 희열

종교 또는 이데올로기의 사명을 실천하는 과정 중 인간이 희생하면서 받아들이는 고통 속에서 인간은 분명하게 영적 경험과 카타르시스, 희열을 느낀다. 무언가 경건하고 숭고한 마음의 울림이 생기는 것이다. 그러한 내적 경험을 한 인간은 이를 상위의 존재 또는 신의 섭리 또는 진실된 원리가 주는 정신적 보상이라 생각하고, 더욱 그가 가진 모든 것을 그것에 바쳐 매진한다. 그리고 보상은 자신이 숭배하는 신이나 섭리나 원리의 위대성에서 나온다고 믿는다. 그리고 그 영적 경험과 희열을 잊지 않고 모든 고통을 견뎌낸다. 이는 착각으로 인한 것이나, 그럼에도 불구하고 자신의 뇌에서 정신적 보상은 계속된다. 이런 이상함은 DNA에 설계된 뇌의 작용과 관련 깊다. 인간은 처음부터 그렇게 설계된 동물인 것이다.

인간은 빈번하게 자신의 감정에 깊게 작용하여 무의식에 흔적을 남기는 영적 경험과 환희, 카타르시스 등 경건한 종교적 경험을 한다. 이것은 특이하거나 이상한 일이 아니다. 특정한 상황에서 아드레날린, 엔도르핀 등의 호르몬 분비와 뇌의 폭발적 반응이 일어난다. 이때 인간에게 영적 경험과 숭고한 정신적 쾌감이 발생될 수 있다. 이 정신적 쾌감은 반드시 종교적 행위를 요구하지는 않지만 그와 유사한 강렬한 감정 반응을 통해 얻어진다. 인간은 이러한 정신적 쾌감에 유혹되고 이끌리는데, 자신이 무언가 가치 있는 행위를 했다는 믿음이 생길 때 정신적 보상이 얻어지고 자부심과 긍지, 보람, 사명감, 환희와 카타르시스가 결합된 최상의 자기만족과 정신적 희열을 얻는다.

문제는 그 영적 경험과 카타르시스, 희열이 어떤 한 인간 개체가 느끼는 방식으로만 생겨나는 것이 아니라는 점이다. 전혀 다른 종교를 믿는 인간도 같은 정신적 희열을 느끼고, 신과 상위의 존재를 숭배하며 엄숙하게 절을 하는 행위만으로도 경건함과 정신적 평안함을 느낀다. 교단은 신과 섭리를 대중에게 각인시키는 심리적 단초를 의도적으로 만든다. 많은 종교 사원은 인간의 오감을 통해 정신적 희열을 쉽게 느낄 수 있는 장치를 만들어 활용한다. 그것은 미묘한 빛과 그늘의 대비, 사원 건축물의 높은 천장에 의한 서늘한 기온, 향과 같은 인간의 후각을 자극하는 깊은 냄새, 종소리와 같은 청량한 음색의 소리 등 여러 가지가 있다.

영적 경험과 카타르시스, 정신적 희열은 부동자세에서 명상하는 과정이나 요가의 어려운 동작을 유지하는 과정에서도 느껴진다. 그러한 정신적 카타르시스는 눈바람이 몰아치는 히말라야를 등반하거나 위험한 절벽을 기어오르는 과정에서도 느껴지고, 심지어는 되풀이되는 고통만으로도 희열이 느껴진다. 마라톤과 같이 되풀이되는 극도의 고통을 계속 견뎌내며 목표로 다가가는 과정에서, 인간은 어느 순간 엔도르핀이 분비되며 희열을 느끼게 되고 그 희열을 맛본 인간은 다시 더욱 어려운 코스에 도전한다. 뿐만 아니라 정신적 희열은 특이한 조건의 정신병의 발현으로도 생기고, 섹스를 하는 절정의 순간에도 생기고, 마약 투약으로도 생긴다. 그런 의미에서 모든 종교는 아편과 같다는 마르크시즘의 지적은 정확하다. 다만 히틀러가 이끈 광기의 나치즘, 무솔리니의 파시즘, 스탈린의 공포정치에 사용된 마르크시즘 등 많은 이데올로기는 더욱 강력한 신종 합성 마약으로 작용하였다. 사실 그 유래가 무엇이든 인간 내면의 신념은 정신적 희열을 가져올 수 있으며, 역기능으로 작용될 때 마약 이상의 위험성이 도사리고 있음을 잊지 말아야 한다.

독실한 신도가 기꺼이 순교를 감행하거나, 스스로 목숨을 던지는 자살 폭탄 테러를 감행하는 것이나, 안중근 의사가 자신의 생명을 걸고 이토 히로부미를 암살한 것이나, 선봉에 서서 적진을 돌파하는 것이나 본질적으로 뇌 작동의 메커니즘은 같다. 인간들이 흔히 높은 가치로 추앙하는 용기라는 것은 본질적으로 위험을 감수하는 결단의 행위이고 그 근저에는 상위에 존재하는 가치나 신의 명령에 복종하여 모든 고통을 견디고 나아가는 사명감과 그것을 통해 얻어지는 정신적 희열이 있는 것이다.

이런 정신적 희열과 자극에 대한 집착과 추구는 인간에게만 일어나는 일은 아니다. 뇌를 가진 모든 고등동물은 유사한 정신적 반응을 한다. 실험실 생쥐의 뇌 쾌락중추[40]에 전극을 설치하고 단추를 누르면 자극되도록 고안된 장치를 설치하면 그 생쥐는 먹이 섭취 등 모든 생존 행위를 중단하고 생명이 다할 때까지 오직 단추를 누르는 것만 되풀이한다. 이런 정신적 희열을 추구하는 것은 모든 동물의 본성과도 같으므로 이를 중단시키는 것은 불가능하다. 다만 마약 투입을 법으로 금지한 것은 그 중독성으로 인간 신체의 생명력을 급속히 고갈시키기 때문인데, 이와 유사한 작용을 하는 종교와 이데올로기의 역기능에 대해서도 세밀한 연구와 토론이 필요하다.

도덕과 정의

종교와 유사한 뇌의 작동을 유발하는 것으로 도덕, 정의와 같은 신념 가치에 대해 잠깐 살펴볼 필요가 있겠다. 인간이 인간다운

---

40)　제임스 올즈(James Olds)의 쾌락중추 실험
　　　신희섭, 렉처사이언스 KAOS 02 뇌, 「1강 - 뇌, 신비한 세계로의 초대」, p. 32

삶을 살 수 있도록 이끌어 주는 중요한 가치가 도덕과 정의다. 그러나 이러한 가치는 그것을 주장하는 자에 따라 매우 위험한 해악을 끼칠 수 있으므로 주의가 필요하다.

정의의 부정적 측면을 살펴보자. 정의는 상대적이고 주관적이다. 그러면서 용기와 밀접한 관계가 있는 신념 현상으로서 사회운동이 일어나는 동기이며, 감정을 자극하는 무언가다. 정의는 생명체의 특성인 감정에 기반하고 있으므로 우리 자신으로부터 제거할 수 없다. 정의의 규정과 해석이 인류의 보편적 공감을 받을 때에만 정의의 편협성에 따른 부작용, 즉 전쟁과 광기, 증오와 갈등이 최소화될 수 있다.

종교 분쟁은 정의와 정의의 충돌로 발생한다. 불타는 정의와 사명감을 가지고 십자군 원정을 떠나 이스라엘의 성지 예루살렘에 도착한 가톨릭 전사는 똑같이 불타는 정의와 사명감을 가진 이슬람 전사와 조우하였다. 서로의 신을 외치는 함성 소리와 전사의 뿌려지는 피가 전사의 몸속에서 스며 나오는 엔도르핀과 아드레날린으로 인한 희열과 함께 몰아의 경지에서 버무려져 온 대지와 공기를 가득 채운다. 이것이 모든 합리적 이성을 마비시키는 종교전쟁의 모습이다. 사실 모든 전쟁은 이와 유사하다.

청나라 말기 홍수전이 만든 사이비종교에 의해 태평천국의 난이 발생했을 때 민족적 정의감이 난에 참여한 한족의 두뇌를 빠른 속도로 지배했고, 그에 따라 당시 지배계급을 형성하던 만주족을 일말의 가책도 없이 학살하게 하였다. 또한 관동 대지진 이후 일본인의 왜곡된 민족적 정의감이 역시 일말의 가책도 없이 조선인을 학살하게 하였다. 동아시아 민족은 생김새가 유사하므로 풍습이나 언어의 발음으로 구별했으며, 두발 형태 혹은 복식이 다르거나 발음이 부정확하면 모두 죽이는 방식을 사용했다. 만주족의 정체성이 유지되었던 만주족일수록 압살당하기 쉬웠고 한족에 동화되어 구별하기 어려운 사람들은 살아남았다. 마찬가지로 일본어 발음이 어눌한 조선인은 학살당하기 쉬웠다.

자유와 평등

수렵채집을 하던 우리 선조들은 자유로운 영혼 그 자체였다. 생존과 번식의 중요 과업을 수행하는 데 있어 모든 의사결정은 자유였고, 그 결과로서 얻는 성취는 온전히 누릴 수 있었으며, 실패의 책임 또한 온전히 부담해야 했다. 자유는 지구 자연이 생명체에게 부과한 권리이자 의무로서, 온전한 자유에는 온전한 책임이 따른다. 그러나 종교의 개입으로 권력 질서가 자리 잡자 누릴 수 있는 자유와 그에 따른 책임의 비중이 조금씩 줄고 집단의 의사결정,

성과 분배, 책임 분담 등의 비중이 조금씩 늘게 되었다. 그로부터 협력의 대가에 따르는 분배의 공평, 사회정의, 평등의 이슈가 제기되었다. 평등은 계량하여 동등하게 만드는 것을 말하지만 꼭 그것을 의미하지는 않는다. 평등으로 모든 인간을 획일적으로 똑같이 만든다는 것은 생물학적으로 불가능할 뿐만 아니라 바람직하지도 않다.

자유와 평등은 DNA 설계도에 기록된 이기성과 이타성의 기제처럼 둘 다 반드시 필요하다. 서로 대립하여 충돌하고 갈등을 일으키면서도 서로 필수적이고 보완적이다. 자유와 평등의 관계는 감성과 이성, 무의식과 의식의 관계와 같다. 하나의 뿌리에서 시작되는 두 개의 줄기로서, 인간이라는 사회적 동물을 생존할 수 있게하는 근원이다. 생명체의 근원인 자유와 집단에서 요구되는 평등을 잘 살펴야 하는 이유이다.

자유란 강제로부터의 자유, 다른 사람의 자의적 권력으로부터의 자유, 속박으로부터의 해방을 의미한다. 인간의 존엄성과 인권이 자유에 뿌리를 두고 있는 이유는 억압으로부터의 자유가 생명과 직결된 소중한 가치이기 때문이다. 만약 누군가가 나를 죽지 않도록 밥을 먹여 주면서, 자신의 기분에 따라 욕하고, 구타하고, 심부름을 시키고, 강간하고, 강제 노동을 시키고, 심지어 시장, 간, 눈 등을 강탈하는데 이에 대해 저항할 수 없다면 이 얼마나 끔찍한 일인가? 자유란 그런 것이다. 그만큼 소중하기에 오랜 역사를 통해 억압적 권력 질서에 저항하여 자유를 얻기 위해 투쟁하여 온 것이다. 자유를 얻는 과정은 지배 권력에 맞서 생명과 정치적 자유를 보호하는 길고 험난한 싸움이었다.

자유란 곧 생명이다. 인간의 자유가 있는 것은 생명체 자체로 존엄하기 때문이다. 인간이 존엄한 것은 내면에 신이 임재하시기 때문이다. 그리고 무한한 신의 권능 아래에서 인간은 자유롭다. 그러므로 자유란 곧 인권의 토대다. 그런데 한편 자유는 계량이 힘들기 때문에 일상생활에서 실감이 잘 안 난다. 없어서 고통받을 때 비로소 그 소중함이 절실한, 마치 숨 쉬는 공기와도 같다. 따라서 자유는 다소 형이상학적이고 손에 잡히지 않는 막연한 슬로건으로 인식된다. 특히 오랜 기간 억압을 받아 온 대중에게 자유는 그럴듯하며 좋아 보이기는 하나 경제적 생존과는 괴리가 있어서, 평등에 비해 그 필요성이 피부에 와닿지는 않는다.

자유는 반드시 책임이 전제가 되어야 한다. 또한 자유는 반드시 타인과 공공의 선에 대한 배려가 전제되어야 한다. 공공의 선을 침해하고 타인에게 피해를 주면서 내 마음대로 할 수 있는 배타적 자유란 결국 지배의 욕망이 된다. 인류 역사에서 허용되는 자유의 범위는 종교 율법으로서, 보편적 윤리로서, 법 제도로서 점차 세부적으로 규정되어 왔다. 그러나 자유의 범위를 법 제도상 범죄에 해당되지 않는 최대한의 자유로 해석되어서는 충분하지가 않다. 아직 더 많은 책임과 공공의 선이 필요하다. 당장은 아니더라도 이후 타인과 공동체 사회를 침해하고 억압하게 될 예고된 행동이라면 이에 대해서도 제한이 필요하다.

평등은 인간 사회를 평화롭게 유지하는 심리 기제다. 평등은 구체적 이익과 권리의 동등으로 쉽게 이해되므로, 많은 종교와 이데올로기의 핵심적 교리가 되었다. 대부분의 경우 신과 숭고한 이상 앞에서 인간은 평등하다고 선언되었다. 예수는 핍박을 받는 하층민과 노예에게 가해지는 사회적 압제와 불의에 저항하는 사회운동을 이끌었고, 가톨릭이나 해방신학 등은 예수의 헌신을 근거로 평등을 중시한다. 상대적 박탈감은 불행의 근본이고, 불평의 근원이고, 분쟁의 근원이다. 모든 사회운동, 종교, 이데올로기는 불평등을 먹고 자란다. 평등은 이익을 침해받고 억울한 일이 많은 대중들에게 매우 솔깃하게 받아들여진다. 이러한 인간의 심리 때문에 인류 역사에 오히려 수많은 권력 독점과 억압, 전쟁, 유혈 사태가 있어 왔다. 거의 모든 경우, 평등을 주장할수록 불평등을 강요하였다. 평등을 추구할수록 불평등을 축조하였다. 권력의 이익은 특히 평등을 변질시키기 때문이다. 그러나 평등은 보편적으로 지향해야 할 가치이면서 평화를 가져오는 전제다. 따라서 자유가 없이 평등만 존재하는 사회가 허구인 것처럼, 평등이 없는 자유란 약육강식의 세계로서 인간이 추구할 이상과는 거리가 먼 것이다.

평등은 자유에의 갈망과도 관계된다. 마르크시즘의 자유란 물질적 필요로부터의 사유이고, '경제적 지유'야말로 진짜 자유이며, 이것이 없는 다른 자유는 '굶어 죽을 자유', '가질 만한 가치가 없는 자유'다. 인간이 진정으로 자유롭기 위해서는, 선택을 제약하는 '상황들의 강제'로부터 해방되고 '물리적 필요의 압제'가 분쇄되어야 하며 '경제 체제의 제약들'이 해소되어야 한다. 이러한 명제는 사실 근거가 있다. 생존에 필수 불가결한 경제적 필요가 충족되지 않는다면 정치적 자유란 무의미하기 때문이다. 그러나 경제적 자유를 얻는 방법이 강력한 권력으로 부를 강제적으로 재편하는 것이고, 강력한 권력을 만들기 위해 생각의 자유, 말과 행동의 자유, 의사표현의 자유, 생명의 자유, 정치적 자유를 포기해야 한다면 이는 무언가 잘못된 것이다. 강력한 권력은 언제든 불평등을 강요할 수 있으며, 이는 자칫하면 권력 욕망만을 펌프질하는 논리가 될 위험성이 있다.

다행히도 인류는 과학기술 발달로 먹거리의 풍요를 만들 수 있었고, 어쩌면 인간의 생존을 위한 최소한의 물질적 필요를 충족시킬지도 모른다. 만약 '경제적 자유'를 최소한의 물질적 필요를 충족시키는 것으로 한정한다면 인간 사회의 문제점이 해결될까? 아마 그렇지는 않을 것이다. 인간의 욕망이 상대적 우월의 추종이므로, 마르크시즘의 '경제적 자유'란 느낄 수 없거나 실현 불가능하다는 말이다. 오랫동안 인간의 평균적인 물질적 충족 상태는 비약적으로 향상되었으나, 상대적 박탈감은 오히려 확대되었다. 따라서 평화를 위해서는 현존하는 각 개인 사이의 선택 범위 격차가 완화되어야 한다. 부의 불공정한 분배가 개선되고, 적어도 기회의 평등이 필요하다. 부는 그 자체로는 사실 그렇게 중요한 것이 아니다. 상대적 박탈감이 없도록 만드는 공평, 공정한 사회 장치가 중요한 것이다.

누군가로부터 약속된 자유와 평등은 거짓이며 위험하다. '경계 없는 자유'와 '경계를 무시하는 평등'은 사회적 분열과 갈등을 가져 올 뿐이다. 따라서 자유와 평등은 우리 스스로 합의하고, 만들고, 지켜 나가야만 한다. 자유와 평등의 균형과 조화는 인간 사회의 건강을 위해 반드시 필요하다.

어쩌면 선거에서 권력을 다투는 정당의 핵심 이슈는 자유와 평등의 세밀한 범위가 되어야 할 것이다. 각 정치조직은 자신들의 이익을 위해 사회 분열과 갈등을 유발할 것이 아니라, 자유와 평등의 보호 범위를 세밀하게 연구하고 그 결과와 예측을 두고 서로 다투어야 할 것이다. 사회의 변화와 발전에 따라 자유와 평등의 범위를 미세 조정하는 것이 정치인들의 실질적인 임무이며 과제가 되어야 한다. 자, 우리는 양극단이 아닌, 자유와 평등을 함께 누리기 위해 어떤 선택을 할 것인가?

자유와 평등의 경우와 마찬가지로, 프라이버시도 그 보호 범위에 대한 사회적 합의가 필요하다. 국가권력에 의한 전제주의적 국민 감시나 프라이버시 침해를 용납해서는 안 되지만, 그렇다고 모든 프라이버시가 보호되어야 하는 것은 아니다. 정치인이나 금융 자본, 언론인, 사회적 영향력이 큰 공인들의 정보는 때로는 투명하게 드러나도록 하는 것이 바람직하다.

또한 프라이버시와 개인정보보호를 민간 기업에 맡기는 어처구니없는 일을 방치하면 안 된다. 민간 기업은 경제적 이익에 민감할 뿐만 아니라 당연히 권력의 이익을 위한 각자의 이념적, 정치적 지향을 가지고 있다. 민간 기업이 가진 모든 정보는 자신들의 이익과 정치적 지향에 따라 임의로 가공될 뿐이다. 민간 기업이 프라이버시를 스스로 보호하겠다고 주장하는 것은 고양이가 생선을 맡아서 보관하겠다는 주장과 동일하다. 이를 믿어서는 안 되고, 공공이 모든 것을 통제해야 하며, 이에 불응할 경우 제멋대로 인권을 침해하는 그 민간 기업을 즉시 제거해야 한다. 국가권력의 남용을 방지하는 것은 중요하지만, 그렇다고 그것이 무엇이든 전체 인간 사회의 공유물로 있는 임무와 과업을 민간 기업에게 떠넘기는 어리석은 일을 방치하면 안 된다.

유일신 종교

일신교의 전개

현시대에도 작동하는 종교 권력의 신념 체계로는 유일신 신정 체제가 유지되는 이슬람과 공산 국가의 신념 근거가 되는 공산주의 이데올로기가 있다. 먼저 유일신 종교를 살펴보자.

루터의 종교개혁 이후, 인류사에 강력한 영향을 준 가톨릭이 권력 체계와 분리되며 종교의 역기능이 크게 완화된 것은 인류에게 크게 다행스러운 일이었다. 이를 계기로 많은 서구 국가가 종교국가에서 민족국가로 변화하며 종교와 사상의 자유를 도입하였다. 이후 대부분의 종교에서 역작용이 감소하였으나, 이슬람은 여전히 강력한 종교 권력의 지위를 가지고 있다.

이슬람은 처음부터 종교와 권력이 하나로 합쳐져 탄생하였고, 주변 이민족에 대한 정복 전쟁을 통해 확산되었다는 점에서 광범위한 포교로 대중에게 스며들어 점차 기존의 권력 체계에 영향력을 증대한 기독교와는 다르다. 정교일치의 이슬람은 강력한 정신적 구심력과 무력을 바탕으로 그 위력을 주변 세계에 떨치고 급속하게 그 영토를 확장하였다. 이슬람은 '신에 대한 절대적 순종'이라는 종교적 강박 외에는 평등, 평화, 가족애, 형제애 등 인류의 보편적 윤리와 맥을 같이하고 있다. 또한 같은 시기의 가톨릭보다 유연하였으며, 포교 방식도 폭력이나 강요보다는 이익을 주어 개종을 유도하는 방식으로 이루어졌다.

무력을 앞세운 이슬람의 초기 팽창은 제2차 세계대전의 주범이었던 나치즘, 파시즘, 일본 군국주의 등의 무력 팽창과 유사한 점이 있으나 인류의 보편적 도덕 윤리에 뿌리를 둔다는 점에서 차이가 있다. 이슬람의 보편성은 선민의식과 결합된 자기 민족국가의 영광이라는 협소한 이상을 제시했던 이들 극단주의 이데올로기와 구별되며, 이슬람이 현재까지도 지구의 여러 곳에서 확산되고 유지되는 저력의 근거가 된다. 이슬람을 이해하기 위해서는 인류의 고향 아프리카와 인류 문명의 요람이었던 메소포타미아의 지역적 상관관계, 함족과 셈족의 혈통과 언어 계통, 유대교와 기독교와의 관계, 이슬람 탄생의 시대적 배경 등에 관해 간단히 살펴볼 필요가 있다.

호모사피엔스가 유라시아대륙 곳곳으로 진출하면서 각지의 수렵채집 씨족사회마다 고유의 언어와 문화를 발전시켰다. 아프리카

북부와 팔레스타인 지역, 메소포타미아 지역 일대는 풍요로운 경제활동 구역을 바탕으로 수많은 씨족사회가 섞여 살면서 고유의 언어와 문화를 발전시켰고, 서로 영향을 주고받아 다양한 부족국가로 발전하였다. 그중 이집트, 수단, 에티오피아 등 아프리카 북동부와 지중해 남부 해안을 중심으로 분포한 함족(밝은 갈색으로부터 커피색에 이르는 유색인종)과 메소포타미아의 비옥한 초승달 지역을 중심으로 아라비아반도, 아나톨리아 지역, 이란 서부 일대에 거주한 셈족(대체로 백인이나, 원래부터 혈통적 다양성이 높고 흑인과의 혼교에 의해 더욱 인종 다양성이 높아졌다)은 지리상 가까워서 서로 강한 영향을 주고받았으며, 언어 계통도 아프리카아시아 어족에 속한 함셈어족으로 상호 관계가 깊다. 성경에 따르면 구약성경 창세기 6~8장의 인류 절멸 후 새로운 조상이 되는 노아의 세 아들이 각각 셈(중동인의 조상을 상징), 함(아프리카인의 조상을 상징), 야벳(유럽인의 조상, 당시 아랍인과 유대인의 세계관은 메소포타미아가 세계의 중심이고 아프리카, 유럽이 주변 지역이었다)이고, 노아가 함을 저주(창세기 9장 26절)했다. 이는 셈족과 함족은 언어적, 역사적으로 밀접한 관계였으나 이후 역사의 전개 과정에서 셈족이 우월한 지위를 가지게 되었음을 암시한다. 그리고 아브라함은 셈의 후손으로서 유대교, 기독교, 이슬람에서 모두 위대한 신지자로 등장하며, 아랍인과 유대인의 공동 조상으로 추정된다. 아브라함은 세 명의 부인(첫째 셈족 사라, 둘째 함족 하갈, 셋째 셈족 구두라)을 두었는데, 둘째 부인 하갈로부터 먼저 장자 이스마엘을 낳았고, 첫째 부인 사라로부터 차남 이

삭을 낳았다. 이삭의 후손이 유대인이 되었고, 이스마엘과 셋째 부인 구두라로부터의 후손이 아랍인이 된 것으로 보인다. 유대교에서 아브라함의 직계 혈통임을 강조한다면, 기독교와 이슬람에서는 아브라함의 신앙적 정통성에 초점을 맞춘다.

셈족의 유대인이 전 세계에 흩어진 반면(로마제국이 반란을 일으킨 유대인을 진압한 후 예루살렘으로부터 추방하자, 유대인 대부분은 탄압을 피하여 흩어졌다. 이스라엘 건국 전까지 예루살렘과 그 인근 지역에 계속 살았던 유대인은 3만 명 내외로 추정된다), 같은 셈족의 아랍인은 본 고장을 계속 점유하며 살아온 자들로서 아랍어를 사용하는 모두를 의미한다. 유대인과 아랍인은 각각 피부색을 포함한 혈통적 다양성이 매우 크므로 그들을 구별하는 것은 종교와 언어라고 할 수 있다. 따라서 이스라엘과 주변 국가와의 분쟁은 민족 갈등이라기보다 종교와 문화의 갈등이다. '유대민족'이나 '아랍민족'이라는 표현보다는 '유대인', '아랍인'이라는 표현이 적당하다. 전통적인 협의의 아랍인과 유대인은 혈통적, 역사적으로 매우 가까운 관계라고 추정되는데 유대교과 기독교, 이슬람의 교리 구성과 전개 과정을 보면 더욱 그러하다.

유일신 종교의 원형을 이루는 유대교

고대 문명 발생과 함께 다신교 고대국가가 상호 약탈을 위하여 각축전을 벌이던 시기, 셈족의 유대인은 아브라함을 민족의 조상으로 하고 그들 민족의 수호신인 야훼 신을 절대적 유일신으로 숭상하는 종교를 발전시켰는데 그것이 유대교다. 당시 대부분을 차지한 다신교 고대국가에서는 신의 세계도 인간의 세계와 유사한 역동성을 가진 것으로 보아, 미래를 예언하는 신관이나 통찰력을 얻는 철학이 태동하기 시작했다. 이는 주기적인 자연에 대한 관찰을 통해, 인류 역사도 밤과 낮이 바뀌고 계절이 바뀌듯 다시 순환된다고 여기는 주기적 역사관이 파생되는 배경이 되었다. 반면 절대적 유일신의 유대교는 신이 우주와 인간을 창조하여 역사가 시작되었고 신이 언젠가 산 자와 죽은 자를 모아 최후의 심판을 함으로써 이 세상이 끝난다며 시작부터 끝까지 하나의 길로 이어지는 직선적 역사관을 탄생시켰다. 직선적 역사관에서는 신이 허락한 역사가 단 한 번뿐이므로 역사에 대한 신의 개입과 유대교 신앙에 관한 기록과 서술이 중요하였고, 유대인이 몰두하여 성경을 기록하는 동기가 되었다.

현존하는 유일신 종교의 공통 기원은 구약성경이며, 유대교 성경인 『타나크』를 기독교 관점에서 명명한 것이다. 타나크에는 알라(Allah)가 기록되어 있는데 이는 신이라는 뜻이며, 유대인과 아랍인의 밀접한 관계를 상징적으로 보여 준다. 유대인은 그들의 신앙과 역사를 암송하고 대를 이어 후손에게 물려주었는데, 이를 셈족의 문자 기록(히브리어)으로 남겨 유대교 성경이 탄생하였다. 1946년부터 약 10년간 이스라엘의 사해 북서쪽 해변 '쿰란' 유적지 근처 11개 동굴에서 기원전후에 작성된 구약성서 필사본을 포함한 사해문서가 발견되었고, 이를 통해 전해져 내려온 구약성경의 신뢰성이 확인되었다. 수많은 사람들이 대를 이어 가며 협력하여 집대성한 성경의 힘은 정말로 위대한 것이었다. 성경이 있었기에 수많은 고대의 종교가 사라지고, 이후 새로운 내용과 형식의 종교가 나타날 수 없었다. 성경이 있었기에 유일신 종교의 기본 맥락이 일관성 있게 이어지고, 단지 일부만이 변형되거나 해석이 달라지도록 제한되었다.

구약성경이 암송으로, 다시 기록으로 오랫동안 전해지는 과정은 되먹임을 통해 유대인의 독특성에 영향을 주었다. 유대인은 지적 활동에서 다른 민족 대비 특히 놀라운 성과를 보여, 세계인구의 0.3% 이내의 인구로 노벨상 수상자의 1/4을 차지한다. 예수, 마르크스, 아인슈타인, 스피노자, 프로이트, 유발 하라리, 트로츠키, 록펠러, 폴 새뮤얼슨, 퓰리처, 래리 킹, 엘린 그린스펀, 벤 버냉키, 키신저, 블룸버그, 조지 소로스, 노엄 촘스키, 스티븐 스필버그, 우디 알렌, 밥 딜런, 마크 주커버그, 마이클 델 등이 유대인이다.

유대교에서 절대적인 유일신은 감히 인간이 보고 관찰하고 파악하고자 하는 대상이 되어서는 안 되었고, 신이 들려주는 이야기에 귀 기울이는 청각과 그것에 대한 정신적 감흥이 중요시되었다. 따라서 셈족의 문화는 조형물이나 상징을 숭배하는 다신교 문화와 달리, 신의 대리물로서의 조각이나 조형물에 대한 숭배를 금지하고 자주 반복되는 정기적인 집회를 통해 기도와 설교를 반복하며 신의 말씀(교리)을 들려주고 이를 암송하여 계속 되풀이하는 방식으로 발전하였다. 이런 조형물의 금지는 유대교와 이슬람에서 매우 강하게 나타났으며, 동로마제국(비잔틴제국)의 그리스정교에서도 일부 대중적 상징물에 대한 예외를 제외하면 대체로 유지되었다. 가톨릭 또한 초기에는 이러한 금기가 유지되었으나, 이후 유럽 고유의 다신교 문화와 접목되면서 완화되어 십자가상이나 예수상 등 다양한 조형물이 나타났다.

유대교의 종교 문화는 단번에 성립되었다기보다는 다른 종교처럼 고대국가의 명멸 과정에서 장기간에 걸쳐 정착되었을 것으로 추정된다. 이후 유대교는 다른 고대국가의 종교와 경쟁하며 유대인과 함께 생존했는데, 그렇다고 경쟁 종교나 부족국가들을 압도하는 수준으로 큰 세력을 형성하지는 못하였다.

존 브라이트(John Bright)의 저서 『이스라엘의 역사(A History of Israel)』에서는 유대인의 역사를 다섯 시기로 나눈다. ① 야훼 신이 유대인을 보호하여 부족 집단으로서 이스라엘이 생겼고, ② 출애굽과 가나안 정복을 통해 히브리인이라는 정체성과 정치권력이 성립되었고, ③ 다윗, 솔로몬 등이 왕정국가를 형성하며 발전하였는데, ④ 야훼 신에게 충성을 다하지 않고 우상숭배를 했기 때문에 유대인에게 기나긴 고난이 가해졌다. 민족 분열이 일어났고 이후 북왕국 이스라엘은 BC 722년 앗시리아에게, 남왕국 유다는 BC 586년 바빌론에 의해 멸망하였고 유대인은 포로가 되어 온갖 수난을 당하였다. 유대인은 BC 539년 바빌론이 페르시아에게 멸망되고 나서야 예루살렘으로 돌아올 수 있었다. ⑤ 예루살렘으로 돌아와서도 유대인은 여전히 페르시아의 지배를 받았고, 이후 흩어져서 야훼 신이 보내줄 구세주 메시아(Messiah)를 기다리는 민족이 되었다. 유대교는 유대인의 생존과 정체성 유지에 구심점으로 작용한 유일신 종교였으나, 유대인만을 위한 구원자로서의 야훼 신의 편협성 때문에 이후에 나타날 기독교만큼 인류 역사에 큰 영향을 발휘하기는 힘들었다.

기독교

기독교가 발생한 시대적 배경을 보자. 당시 로마제국은 발전된 과학기술 문명과 강력한 무력을 바탕으로 메소포타미아 일대의 많은 고대국가를 정복하여 복속시키고 경제적 착취를 자행하고 있었다. 그리고 유대 지배계급인 사두개파와 종교 지도자 계급인 바리새파는 로마제국의 지배에 협력하는 한편 유대교 율법의 형식화에 몰두하고 있었다. 이때 팔레스타인 갈릴리 출신의 하층 신분 유대인 목수인 젊은 예수가 민중의 사회운동을 조직하고 저항을 이끌기 시작했다. 예수의 저항운동은 유대 하층민에게 예수를 유대교의 구세주 메시아(Messiah)로 믿게 만들었다. 예루살렘을 장악한 예수의 사회운동이 반 로마적 성격을 띤 것으로 우려한 로마제국과 이에 협조한 유대 지배계급은 31~32년경 예수를 체포하여 로마제국 형법에 따라 십자가형에 처하고, 무력에 의해 예수의 운동을 진압하였다.

예수 사후 그가 '부활'하였다는 신앙이 생겨났고, 예수를 숭배하는 원시 교단이 만들어져 확산하며 정치 세력을 형성하더니 결국 로마제국 국교로 지정되었다. 기독교는 신을 향한 믿음과 순종, 사랑, 평등, 평화를 이상으로 하는 보편성에 기반한 유일신 종교로 발전하였다. 기독교는 유대교의 구약성경과 사상 체계를 계승하고 예수를 신앙 대상으로 추가하는 일부의 변형을 가한 교리를 성립시켰다. 그러나 정서적으로는 '예수를 죽인 민족'인 유대인(유대인 입장에서는 예수를 신의 아들이거나 구세주 메시아로 인정할 수 없었다)과 반목을 낳았으며, 이후 유럽 사회에 반 유대인 정서를 확산시키는 씨앗이 되었다. 이러한 반 유대인 정서는 유럽 사회 전반에서 유대인을 멸시하는 풍조를 낳았는데, 반면 유대인이 유럽 가구에 흩어져 살면서도 혈통을 중시하며 고유의 정체성을 잃지 않은 이유가 되었다. 유대인은 뛰어난 지능과 상술로 금융과 회계를 중심으로 하는 전문 영역에서 경제력을 키웠고, 이후 거대한 부를 일구어 세계 금융자본의 주도 세력이 되었다.

이슬람의 탄생

이슬람 탄생의 시대적, 지역적 배경을 살펴보자. 로마제국의 권력이 이완되고 주변에 대한 지배력이 약화되면서, 메소포타미아 지역에 독자적 정치 영역을 수립한 파르티아와 그 뒤를 이은 사산조 페르시아가 강력한 제국을 수립하였다. 로마제국과 사산조 페르시아제국 사이에서는 나바트, 팔미라, 히라, 갓산 등 소규모 왕국이 명멸하였다. 셈족 문화의 후예인 아랍인은 로마제국의 주변인으로서 고유의 문화적 정체성을 유지하며 생존하였다. 아랍인은 사막의 풍토적 특성상 낙타를 운송 수단으로 하는 목축 유목민이 되었으며, 도덕적 경향이 강하고 단결력과 의지가 강하며 호전적이라는 평을 받았다. 화려한 사라센 문화를 가지고 있었고, 동방무역의 영향으로 탁월한 상업적 재능을 지녔다.

아라비아반도 서부의 히자즈 지방은 메카와 메디나를 품고 있어 종교적, 역사적으로 중요한 지역이다. 당시 아랍 지역에는 다양한 씨족사회가 분산되어 각각 영역을 유지하고 있었다. 이슬람의 교조 무함마드는 570년 메카에서 탄생하여 상업이 번성한 국제 교역 도시의 문화적 영향을 받고 자랐다. 그는 스물다섯 살이 되어 부유한 미망인 사업가 카디자의 상단을 관리하는 일을 하면서 사업적 수완을 발휘하였고, 그녀와 결혼하여 더욱 안정된 입지를 구축하였다.

기독교가 로마제국의 국교로 수용되면서 5세기 중반에는 이집트, 시리아, 팔레스타인 등 로마제국 영역 내 거주자 다수가 기독교 신자가 되었다. 그리고 예멘 지역에서는 유대인 일부가 유대교를 계승하고 있었다. 그러나 그때까지도 로마제국 외 대부분 지역은 각 씨족 또는 부족사회마다 각각의 수호신을 숭배하는 다신교가 대세를 이루었다. 이때 메카에서는 셈족 아랍인의 전통문화에 근거한 알라(Allah)가 최고의 신(유일신 개념이 이미 있었을 것으로 추정된다)으로 숭배되었을 뿐만 아니라 각 부족 단위의 다신교 수호신과 조형물이 숭배되었고, 로마제국으로부터 기독교[41]가 도입되었으며 사산조 페르시아로부터 전래된 조로아스터교[42]도 함께 숭

---

41) 당시 초기 기독교의 가장 큰 두 종파는 에비온파와 네스토리아파였는데, 이 두 집단은 모두 예수가 하느님의 아들 또는 신이라는 점을 부정하였으며 이로 인해 종파 싸움이 치열해졌다. 381년 콘스탄티노플 공의회에서 삼위일체설, 즉 성부(하느님), 성자(예수), 성령이 모두 일세라는 일이 공식 승인되며 기독교 정통파가 되고 나머지를 이단으로 징하였는데, 이후에도 단성론은 이집트와 시리아를 지배하고 네스토리아파는 메소포타미아 지역을 지배하여 로마제국의 정신적 지배가 와해되었다.

42) 이란 고원의 사산조 페르시아에서는 오래전부터 국교였던 조로아스터교는 다른 마니교와 마즈닥교 등의 출현으로 종교적 분규가 잇달아 발생했는데, 결국 일신론 계통인 마즈닥교가 공식 교리로 채택되었으며 기독교 영향으로 갓산왕국, 히라왕국 등 여러 곳에서 유일신 사상이 종교적 트렌드로 인정받기 시작하였다.

배되는 극심한 종교적 혼란이 나타났다.

당시 아랍 세계에서는 비잔틴제국(동로마제국)의 과도한 세금과 종교적 억압으로 시리아, 이집트, 팔레스타인 등 지역 주민들의 반감이 심각했다. 그리고, 비잔틴제국과 사산조 페르시아제국의 끊임없는 교역 주도권(실크로드 통제권) 다툼이 종교적 분쟁과 병행하여 이어지고 있었다. 한편, 아랍 사회 내부적으로는 각 씨족과 부족 사이의 경제적 불평등과 종교적 반목, 끊임없는 갈등과 증오, 권력 투쟁으로 불안한 상태가 유지되고 있었다. 무함마드는 이미 아랍인 전체의 민족적 정체성을 표현하던 알라(Allah)를 유일신으로 믿고 다른 모든 신을 배척함으로써 사회 갈등을 타파하고 아랍인의 정신적 통일이 가능하다고 생각했다. 무함마드는 시대 상황을 반영한 보편적 도덕 윤리를 제시하고 새 시대에 적합한 지침으로서 유일신 종교, 이슬람을 제창하였다.

무함마드는 632년 메카 카바 사원에서의 마지막 설교에서 자신이 알라의 마지막 사도이며, 이후로는 인류에게 더 이상 신의 사도가 내려오지 않으리라 선언한 후 메디나에 돌아와 숨을 거두었다. 무함마드의 후계자들이 주축이 되어 이슬람 교단을 형성하였고, 이로써 핍박당하며 분열되어 있던 아랍인은 내분을 중단하고 하나의 세력으로 통합되었다. 그렇게 탄생한 신정일치의 통합 세력은 민족 내부 분쟁과 이슬람 교우 간의 내전을 금지한 무함마드의 가르침에 따라 유목민의 관습인 약탈의 대상을 내부가 아닌 외부로 돌려 이민족에 대한 정복 전쟁을 시작했다. 이로써 아랍 유목민이 그들의 본고장 아라비아반도에서 나와 여러 지역으로 대이동을 시작하였다. 이슬람제국의 초기 팽창 과정은 다른 유목민의 영토 확장과 유사하나, 종교가 정신적 구심점을 제공했다는 측면에서 조금 다르다. 이슬람은 아랍인에게 민족적 정체성과 정치 신념을 부여하였고, 대외적으로는 이슬람 신앙의 전달자이자 이슬람 제국의 건설자 지위를 부여하였다.

이슬람은 무력을 동원한 정복을 추진하되, 정복 후에는 비교적 온건하고 너그럽고 유연하게 개종을 유도했다. 그리고 개종한 자는 무슬림 형제로 대우하여 신속하게 동질화시켜 아랍인의 외연이 확장되었고 체제 안정이 확보되었다. 중동과 북아프리카를 아우른 대제국을 건설한 이후 이슬람은 인도와 중앙아시아 각국으로 전파되었고, 유럽으로 진출하여 이베리아반도를 한동안 점령했으며 동남아시아 각처까지도 상업 교역에 따라 파급, 확산되었다. 한편 로마제국에 편입되어 지배를 받으면서도 그 제국의 일원으로 동질화되지 못했던 중동과 북아프리카의 수많은 민족과 작은 단위의 자치 조직은 이슬람을 받아들이면서 자신의 정체성을 확보할 수 있었다. 이후 이슬람 제국 내부의 권력투쟁으로 지배 세력이 바뀌고 명칭도 바뀌며 이슬람 세계의 경계가 이합집산의 변화를 거듭했지만 이슬람의 종교적 위상은 계속 유지되었다. 유럽 사회가 가톨릭의 정신 지배로 점차 퇴보하던 시기에 이슬람은 그리스 로마의 철학과 학문을 연구, 계승하여 수학과 의학 등 독자적 문명을 발달시켰고 상업 교역을 주도하여 세계 각처로 그 영향력을 확대하였다.

종교 권력의 역작용

이슬람이 비교적 단기간 내 세계 곳곳으로 확산된 것은 포교를 위해 초기에 무력을 동반하였고, 이슬람의 보편적 윤리가 각지에 잘 받아들여졌기 때문이다. 그러나 비잔틴제국의 수도 콘스탄티노플의 천험의 요새는 쉽게 굴복시킬 수 없었고, 이베리아반도에서 피렌체 산맥을 넘어 진출하려는 시도는 프랑크 왕국의 저항으로 좌절되었다. 또한 인도의 경우에는 이슬람의 정신 지배가 장기적으로 먹혀들지 않았다.

이러한 가운데 가톨릭이 종교의 역기능으로 사회 발전을 정체시켰듯이, 이슬람도 교리에 대한 교조적 해석이 증가하고 형식적 논쟁으로 시대와 지역의 실질적 문제를 외면하기 시작하였다. 그리고 더욱 안 좋았던 것은 지배층의 내부 갈등이 오랜 시간 반복 누적되더니 종교적 명분과 결합하여 서로 교리의 해석이 달라지고 교단이 분리되면서 수니파와 시아파의 분쟁으로 고착화된 것이었다. 어느 종교나 분파는 있기 마련이지만, 종교적 명분과 결부된 권력투쟁은 좀처럼 그 해결이 쉽지 않았다. 이슬람 세계에서는 점차 진취성과 역동성이 사라지고, 사회 발전을 저해하는 종교적 역작용이 심화되었다. 어느새 유럽과의 비교 우위가 사라지고, 상상의 질서의 격변을 가져온 르네상스 이후에는 오히려 뒤처지기 시작하였다.

당초 진취적이고 너그럽던 이슬람은 점차 집요하고도 강력하게 정신 지배 수단으로 작용하기 시작했다. 사회 구성원 모두의 수동적 경향이 증폭되었고, 그 결과 문명의 주변부로 전락하였다. 1850년대 이후 제국주의 열풍이 전 세계를 휩쓸며 세계 권력 질서가 근본적으로 바뀌기 시작했다. 민족국가, 신분 질서 타파, 인권 의식, 자유와 평등, 공산주의 이데올로기 등 새로운 개념이 전파되고 동시에 엄청나게 분화, 발전한 과학기술과 신학문이 물밀듯이 계속 밀려들었다. 그러나 이미 유연한 사고 체계가 붕괴된 이슬람 세계는 어느 하나 이를 수용하여 자기의 것으로 소화하여 재창출할 수 있는 능력이 없었다.

제1차 세계대전에 참전하여 패전국이 된 오스만 튀르크 제국은 산산조각 나고, 제2차 세계대전 이후 팔레스타인 지역에 이스라엘이 성립되자 아랍인 모두에게 분노가 분출되기 시작하였다. 이스라엘의 성립은 마치 해외 동포 세력이 갑자기 몰려들어 그곳에 거주하던 원주민들을 핍박하여 강제로 몰아내고 땅과 권력을 차지한 것과 같다. 이스라엘 민족은 이슬람 제국 시기에 아랍인으로 편입된 사람들보다 오히려 더욱 아랍인에 가까운 혈통을 지닌다. 문제는 새로 몰려든 해외 동포들이 종교적 신념이 다르고, 이슬람 교단이 폄하하는 세속수의석 문화 풍습을 가지고 있으며, 서구의 힘을 이용해 밀고 들어왔다는 점이었다. 이스라엘의 유대인은 유내교 신도가 30% 내외인데, 아랍인은 거의 대부분 이슬람 신도다. 따라서 아랍인의 분노는 이질적 혈통의 민족이 침투한 것에 대한 분노가 아니다. 우리의 땅을 빼앗아 이익을 침해했다는 분노이고, 유대교가 이슬람의 성역으로 침입하였다는 종교적 분노이고, 더욱 큰 분노는 문화적, 역사적 자부심에 상처를 준 서구의 오염된 세속적 인간들이 순결한 이슬람의 세계로 침투하였다는 분노다.

정신 지배

이슬람은 각 개인에게 두려움을 계속 일깨움과 동시에 정신적 안식을 준다. 이슬람의 신도에 대한 정신 지배를 살펴보자.

이슬람이 신도에게 상시적으로 실천을 요구하는 생활 규범을 보면, 첫째, '알 이슬람', 즉 아랍어로 된 두 개의 이슬람 신조(성구: 蜀句, 카리마)를 매일 수시로 암송하게 하는 것이다. ① "알라 외에 신은 없다." 이는 무함마드가 종교적 혼란을 극복하고자 암송토록 한 것인데, 이슬람 가치의 절대적 우위를 표현한다. ② "무함마드는 신의 사자다." 이는 신이 인간세계에 노아, 아브라함, 모세, 예수 등 많은 사자(예언자, 선지자)를 보내 그분의 말씀을 전해 주었고, 마지막으로 보낸 사자가 무함마드라는 것이다. 따라서 무함마드의 말씀은 신이 인간에게 내린 최후의 말씀이므로 절대 복종하여야 한다.

반복되는 두 성구의 암송을 통해 알라의 계시를 잘 이해하고 있다는 것과 이슬람을 마음으로 믿는다는 것을 항상 말로 표현하게 한다. 말로 계속 표현토록 규범으로 강제하는 것은 사고 통제의 시작이며, 신도 상호 간에 믿음을 전파하며 동시에 서로 감시되도록 하는 사회적 장치가 되었다.

둘째, '아르칸 알이슬람'이라 부르는 5가지의 실천을 신도의 의무로 지정하였다. ① 샤하다(증언 또는 고백), 즉 "나는 알라 외에 신이 없음을 증언합니다", "나는 무함마드는 신의 사자임을 증언합니다"라는 두 성구를 증언하는 말을 계속한다. ② 살라트(예배)로서, 어느 곳에 있든 메카가 위치한 방향으로 절을 하는 정규 예배를 하루에 다섯 번(일출, 정오, 하오, 일몰, 심야) 한다. 특히 금요일 정오에는 모스크에 모여 집단 예배(이것도 상호 간 감시 체계의 역할을 한다)를 한다. 이외에도 자발적으로 수시로 행하는 예배를 '두아'라 한다. ③ 자카트(희사)는 다른 종교의 헌금, 십일조와 같이 교단의 경제적 기반 조성을 위한 의무다. ④ 샤움(단식)으로서, 매년 라마단 기간(이슬람력 9월)에 일출부터 일몰까지 밝은 낮에 음식, 흡연, 향, 성교, 과격한 말과 행동을 금하고, 음식은 완전히 어두워진 후 섭취하다. ⑤ 하주(성지순례)로서, 매년 하주의 달(이슬람력 12월)에 열리는 메카의 카바 신전과 북동부 교외의 대제(大祭)에 일생에 한 번 이상 순례하는 것이다.

이슬람은 신도들에게 샤리아(Shariah: 이슬람법)에 따라 경건한 생활 방식을 취하도록 통제하는데, 모든 종교가 신도들에게 생활 규범 실천을 요구하지만 이슬람법 샤리아에 따라 요구하는 규범은 그중 가장 엄격한 편에 속한다. 이러한 엄격한 생활 규범은 무함마드의 가르침이라기보다는 이슬람제국을 운영하기 위한 법을 무함마드의 권위에서 차용하기 위해 교단이 고안한 것으로 보인다. 이슬람 생활 규범의 엄격함은 갈수록 심화되어 신도의 능동성, 자발성, 합리적 사고 체계를 억압하여 결국 사회 전체 시스템을 마비시켜 버렸으며, 신도 상호 간의 사상적 통제로 아무도 쉽게 벗어날 수 없는 지경에 이르렀다.

신도를 재생산하는 이슬람의 능력은 놀라운데, 이슬람 가정에서 태어나 오랜 기간 샤리아의 생활 규범에 따라 생활했던 거의 모든 사람은 다시 대물림하여 이슬람 신도가 되어 총 신도 수를 증가시킨다. 그 신도가 세계 어느 곳으로 생활 기반을 옮기더라도 그 문화에 동화되지 않고 대체로 이슬람의 정신적 통제 안에 머무른다. 이슬람은 현재 세계 제2위의 신도 수를 지닌 종교로 알려져 있지만 기독교, 불교, 힌두교 등 경쟁 종교는 이미 권력과의 동거를 대부분 청산해 나가고 있고 그 영향력을 종교의 순작용에 한정하고 있으므로 사실상 비교 대상이 아니다. 이슬람은 정교일치의 국가 권력을 확보한 채 향후에도 계속 확산하고 유지해 나갈 가능성이 큰, 현존하는 종교 권력이다.

이슬람이 위협이 되는 이유는 종교가 가진 힘, 인간의 뇌를 지배하는 힘이다. 인간의 뇌는 논리적 판단보다 감정적 호소에 더 쉽게, 그리고 강렬하게 반응한다. 종교가 주는 정의, 사명감, 분노에 쉽게 감화되며 기꺼이 신의 영광을 위해 죽을 수 있도록 사고 체계가 변형된다.

위대한 메소포타미아 문명과 이슬람제국을 건설한 주역이었던 아랍인들은 근대 이후 역사적, 문화적으로 자존심에 상처를 받았다. 이러한 현 상황을 권위적 교단이 적절히 이용하여 종교적 사명을 부여하면 그것을 믿는 신도는 보편적 도덕 윤리에 반하는 테러를 저지를 수 있게 된다. 무함마드가 보편적 도덕 윤리의 이슬람을 탄생시켰으나, 그와 상반된 악행이 이슬람의 이름으로 벌어지는 아이러니한 상황이 될 수도 있는 것이다.

예배를 하는 무슬림의 표정과 태도를 보면 그 경건한 마음가짐이 느껴진다. 대부분의 무슬림은 그들의 생활 속에서 도덕성과 이타심, 삶에 대한 진지함, 사랑과 평화에 대한 무함마드의 가르침을 직접 실천하며 살아간다. 그러나 이슬람 원리주의에 경도된 극단주의 사상 단체가 극히 일부에 불과하다 하더라도 보통의 무슬림과 그들은 쉽게 구별되지 않는다. 보통의 무슬림도 어느 순간 이슬람 원리주의 교리 해석이 맞고 그들이 나에게 부여한 사명이 알라의 계시라 생각하는 순간 그도 극단주의자가 된다. 평화를 사랑하는 아주머니가 어느 순간 테러범이 되고, 맑고 순진한 눈빛의 꼬마가 갑자기 관광객들에게 폭탄을 던진다. 이는 그들의 뇌로부터 시작되기에 아무 예고도 없으며 알아차릴 수도 없다.

더욱 안타까운 것은 갈등 구조의 수니파와 시아파, 여러 형태의 이슬람 극단주의 단체가 다른 목적을 가진 외세와 결탁하거나 활용되면서 선량한 무슬림들의 삶을 더욱 피폐하게 한다는 사실이다. 외세 개입으로 더욱 복잡하게 꼬인 폭력과 증오가 어려운 해결 과제지만, 이를 해소하여 새롭게 거듭날 실마리를 찾는 주체는 역시 그들 자신일 수밖에 없다. 분쟁의 씨앗을 뿌리고 폭력을 조장하여 이익을 침탈하는 외세의 악영향이 심각하지만, 본질적 문제는 항상 그 사회 내부에 잠재되어 있는 것이다.

이슬람 종교 권력의 역작용이 계속되는 한, 아랍 세계의 젊은이들에게 인권이 보장되고 다양한 문화예술이 살아 숨 쉬는 밝은 미래는 없다. 그들의 사고가 종교 권력에 억압되기에 진취적인 새로운 영역에 진출할 수도 없다. 설사 어떤 특출한 개인이 과학기술과 학문에 큰 성취를 보인다 하더라도 그들의 종교 권력 시스템에는 그를 품어 줄 사회 기반이 없고, 그것을 기술 발달로 이끌 내재적 동기가 없다. 또한 그의 학문적 성취가 종교 권력의 영향력을 부정할 것이기에 그것을 자랑스럽게 생각할 문화적 바탕도 없다. 극단적 사명에 따라 아무리 크나큰 테러를 저질러서 인류에 공포를 준다 하여도 그것은 일시적인 정치적, 종교적, 심리적 만족으로 끝나고 상호 폭력과 증오가 되풀이되게 할 뿐이다. 무함마드의 가르침에서 벗어난 억압은 그들의 사회를 여전히 낙후되게 하고, 더욱 고립되게 할 것이다.

아랍 세계를 찬란한 발전으로 이끌었던 이슬람의 가르침을 권위적 교단이 오히려 가로막고 있다. 이슬람 종교 권력은 현시대를 기독교적 물질주의, 세속주의 등과의 대결로 보는 시대착오적 과제에 몰입하여 그들의 소중한 사람들을 희생시키고 그들의 힘을 낭비하고 있다. 이러한 대결 구도에서 공동체 사회의 에너지와 활력은 점점 위축되고 있다.

알라의 은총으로 그들의 땅에서는 탄소 기반의 화석 에너지원이 많이 산출되고 있으나 그것으로 그들 사회의 문제가 해결되는 것은 아니다. 그들은 인류 문명의 요람 메소포타미아 문명과 호혜적이고 개방적인 이슬람 문명을 건설하여 세계를 주도했던 민족이다. 그들이 미래 문명의 주도자로서 서구와 경쟁하기 위해서는 우선 이슬람 종교 권력의 역작용을 감소시켜야 한다. 그들이 원래 가지고 있었던 창의성과 진취적 기상 및 자발성과 모험심을 되살려 역사적, 문화적 자부심을 되찾아야 한다. 권력 체계로부터 종교를 분리시켜야 하고, 교단의 권력과 권위를 약화시킴으로써 사고의 억압을 해제해야 한다. 그들 스스로가 앞장서서 극단주의 신념과 극단주의 세력늘을 몰아내야 한다.

여성을 보호하는 것은 곧 남성을 보호하는 것이고, 인간의 본성을 보호하는 것이다. 인간의 자유와 자발성, 진취성을 살리려면 생활 규범의 통제와 종교적 억압을 줄이는 것이 중요하다. 분명히 어렵고, 쉽지 않은 과제일 것이다. 그러나 아주 작은 부분부터 경직성을 탈피하고, 변화를 여유롭고 유연하게 받아들여야 한다. 이를 위해서는 우선 관용이 필요하다. 기존 규범에서 벗어난 사고방식, 말, 행동을 하는 '용기 있는' 또는 '눈살 찌푸리게 하는' 사람들을 용서하고 따뜻하게 포용해야 한다. 이슬람 재건과 아랍 세계 발전을 위한 역사적 임무는 이슬람의 지식인들이 어쩔 수 없이 소명 의식을 가지고 맡아야 한다. 이미 많은 이슬람 지식인들이 향후 방향과 시대적 과제에 대하여 진지한 고민을 하고 있을 것이다. 대다수 선량한 무슬림들의 정신적 부담을 완화하고, 인류 보편의 도덕 윤리에 기반하여 사회문화를 개방적이고 유연하게 바꾸어 나가야 한다. 그것이 아마도 무함마드가 진정으로 그의 사랑스러운 후손들을 위해 원하는 것일 것이다. 그리고 진정 아름답고 귀중한 문화유산으로서, 존경받는 종교로서 이슬람이 거듭나는 길일 것이다.

이슬람의 당면한 문제, 즉 종교적 억압의 완화와 인간성 회복, 수니파와 시아파의 갈등 해소, 극단주의 세력 제거 등과 함께 또 한 가지 매우 어려운 과제는 이스라엘과의 공존이다. 이를 받아들이기 어렵겠지만, 공존을 이룰 수 없다면 다가올 현실은 어느 한쪽의 파멸 또는 공멸이다. 이스라엘에 문제가 많은 것은 비교적 명확해 보인다. 이스라엘은 강제로 침탈한 자로서의 원죄를 의식하고, 도리어 적반하장(賊反荷杖)의 과도한 방어적 폭력에 집착하고 있는 듯하다. 이스라엘과의 문제는 어느 일방의 노력만으로 해결되는 것은 아니다. 이스라엘도 안보적 긴장을 완화하여 밝은 미래를 만들기 위해서는 주변 이웃들과 평화롭게 지내는 것이 좋다. 그러려면 스스로 극단적인 민족주의 정치 세력을 몰아내고, 팔레스타인을 공존 대상으로 인정하여 상생 방안을 찾는 것이 바람직하다. 아랍인과 유대인 모두 생존의 관점에서 서로를 자극하지 않는 현명한 공존의 길을 모색하고 함께 찾아가기를 바란다.

이슬람의 경건한 마음가짐은 인류의 소중한 정신적 자산이다. 무슬림의 보편적 도덕 윤리와 뜨거운 피는 인류의 건강한 미래를 위한 가장 중요한 자원이며 정의의 칼이다. 이들의 신념과 이들이 보유한 힘과 자부심이 인류 보편의 선과 진실을 위한 정의의 힘으로 사용되길 희망한다. 이슬람과 아랍인이 지닌 잠재력이 인류 사회 발전에 큰 원동력이 되는 날이 빨리 찾아오기를 기대한다.

경제 정의의 신념

경제 정의 신념 체계로서 마르크시즘은 현재 가장 큰 영향을 끼치는 이데올로기고, 그 영향은 이후에도 매우 오랫동안 계속될 가능성이 있다. 마르크시즘의 탄생 배경, 논리의 구성과 그 이유, 이론의 강점과 허점 및 특징과 그로부터 파생된 사회적 영향, 이후 전개 과정에 대해 살펴볼 필요가 있다. 먼저 탄생 배경부터 보자.

나폴레옹 전쟁 이후 정치적 격변 속에서도 영국의 산업혁명은 전 유럽으로 퍼져 각지에서 급속한 산업화가 이루어졌다. 1840년대에 들어서면서 상대적 박탈감을 느낀 노동자들은 집단적 자의식을 형성하고, 빈곤한 삶을 개선하기 위한 자발적 조직을 만들기 시작하였다. 노동자들은 자본가에 대항하는 수단으로 단체를 조직하여 사회운동을 확대하였고, 이에 따라 자본가와 노동자 집단 사이의 대립 에너지는 점차 증폭되었다. 열악한 노동자들의 삶과 넘치는 저항 에너지를 직접 목도한 젊은 철학자들에 의해 관념론은 몰락하고 유물론이 크게 확산되었다. 노동운동이 격렬하게 전개되는 현실과 이를 이끄는 이데올로기가 동시에 서로 영향을 주고받으며 폭발적으로 사상 체계가 발전하였다.

천재 마르크스의 탄생

마르크시즘을 살펴보기 위해, 열정과 논리력을 겸비한 명민한 천재 칼 마르크스(Karl Heinrich Marx, 1818~1883)의 탄생부터 알아본다. 1818년 독일 라인 주에서 부유한 유대인 변호사의 가정에서 7남매 중 셋째로 태어난 마르크스는 1835년 본 대학, 베를린 대학에서 수학과 법률학을 전공했는데, 특히 철학과 역사에 관심이 많았다. 베를린에서 청년 헤겔 학파 그룹에 들어간 그는 혁명적 민주주의 사상에 심취했다. 1842년 당시 24세의 마르크스는 「라인신문」의 주필로 활동하며 프로이센 정부에 대한 반정부 언론 활동을 주도하였고, 여기에 포이어바흐의 유물론을 접목하였다.

1843년 파리로 이동한 후, 1844년 『헤겔 법철학 비판』, 『유태인 문제』, 『경제학 철학 초고』를 발표하고 프루동, 불랑 등의 노동사상가들과 엥겔스를 만났다. 유럽 각지에서의 노동자 봉기를 보면서 공산주의 이데올로기를 형성하였으며, 엥겔스와 공동으로 『신성가족』을 출간하였다. 1845년 벨기에 브뤼셀로 이동하여 바이틀링, 프루동이 주도한 비밀결사 조직 의인동맹 활동에 일부 참여하며『포이어바흐에 관한 테제』를 썼다. 1846년『독일 이데올로기』, 1847년『철학의 빈곤 — 프루동 빈곤의 철학에 대한 답변』을 연속 집필하며 이데올로기의 완성도를 높였으며, 1848년 당시 30세에 의인동맹을 공산주의자 동맹으로 재조직하고 그 강령인 '공산당선언'을 발표하였다.

1848~1849년 독일혁명, 파리혁명에 참여하였으나 실패하여 추방당하고 런던으로 이주하여 사망 시까지 머물렀다. 1850년『프랑스에서의 계급투쟁』, 1852년『루이 보나파르트의 브뤼메르 18일』, 1857년『정치경제학 비판 강요(자본론 초고)』를 집필하고 프롤레타리아 전술, 노동자와 농민 동맹의 필요성, 혁명 시 국가기관의 파괴, 프롤레타리아 독재 구상 등 이 시기부터는 이데올로기의 지향목표뿐만 아니라 그 이상을 달성하는 절차와 방법론의 구상까지이르렀다. 1864년 '제1인터내셔널'을 창립하여 공산주의 운동의 국제화를 주도하였고, 1867년『자본론』[43] 1권(2, 3권은 마르크스 사후엥겔스가 편찬하여 출간), 1871년『프랑스 내전』, 1875년『고타강령 비

---

43) 자본론(資本論: Das Kapital)의 독일어 원제는 Das Kapital: Kritik der politischen Ökonomie, 영어로는 Capital: Critique of Political Economy이며 주로 애덤 스미스 경제학 및 영국 사회에 대한 비판을 담고 있는데, 그 내용은 1859년 발간된 마르크스의 저서『정치경제학 비판을 위하여』의 연장선상에 놓여 있다. 총 3권으로 구성되어 있고, 1권은 '자본의 생산 과정', 2권은 '자본의 유통 과정', 3권은 '자본주의적 생산의 총 과정'이 부제로 붙어 있다. 1권은 1867년 마르크스가 출간하였으며 2, 3권은 프리드리히 엥겔스가 마르크스의 유고를 모아 집필하여 각각 1885년과 1894년에 발간하였다.

판』 등 왕성한 지적 활동과 사회운동을 주도하며 생을 살다가 1883년 당시 65세로 사망하였다.

　마르크스가 한창 혈기 왕성하던 당시 나이 30세에 발표한 '공산당선언(Manifest der Kommunistischen Partei)'을 잠시 살펴보자. '공산주의 혁명 앞에서 전율하게 만들어라. 프롤레타리아는 혁명으로 쇠사슬 이외에는 잃는 것이 없다. 획득하는 것은 전 세계다. 만국의 프롤레타리아여 단결하라!'라는 유명한 슬로건으로 맺어지는 '공산당선언'은, 마르크스와 엥겔스가 공동 집필한 공산당 강령으로서 1848년 프랑스 2월 혁명 직전에 발표되었다. 제1장은 계급투쟁의 역사 원리, 제2장은 노동자계급의 전위로서 공산당의 역할과 프롤레타리아 독재, 제3장은 혁명에 반대하는 일체의 사상적 조류에 대한 비판, 제4장은 공산당의 입장과 전략·전술 원칙을 다루었다. 이를 통하여 봉건제와의 투쟁을 위해 부르주아와 연합하되, 프롤레타리아와 부르주아와의 화해할 수 없는 적대적 모순에 기초한 계급의식을 노동자에게 양성하는 임무를 한순간도 잊으면 안 되고, 만국의 노동자계급이 단결하여 자본주의를 타도하여 혁명을 이루어야 한다고 선언하였다.

좌: 마르크스가 손으로 쓴 '공산당선언' 초안
우: '공산당선언' 100주년 기념 소련 우표

마르크스는 1848년 파리 노동자 봉기, 1849년 공화정 정부에 의한 분쇄, 1871년 파리 코뮌 등 프랑스 중심의 사회주의, 공산주의 사상이 크게 확산되던 시기에 현장에서 직접 비밀 공산주의 정치조직을 운영하였다. 그는 노동자들의 에너지를 결집하여 프롤레타리아 혁명과 독재를 통하여 사회주의 단계를 거쳐 공산주의 체계로의 이행을 설파하는 실천적 정치사상을 주창하였다. 이러한 마르크스의 정치사상은 이후 엄청난 사회적 파장과 다양한 추종 세력의 탄생을 초래하였다. 여러 국가에서 다양한 정치 세력에 의해 수용되어 변형되었으며, 인류 역사에 지대한 영향을 미쳤다. 반면 마르크스 자신은 영국 이주 이후 만년에 이르러 비교적 유연한 철학적 태도로 전환하였다.

마르크시즘의 논리적 구성과 그렇게 된 이유

마르크스는 당시 지식사회에 이미 유행하던 크게 4가지 계통의 이념과 주장을 결합하여 논리의 뼈대를 수립하였다. 첫째, 토머스 모어, 캄파넬라, 생시몽, 푸리에, 오언 등의 공상적 유토피아 사상, 둘째, 헤겔의 논리철학과 변증법, 셋째, 포이어바흐의 유물론, 넷째, 애덤 스미스의 국부론, 리카도의 잉여가치론 등의 경제학 이론이다.

그 논리는 첫째, 현실 인식을 하기 위한 역사 원리로 변증법적 유물론, 사적 유물론을 근거로 하여 인류 역사를 계급투쟁의 역사로 정의하였다. "역사는 현재까지 일관된 계급투쟁 원칙에 따라 원시 공유 사회로부터 고대 노예제 사회, 중세 봉건 사회, 근대 사회의 격변을 통해 자본주의로 이전하는 중에 오늘 우리가 있다. 이후 독점 자본주의의 폐해가 가중되며 모순이 축적되어, 필연적으로 공산주의 유토피아로 이행될 것이다." 마르크스는 당시의 시대 상황에서, 서구 권력 질서의 주도자인 부르주아와의 권력투쟁에 자발적으로 참여하여 새로운 사회를 만들 수 있는 유일한 주체가 노동자 집단임을 확신했기에 그것에 짜 맞추어 역사를 계급투쟁이라 명명한 것으로 보인다. 노동자 십난이 역사적 주체가 될 수 있도록 인류 역사를 재구성한 것이다. 이것은 마르크스의 무지를 보여 준다기보다 오히려 권력의 정체에 대한 탁월한 식견과 감각, 그의 예리한 관찰 능력과 명석한 두뇌를 보여 준다.

둘째, 지향하여야 할 목표로 '능력에 따라 일하고, 필요에 따라 소비'하는 공산주의 유토피아와 모두가 평등한 부를 누리는 평화롭고 영원불멸한 이상적 사회를 제시하였다. 마르크스는 당시 감정적 몰입과 정신적 승화, 감동을 일으키며 사상적 붐을 이루던 '멋지고 환상적인 평등과 풍요의 신세계'를 이상적 목표로 차용했다. 이것은 인간을 사회운동에 참여하게 만들고 적극적 실천으로 행동하게 만드는 감정의 에너지를 예리하게 포착한 마르크스의 지적 능력에 기반한 것이었다.

그렇지만 마르크스는 인간의 이기심과 욕망 또한 잘 알고 있었다. 우선 마르크스는 시장경제 체제가 애덤 스미스의 도덕적 사회 관계에 놓일 수 없다고 보았다. 마찬가지 이유로, 마르크스는 인간의 이기심으로 인해 이상적 유토피아를 달성하기 어렵다는 것 또한 알고 있었다. 인간은 상황에 따라 '나는 능력이 없고 필요한 것이 많다'라고 주장할 것이 뻔한 이기적 존재이므로, 인간을 유토피아로 이끌기 위해서는 이상 사회에 부합하는 인간으로의 개조가 요구되었고, 공산 사회로의 이행에 앞서 사회주의라는 적응 단계가 필요하였다. 그런 필요에 따라 '인간은 자연선택에 의해 진화하였다'라는 다윈의 학설은 마르크시즘에 와서 '인간은 변한다'와 '인간개조의 가능성'을 연 것으로 바뀌었다. 또한 이기심, 성격, 정신적 기질, 감성 등의 인간성을 이루는 고유한 특질이 유전적으로 타고나는 것이 아니라 교육과 학습, 경험 등 환경에 의해 획득된다는 환경결정론의 입장이 필요하였다.

셋째, 이상적 목표를 달성하기 위하여 노동자계급이 주도 세력으로 전면에 나서야 함을 주장하였다. 마르크스는 프랑스, 독일, 영국 등 선진 산업사회의 노동자계급이야말로, 밀집된 생활 여건에서 오는 강한 연대감과 피폐한 삶을 개선하고자 하는 저항 의식을 바탕으로 자본주의를 타도하고 혁명을 이룰 수 있는 유일한 주체가 될 것으로 확신하였다.

넷째, 극복해야 할 대상으로 자본주의 시장경제 체제를 제시하였다. 마르크스는 노동자계급이 시장경제 체제가 주는 약간의 혜택에 굴복하여 그 일원으로 동화되는 것을 우려하였고, 노동자 집단을 혁명으로 결집시키기 위한 필연적 논리를 제시할 필요가 있었다. '자본가, 부르주아의 악한 이기심 때문에 불평등, 불공정의 내적모순을 지닌 자본주의는 결코 성공할 수 없으며, 프롤레타리아는 잃을 것이 없고 반드시 승리한다'라는 확신과 단결에 대한 유인을 심어 줄 필요가 있었다.

다섯째, 악덕한 부르주아 자본가를 타도 대상으로 상징하고, 혁명을 이루어 자본가의 부를 강제로 빼앗아 공평하게 분배할 것을 제시하였다. 마르크스 스스로도 노동자 대중을 착취하는 자본가에 대한 강한 적개심을 가지고 있었던 것으로 보이는데, 노동자의 피폐한 삶을 강제하는 자본가의 악덕에 대한 증오와 분노를 강조함으로써, 혁명을 통해 그들에게 처형을 내리고 그들이 가진 부를 나누어 가지는 것을 혁명 실천에 대한 보상이며 이익으로 제시하였다.

여섯째, 실천 방법론으로 공산당의 영도에 의한 실천 조직 기구의 설치, 운영을 제안하였다. 마르크스는 실제 현장에서 사회운동을 조직하고 운영해 본 결과, 노동자 집단의 각성과 자발적 증오의 표출만으로는 결코 혁명을 달성할 수 없다는 것을 깨달았다. 그는 노동자 집단과 대중에 대한 효율적 통제와 지적이고 이념적인 지휘가 있어야만 혁명의 성공 가능성이 높아진다는 자각으로, 혁명을 이끌 영도 조직과 실천 기구를 필수 수단으로 제시하였다. 그는 고난과 고통이 있더라도 영도 조직 공산당에 대한 복종과 제시된 규범을 따를 것을 제안하였다.

일곱째, 영원불멸의 공산 유토피아 건설이라는 지고의 목적을 달성하는 과정에서 불가피하게 동원되는 폭력과 파괴, 독재, 인권 침해 등은 필요악으로서 용인되어야 하며 위대한 목적을 성공시키기 위해서는 더욱 적극적인 기만전술과 선전·선동, 세력연합전술 등을 마련하고 실행해야 할 필요성을 제시하였다. 처음부터 마르크스가 이러한 생각을 가졌던 것은 아닐 것이다. 당시 혼란과 변화를 거듭하는 사회 현실 속에서 마르크스 자신과 여러 세력이 추진한 혁명이 성공과 실패를 거듭하면서 혁명의 성공에 대한 갈망이 더욱 커졌고, 이에 따라 실행 전술과 방법론 구상으로 확대되었다. 그는 추진 과정에서의 불가피한 악행을 용인하는 것에 머무르지 않고 악행을 권장하는 수준까지 나아갔다.

마르크스는 당시의 철학과 사조, 학문을 결합시켜 새로운 것을 만들어 냈는데, 그 결과 철학의 범주를 벗어나 버렸다. 마르크스는 철학적 사유의 영역에 머무르지 않고 비참한 노동자의 삶을 개선하려는 정의감으로 앞장서서 사회운동 현장에 뛰어들었으며, 그 투쟁의 경험을 사상 체계에 이식시키는 과정에서 신념으로 전환하였다. 최종 목적지가 공산주의 유토피아의 현실 구현이었고, 절차와 실천 방법론을 제시했다는 측면에서 출발부터 종교 또는 이데올로기로 출발한 것이다.

마르크스 사후 그의 사상에 대하여 과학철학이라 칭하는 등 현란한 미사여구가 등장하였는데 이는 교단이 교리의 우수성을 주장한 것으로, 그런 미사여구 자체가 종교 또는 이데올로기의 특성이다. 하지만 그렇다고 하여 마르크스의 위대함이 감소되는 것은 아니나. 오히려 그 반대로 철학적 사색보다는 종교적 신념이 인간의 내면과 인간 사회와 역사에 훨씬 강력한 영향력을 미치기에 그 또한 마르크스의 탁월한 지적 능력을 보여 주는 것이다. 인간은 논리적 사고에 근거한 지적 자산에 대해서는 매우 날카로운 비판을 가할 수 있지만, 종교적 신념 앞에서는 그 자신의 지적 능력과 무관하게 자신도 모르는 사이 감정적으로 동화되거나 반발한다.

사후 전개에 대해 마르크스는 전혀 예상하지 못했지만, 실제 러시아에서 혁명이 성공하며 강력한 교단인 공산당이 권력을 움켜쥐었으며 마르크시즘은 교단을 뒷받침하는 실질적 종교 이념으로서 교리가 되었다. 교단이 존재하지 않았다면 마르크스는 교조가 될 수 없었고, 마르크시즘은 교리가 아닌 근대 철학의 하나로 남게 되었을지도 모를 일이다.

마르크시즘 논리의 강점

마르크시즘 논리 중에 눈여겨봐야 될 강점은 첫째, 자본주의 시장경제 체제의 내적모순은 불평등, 불공정이라는 지적이다. 이 예리한 지적은 아직까지 인류 역사에서 전혀 해소되지 않았으며, 현대에 와서 더욱 심각한 사회 부조리를 낳고 있다. 이는 미래를 위해 해결해야 하는 매우 중요한 과제로 다시 이야기할 필요가 있다.

둘째, 각종 기만과 위장, 연합전술, 폭력, 독재 등 실천 과정에서의 악행의 용인과 권장이다. 이것은 마르크시즘의 영향을 받은 현대 사회의 보편적 윤리가 붕괴되는 단초가 되었다. 물론 목적을 위한 수단의 정당화는 마르크스가 고안해 낸 것이 아니다. 이것은 이미 오래전부터 존재하여 온, 지배 욕망에 근거한 정치 이론이자 실천 방법론이다. 모두 알고는 있되, 드러내어 이야기하기를 꺼린 권력의 이론이다. 마키아벨리는 저서 『군주론』에서 수단의 악행을 체계적으로 기술하여 대중의 심리적 반발을 가져왔다. 마키아벨리에게 쏟아진 비난은 인간 마음속에 내재한 악을 공개적인 정치 이론으로 거론한 것에 대한 윤리적 비판이었다. 권력의 추구란 이익을 위해 폭력과 지배의 수단을 동원하는 것으로, 이는 그가 『군주론』을 헌정한 로렌초 메디치도 이미 짐작하고 있었을 정치적 수단일 것이다.

마르크시즘의 영향력이 강력하고 한편 무서운 이유는, 수단의 악행을 권장하고 이를 신념 체계와 함께 배포한 것에 있다. 이제까지 존재한 어떠한 종교도 숨기며 은밀하게 나쁜 짓을 하되, 표면적으로 악행을 조장하지는 않았다. 그러나 마르크시즘은 인간의 도덕적 한계를 제한하였던 판도라의 상자를 열어 버림으로써, 그 이전의 어떠한 신념 체계에서도 없었던 파괴적 윤리관을 낳게 되었다. 이 악영향은 이슬람 근본주의 과격 단체의 테러리즘에도 차용되었고 사유 국가의 진보 좌파에게도 영향을 주어, 일부 무리들이 불공평 개선과 사회정의라는 이상을 주장하면서도 서슴지 않고 위선과 기만으로 악행을 저지르게 만들었다. 그리고 수단의 정당화를 받아들일 경우 정치적으로 매우 유리하다는 것이 이미 판명되어, 현대 사회의 크고 작은 권력투쟁의 모든 현장 곳곳에 스며들게 되었다. 이는 인류의 미래를 위태롭게 만드는 핵심적 불안 요소가 되었다. 인류가 여러 위협을 극복하고 평화롭게 밝은 미래로 나아가기 위해서 반드시 해결해야 할 과제가 되었다.

셋째, 마르크스가 전혀 의도치 않았으나 공산당 교단의 입장에서는 매우 독특한 강점이 되고 논리적 허점이 되는 특징이 나타나게 되었다. 자유 국가에서는 노동자 집단이 저항 세력으로 강력한 힘을 발휘하고 권력 집단 중 하나로서 영향력을 행사할 수 있으며, 이들은 심지어 노동 귀족 세력이라고 불리기도 한다. 그러나 공산 국가에서는 이들이 전혀 힘을 쓸 수 없는 논리적 구조가 만들어졌다. 공산당 영도하의 노동자계급을 혁명의 주도 세력으로 설정한 이유는 혁명의 성공 가능성을 높이기 위한 마르크스의 의도로부터 나왔다.

그러나 결과적으로 공산당이 실질적 권력의 주체가 되었고, 노동자 집단은 이를 위해 동원하는 지지 세력이 되었다. 공산당은 노동자계급을 대표하고 이끄는 지휘 조직이므로, 노동자가 공산당에 저항하는 것은 논리적으로 자기 부정이 된다. 따라서 공산당이 자본가보다 더한 착취나 폭압, 물리적 탄압을 가하여도 이에 복종하여야 하며 이 논리를 깨는 순간 이념 체계 자체가 붕괴된다. 현재 많은 공산 국가에서 노동자들이 저항하지 못하고 공산당의 선처에 기대는 이유는 바로 이런 논리 구조 때문이고, 공산당은 매우 쉽게 다수의 인간 집단을 장악하고 권력을 안정적으로 유지할 수 있다.

　또한 이와 관련하여 마르크시즘에 열광하는 세력은 노동자계급보다는 권력 지향적 지식인이 주도하게 되었다. 인류 역사의 다른 모든 권력투쟁과 마찬가지로, 권력을 탐하는 지식인 집단이 주도 세력이 되되 노동자 집단이 이를 지지하는 동원 세력의 하나가 되었고, 동원 세력에는 폭력의 주체가 될 수 있는 다양한 무장 세력, 농민 등이 포함되었다. 이러한 권력 구조의 특성은 마르크스 사후 실제 혁명의 진행 과정에서 증명되었다.

마르크시즘 논리의 허점

　마르크시즘 논리의 허점을 보면, 첫째, 역사 인식에서의 착각이다. 이것은 종교가 신의 섭리에 의해 역사가 진행된다고 천명한 것처럼 계급투쟁에 의해 역사가 진행된다는 착각을 심어 주었다. 사실 인류는 서의 전부를 수렵채집민 상태로 살아왔다. 인류 역사를 1년으로 본다면 12월 30일까지 수렵채집민 상태로 있었으며, 12월 31일 아침에 농업과 사육을 시작하고, 저녁이 되어서야 문명의 역사가 시작되어 현재에 이른 것이다. 또한 인류 역사에서는 단 한

번도 계급투쟁이 중요했던 적이 없었고 일어난 적도 없었다. 권력
투쟁은 외부 침략이든 내부 반란이든 형식이 어떻게 되든, 언제나
권력을 쥐고 있거나 도전하여 권력을 쥘 가능성이 높은 힘 있는 세
력 집단 사이에서 일어난다. 다만 당시에 부르주아에 대항하는 강
력한 세력 집단으로 노동자계급이 부상했으며, 마르크스가 그것을
부각시켰던 것뿐이다.

어쩌면 마르크스는 부조리한 사회 현실을 변화시키는 것을 중시
했을 뿐, 이에 부속된 역사 인식을 중요하게 생각하지 않았는지도
모른다. 마르크스 사후 실제 공산혁명 과정에서도 노동자계급이
자본가계급을 타도하여 권력을 쟁취하는 형식의 계급투쟁은 일어
나지 않았다. 무장 세력으로 옹위되는 공산당이 폭력혁명을 이끌
어 기존 지배 권력을 타도한 후 새로 권력을 움켜쥐는 전형적 권력
투쟁이 다시 일어났을 뿐이다. 권력을 장악한 이후에는 권력을 투
사하고 집행하는 과정에서 공포정치의 특성이 강력하게 나타났다.

한편, 권력이 인간의 집단 세력으로부터 발생하는 것은 분명하
다. 집단을 이루어야 무력이든, 조직 구성이든, 사상이든, 선전·선
동이든 효과적으로 수행할 수 있기 때문이다. 역사 왜곡도 권력 집
단에 의해 일어난다. 자신의 권력에 유리한 것은 남겨 놓고 권장하
며, 불리한 것은 지우고 불태우고 관계된 자를 압살한다. 진시황의
분서갱유나 동북공정이나 역사를 왜곡하고 변형시키는 모든 사건
은 권력이 투사되어 나타난 현상이다. 아쉽게도 지적 역량이 뛰어
난 일부 인문학자들이 자기도 모르는 사이 역사 왜곡에 동참한다.

계급투쟁 이론을 적용하여 '진시황이 춘추전국을 제패한 것은 제후와 소인의 계급투쟁 결과로 승리한 것'이라고 변형시키고, 주장하고, 배포한다. 그들은 부지불식간에 이데올로기에 봉사하고, 미래의 인적자원이 될 소중한 젊은이들에게 잘못된 지식 정보와 신념을 확산시키는 역할을 한다.

마르크시즘의 두 번째 논리적 허점은, 마르크스 자신이 인간의 이기심을 매우 잘 인식하고 있었지만 모든 인간을 공산주의 유토피아에 부합하는 인간으로 정신개조가 가능할 것으로 본 것이다. 일부 자본가의 이기심은 절대 바꿀 수 없되 모든 인간의 이기적 본성은 개조할 수 있다는 논리적 허점은 명석한 마르크스가 보여 준 옥의 티이며, 자본가에 대한 증오를 담은 신념의 한계다.

한편 이 논리적 허점은 공산당과 그 이후의 이념 편향적 아류 학자들에 의해 맹목적으로 신봉되고 재생산되어 인류에게 크게 불행한 사건을 가져왔다. 또한 인간의 본성과 정신적 기질 등에 대한 환경결정론의 입장을 고수하게 하여, 과학적 철학이라 스스로 자부하면서도 새로운 과학적 발견을 배척하는 교조적 경향을 가져왔다.

마르크시즘과 사회적 영향

마르크스와 마르크시즘은 사실 구별될 필요가 있다. 마르크시즘의 여러 가지 요소 중에는 마르크스가 의도치 않았던 것이 대부분이기 때문이다. 마르크시즘은 여러 정치 세력에 의해 변형되었고, 심화되었으며, 지금까지도 왜곡과 변질이 나타나고 있다. 하지만 이 또한 마르크시즘에만 나타나는 현상은 아니다. 모든 종교적 가르침은 교단과 지배 권력의 필요에 따라 변질되었다. 마르크스 사후 일련의 사건을 통해 당초 마르크스가 꿈꾸었던 것과 다른 여러 가지 특징과 그로부터 파생된 사회적 영향이 나타났다.

첫째, 마르크시즘은 기존 신념 체계와는 차이가 있다. 기존 종교는 이교도를 배척하고 적대감을 표시하지만, 포교에 성공하여 같은 가치관을 가졌다고 인정되면 대체로 단기간에 내부 구성원으로 편입하고 동질성을 회복하였다. 심지어 나치즘, 파시즘, 극우 민족주의 등도 외부에 대한 적대감을 조성하는 반면 사회 내부에 대해서는 결속을 도모한다. 하지만 마르크시즘은 사회 내부 구성원 중 하나였던 자본가에게 적개심과 증오를 표시하며, 설사 이들이 같은 가치 체계로 동화된다 하더라도 그들은 여전히 타도의 대상일 뿐이다. 하나의 사회에서 맡은 역할에 따라 피아가 구별되는 것이고, 가치 체계의 동질성 여부는 중요치 않은 것이다. 혁명의 성공 여부는 대립하는 집단이 각각 동원할 수 있는 자원의 우열에 따라 결정된다. 따라서 혁명의 성공 가능성을 높이기 위해 더 나아가 세계 모든 프롤레타리아와 연대한다. 다수인 프롤레타리아가 소수의 부르주아를 타도하고, 부르주아를 모두 압살하여 없애 버리고, 시장경제 체제 자체를 없애 버리고, 그들의 부를 모두 빼앗아 나눔으로써 프롤레타리아만 존재하는 세상이 되는 것이다.

이런 독특함의 이유는, 마르크스가 혁명의 성공은 매우 갈망했지만 그 이후 상황에 대해서는 별 고민이 없었던 것에 기인한다. 그러므로 마르크시즘은 이식되는 즉시 사회를 대립과 갈등으로 이끈다. 마르크시즘은 갈등과 분열, 대립과 증오에 의해서만 존재할 수 있는 신념 가치가 된 것이다. 자본가가 타도된 이후의 세계에 대해서는 슬로건만 있고 세부적 내용이 없는 백지상태였으므로, 공산당은 그 이후의 전개에 대하여 막강한 권력을 가지고 제 마음 대로 결정해 나가게 되었다.

둘째, 마르크시즘은 인간 사회를 보는 과학적 사고를 확산하는 데 큰 영향을 주었다. 마르크시즘은 사회현상을 보는 관점을 바꾸었고, 선전·선동 이론, 조직구성론, 대중심리 전술, 실천론, 헤게모니 이론 등 실용적인 사회과학의 발전을 가져왔다. 프롤레타리아 혁명이 성공하지 못한 선진 자유 국가에 이식된 마르크시즘은 조금 다른 방식으로 진화하였다. 정통 마르크시즘의 프롤레타리아 혁명을 교조주의로 부정하는 대신, 전통 도덕관념에 대한 경멸과 조롱, 문화적 일탈, 감정 소비적 대중문화 등이 사회 저변으로부터 호응을 받으며 확산되었다. 여기에는 기독교 도덕 윤리와 남성 위주 위계질서에 의한 여성성의 구속과 성적 억압 등에 대한 젊은이들의 반발이 작용하며 더욱 정당성이 부여되었다.

마르크시즘은 이후 다양한 주체에 의해 계승되면서, 학문의 형태로 지식인 사회에 파급되었고 큰 성과를 거두었다. 1922년 그륀베르크가 설립하였던 프랑크푸르트 사회연구소는 나치 정권의 독일을 탈출하여 미국에서 다시 설립되었다. 호르크하이머(Max Horkheimer, 1859~1973), 루카치(Georg Lukacs, 1885~1971), 『일차원적 인간』의 저자로서 미 국무성 관료와 대학교수를 지낸 신좌익운동의 정신적 지주인 마르쿠제(Herbert Marcuse, 1898~1979), 『자유로부터의 도피』의 저자인 에리히 프롬(Erich Fromm, 1900~1980), 하버마스(Jürgen Habermas, 1929~) 등이 참여한 비판이론 사상가 집단인 프랑크푸르트 학파는 지식인 사회와 교육계에 큰 영향을 주었다. 이들은 문화와 이데올로기가 혁명의 핵심 요소이고, 사회적 권위와 대중매체가 이를 위한 중요 도구임을 주장하였다. 그리고 이탈리아의 마르크시즘 이론가로서 '헤게모니 이론'과 저서 『옥중수고』로 유명한 안토니오 그람시(Antonio Gramsc, 1891~1937), 『마르크스를 위하여』의 저자로서 그람시와 루카치의 계급의식론을 비판한 알튀세르(Louis Althusser, 1918~1990), 국제 교역이 선진국에 대한 제3세계의 종속을 심화시킨다는 종속이론, 불평등 배격을 위한 현실정치 참여와 기독교 신앙을 함께 추종하는 해방신학 등이 마르크시즘의 학문적 외연을 넓게 해 주었다. 그리고 이러한 학문 발전은 다시 순환되어 마르크시즘이 현시대에 가장 영향력이 큰 이데올로기가 될 수 있도록 뒷받침하였다.

셋째, 마르크시즘은 순수한 열정의 지식인들에게 커다란 호응을 가져왔다. 그러나 그 결과는 당초의 순수한 열정으로부터 벗어나 권력에 대한 집착으로 바뀌었다. 이들이 이토록 열광한 이유는, 내면의 정의감을 충분히 만족시키면서도 지구 역사 최강의 강력한 권력을 얻을 수 있다는 점이었다. 이들 지식인들은 귀족 출신도 아니었고 부르주아처럼 많은 자본을 가지고 있지도 않았다. 이들은 뛰어난 뇌의 지능과 열정만으로 기존 사회제도가 주지 않는 권력과 부를 공개적으로 탈취하여 손에 쥘 기회를 제공받았다. 인간 집단의 각성된 조직력과 폭력만으로 권력을 틀어쥘 수 있다는 것은 매우 매력적인 것이었다.

실제 러시아 혁명이 성공하고 나니 노동자 집단은 별로 중요치 않았고, 공산당 관료 체제에서의 정치력이 중요하였다. 스탈린은 가공할 권력을 가진 신의 지위에 올랐고, 모든 공산혁명의 리더는 스탈린으로부터 배웠다. 공산주의 이상은 다 사라지고 가공할 권력이 남은 것이었다. 권력의 이익은 너무 달콤해서 더욱 집중되었다. 국가의 모든 물적자원과 인적자원을 지배하고 마음대로 할 수 있는, 신과 같은 존재가 될 기회가 만들어진 것이다.

그리고 이와 더불어 권력의 이익을 집요하게 추구하는 마르크시즘의 영향으로, 현대 사회 구성원 모두가 권력에 대한 강한 집착을 가지도록 했다. 이 또한 마르크스가 전혀 예상하지 못한 결과였다. 레닌, 스탈린, 마오쩌둥, 호치민 등 초기 혁명가들이 비교적 순수한 열망의 혁명을 꿈꾸었다면, 현대 사회에서는 마르크시즘을 차용한 부패 정치 세력이 권력을 추구함에 있어 강탈, 사기, 거짓, 위선, 기만 등 도덕에 관한 심리적 저항이 없도록 만들었다. 이들은 자신에게 숭고한 목적이 있다고 스스로 암시함으로써, 전통적인 도덕적 룰을 부정하고 어떤 파렴치한 행위도 거리낌 없이 할 수 있게 되었다. 그리고 이는 다시 확산되어, 현대 사회 어디서나 도덕적 해이가 만연하게 되었다. 보편적 윤리의 붕괴와 상호 신뢰 부족은 현대 사회가 불안정하고 살기 어려운 이유가 되었다.

하지만 이것은 마르크스가 바라던 바가 전혀 아니었다. 마르크스는 인간 사회의 경제 정의를 원했지, 부패 정치 세력이 온갖 수단을 동원하여 권력을 잡기를 원한 것이 아니었다. 여기에는 경제 정의가 묵살되고, 보편적 윤리가 후퇴하며, 독재 체제로 갈 위험이 도사린다.

마르크스 사상은 레닌, 카우츠키, 트로츠키, 스탈린, 마오쩌둥, 그람시, 김일성, 호치민, 후안 페론(에바 페론) 등 주로 정치 세력에 의해 계승되었다는 점에서 다른 철학 계통과 차이가 있다. 마르크시즘은 강력한 교단, 즉 공산당과 유사 정당에 의해 교리가 재해석되어 왔다. 마르크스는 오래전 물질만능주의를 조장하는 시장경제 체제의 폐해를 예견하고, 인간 사회를 행복하게 하는 공공의 선으로서 경제 정의를 실천 과제로 제시하였다. 그의 통찰력은 위대한 것이었으나, 목적을 위한 수단의 정당화는 정치 세력의 배타적 이기심을 자극하여 독재 권력의 공포정치가 정당화되고 현대 사회의 불안과 도덕적 붕괴를 야기하는 계기가 되었다. 마르크시즘이 다시 재정립되거나, 수단의 도덕성을 일깨우는 보다 조화로운 신념 체계로 대체되어야 할 필요성이 제기된 것이다.

마르크시즘은 종교이되, 교단과 신도는 스스로 종교임을 거부하고 과학적 사고의 결과로서 그 철학이 생겼다고 착각하고 있다. 그러한 착각에서 마르크시즘의 생명력이 유지되고 있으나 과학적 사고에 대한 갈망이 있기에, 계기가 마련되면 빠르게 합리적 이성으로 돌아올 수 있지 않을까 기대되기도 한다.

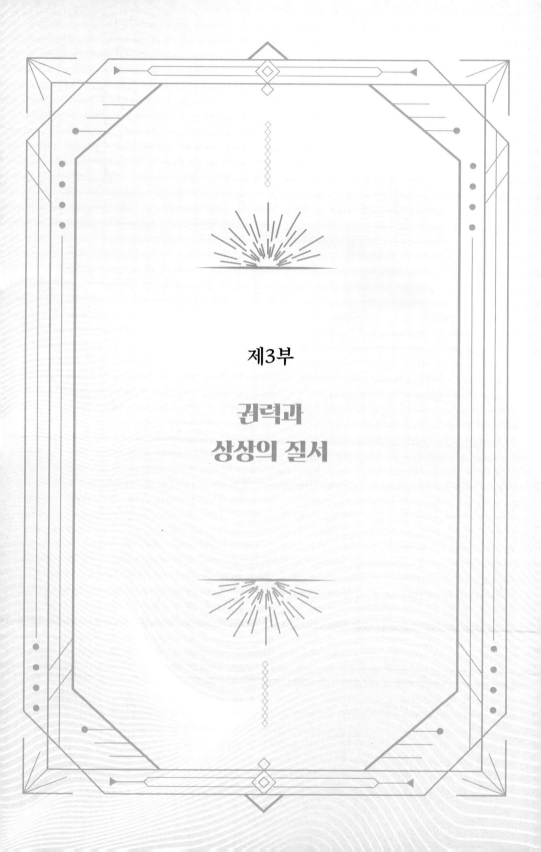

제3부

권력과
상상의 질서

인간과 권력의 관계

인류 역사는 권력투쟁의 과정이다. 권력의 외형인 국가의 명멸 과정으로 역사를 인식하고 서술하는 것이 보편적인 이유는 이 때문이다. 베버(Max Weber)는 권력을 "사회적 관계에서 어떤 행위자의 저항에도 불구하고 자신의 의지를 관철시킬 수 있는 위치에 있게 되는 확률"이라고 정의하였다. 권력은 나의 이익을 타인에게 관철하는 힘이며, 인간을 포함한 사회적 동물이 생존의 이익을 추구하는 본능에서 태동하였다. 따라서 살아 있는 모든 동물은 태어나면서부터 부모에게, 형제에게, 배우자에게 자신의 권리를 주장하고 크고 작은 사회집단에서 자신의 권리를 관철하기 위한 크고 작은 권력투쟁에 참여한다.

심지어 산모와 태아 사이에서 벌어지는 생리적인 권력 다툼도 있다. 태아는 엄마로부터 포도당 영양분을 더욱 많이 얻기 위해 태반유선자극호르몬(human Placental Lactogen: hPL)을 분비하여 산모의 인슐린 기능을 떨어뜨려 혈당량을 증가시킨다. 그러면 산모는 자신을 보호하기 위해 이에 맞서 췌장으로부터 더욱 많은 인슐린을 분비한다. 태아도 이에 질세라 더 많은 hPL을 분비하고, 이런 갈등의 결과 산모의 몸에는 정상 수치의 무려 1,000배에 이르는 hPL이 쌓이게 된다. 만약 산모가 이를 충분히 방어하지 못해 인슐린 분비 기능이 저하되면 임신성 당뇨병에 걸리게 되고, 이럴 경우 태아가 과도한 영양분을 공급받아 태중에서 '거대아'가 된다. 산모와 태아에게 모두 불행한 결과가 초래되는 것이다.

니체의 '권력에의 의지'는 인간 내면에 존재하는 생명의 힘과 본질, 그 자체를 말한다. 그리고 『차라투스트라는 이렇게 말했다』 등에서 언급한 아모르파티(Amor Fati)는 '운명을 사랑하라!'라는 뜻으로, '고난과 역경을 가져오는 생존 투쟁 과정'인 삶의 본질을 두려워하거나 회피하지 말고, 자신의 삶을 적극적으로 수용하고 긍정적으로 즐거이 받아들이라는 말이다.

권력투쟁의 동기는 생존과 번식의 이익 때문이다. 이익은 대뇌피질의 논리적 검토로 의식 체계에서 쉽게 계량될 것으로 여겨지지만, 이익의 본질은 생존과 번식 가능성을 더욱 높이려는 '욕망'에서 출발한 목표적 가치로서 '감정'이다. 따라서 이익을 침해당했다고 느낀 인간은 곧바로 불쾌한 감정 반응을 느낀다.

모든 생명체가 생존의 이익을 위해 경쟁하는데, 인간에게는 그 생존경쟁에서의 핵심 인자가 권력이 되었다. 인간 사회에서는 권력의 획득이 생존경쟁의 핵심 요소가 되었고, 권력투쟁에서의 승리는 모든 측면에서 생존의 이익을 확고하게 보장한다. 그리고 권력은 인간 사회에 이익을 매개로 하는 공동체 집단을 형성한다. 권력은 여러 가지로 설명이 가능하지만, 뇌 작동과의 관계 측면으로 정의한다면 뇌에 각인된 생존과 번식의 이익을 추구하는 욕망의 심리 기제다.

욕망과 감정의 개입

예를 들어 원시 정글에서 우연히 두 배고픈 원시인이 거의 동시에 맛있는 과일을 발견했다고 치자. 그 둘은 그 과일을 독차지하고 싶은 욕망에서 그 과일이 자기의 것이라는 각자의 심리적 이유를 만든다. 한 명은 내가 평상시에 순회하는 경제활동 구역 안에 존재하는 것이기 때문에 내 것이라 생각하고, 또 한 명은 약간은 멀리 와서 그 과일을 발견하기는 했지만 상대방의 주장이 맞는지도 확실하지 않고 내가 과일에 더 가까운 위치에 있고 배고픈 아이를 위해 반드시 과일을 가져가야 한다고 생각한다. 이런 상황에서 두 인간이 상대방의 입장과 욕망도 고려하는 합리적 판단을 한다면 충돌의 위험을 감수하지 않고 과일을 둘로 나누어 가져가는 선택을 할 수도 있지만, 거의 모든 동물은 그렇지 않다. 욕망을 바탕으로 한 자기의 주장이 상대방에게 받아들여지지 않으면 우선 나의 '정당'한 주장을 받아들이지 않은 상대방에 대한 '불쾌함'과 '분노'라는 감정이 먼저 작동하고, 나의 주장을 상대방에게 관철하기 위한 폭력이 행사된다. 승자에 의해 과일이 독차지되고 패자는 다른 먹거리를 찾아 떠나면서, 승자는 승리의 '환희'와 과일을 획득한 '기쁨'을, 패자는 육체적 고통과 함께 먹거리 상실로 인한 '억울함'과 '슬픔'을 느끼게 된다.

그런데 이 두 인간이 가까이 생활할 수밖에 없어 자주 만나게 된다면, 승자에게는 '즐거움'과 '분노'를, 패자에게는 '두려움'과 '공포'라는 감정을 덧씌우며 이 폭력의 위계가 고착화되는데, 이것이 바로 권력이 발생하는 과정이다. 고착화된 위계는 단지 과일의 독점뿐만 아니라 패자의 노동력과 신체까지도 강탈하는 것을 가능하게 하고, 제3자에게 그 위계를 확인받는 방식으로 권력이 체계화되며 확장된다.

이러한 권력의 초기 태동 과정은 학교폭력의 진행 과정과 동일하다. 승자는 패자의 돈을 강탈하고 여러 가지 심부름을 시키면서도 패자의 아주 사소한 반응에도 자주 분노를 발산하고 일상적 폭력을 행사하며, 패자는 공포와 두려움으로 순응한다. 그리고 승자와 패자가 공히 이러한 위계 관계를 정신적으로 받아들이기 위한 사고의 조작을 시작하면 두 인간 사이의 장기적 질서로 자리 잡는다. 이러한 권력 질서의 고착화 과정은 합리적 판단에 따라 발생하는 것이 아니라, 이익이라는 동기에 대하여 인간의 감정이 먼저 반응하고 그것이 고착화될 수 있도록 인간의 심리가 합리화하며 자리 잡는다.

또 한 가지 중요한 측면은, 권력은 승자와 패자와의 관계뿐만 아니라 승자와 패자 외의 제3자들 사이에서도 뿌리내린다는 것이다. 주변의 제3자는 승자가 패자에게 가하는 일상적 폭력과 강압을 인정하기 시작하면서 자신도 모르는 사이 심리적으로 권력의 위계를 받아들인다. 권력 위계의 체계화는 제3자들 사이에서 공포 확산과 불공평의 인정, 그것을 합리화하기 위한 집단적 심리 조작의 과정을 밟아 자리 잡는다.

낭시 대학 행동생물학 연구소의 디디에 드조르의 저서『동물의 사회 행동』의 생쥐 실험 결과는 권력이 인간에게만 있는 것이 아니라는 것을 알려 준다. 그는 쥐 여섯 마리를 한 우리에 넣었다. 우리의 문은 하나뿐이고 수영장으로 통하게 되어 있었으며, 사료 통은 수영장 건너편에 있다. 쥐들은 먹이를 얻기 위해서는 헤엄쳐서 수영장을 건너야만 했다. 여섯 마리 쥐들은 네 부류로 나뉘었다. 피착취형에 속하는 두 쥐가 먹이를 구하여 돌아오자, 착취형의 두 쥐가 그들을 공격해서 먹이를 뺏어 먹었고 피착취자들은 남은 것을 먹었다. 독립적인 한 마리의 쥐는 스스로 헤엄쳐서 먹이를 가져와서 온전히 자신이 먹었다. 나머지 한 마리의 쥐는 헤엄칠 줄도 모르고 다른 쥐들을 겁줄 수도 없었으므로 그저 다른 쥐들이 떨어뜨린 부스러기를 주워 먹었다. 드조르는 스무 번의 똑같은 실험을 해 보았는데 똑같은 역할 배분, 즉 피착취형 두 마리, 착취형 두 마리, 독립형 한 마리, 천덕꾸러기형 한 마리로 나뉘었다.

드조르는 그러한 위계 구조의 형성 과정을 더 잘 이해하기 위해, 착취형에 속하는 쥐 여섯 마리를 따로 모아서 우리에 넣어 보았다. 그 쥐들은 밤새도록 싸웠는데 다음 날 아침이 되자 그들의 역할은 똑같은 방식으로 나뉘어 있었다. 쥐들을 각각의 유형별로 여섯 마리씩 모아서 같은 우리에 넣어 보았을 때도 동일한 결과가 나타났다. 드조르는 더 커다란 우리에 2백 마리의 쥐들을 넣어서 실험했다. 쥐들은 밤새도록 싸웠다. 다음 날 세 마리의 쥐가 털가죽이 벗겨진 처참한 모습으로 발견되었다. 이 결과는 개체 수가 증가할수록 천덕꾸러기형 쥐에 대한 학대가 가혹해진다는 것을 보여 주었다. 낭시 대학 연구자들은 이 실험의 연장선에서 쥐들의 뇌를 해부해 보았는데, 가장 스트레스를 많이 받은 쥐는 천덕꾸러기형이나 피착취형 쥐들이 아니라 착취형 쥐들이었다. 착취자들의 특권적 지위에는 대가가 있는 것이다.

공평성과 이성의 개입

다른 동물과 마찬가지로 인간세계에서도 권력 체계가 형성되었다. 그 동기에는 개체 단위의 생존 본능과 욕망이 작용했지만, 인간 사회의 권력 질서가 그것만으로 성립되었다고 생각되지는 않는다. 권력에는 욕망뿐만 아니라, 상호 협력의 심리 기제가 작용한다.

문화진화학자 조지프 헨리크 (Joseph Henrich)[44]는 인간 사회에 권력의 리더십이 발생한 이유로 지배-명망 이론(Dominance-Prestige Theory)을 제시했다. 첫째, 지배의 리더십은 앞서 살펴본 바와 같이 권력의 이익을 탐하는 욕망에서 발생한 심리 기제다. 인류에게 DNA

---

44) 조지프 헨리크(Joseph Henrich, 1968~)는 캐나다 출생, 하버드대학 진화생물학 교수다. 그는 인류가 지구상의 가장 성공적인 생물 종으로 어떻게 수백만 년간 진화해 왔는지와, 진화에 미친 문화의 영향력에 관심을 두고 있다. 저서로는 다음과 같은 것들이 있다.

Henrich, Joseph; Bowles, Samuel; Boyd, Robert; Camerer, Colin; Fehr, Ernst; Gintis, Herbert (2004). Foundations of Human Sociality: Economic Experiments and Ethnographic Evidence from Fifteen Small-Scale Societies. Oxford New York: Oxford University Press. ISBN 9780199262052.

Henrich, Joseph; Henrich, Natalie (2007). Why Humans Cooperate: A Cultural and Evolutionary Explanation. Oxford.

Henrich, Joseph; Ensminger, Jean (2014). Experimenting with Social Norms: Fairness and Punishment in Cross-Cultural Perspective. Russell Sage Foundation Press.

Henrich, Joseph (2016). The Secret of Our Success: How Culture is Driving Human Evolution, Domesticating our Species, and Making us Smarter. Princeton University Press. ISBN 9780691166858.

Henrich, Joseph (2020). The WEIRDest People in the World: How the West Became Psychologically Peculiar and Particularly Prosperous. Farrar, Straus and Giroux. ISBN 9780374173227.

위키피디아: Henrich, Joseph

를 전수한 동물 조상에게도 나타나는, 이익을 위해 다른 개체를 지배하는 본질적인 심리다. 권력을 지닌 개체는 먹거리나 짝짓기 기회 등 사회적 자원의 분배를 자신에게 유리하게 결정하고 두려움을 배포하여 다른 개체들을 굴복시킴으로써 자신의 우월한 지위를 유지한다. 그러나 인간의 경우 이것만으로는 리더십이 안정적으로 유지될 수 없었다. 인간 씨족사회는 매우 밀접한 혈연관계를 이룬 소규모 집단으로서, 구성원 상호 간 협력의 필요성이 명확하고 이동이 빈번하여 공평성을 담보할 무언가의 합의가 전제되지 않고는 협력이 유지될 수 없었다.

둘째, 명망의 리더십이다. 대등하게 협력하며 서로에게 생존을 의지한 인간 집단에서는 사냥, 전투, 채집 등 어느 하나의 영역에서 독보적 기술, 지식, 역량을 발휘하는 우수한 개체들이 자연스럽게 나타난다. 우수한 사람들은 특별한 역량을 발휘하거나 기술 지식을 보급하거나 전수함으로써 공동체 사회 전체의 공익에 기여하면서, 그 대가로 나머지 사람들의 존경을 받고 각종 사회적 자원과 서비스를 우대받는다. 명망의 리더십이 성립된 인간 사회는 생산성이 향상되며, 내부 질서는 평화롭고 공평하게 유지됨으로써 생존과 번식에 성공하며 번영한다. 그러나 이러한 명망의 심리 기제가 욕망이 꿈틀대는 인간 사회에서 항상 안정적으로 작동될 수 있는 것은 아니었다.

이처럼 인간 사회의 리더십과 권력 질서는 지배와 명망이 중첩 적용되며 성립되었다. 사회질서에는 욕망, 감정, 이익 등 감성 체계가 작동하는 동시에 서로 협력 관계를 맺기 위한 정의, 공평, 사회 윤리 등 이성 체계도 함께 작용한다. 권력을 인정받은 개체는 사회적 자원의 배분에서 특혜를 인정받는 대가로 생산성 발전과 사회 기여, 공평한 처신 등이 요구되었다.

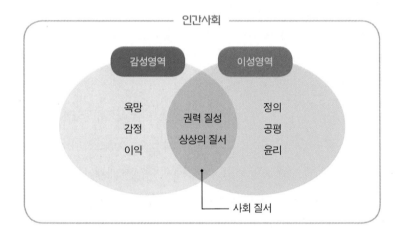

그러나 권력 질서는 지배 또는 명망의 권력으로 수시로 바뀌었다. 권력 질서는 지배와 명망, 이기성과 이타성의 변증법적 대립과 갈등을 통해 변화, 발전하였다. 그리고 권력 질서 작용으로 인간 내면에 상상의 질서가 만들어졌고, 그 또한 수시로 변화하였다. 인간 사회에서는 여러 가지 불평불만과 이의 제기, 반발과 저항 등이 나타났고 사건 사고로 내부 구성원의 변동이 발생되면 언제든 권력 체계의 변화가 일어났다.

유동적인 권력

문제는 '권력을 어떻게 계속 유지하는가?'다. 다시 원시시대로 돌아가 보자. 어떤 원시 사회에서 권력의 위계가 승자, 패자, 제3자 사이에서 자리 잡았다고 가정해 보자. 제3자들 중의 일부는 권력의 이익이라는 동기 때문에 승자를 비호하는 역할을 하며, 생존경쟁에서 유리한 지위를 확보한다. 권력의 이익은 인간 집단을 뭉치게 하는 구심력이 되고, 이익을 분배받기 위한 인간 각자의 자의적, 타의적 행위를 불러일으키며, 그 공헌도에 따라 사회 내부 위계가 형성된다. 인간 사회에서 권력의 위계가 형성되면 그것을 깨뜨릴 조건의 변화가 발생하지 않는 한 유지되는데, 비교적 소규모였던 수렵채집 사회에서는 그 조건 변화가 매우 자주 나타난다는 것이 문제다.

첫째, 씨족사회 외부 생명체의 도전인데 그것은 다른 육식동물일 수도 있고, 다른 씨족 집단의 전투원일 수도 있다. 사냥을 하거나 외부 씨족사회 구성원과의 충돌에서 사고가 나거나 내부 구성원의 변화가 생기면 즉시 기존 권력관계는 깨어진다.

둘째, 씨족사회 내부의 도전인데 권력의 이익이 있는 한 도전은 계속된다. 어떤 인간이라도 잠을 자지 않거나 늙지 않을 수 없으므로 근육과 물리적 폭력만으로는 권력을 오랫동안 유지할 수 없다. 폭력으로 권력을 쟁취할 수는 있지만, 권력의 유지를 위해서는 씨족사회 구성원 다수의 동의가 반드시 필요하므로 권력의 이익을 모두에게 또는 일부 무리에게 나누어 주는 방식으로 구성원의 동

의를 유지한다. 그러나 어떤 이유이든 동의를 얻는 데 실패하는 즉
시 권력을 잃어버린다.

따라서 원시 씨족사회에도 권력은 존재하나, 내외부 조건 변화가
수시로 발생하면서 딱히 정해진 권력자가 없는 상태로 계속 유동
적이었다. 권력은 때로 명망의 권력으로, 때로 지배의 권력으로 나
타났으며 각 씨족사회마다 편차가 큰 상태로 유지되었다. 우리 선
조는 수십 명 정도의 소집단을 이루어 수렵채집을 하면서 진화 역
사의 거의 대부분을 보냈다. 칼라하리 사막의 쿵산(!Kung San)족[45],

---

45)　The !Kung are, or were, one of the last peoples on earth to live as humans did 10,000
years ago. They sustained what was once the universal mode of ancient human exist-
ence—hunting and gathering, mankind's key to survival for at least a million years before
the advent of agriculture.
Since 1963, a team of researchers have employed their techniques and talents in a pio-
neering study of the way of life of the !Kung (a San- or Bushman-speaking people) of the
northern Kalahari Desert in Botswana. Under the leadership of Irven DeVore and Richard
B. Lee, the overall goal of the investigators has been to develop a composite and com-
plete portrait of these people in relation to the evolution of human behavior and society.
The result, as Sherwood L. Washburn states in his Foreword, provides "an ideal demon-
stration of what the science of anthropology can do."
Kalahari Hunter-Gatherers approaches its subject from many disciplines, judiciously
combining sound scholarship with humanistic concerns. In addition to the ethnographic
and ecological writings of the principal investigators, the other anthropologists contribut-
ing to this volume examine the biomedical and genetic parameters of the population,
demographic factors, infant growth and development, child training and personality,
group organization and settlement patterns, economic behavior, psychology, folklore,
and adult interpersonal relations.
The authors correct the widely held view that so-called primitive societies are basically
aggressive, territorial, and possessive or that life in the state of nature is nasty, brutish,
and short. They describe, for example, how the !Kung work shorter hours and eat more
protein than members of many more advanced societies. There is a conspicuous
absence of the clinical signs of heart disease, and blood cholesterol levels are about half
those in Western society and among the lowest ever recorded for a human population.
Almost half the adult men and many of the women are healers who can enter a sponta-
neous trancelike state, and who bring alive a rich inner life of fantasy and struggle.
Kalahari Hunter-Gatherers
Studies of the !Kung San and Their Neighbors
Edited by Richard B. Lee
Irven DeVore, Harvard University Press

파라과이의 아체(Ache)족, 북극의 이누이트(Inuit)족, 아마존 강의 야노마모(Yanomamo)족 등 비교적 최근까지 남아 있던 소규모 원시 씨족사회로 짐작한다면, 원시 사회는 세습 권력이 없는 비교적 평등한 사회이되 리더로서 인정되는 사람에게 일부 권한과 지위, 특혜가 공인되었다.

1980년 제작되어 세계적으로 흥행에 성공한 '부시멘(Bushmen)'이라는 영화가 있다. 아프리카 칼라하리 사막에서 원시 생활을 하는 부시멘(16세기 보어인들이 붙인 이름이다. 이는 문명인이 원시인을 지칭한 경멸적 용어이기에 학계에서는 쿵산족, 산족, 코이코이족, 코이산족 등 그들의 언어로 부른다. 그러나 당초 아프리카 원주민 세계에서는 막 정주민이 된 코이코이족이 아직 수렵채집 생활을 하는 사람들을 '숲의 사람, 미개인'이라는 의미가 담긴 경멸적 표현으로 산족이라 지칭했다고 하며, 당사자는 당연히 '산족'이라는 명칭에 기분이 나빴을 것이다)족의 추장이, 어느 날 그 부락 위를 날던 비행기 조종사가 던진 빈 콜라병을 신의 물건이라 생각하고 이를 돌려주기 위해 길을 떠나는 과정에서 발생하는 소동을 다룬 코미디물이다. 부시멘족은 아프리카 남단 칼라하리 사막의 중앙부, 남쪽 남아프리카공화국 국경 지대, 북쪽 보츠와나, 나미비아 그리고 앙골라에 이르기까지 넓게 흩어져 거주하는 수렵채집민과 그 후예를 말한다. 사피엔스가 메소포타미아 지역 일내를 거점으로 일찍부터 인류 문명을 발달시킬 수 있었다면, 지형적으로 차폐된 인류의 고향 아프리카대륙 깊숙한 곳에서는 비교적 오랫동안 원시 사회가 유지되었다. 특히 칼라하리 사막과 같은 척박한 환경에서는 더욱 오랫동안 수렵채집 단계에 머무르게 된 것이다.

원시 씨족사회에서 경제활동의 성과는 공유되었고, 토의에 의해 가장 합리적이고 공정하다 생각되는 방안으로 집단의 의사결정이 이루어졌다. 노인은 경제활동에서의 공로는 비교적 작았지만 경험과 지식으로 의사결정 과정에 기여하는 바가 있었고, 유아와 아이들은 굶주리지 않는 한 대체로 보호되었다.

그러나 먹을 것이 부족한 상황은 수시로 찾아왔으며, 그때마다 원시 씨족사회는 이동해야 했다. 수시로 이동하는 수렵채집민에게 부양가족은 적정 숫자 이내로만 유지가 가능했다. 때로 먹을 것을 찾아 장거리 이동이 필요한 경우가 생겼고, 그때 발생하는 사고와 부상, 스스로 걷지 못하는 유아, 기력이 저하된 노인, 병이나 굶주림에 의한 낙오 등으로 일부 구성원을 버려 두고 떠나야 할 경우도 생겼다. 버려지는 구성원은 다른 동물에게 잡아먹히며 자연스럽게 죽음을 맞이했으며, 때로 그 고통을 피하게 할 목적으로 미리 죽여 주는 경우도 있었고, 그러한 행위가 관습으로 이어지는 씨족사회도 있었다. 질병이 생기거나, 사고로 부상을 당하거나, 늙어서 경제활동에서 배제된 개체는 다양한 이유로 자연스럽게 죽음을 맞이하였다. 충분한 먹거리를 확보할 수 있게 되기 전까지 씨족사회의 구성원 개체 수는 생존에 적합한 규모 내에서만 유지될 수 있었다.

특정 인간 또는 특정 집단이 지배하는 권력 체계의 장기화는 대부분의 인간에게 심리적으로 수용되기 어려운 것으로서, 수백만 년에 이르는 인류 역사의 대부분 실패하였다. 만약 중요한 의사결정에 반발이 있거나 권력투쟁이 일어난 경우 기존에 형성된 인간 사회는 작고 적절한 규모로 쪼개졌으며, 이들은 별도의 씨족 또는 부족사회를 이루었다. 그리고 비교적 규모가 작은 인간 사회에서 리더가 누리는 권력은 일정 범위로 제한되었다.

권력의 이동

인간들은 강력한 포식 동물을 피해 비교적 사냥이 수월했던 작고, 느리고, 온순한 초식동물들을 사냥하여 먹거리로 취함으로써, 오랫동안 천천히 지구 곳곳으로 삶의 터전을 넓혀 갔다. 그런데 원시 씨족사회가 퍼져 가면서 경제활동 구역이 상충되는 문제가 나타나기 시작했다. 씨족사회가 확산되다가 부족국가를 세우는 계기는 밀집과 경제활동 구역의 중첩 때문이다. 수렵채집이 안정적으로 유지되기 위해서는 상당히 넓은 경제활동 구역이 필요한데, 다른 무리에 의한 경제활동의 상충은 생존을 위협하는 문제였으므로 상대방의 존재 자체를 부정하는 방식으로 폭력이 발생했다. 패배한 무리는 먼 곳으로 떠나가 다시 먹거리를 찾는 수밖에 없었다.

그런데 만약 어떤 곳의 경제활동 구역이 씨족사회 여럿을 먹이기에 충분하다 할 경우, 굳이 전면적 충돌의 위험을 감수할 필요가 없다. 씨족 간 협력을 통해 대규모 협동 사냥을 벌일 수도 있고, 합의하여 서로의 경제활동에 방해되지 않을 규칙을 세우면 된다. 이 경우 규칙 제정 권한이 주요 이슈가 되며, 우월한 지위를 확보하기 위해 제한적 폭력이 동원되기도 한다. 어찌 되었든 성공적으로 합의되는 경우 통합된 부족국가는 보통의 씨족사회보다 획기적인 안전성 개선, 대규모 거주 공간, 기술적 진보를 이루고, 풍족한 먹거리를 확보하며 생존경쟁에서 유리하게 된다.

인간 사회의 규모가 커지면서 인간의 일상에 변화가 생겼다. 씨족사회는 모든 이가 협력하여 안전을 도모하고 물을 확보하고 먹거리를 만들고 그 성과를 공평하게 분배하는 체계였다. 권력자도 다른 사람들과 함께 사냥과 전투에 참여해야만 했으며, 권력의 이익은 협동 사냥이나 전투에서의 지휘 권한과 사냥 성과물 분배 등 작은 부분에 머물렀다. 그러나 확장된 사회에서는 권력이 주는 이익이 커지면서, 그 권력자는 더 이상 위험하고 수고스러운 먹거리 활동에 매번 나설 필요가 없게 되고, 언제든 이익의 분배에 개입할 수 있었다. 차폐된 지형으로 보호된 아프리카 오지의 원시 씨족사회는 소규모 경제활동 구역으로 나뉘어 각각 개별적으로 유지될 수 있었지만, 풍부한 먹거리의 경제활동 구역이 제공되어 씨족사회가 밀집하였던 공간에서는 인간 집단 간 또는 인간 사회 내부의 권력투쟁을 피하기가 어려웠다. 폭력은 되풀이되었고 점차 증가했다. 때로 심각하여 인간 집단이 완전히 붕괴되어 해체되거나, 심지어 멸망하는 사태도 벌어졌을 것이다. 수렵채집 경제활동은 노예가 필요하지 않으므로 폭력은 상대방을 멀리 쫓아 버리거나, 죽여 없애는 방식으로 행사되었다. 권력투쟁에서 패할 경우 목숨을 부지하여 멀리 떠나야 하나, 그 또한 심각한 위협이 되는 것은 마찬가지였다. 점차 생존의 터전이 부족해졌기 때문이다. 그리고 인간 사회에 폭력적 다툼이 빈번해짐에 따라, 어디에서나 생존 환경이 험악해지는 것을 피하기 어려웠다.

폭력이 빈번해지는 긴장된 상황에서 권력을 유지하는 방법은 우선, 권력을 쥔 당사자가 오래 살아남는 것이다. 외부 위협에 대한 대응 방법은 자신을 안전한 위치에 가져다 놓는 것이고, 이를 위해서는 사냥이나 전투에 있어서 중요한 역할을 맡되 비교적 안전한 위치에서 지휘하는 자리에 있어야 한다. 내부 위협에 대한 대응 방법은 자신의 지배가 모두에게 좋다는 선전·선동을 통해 그것을 수긍하게 하고, 때때로 예방적 폭력을 과시하여 자신의 지배를 인정하도록 만들어야 한다. 다른 인간의 내면에 대한 감시를 지속해야 하고, 이익 배분도 적절하게 실시하여 지지 세력 내부의 배반도 경계해야 한다. 권력의 이동은 ① 획득, ② 유지, ③ 붕괴 또는 승계의 3단계로 구성된다. 권력의 획득과 붕괴는 계속 반복되지만, 유지와 승계는 잘 이루어지지 않는다. 권력을 획득하는 수단은 폭력을 통한 쟁취와 기존 권력자로부터의 승계인데, 권력의 이익이 명확한 이상 승계는 쉽게 인정되지 않는다. 초기 권력 체계 수립 과정은 조직폭력 집단과 유사했을 것으로 추정된다.

조직폭력 집단은 자신들의 권력을 증명하고 유지하기 위하여 공개적으로 내외부의 적과 반발 세력을 처벌하여 공포를 조성한다. 한편 권력이 유지되기 위해서는 폭력 수단 보유뿐만 아니라, 지지자들로부터 보호자로서의 위상을 인정받아야 한다. 보호비를 내고 고분고분한 자는 세력 내부로 끌어들이고, 이들의 보호자로서 각 개인 간 다툼을 중재하며 존경을 받는다. 보호비는 각 대상마다 다른 비율로 징수되고, 당시의 생산성과 자연재해, 여러 사건에 따른 변동을 감안하여야 한다. 내부 지지 세력의 원성을 살 만큼 많은 재화를 요구하기 어렵고, 때때로 인기를 얻을 수 있는 혜택을 베풀어야 한다. 여력이 생기면 주변의 약한 세력을 흡수하여 지지기반의 규모를 키운다. 세력 규모가 유사한 조직폭력 집단끼리는 상호 카르텔로 세력범위를 유지하는 방식으로 병렬하여 오랜 기간 각자의 권력을 유지한다. 그러나 가끔 폭력 집단의 세대교체나 집단 간의 권력투쟁이 일어나고, 그때마다 대규모 폭력이 발생한다. 권력의 장기적 유지는 어렵고, 권력의 승계는 이루어지지 않는다.

거대 폭력 조직이 소규모 폭력 조직을 통합한 경우, 더 이상 조직 상호 간 권력투쟁은 나타나지 않고 위계적 권력 체계가 당분간 유지된다. 그러나 그럼에도 불구하고 보스의 살해 등에 의한 갑작스런 권력 체계 붕괴 또는 사후의 권력 승계를 위한 분열과 갈등은 되풀이될 가능성이 높다. 권력자는 항상 충성스러운 폭력 집단을 직접 소유하고 부릴 수 있어야 한다. 그리고 날카로운 긴장을 유지하고 격무에 시달리며, 언제 반란과 배신이 일어날지 알 수 없는 불안함을 가진다. 부하들의 논공행상이나 부여된 직책에 대한 불만도 항상 존재할 것이다. 조직 내부 동향을 여러 경로로 수집하여 비교 검토하고, 중간 간부들이 서로 견제하도록 만드는 방법이 수없이 시도되고 실패를 거듭한다. 안정적인 권력 기반이 구축되기 위해서는 직접적 강제 이외에 무언가 다른 요소가 필요하다. 배반을 하기에 큰 위험을 감수해야 하는 권력 질서 구축과 충성심을 확산하기 위한 사고의 조작이 필요하다. 아주 오랜 기간의 시행착오를 거쳐 효과적인 내부 견제 시스템이 등장할 수 있었다. 이를 위해서는 스스로 최고 권력자가 되기보다 서열 2위 또는 서열 5위 정도로 만족하는 게, 작더라도 안전하게 권력을 유지할 수 있다는 공감대를 형성할 필요가 있었다. 권력 질서를 보호할 인력은 점점 많이 필요하게 되고, 이익을 관리할 비서진도 더욱 많이 필요했을 것이다. 권력 체계는 실패를 거듭하면서도 시간이 가며 점차 정교하게 자리 잡는다.

이처럼 인류 사회는 권력의 유지에 많은 어려움을 겪었다. 사회 규모가 확대될수록 감시와 선전·선동의 효과가 반감되었다. 폭력을 통한 공포와 두려움은 이따금 조직적 반발을 불러왔고, 그로 인해 수시로 권력이 교체되었다. 대부분의 인간에게 나와 동등한 특정 인간들이 장기간 권력의 이익을 누린다는 것은 불공평한 것으로, 도저히 받아들일 수 없는 것이었다. 당장은 권력자의 힘이 두려워 굴복하지만, 언제든 조건 변화가 나타나면 권력은 탈취하거나 변화되어야 하는 것이었다. 권력의 유지 과정은 인간 본성의 한 측면인 이타성과 선에 배치되고, 또한 매우 피곤하고 에너지가 많이 소모되는 일이어서 사람에 따라 권력을 포기해 버리는 일도 자주 발생하였다. 그러나 권력의 이익은 너무나도 유혹적이어서 대부분은 엄청난 스트레스와 실패에도 불구하고 권력 유지에 온 에너지를 쏟았다.

원시 씨족사회가 갑자기 메소포타미아 고대 문명으로 도약할 수는 없었다. 지구 여러 곳에는 사회 발전에 커다란 편차가 존재했고, 풍부한 경제활동 구역을 거점으로 인간들이 밀집하기 시작했으며, 그 영향으로 권력 다툼이 점점 심화되었다. 현재 사라져서 존재하지 않는 권력 체계 성립의 중간 과정에는 매우 오랜 기간의 폭력 시기가 있었다. 마치 유기물 결합 구조의 중간 과정이 유실되어 사라진 것처럼, 생명체 진화의 가지가 중간중간 잘려서 사라지고 없는 것처럼, 오랜 기간의 권력 체계 형성 과정도 유실되어 사라지고 말았다.

종교와 중대한 변화

폭력 행사를 통해 기존 권력을 몰아내거나, 붕괴시키거나, 새로이 권력을 쟁취할 수 있었다. 그러나 권력은 폭력 행사만으로는 결코 안정적으로 구축되어 유지될 수 없었다. 폭력이 매우 중요한 수단인 것은 분명했으나 그것만으로는 안 되었다. 미국 정치학자 해나 아렌트(Hannah Arendt, 1906~1975)는 『폭력론』(1970)에서 '폭력은 언제나 권력을 파괴할 수 있다. 가장 빠르고 완전한 복종을 가져오는, 가장 효과적인 명령이 나올 수 있다. 그러나 총구로부터 결코 나올 수 없는 것은 권력이다'라고 했다. 권력이 어떤 특정한 개인과 집단에게 계속 귀속되기 위해서는 그 당위성이 무언가 상위의 존재로부터 위임될 필요가 있었다. 수렵채집 시기, 인구 밀집으로 권력투쟁이 빈번하던 일부 지역에서 권력에 종교라는 심리 기제가 결합하기 시작했다. 존경받던 현인인 종교 사제는 사회질서를 유지하여 공공의 이익을 증대하기 위해서는 사회 구성원을 강제해야 할 필요가 있고, 권력자에게는 신성한 권리가 있다며 그 당위성을 반복적으로 주장하였다. 결국 종교는 대중들의 심리적 저항을 해체하였고, 그것에 동의하게 함으로써 권력 질서를 정착시켰다. 집단 사냥이나 전투에서 권력 질서의 효용성이 구성원에게 인정되면서 비로소 집단심리로 수용되기 시작하였다. 그리고 그제서야 특정한 누군가에게 안정적으로 권력이 부여되기 시작하였다.

오랫동안 이어진 수렵채집 사회 내부의 혼돈은 종교와 결합한 권력 체계의 수립으로 점차 완화되기 시작했다. 아이러니하게도 위계 권력 체계의 작용으로 사회 내부에 오히려 질서와 평화가 찾아왔다. 강력하게 성립되어 절대적으로 지배하는 권력 체계는 내부의 혼돈을 억제하였다. 필요에 따라서 처벌이나 처형 같은 제한된 폭력을 사용하는 것으로 족하였다. 권력 질서가 안정되자, 내부 권력투쟁에 소모되던 에너지는 그 인간 집단의 단결력을 강화시켜 다른 씨족 집단과의 생존경쟁에서 우위를 점할 수 있도록 작동되었다.

권력 질서의 유지는 많은 비용을 요한다. 생산성 발전에 제약이 있던 원시 수렵채집 시기에는 작은 권력만이 유지되었으나, 권력과 종교의 동거가 시작된 이후에는 비록 경제 기반이 수렵채집이라 하여도 인간 사회 규모가 일부 지역에서 대규모로 확장된 것으로 보인다. 2018년 세계문화유산으로 지정된, 튀르키예 남동부의 신석기시대 유적인 괴베클리 테페(Göbekli Tepe)는 수렵채집민들의 권력 질서와 사회 조직 규모도 무시할 수 없는 수준에 이르렀던 것을 알려 준다. 더욱이 괴베클리 테페로부터 38㎞ 떨어진 곳에서 카라한 테페(Karahan Tepe)가 발견되어 2019년부터 발굴이 진행 중인데, 수렵채집의 사회 및 경제 규모가 기존의 상상을 훨씬 뛰어넘는 듯하다. 해발 760m 언덕 정상에 위치한 괴베클리 테페의 종교 행사용 유적은 3개 기층으로 구성되었는데, 각 기층은 일정 기간 사용되다가 흙으로 메워졌고, 그 위에 비슷한 구조물이 다시 세워졌다고 한다. 가장 오래된 3기층은 BC 9700~8800년에 수 개의 타원형 구조물로 만들어졌고, 2기층은 BC 8800~8000년에 직사각형으로 바뀌어 구조물이 세워졌으며, 1기층은 BC 8000년 이후에 조성되었다. 오래된 3기층의 유적이 가장 규모가 크고 기술과 공예 수준도 발달하였고, 후대로 갈수록 규모가 작아져 1기층에서 급격히 쇠락한 것으로 조사되었다. 타원형 구조물의 직경은 10~30m, 가장 큰 기둥의 높이는 5.5m, 무게는 20t에 이르며 200개 내외의 석회암 기둥은 유적지에서 100m가량 떨어진 곳에서부터 돌도끼 등을 이용하여 다듬고 운반해 온 것으로 추정되었다. 석재 구조물에는 그림문자와 동물 부조가 조각되어 있다. 부조에는 사자, 들소, 돼지, 영양, 여우, 오리, 독수리, 뱀, 전갈, 거미 등 다양한 종류의 동물이 매우 정교하게 조각되어 있어 애니미즘의 흔적을 보여 준다. 이 수렵채집민의 유적에는 여러 가지 미스터리한 점이 있는데, 첫째, 적어도 수천 명에 이르는 대규모 인간 사회 조직이 수렵채집 경제를 기반으로 유지되었다는 점, 둘째, 약 2,000년에 이르는 매우 오랜 기간, 유적지 인근 지역을 경제 기반으로 하는 수렵채집민들의 권력 질서가 수없이 대를 이어 유지되었다는 점, 셋째, 마제석기만을 도구로 사용한 신석기 수렵채집민들의 기술이 상당 수준에 이르렀다는 점 등이다.

자세한 내용은 알 수 없고 추정에 불과하지만, 이런 대규모의 인간 사회가 수렵채집 경제를 기반으로 오랜 기간 유지될 수 있었다는 것은 이미 그 당시 확고한 권력 질서가 존재하였고, 수렵채집 경제의 풍요가 상당 기간 유지되었으며, 상당히 오랜 기간에 걸쳐 점차 수렵채집의 생산성이 저하되었다는 것을 말한다. 또한 그 권력 질서를 지탱하기 위한 전문 폭력 조직과 정신적 구심력을 확보하기 위한 발달된 종교 조직도 존재하였음을 암시한다.

　장기적 권력 체계에 대한 심리적 수용은 인간 사회 내부에 중대한 변화를 초래하였다. 지배자가 육체적 완력을 잃어버리고 병에 들더라도, 권력은 적어도 그가 살아 있을 때까지는 유지될 수 있었다. 권력은 당사자의 지위뿐만 아니라 그가 대표하는 인간 집단의 사회적 영향력을 의미하게 되었다. 그럼에도 불구하고 대부분 권력자의 사후에는 어김없이 권력 다툼이 되풀이되었다. 매우 오랫동안 수많은 시도 끝에 차기 권력자로 지명된 자에게 복종하는 편이 안전하고, 그것에 반발하는 순간 잠재적 위협이 크게 증가하는 권력 승계 시스템이 구축되기 시작했다. 이와 함께 기존 권력자에게는 자신의 권력을 특정인에게 승계하고자 하는 욕구가 일어났다. 사후에도 권력의 이익을 유지하려는 욕망의 발로로서, 인간이 아닌 다른 동물에게서 나타나지 않는 욕망이다. 권력자는 자신을 배신하지 않을, 신뢰할 수 있는 자에게 권력을 승계하고 싶지만 유지할 능력이 없다면 권력을 넘겨줄 수 없었다. 지명되는 차기 권력자는 기존 권력자와 가까운 혈족에서 점차 부자간에 승계하는 방식으로 변했다. 만약 기존 권력자가 전쟁, 사고, 질환으로 빨리 죽는 경우에는 이미 일부 권력을 가지고 있던 가까운 친족, 친지로 권력이 인계되었고 권력 시스템이 안정될수록 안전하게 부자 승계를 할 수 있었다.

　매우 천천히 진행된 권력 질서의 심리적 수용 과정을 거쳐 권력의 효력이 부각되자, 권력투쟁이 인간관계 전면에 가장 중요한 이슈가 되었다. 내부 권력투쟁은 더욱 격렬해졌고, 사회집단이 단일 유기체로서 심리적 구심력이 커지면서 대외 약탈이 촉발되었다.

폭력과 선전·선동

권력투쟁에서 가장 중요한 수단은 신체에 대한 물리적 지배를 의미하는 폭력, 그리고 정신적 지배에 영향력을 발휘하는 선전·선동이다.

폭력성과 폭력의 심리

먼저 폭력과 관련하여 사람들이 흔히 가지는 오해에 대하여 간단히 이야기해 보자. 아메리카 원주민과 백인 개척자 사이에서, 또는 마야 문명 원시인과 에스파냐제국 군인 사이에서 벌어지는 충돌에서 각자의 입장에 따라 원주민 또는 백인이 더 폭력적이었다고 주장하거나 한쪽에 치우친 감정을 가진 사람들이 상당수 존재한다. 하지만 이는 오해일 뿐이고, 어느 쪽이나 마찬가지다. 아메리카 원주민, 마야 문명 원시인 입장에서 자신이 원래 살고 있던 땅을 침입한 백인 개척자에게 저항한 것은 당연한 일이나, 그렇다고 그들이 폭력성이 덜한 평화주의자였다고 주장하는 것은 사실 관계를 오해한 것이다. 차이가 큰 문명이 충돌하는 현장에서는 당연히 선진 기술 문명의 소유자가 승리한다. 그러나 그것은 조직력과 전략·전술, 무기 체계 성능의 차이일 뿐 인간 내면의 폭력성 차이는 아니다. 문명의 차이는 세련됨의 차이이고 수단과 방법론의 차이다.

반면 원시 문명의 미개인이 보여 주는 원초적인 생존 행위를 잔혹하다 비난하는 경우가 있는데, 그 또한 사실을 잘못 이해하고 있는 것이다. 혼자서 또는 아주 소수로 구성된 사회집단이 생존하기 위해서는 먹거리를 찾고, 죽이고, 해체하는 과정상의 모든 행위를 모두 스스로 해야만 한다. 그리고 생존에 위협이 될 수 있는 존재는 미리 적절하게 제거하거나 처분해야 한다. 그 행동이 반인륜적이거나 잔혹하거나 유혈이 낭자한 이미지를 연상하게 할 수 있겠지만, 그 때문에 지탄을 받는 것은 부당하다. 사자가 들소를 잡아먹거나 뱀이 들쥐를 삼키는 것을 잔혹하다거나 폭력적이라고 할 수 없듯이, 생존의 문제에 있어 대규모 조직이나 사회 시스템의 도움을 받지 않고 스스로 모든 것을 해결해야 하는 원시인에게는 잔혹한 생존 행위를 거리낌 없이 하는 것이 너무나도 당연하기 때문이다.

따라서 원시인과 문명인 사이의 폭력적 본성의 우열에 대한 논쟁은 무의미하다. 다만 폭력성에 관한 각 개인적 기질의 차이는 존재할 것이고, 어떤 인간 집단이 폭력적 상황이나 폭력 수단, 표출 방식 등에 더 익숙하다는 것은 분명하다. 따라서 원시인과 문명인이 조우하는 순간에, 군인이나 모험가로서 개척과 점령을 목적으로 한 문명인이 더 폭력에 능숙하였을 것이라는 점은 충분히 짐작된다.

폭력은 영장류 동물과 그 이전의 동물 선조가 인간의 DNA에 물려준 심리 특성이다. 따라서 다른 동물들도 동종의 개체에게 폭력을 행사한다. 침팬지에서는 한 집단의 수컷들이 다른 집단에 침입하여 집단 학살을 벌이는 경우도 관찰된다. 발달심리학 연구 결과에 따르면, 폭력 발생 빈도의 절정기는 뜻밖에도 만 2세 전후의 유아기로 나타났다. 비록 육체적 힘이 약하여 파괴적 결과를 내지는 못하지만 깨물고, 때리고, 밀고, 발로 차고, 위협하고, 물건을 빼앗는 등 자신의 욕구를 충족하기 위해 시도하는 폭력 행동이 유아기 때 가장 빈번하게 나타난 것이다. 일반적 예상과 달리, 유아기 때 가장 빈번한 폭력적 행동은 성인이 될 때까지 꾸준히 감소한다.

한편 많은 사람에게 폭력에 관한 선천적 심리 기제가 있다. 진화심리학자 더글러스 켄릭(Douglas Kenrick)의 연구 결과에 의하면, 애리조나 주립대 학생 중 남학생의 76%, 여학생의 62%, 텍사스 대학교 학생 중 남학생의 79%, 여학생의 58%가 누군가를 죽이는 상상을 했던 것으로 나타났다. 특히 남성의 신체적 특성은 폭력 행사에 적응되도록 진화했다는 것을 알려 준다. 인간이 폭력을 잘 사용할 수 있으려면 상체 근육량이 중요한데, 남성은 여성에 비해 다리 근육은 50%, 상체 근육은 75% 더 발달하였다. 폭력은 자연 생태계의 생존경쟁을 위해 오랫동안 진화되어 온 특성이다.

전중환 교수의 『본격진화심리학』에서는 폭력 행사로 얻을 수 있는 이익에 따라 폭력의 범주를 세 가지로 구분한다.

첫째, 복수(revenge)의 심리다. 동서고금의 모든 역사에서 복수의 사례는 수없이 많다. 성경에서도 "누구든지 사람의 피를 흘리게 하면, 다른 사람이 그 사람의 피를 흘리게 할 것이다(창세기 9:6)", "눈에는 눈, 이에는 이(레위기 24:20)" 등으로 언급되었고, 함무라비 법전에는 이를 명시적으로 체계화하였다. 진화심리학자 마틴 데일리(Martin Daly)와 마고 윌슨(Margot Wilson)에 따르면, 거의 모든 문화권에서 아들이 아버지의 복수를 하는 '혈족 복수'가 존재하였다. 복수는 조직폭력의 주요 동기이며, 현재 벌어지는 각국의 살인 사건에서 10%~20%를 차지한다. 그런데 복수가 또 다른 보복을 낳아 모두를 파멸시키는 복수 심리는 왜 사라지지 않고 계속 남아 있게 되었을까? 복수는 나를 함부로 공격하지 못하도록 제3자에게 예방적으로 두려움을 배포함으로써 나의 존재 이익을 관철한다. 복수심이 때로 매우 소모적인 대가를 치르지만, 상대의 선제공격을 미리 억제함으로써 나를 보호할 수 있다는 설명이다.

둘째, 지배의 심리다. 사춘기의 남성들은 종종 눈빛 교환만으로 혈기를 분출한다. 자신의 우월성을 증명하기 위해 처음 만나는 수컷에게 "눈 깔아!"라고 요구한다. 동성의 남성들은 종종 그 어떤 뚜렷한 이익도 없이 경멸적 표정, 마주치는 시선, 어깨 부딪힘 등 아주 사소한 시비로 폭행을 주고받거나 심지어 살인까지 저지른다. 사회학자 마빈 볼프강(Marvin Wolfgang)은 필라델피아에서의 살인 사건 동기를 조사했는데, 그중 37%를 차지한 가장 흔한 동기는 욕설, 모욕 같은 사소한 언쟁으로 시작된 우발적 살인이었다. 다소 어리석어 보이는 남성들의 우발적 충돌은 사회적 지위를 둘러싼 심리 반응이 원인이다. 자신의 지위를 지키려는 뜻과 그 능력을 가지고 있음을 상대방과 제3자에게 각인시키는 행동은 매우 중요하기 때문이다. 따라서 미리 권력 서열이 드러나 있거나, 서로 우열이 받아들여진 경우에는 우발적 충돌은 잘 일어나지 않는다. 이러한 지배의 심리는 선조의 동물로부터 인간의 DNA에 계승되어 오랫동안 진화되어 왔다. 다른 동물들도 자신의 지배를 증명하려는 목적으로 수시로 다른 개체에게 폭력을 행사한다.

셋째, 지배의 심리와 밀접하되 인간에게서 더욱 발달한 도구적 폭력(instrumental violence)이다. 칭기즈칸의 몽골군은 세계 원정길에서 마주한 중세 아랍 도시들에게 항복하거나 모두 죽는 두 가지 선택지를 제시했다. 몽골군은 항복한 도시인들은 살려서 자신의 원정길에 군사적, 경제적 자원으로 활용했지만 저항한 도시는 일주일 이상 일정을 지체하면서도 모든 인간과 가축을 몰살하고 성벽과 가옥을 파괴하여 풀 한 포기 나지 않는 폐허로 만들었다. 저항 의지 근절을 목표로 한 몽골군의 살육은 도구적 폭력의 극단적 사례다. 도구적 폭력은 피해자를 괴롭히기보다는, 그로부터 얻는 이익과 제3자에게 전달되는 공포를 의도한다. 가해자는 피해자의 고통에 지극히 무관심하고, 폭력 사용에 있어 실용적 태도를 취한다.

권력투쟁과 폭력

인간이라는 생물 종이 다른 동물보다 폭력적이라 하는 이유는 인간이 특히 더 유혈이 낭자하게 만들기 때문이 아니라 자신의 생존과 직접 관련 없는 도구적 폭력, 즉 예방적 대량 살생을 저지르기 때문이다. 인간의 폭력적 특성은 인간 사회의 권력투쟁에서 더욱 극명하게 발휘되었다. 미국 정치학자 셸던 월린(Sheldon S. Wolin, 1922~2015)은 "권력의 본질적인 핵심은 폭력이며 권력의 행사는 종종 누군가의 신체나 재산에 폭력을 가하는 것"이라 했다. 권력은 언제든지 도구적 폭력을 행사할 수 있는 잠재적 폭력이다.

권력 질서가 인간 사회에 수용된 후, 인간에게 있어 다른 동물 집단과의 생존경쟁과 포식 동물로부터의 안전은 더 이상 걱정거리가 아니었다. 인간에게 있어서는 권력 확보야말로 가장 중요한 이슈가 되었으며, 그때부터 길고 긴 권력투쟁의 역사가 시작되었다.

권력투쟁 과정에서는 항상 폭력이 동원되었는데, 권력을 빼앗을 때는 기존 권력자보다 더 크고 기습적인 폭력을 사용하였고, 권력 확보 후에는 권력을 찬탈당하지 않도록 예방적 폭력을 일삼았다. 권력자의 위대함은 보유하여 활용 가능한 폭력의 크기로 측정되었다. 인류 사회의 권력투쟁은 사자, 원숭이, 늑대 등 사회적 농물 집단의 권력투쟁과 유사하였으나, 인간은 더 발달한 뇌와 언어 능력으로 집단 간의 다툼으로 확대시켰으며, 집단 폭력의 규모는 점점 커졌고, 조직 체계와 전략·전술, 의사소통 방식은 점점 세련되게 발전하였다.

권력은 종교의 작용에 힘입어 비로소 안정되기 시작하였다. 그렇지만 생산성 향상으로 권력의 이익이 증가하면 유혹은 그에 비례하여 더욱 커졌고, 권력투쟁은 더욱 치열하게 계속되었다. 권력 체계는 세분화되고 권력의 크기는 점차 거대해졌는데, 최상위 권력자는 기분 내키는 대로 언제든지 무제한의 폭력을 행사하며 항상 대중에게 두려움을 각인시켰다. 중간 권력자는 상위 권력자가 허용하는 범위에서 하위의 피지배자에게 폭력을 행사하며 자신의 권력과 존재 가치를 확인하면서 전체적으로 거대한 폭력의 위계질서가 자리 잡게 되었다.

거의 모든 인간 사회에서 위계 권력 질서에 의한 폭력은 특정 목적에 인간을 동원하거나, 일을 시키거나, 가진 것을 빼앗는 수단이었다. 이때 여성이나 노인, 아이들을 포함한 약자는 권력자에게 보호되지 않는 한 일상적 폭력에 시달리며 삶을 이어 갈 수밖에 없었다. 봉건시대 관료는 피지배 대중에게 폭력을 사용하는 제한된 권한을 위임받았고, 대중들은 폭력이 두려워 이에 순응했다.

이러한 체계적인 일상적 폭력은 매우 오랜 시간이 지나 국가 운영의 법치개념이 발달하고 보편적 윤리와 도덕이 확산되면서 점차 완화되기 시작하였다. 프랑스대혁명과 나폴레옹 전쟁 이후, 인권 의식 보급과 함께 설립된 민족국가 공화정 시기부터 국가권력이 폭력 행사를 독점하고 사인 간의 일상적 폭력을 금지하면서 획기적으로 개선되었다. 민주제도와 시장경제 체제가 발달하자 인간을 동원하거나 일을 시키기 위해 폭력보다는 주로 돈을 사용하게 되었다.

선전·선동의 심리적 효과

권력투쟁의 또 다른 중요 수단인 선전·선동에 대해 알아보자. 선전·선동(propaganda·agitation: 宣傳·煽動)이라는 용어는 아돌프 히틀러와 블라디미르 레닌이 나치즘과 공산주의 이데올로기를 대중에게 효과적으로 알리고, 의도된 사회운동에 참여토록 독려하려는 목적에서 적극적으로 권장한 활동을 말한다.

선전이라는 용어는 16세기 그레고리우스 13세 통치하의 로마에서 등장하였다. 당시 신앙의 보급(데 프로파간다 피데)을 위한 교단이 설립되었는데, '프로파간다'라는 라틴어를 '선전'이라는 뜻으로 사용한 것에서 나왔다. 이처럼 선전은 종교상의 포교를 뜻하고, 현재는 대중에게 어떤 가치 체계를 설명하여 설득하는 커뮤니케이션 활동으로 선전이라는 말을 사용하며, 상업적 광고와는 구별한다.

선전과 붙여 사용되는 선동은 대중의 감정을 고무·격려하여 행동을 촉발시키는 행위를 말한다. 자유 국가에서는 선전·선동이라는 용어에 대해 반감을 가지지만, 어떤 신념과 가치 체계를 인간의 뇌에 감정적으로 작용시키는 것을 뜻하는 용어로서 선전·선동보다 더 적확한 용어를 모르겠기에 그대로 사용한다. 선전·선동이 중요한 것은 단지 정보를 알리는 것에 그치지 않고, 그것을 통해 집단심리를 고취시켜 특정 목적을 가진 인간 집단의 행동을 만들 수 있기 때문이다.

인간 사회의 규모가 커짐에 따라 권력을 획득하고 유지하는 핵심 요소로 폭력보다 선전·선동이 더욱 중요하게 되었다. 권력 질서가 수용되는 핵심 요소는 바로 심리적 저항을 무너뜨리는 선전·선동이다. 선전·선동은 인간의 정신을 세뇌하여 굴복시키는 것을 말한다.

권력 질서가 수용되는 데는 권력을 옹위하는 지지 세력의 지속적인 선전·선동이 주효하였으며, 한번 심리적 저항이 무너진 인간 사회는 이후 위계질서를 자연스러운 것으로 받아들였다. 강력한 위계질서가 뿌리내린 인간 사회는 그렇지 아니한 인간 사회와 대비하여 단결력과 협동 전투 능력에서 탁월한 우위를 보여, 다른 인간 집단에 대한 침략과 약탈을 보다 쉽게 할 수 있게 되었다. 이 약탈 과정에서 새롭게 포획된 인간은 권력 질서의 하부 신분으로 계속 충원되어 신분제 사회가 형성되었고, 기존 하층민의 신분이 한 단계 상승하여 그들에게도 권력의 이익이 발생하는 계단식 위계질서 구조가 만들어졌다.

선전·선동은 종교에 그대로 흡수되어 종교 권력을 안정시키는 장치로 작동하였으며, 인류 역사 전개에 따라 계승되어 현재에 이르렀다. 현재 여러 독재국가에서 유아기, 청소년기, 청년기에 세뇌 교육을 하고 모든 언론 매체가 동원된 선전·선동으로 집중적으로 가치 체계를 조작하고 있으며, 심지어 소년병을 양성하여 전투 또는 정치적 목적에 동원하기도 한다. 한편, 자유 국가에서는 특수 권력 집단인 언론이 주도하는 여론의 심리적 압력에 많은 대중이 굴복하는 방식으로 선선·선동이 맹위를 떨치게 되었다. 선전·선동이 어떻게 권력에 영향을 주는지, 그리고 현대 사회에서 왜 더욱 강한 영향력을 발휘하는지 생각해 볼 필요가 있다.

공감 능력

　공감은 타인의 육체적, 심리적 상태를 함께 느끼는 능력, 즉 타인의 감정 상태를 아는 능력이다. 공감은 사회적 동물의 생존 가능성을 높여 주는 능력으로서, 이 또한 생명체의 뇌가 타고 나는 특질이다. 인간은 공감 능력이 있어 문화예술을 발전시킬 수 있었고, 타인의 기쁨과 슬픔에 함께 공감하며 상호 간 긴밀히 호응하는 공동체 사회를 만들 수 있었다.

　데이비드 이글먼의 저서 『The Brain』 203~210쪽에서는 공감 능력에 대해 다음과 같이 설명한다. 누가 바늘로 당신의 손을 찌른다고 상상해 보라. 그때 일어나는 통증은 여러 군데의 뇌 구역을 활성화하여 서로 연결된 신경망 반응으로 작동하는데, 이 연결망을 '통증 매트릭스(Pain Matrix)'라고 한다. 그런데 타인의 손을 바늘로 찌르면, 그것을 단지 보기만 하는 당신의 통증 매트릭스가 활성화된다. 당신이 실제 찔렸다는 사실을 알려 주는 뇌 구역은 활성화되지 않지만, 통증에 대한 감정적 경험의 뇌 구역은 활성화된다. 이것이 바로 공감의 토대다. 타인의 기쁨과 슬픔을 공감한다는 것은, 당신의 기쁨과 슬픔의 뇌 구역을 함께 활성화시켜 똑같이 느낀다는 것이다. 당신이 타인의 상황에 처한다면 어떠할지를 당신의 뇌는 순식간에 시뮬레이션한다. 영화와 드라마를 보며, 음악을 들으며 공감의 눈물을 흘리는 것은 뇌의 공감 능력 때문이다. 드라마 속 인물이 모르는 사람이거나 심지어 완전히 꾸며낸 만화 주인공이더라도 당신은 그의 기쁨과 슬픔을 경험한다. 당신의 뇌는 그것을 보는 것만으로 마치 나의 경험처럼 느끼게 해 준다.

그렇다면 왜 우리는 이러한 공감 능력을 타고나게 되었으며 왜 이렇게 진화되었을까? 사회적 동물로서 인간은 타인의 감정을 잘 이해함으로써 타인의 행동을 잘 예측하게 되고, 그로 인한 변화에서 자신의 생존 가능성을 높일 수 있기 때문이다. 또한 공감 능력은 인간 사이의 상호 관계를 쉽고 정확하게 알게 하고, 전체적 분위기와 상호 우열을 직관적으로 느끼게 하여 다수를 이루거나 우위에 속한 인간 집단에 자신을 속하도록 만들 수 있다.

우위를 이루는 사회집단에 속하고 싶은 욕망에 근거를 둔 공감 능력은 인간 내면에 미치는 영향이 매우 크다. '이기는 편, 우리 편'은 사회적 동물의 유리한 생존 원칙인 것이다. 한편 공감 능력을 강화하는 방향의 진화는 다수를 이루거나 우위에 속한 사회적 관계로부터 나오는 요구에 쉽게 굴복하는 심리를 가져오게 하였다. 그러한 측면에서 모든 인간은 기회주의자고, 회색 인간이다. 공감 능력은 사회적 관계를 향한 갈망과 심리적 압박을 가져온다. 심지어 사회적 상호 관계가 단절될 경우 트라우마를 가져오게 만든다. 2009년 7월 31일 미국인 조슈아 패털, 새라 슈드, 셰인 바우이는 이란 국경 근처를 도보로 여행하던 중 이란 당국에 체포되어 410일간 독방에 감금되었다. 새라의 단절은 심리적 고통을 주고, 심한 환각 상태에 빠지게 만들었으며, 이후 석방된 후에도 쉽게 공황 상태에 빠지게 하였다.

신경과학자 나오미 아이젠버거(Naomi Eisenberger)의 실험은, 타고난 공감 능력의 존재가 사회적 관계에서 배제되었을 때 거꾸로 우리에게 어떠한 고통을 주는지를 알려 준다. 아이젠버거는 피험자를 뇌 스캐너에 눕힌 상태로, 다른 두 명과 공을 주고받는 간단한 컴퓨터 게임을 하게 하였다. 다른 두 명은 사실 존재하지 않고 컴퓨터 프로그램이었으나, 피험자에게는 다른 두 명이 있는 것으로 알려줬다. 처음에 세 명은 다 함께 공을 돌리며 공을 주고받았으나, 어느 정도 시간이 흐르자 두 명은 피험자를 배제하고 자기들끼리만 공을 주고받았다. 이 단순한 게임에서 피험자는 통증 매트릭스가 활성화되며 심리적 고통을 느꼈다. 배제됨으로써 받는 이런 심리적 고통은 모든 인간에게 집단을 구성하고 그 집단에 소속되도록 압박한다. 모든 인간은 사회적으로 배제되면 생존의 위협을 느끼도록 진화하였다. 이 사회적 결속 성향은 집단 사회를 이루는 원동력이 되었지만, 한편 내집단과 외집단을 분리하는 심리적 장벽을 만든 원인이 되기도 했다.

사회 체계에 신속히 편입하기를 요구하는 뇌의 공감 능력은, 불공평한 권력 질서조차도 인정하도록 만드는 심리적 압박으로 작용한다. 인간은 실존하는 '나'를 중심으로 이해관계가 같은 '우리'에게 매우 집착한다. '우리'라는 내집단은 나의 삶의 기반으로서 무조건

좋게 보고, 우리 밖에 있는 '그들'은 우리에게 잠재적 위협이 되는 외집단으로 보아 배제하고 부정적으로 판단한다. 외집단에 대한 적대 개념의 성립은 집단 이기주의를 낳는 심리 기제가 된다. 집단 이기주의는 나의 이익을 집단화한 것으로, 떳떳하고 뻔뻔하게 내집단의 이익을 배타적으로 타인에게 강제하는 정신적 동력을 제공한다. 대부분의 종교나 이데올로기가 진정한 의미의 전체가 아닌 내집단에게 봉사하는 집단 이기주의를 종용하고, 도리어 외집단에 대한 증오와 공격성을 강화한다.

집단주의 또는 전체주의 가치관은 자연스럽게 모든 사람을 위한 것이 아니라 나의 민족이나 종족, 나의 씨족이나 부족, 나의 인종, 나의 종교, 나의 계급, 나의 혈연 등 내가 속한 집단의 배타적 이익을 추구한다. 나치즘, 파시즘 등에 집단주의 관점이 작용하며, 이는 집단 이기주의이면서 집단 우월주의가 되고, 외집단을 적대하고 공격성을 강화한다. 집단 이기주의를 추구하는 것은 나의 내면에서 집단을 위한 충성과 이타성을 실천하는 것으로 인식된다. 사실상 내가 속한 집단만의 이기적이고 배타적인 이익을 추구하면서도, 이타적 행동을 하고 있다고 심리적 암시를 받는 것이다.

폭력을 부르는 선전·선동

 폭력의 역사를 이해하려면 '우리'와 '그들', 내집단과 외집단을 나
누는 집단심리와 그것을 이끌어 내는 선전·선동을 이해해야 한다.
선전·선동은 적으로 규정된 인간들을 사회적으로 배제하게 만들
고, '우리'로부터 '그들'을 분리하는 집단주의 신념에 개입하며, '그들'
에 대한 증오의 신념을 확산시킨다. 동서고금을 막론하고 지구 전
역에서 수많은 집단 학살이 자행되었다. 수렵채집 시기부터 인간
은 '우리'가 먹고사는 데 방해가 되는 '그들'을 경제활동 구역으로부
터 쫓아냈고, 경우에 따라서는 계획적으로 몰살시켰다. 이때 이름
도 알 수 없는 수많은 씨족사회가 멸망하였다.

 농경과 사육의 시작을 계기로, 고대 문명 성립을 전후하여 수천
년간 이어진 약탈의 시대에는 고대국가 상호 간 더욱 규모가 커진
수많은 학살이 있었다. 로마제국의 전개, 진나라의 중국 통일, 몽
골제국의 팽창, 훈족과 게르만족의 대이동 과정에서 갑자기 맞닥뜨
린 이민족 사이에서는 시시때때로 더욱 큰 학살이 일어났다. 이때
말과 문화가 다른 '우리'와 '그들'의 차이는 극명하게 드러났다. 유럽
제국들의 식민지 쟁탈 과정에서도, 중국 근세사에서 만주족 세력
기반이 궤멸되어 재기 불능의 몰락을 가져온 태평천국의 난에서
도, '우리'와 '그들' 사이에서 처참한 대규모 집단 학살이 나타났다.
최근까지도 집단 학살은 일어났으며, 현재에도, 그리고 어쩌면 미
래에도 집단 학살의 참상은 되풀이될 수 있다.

1915년 오스만 튀르크 제국은 아르메니아인 100만 명을 살해했고, 1937년 난징에서 일본군은 30만 명에 이르는 무방비의 중국 민간인을 살해했고, 1939년 발발한 6년간의 제2차 세계대전에서 나치즘 정권은 600만 명에 이르는 유대인을 체계적으로 살해했고, 1966년 중국 문화대혁명 과정에서는 청소년, 노동자 집단이 앞장서서 직전까지 존경받았던 300만 명의 사회 지도자들을 무참히 숙청했으며, 1975년부터 3년간 캄보디아 사회주의자들은 100만 명 이상의 동족을 살해했다. 아프리카의 다양한 부족과 민족 사이에는 오랜 기간 분쟁이 반복되었는데, 1994년 르완다 후투족은 100일간 80만 명의 투치족을 조직적으로 살해했다. 1990년대 약 10년간 이어진 유고슬라비아 전쟁에서는 이루 말할 수 없는 참상이 일어났다. 당초 종교와 민족의 차이에도 불구하고 이웃하여 지내 온 세르비아인, 크로아티아인, 보스니아인들은 어느 순간 서로를 향해 폭력을 휘둘렀다. 이를 계기로 서로를 향한 증오가 불타올랐으며, 그 결과 어느 순간 집단 학살과 인종 청소가 일어났다. 지금도 발칸반도는 언제 다시 폭발할지 알 수 없는 화약고다. 상호 간의 멸시와 갈등, 이로 인한 피해의식과 증오가 오랜 기간 켜켜이 누적되어 왔으며, 우발적 사건이나 외세 개입에 의해 언제든 분쟁이 촉발될 수 있다.

집단 학살은 어느 한쪽이 다른 쪽을 일방적으로 대량으로 죽이는 행위로서, 그들이 무력을 보유하고 있는가와 무관하게 존재 자체로 증오와 폭력의 표적이 되게 만든다. 여기엔 '그들'은 '우리'와 같은 인간이 아니라는 비인간화가 작용한다. 우리는 인간이지만 그들은 짐승이나 벌레, 기생충, 쓰레기와 다를 바 없는 혐오스러운 존재이며 박멸하여 제거해야 할 대상이다. 내집단과 외집단을 나누는 집단심리와 그것을 부추기는 선전·선동이 동시에 작용한 결과 참혹한 집단 학살, 집단 광기가 터져 나온 것이다. 특히 집단 학살의 참혹한 과정이 바로 이웃들 사이에서 일어난다는 점에서 충격적이다. 함께 지역공동체를 이루고 이웃을 이루며 섞여 살다가, 심지어 학교 친구들 사이에서도 선전·선동에 의해 '우리'와 '그들'의 구분이 생기고 증오의 신념이 쌓이다가 어느 순간 폭발적인 집단 학살이 일어난다.

앞서 본 바와 같이 바늘에 찔리는 통증조차도 함께 느끼도록 진화한 인간이, 어째서 공포에 질린 무방비의 사람들을 거리낌 없이 무참하게 대량 학살할 수 있었을까? 손가락 끝의 조그만 상처에 아파하는 인간이 어째서 바로 눈앞에 펼쳐지는 수십만 명, 수백만 명의 처참한 죽음과 고통에 냉담하게 되었을까? 이것은 타인의 아픔을 함께 느끼도록 진화한 공감 능력을 인간 내부의 무엇인가가 차단하였다는 것을 의미한다. 데이비드 이글먼의 저서 『The Brain』 217~223쪽에서는 차별적 공감의 실험 결과에 대하여 다음과 같이 설명한다. 공감 능력은 그 대상에 따라 차단되거나 차등적으로 작용한다. 사람들은 내집단이나 같은 신념을 지닌 사람들에게는 공감을 보여 주지만, 이질적인 집단이나 마약중독자, 노숙자 등에 대해서는 공감 능력이 차단된다. 공감 능력은 타인의 감정 상태를 파악하는 능력이므로, 공감 능력이 차단되었다는 것은 그 대상의 감정을 더 이상 알 필요가 없게 되었다는 것을 말한다. 네덜란드 라이덴 대학교의 라사나 해리스(Lasana Harris)가 사회적 연결망을 담당하는 안쪽 앞이마엽 피질에서의 변화를 탐색한 결과 마약중독자, 노숙자 등 이질적 대상에게는 마치 돌멩이를 보는 것처럼 사람이 아니라 물체에 더 가깝다는 비인간화 현상이 나타났다. 노숙자를 인간으로 보는 뇌의 시스템을 차단함으로써 그의 구걸을 거리낌 없이 거절할 수 있게 되는 것이다. 어떤 집단에 대하여 혐오와 폄하 등이 작용할 때 나타나는 비인간화는 집단 학살의 핵심 요소다. 비인간화는 각 개인마다 정도의 차이가 있지만 이를 부추기는 선전·선동이 작용한다면 피를 부르는 집단 광기가 쉽게 발생될 수 있다는 것을 알려 준다.

사라예보 중심가는 유고슬라비아 전쟁 기간에 '저격수 거리'라 불렸다. 그 주변의 언덕과 건물 안에 웅크린 저격수들이 수많은 사람들을 총으로 쏘아 죽였기 때문이다. 이런 참상은 언론의 조작 뉴스에서 비롯되었다. 그들은 특정한 대상을 끊임없이 비하하고, 조롱하고, 혐오하고, 증오했으며, 허위 과장 보도를 일삼으며 악마화하고 부정적으로 묘사했다. 학살은 비인간화가 집단심리로 수용될 때 일어나며, 그 도구는 선전·선동이다.

선전·선동을 되풀이하여 피지배 대중들이 권력 질서를 인정하도록 만들지만, 또 하나 중요한 것은 그것을 통해 지배 권력 스스로 자신의 지배를 정당화하는 신념을 가지게 된다는 점이다. 이것은 반복되는 자기암시로서 어떠한 행위도 거리낌 없이 할 수 있게 하는 심리적 동력이 된다. 지금도 선전·선동은 계속 일어난다. 그 이유는 여론 형성을 이끄는 언론이 권력의 이익과 밀접하게 관계하기 때문이다. 선전·선동은 권력투쟁의 가장 강력한 도구다.

지배와 명망
- 권력의 이중성

모든 동물이 생존경쟁과 권력투쟁을 하는데, 이것은 무엇 때문일까? 아마도 그것은 생존과 번식을 잘하기 위해 작동하는 생명체의 본성이 제한된 사회적 자원을 쟁탈하도록 부추기고 있기 때문일 것이다. 욕망이 충족되면 만족감이라는 심리적 보상을 받고, 그때문에 끊임없이 권력투쟁이 일어나는 것이다. 그렇다면 욕망의 대상으로서 쟁탈하도록 부추김을 받는 사회적 자원의 정체는 무엇일까? 무엇이 우리를 행복 또는 불행하게 만들고, 계속 싸우도록 만드는 것인가? 맛있는 음식인가? 돈인가? 명예인가? 멋지거나 예쁜 이성 파트너인가? 권력투쟁의 승리를 통해 얻는 이익의 정체는 과연 무엇인가?

사회적 자원의 세부 내용은 지역적, 시대적 상황에 따라 계속 변할 것이다. 사실 우리 인간이 얻고자 하는 욕망의 대상 중 삶에 반드시 필요한 것은 그렇게 많지 않다. 아니, 생존을 위해 필수적인 먹거리 외에는 거의 없다. 옛날 우리 선조들은 사자, 호랑이가 두려워 겁을 먹었지만 집과 의복이 형편없어도 행복하게 잘 살았다. 먹거리와 아주 약간의 보호 장치만으로 생존의 물리적 토대는 모두 완성되었다. 수렵채집을 하던 우리 선조에게 멋진 자동차, 휴대폰과 종이쪽지 화폐는 전혀 욕망의 대상이 아니었다. 그러나 쟁탈하고자 하는 사회적 자원, 즉 권력의 이익이 맛있는 음식, 고급 옷, 웅장한 집 등 돈으로 표현되는 물질적 경제력과 타인을 강제하는 지배 욕망, 우월감, 사회적 지위, 명예, 자아실현, 자부심, 칭찬, 존경, 과학기술, 지식 정보 등 정신적인 것을 모두 포괄하고 있다는 것은 분명하다. 권력이란 이 세상 모든 좋은 것과 탐나는 것을 마음대로 통제할 수 있게 하는 수단이다.

문화진화학자 조지프 헨리크(Joseph Henrich)의 지배-명망 이론(Dominance-Prestige Theory)을 다시 살펴보자. 헨리크는 권력의 리더십을 지배와 명망으로 분류했는데, 이는 권력을 탐하는 욕망의 분류에도 그대로 적용된다. 리더십 자체가 지배 권력이 추구하는 욕망을 표현한다. 정의롭고 공평한 사회질서를 구축하고자 하는 명망의 권력과 자신과 자기 집단의 배타적 이익을 위해 대중을 억압하는 지배의 권력은 서로 다른 것으로서 권력의 이중성을 표현한다. 권력투쟁을 통해 세부적으로 얻고자 하는 바는 각 사람마다 기질적으로 추구하는 것이 다를 수 있다는 것이다.

그러나 이것은 사람마다 다를 수는 있지만, 집단으로 관점을 바꾸면 시간이 갈수록 지배의 욕망이 강화된다. 점차 강화되는 지배 권력의 위계적 약탈과 착취는 인간 사회의 모순과 갈등을 축적시키고, 어느 순간 이에 저항하는 명망의 새로운 정치 세력이 혁명적 변화와 함께 새로운 권력으로 탄생한다. 거의 모든 인류 역사에서 이 과정에 대규모 폭력이 동원되었지만, 선거제도가 운영되는 자유 국가에서는 기존 집권 정당의 평가를 통해 새로운 선거 결과로 교체된다. 어찌 되었든 권력의 장기독점은 자연스럽게 지배의 권력이 된다.

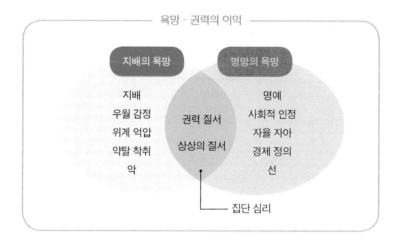

상대적 우월

인간이 원하는 바는 사실 다른 인간보다 조금 우월하고자 하는 욕망이다. 대부분의 인간이 바라는 것은 다른 인간보다 권력, 경제력, 명예 등 제반 분야에서 조금 더 우월하고 싶다는 것이다. 그런데 문제는 그것이 물질적이든 정신적이든 절대적 기준이 있는 것이 아니라 상대적이라는 데 있다. 따라서 욕망의 끝을 스스로 찾을 수 없는 것이다. 권력 질서에 편입된 모든 인간은 조금 더 나은 사회적 지위와 물질적 보상, 심리적 만족감을 얻고자 평생을 바쳐 열심히 노력한다. 그래서 위계질서 체계에서 한 단계 올라갔다고 스스로 인지할 때 더할 나위 없는 행복을 느끼고, 자신감과 자부심을 느낀다. 그렇다면 이미 위계질서의 맨 꼭대기에 자리 잡고 최고 권력을 누리는 인간은 어떠할까? 그도 마찬가지다. 그는 이미 확보된 권력을 놓치지 않기 위해 자나 깨나 노심초사한다.

우리가 가진 욕망은 상대적이기 때문에, 이중적이고 양면적인 작용을 한다. 현재 자신의 삶이 다른 이들보다 어려울 경우에는 평등이 가장 중요한 가치라고 느끼며, 우월한 위치의 사람들에게 이타성을 요구한다. 반면 자신이 다른 이들보다 유리한 경우에는 자유가 가장 중요하다 느끼며, 자신의 우월성을 느끼고 싶어 한다. 이런 심리적 욕구를 충족시키기 위해 인간은 전쟁을 하기도 하고, 열심히 일하기도 하고, 공부를 하기도 하고, 과학기술을 개발하기도 한다. 그런데 상대적 우월의 추종은 지구의 모든 인간을 대상으로 한다. 따라서 자신이 속한 국가의 권력이 가장 강력하기를 원한다. 미국인 또는 중국인이라는 프라이드는 그런 심리에 연유한다. 자신이 미국인 또는 중국인이라면 다른 모든 국가의 인간들보다 상대적 우월이 증명된 것이고, 자국 내 다른 사람들과의 비교가 남은 과제가 된다. 그러나 상대적 우월은 멀리 떨어져 만나지 못하는 인간과의 비교에서는 그 영향력이 작다. 인간은 공산적으로 또한 심리적으로 가장 가까운 주변 사람보다 우월하기를 원하고, 민감하게 반응하며, 먼 미래보다 지금 당장의 현실에서 우월하기를 원한다. 나의 행동에 따라 공동체 사회나 국가가 약해지거나, 심지어 미래에 망할 개연성이 있더라도 지금 당장 나의 이익에 부합되는 행동을 하도록 유혹한다. 문제는 현대 사회에서 상대적 우월의 매개체가 오로지 돈으로 귀착되는 배금주의가 확산되며 욕망이 가속된다는 점이다. 돈으로 권력을 살 수 있고, 돈으로 명예를 살 수 있고, 돈으로 행복을 살 수 있다는 인식이 확산되면서 평화와 공존의 사회적 공감대는 붕괴되고 상호 결속과 안정성이 차츰 깨지고 있다.

우리는 타인이 없을 경우 생존이 불가능할 뿐 아니라, 욕망의 비교기준과 목표를 상실해 버린다. 따라서 우리 모두는 상대적 우월을 느끼고 싶어도 그것이 타인에게 고통을 주지 않도록 해야 한다. 그런데 인류가 살아온 과정을 살펴보면 상대적 우월을 누리고 싶다는 작은 욕망이 인류 역사를 피로 물들게 했다는 사실을 알게 된다. 권력투쟁은 그리 아름다운 것이 아니었고, 권력이 가하는 억압은 매우 가혹한 것이었다. 모두 합의하여, 또는 대중의 감동과 환영 속에서 세워진 명망의 권력이 오히려 인간을 억압하는 지배의 권력으로 바뀌는 메커니즘을 살펴보자.

권력을 가짐으로 인해 나타나는 감정 변화와 집단심리 변화에 대해서 '완장질', '완장 찬다' 등의 말이 있다. 지배 권력의 최정점이 아니더라도, 미미한 권력만으로도 인간 심리가 변하는 것을 표현하는 말이다. 권력은 인간 내면의 지배 욕망을 부채질하여 겸손했던 마음을 다른 것으로 변화시킨다. 석가모니는 이에 대해 부질없음을 가르쳤지만, 대부분의 사람은 그렇지 못하다.

강준만의 저서 『권력은 사람의 뇌를 바꾼다』 50~51쪽 등에서는 다음과 같이 설명한다. 권력을 선하게 쓸 것으로 믿고 지지했던 권력자들마저 '권력의 주인'이라기보다는 '권력의 노예'가 되는 모습에 절망한다. 영국 작가 오스카 와일드(Oscar Wilde, 1854~1900)의 말마따나, '권력은 치사한 것이다.'…(중략)…신념은 진실을 차단하는 방어벽 기능을 하면서 다른 생각을 가진 사람들을 박해하는 도구로 기능한다. '나의 신념이 옳다'라거나 '나는 예외다'라는 생각이 권력을 절대화한다.

명망의 권력이란 권력의 이익을 추구함에도 자신의 욕망뿐만 아니라 공공의 선을 함께 추구하는 것을 말한다. 미국 사회학자 랜들 콜린스(Randall Collins)는 『사회적 삶의 에너지』(2004)에서 '이타적 지도자는 설명하기 쉽다. 관심과 숭배의 중심에 서는 것은 물론이고, 추종자들에게 권력을 행사함으로써 엄청난 정서적 에너지를 얻는다'라고 했다. 그러나 이타적 지도자의 명망의 권력은 유지되기 어렵다. 우리가 민주화를 상징하는 정치 리더에게 감동하고 그를 지지하는 것은 민주주의에 공감을 느끼기 때문이지, 그 리더가 성인 군자이기 때문이 아니다. 또한 권력의 추구란 본질적으로 이익과 욕망에 기반하므로, 그가 자신의 권력 욕망을 인정한다고 해서 그의 명예가 폄훼되는 건 아니다. 오히려 자신의 욕망을 인정해야 타락하거나, 부패하거나, 지배의 권력으로 쉽게 변질될 가능성을 조금이라도 줄일 수 있다. 문제는 자신의 욕망을 마치 사회정의나 가치 있는 신념으로 포장하거나 착각하면서 생긴다. 그때부터 문제가 심각해진다.

이 과정에서 민주주의 또는 사회정의를 지향하는 정치권력이 더욱 심각한 독재로 가는 아이러니가 발생한다. 우리의 생각은 올바르고 정의롭기 때문에, 우리가 유능하게 장기 집권을 하는 것이 현명하다는 판단은 그 자체로 매우 위험하다. 이들은 심지어 독재가 나쁜 게 아니라 이들이 말하는 '나쁜 사람들'에 의해 운영될지 모를 위험을 두려워해야 한다고 주장한다. 인류 역사에 파멸적 결과를 초래한 전체주의 독재가 이러한 생각을 바탕으로 탄생하였다. 독재를 옹호하고 그 정당성은 전적으로 지배 권력의 선한 의도와 목적, 능력에 달려 있다는 주장은 선한 의도라면 그 과정에서 어떠한 악행을 저질러도 좋다는 말이다. 대중의 열띤 지지 속에서 탄생한 권력이 비판과 견제를 억제함으로써 스스로 지배 욕망을 강화하고 전체주의 독재로 변화한 사례는 매우 많다. 나치즘, 파시즘, 공산혁명 후의 공포정치 사례는 권력에 대한 비판과 견제가 유지되어야 함을 알려 준다.

어떤 리더가 위대한 것은 그가 선천적으로 잘났기 때문이 아니고 보통 인간과 같이 욕망과 약점, 단점을 가지고 있되 스스로 그것을 알고 개선하고 조심스럽게 최선을 다하기 때문이며 그것이야말로 올바른 것이다. 그를 좋아할 수는 있되, 정치적 팬덤을 형성하여 그를 신격화하고 맹목적으로 감싸는 것은 부지불식간에 공동체 사회를 파멸로 이끈다. 권력이 성립된 이후에는 특히 그러하다. 오히려 필요한 것은 성립된 권력이 인간을 억압하지 못하도록 경계하는 것이다. 명망의 권력 질서를 확립하여 지배 욕망의 폭주를 막는 것이다.

우리 모두는 이타성, 정의, 따뜻한 정을 가진 존재다. 따라서 대부분은 이유 없이 의도적으로 타인을 괴롭히거나 억압하거나 죽이려 하지 않는다. 그런데 역사와 현실에서는 너무나도 빈번하게 타인을 괴롭히고 억압하고 죽이는 행위가 벌어진다. 그것은 바로 권력을 옹호하는 잘못된 신념이 지배 욕망을 포장하여 어떤 행위에 대한 그럴듯한 이유를 샘솟듯이 계속 만들어 냈기 때문이다. 상대적 우월을 바라는 욕망은 아주 사소하고 충분히 존재의 이유가 인정될 만한 심리적 수단이었으나, 그로부터 파생된 결과는 인간 모두를 위태롭게 할 정도로 충분히 파괴적인 것이었다.

유교사상

질서와 억압, 지배와 명망의 권력에 대한 대립과 갈등의 사례로 동아시아를 지배하여 온 공자의 유교사상을 살펴보자.

춘추시대 초기 140여 개에 달하던 제후국이 준추시대 말에는 7개국으로 통합되었다. 기록으로 남겨진 전쟁만도 1,200회가 넘는 대규모 약탈과 정복 전쟁의 시기였다. 중국 평원의 넓은 경제활동 구역을 배경으로 회피할 수 없는 전쟁이 되풀이되는 과정에서 각 제후가 자신의 권력을 유지하고 생존하기 위해서는 뛰어난 장수와 군인, 직업 정치인, 전문 행정 관료, 전략가, 병법가 등이 필요하였다. 제후에게는 실력 있는 인재가, 출세를 원하는 젊은 인재에게는 제후의 마음을 끌어당길 재주가 필요한 시기가 온 것이다. 춘추전국의 격렬한 군사적 충돌이 반복되고 이를 회피할 수 없는 사회적 배경에서 제자백가사상이 탄생하였으므로 정치학, 군사학, 사회학, 윤리학에 관심이 집중되었다.

당시 지식인들은 스스로 신의 혈족을 자처한 은나라 신권정치의 공포와 사회적 폐해를 잘 알고 있었다. 따라서 우주와 자연 만물, 인간의 유래에 대한 해석(즉, 신이 우주와 자연 만물을 창조했다)에 주목하기보다는 우주 자연(自然)은 문자 자체의 뜻과 같이 '스스로 그런 것'으로서 우주를 창조한 절대자가 별도로 존재하는 것이 아니라 우주 자체가 절대적인 것으로서 질서를 가지고 있다고 보았다.

공자는 어버이 입장에서 백성을 아끼고 민생을 돌보는 것에 지배자의 정당성이 있고, 백성이 지배 권력을 부모처럼 섬기고 순종하여 평화가 온다고 보았다. 공자의 유교사상이 위대한 이유는 인간의 보편적 윤리, 보편적 심성에 깊게 호응하기 때문이다. 공자는 질서를 세움으로써 춘추전국의 되풀이되는 파멸적 폭력으로부터 인간 사회를 구하는 것에 관심을 집중하였다. 따라서 춘추전국시대 당시 권력을 쟁탈하려는 제후에게는 그다지 우대받지 못했지만, 이후 권력 체계를 유지하는 것에서 큰 효과가 있다고 인정되어 크게 중용되었다. 공자의 유교사상은 중국 역사를 통틀어 국가에 관리로 채용되거나 출세하기 위하여 반드시 공부하고 체득하여야 하는 학문이 되었으며, 중국과 동아시아에 가장 중요하고 심대한 영향을 끼친 사상이 되었다.

유교사상의 핵심은 '학습(學習)'이고, 학습이라 함은 배우고 익힌다는 뜻이다. 공자는 유교적 가치를 배우고 그것을 반복적으로 익히는 것을 중시(배우고 익히는 것을 반복하는 것, 그것은 다르게 표현한다면 세뇌 교육이다. 세뇌 교육은 종교의 중요한 특성이다)하였고, 그것만으로 깨달음을 얻어 사회에 도움이 되는 인재가 될 수 있다고 보았다. 공자는 누구나 쉽게 수긍하는 혈연관계의 도덕규범으로 '친(親)'과 '효(孝)'를 강조하였고, 가족관계에 기반한 질서 윤리를 사회 규범에도 확대 적용하였다. 그리고 삶의 모든 영역에서 생활 규범으로서 '예(禮)'의 준수를 강조하였다. 유교사상의 또 하나의 핵심은 '극기복례(克己復禮)'다. 극기복례라 함은 자신의 한계나 욕망을 극복하고 끊임없이 스스로를 정진하고 단련하여 다시 근본으로 돌아가서 예를 행하라는 주문이다. 학습과 극기복례는 위계질서에 대한 종교적 강제와 압박을 암시한다. 공자는 예가 아니면 보지도 듣지도 말하지도 행하지도 말고, 학습과 정진을 통해서 유교의 규범과 윤리를 끊임없이 스스로에게 주입하게 하였다. 공자는 사회적 혼란과 전쟁을 종식시키는 방법으로 유교사상을 설파하였는데, 결과적으로는 질서론적 세계관을 창안하게 된 것이다. 우주의 질서는 인간의 세계에서 권력 질서로 표현되고, 권력을 획득하는 것은 바로 새로운 질서를 세우는 행위가 된다.

한편, 노자는 공자가 말한 가치가 아무리 선의에 의한 것이라 해도 선함의 기준이 정해지고 사회적 기준으로 합의되어 그것이 강제된다면 그것은 바로 폭력으로 변할 수 있다고 우려하였다. 노자는 공자의 사상이 권력 체계와 반응하여 나타나게 될 위험성을 미리 간파한 것이다. 그리고 강제와 압박으로 작용하게 될 정치사상을 떠나 자연 상태 그대로 자신을 사랑하고 존중하는 삶의 태도를 강조하여 인간의 행복을 중심에 두는 무위자연의 도(道)사상을 설파하였다.

노사사상은 긴장이 요구되는 인간 사회에서 이를 이완시켜주는 정신적 휴식을 제공하여, 현재에도 많은 사람이 존중하고 사랑하는 철학사상이 되었다. 공자와 그 제자들의 유교는 준추전국시대 당시의 혼란을 극복하는 정치철학에서 출발하여 점차 위계권력 질서를 강제하는 이데올로기가 되었다면, 노자의 도덕경은 민간신앙과 결합하여 개인의 수양서 역할을 하게 되었다.

성리학('주자학'이라고도 한다)은 주희('주자'라고도 한다)가 송나라의 시대 상황을 배경으로 유교사상을 재해석한 것이다. 당시 한족이 건립한 송나라는 유목민족 금나라의 침략으로 수도 개봉이 함락되고 심지어 황제가 금나라에 잡혀가기도 했다. 남쪽의 임안(지금의 항저우)으로 수도를 옮겨 연명한 남송은 계속되는 금나라의 압박에 화친을 청하여 신하의 예로써 조공을 바치고 안보를 위탁했다. 이때 금나라와의 화친에 반대한 주희는 낙향하여 백록동서원에서 유학의 집대성과 후학 양성에 힘썼다. 그는 우주의 원리로서 '이기론'을, 인간의 내면적 본질로서 '심성론'을 엮어 성즉리(性卽理)라 하고, 강력한 질서론적 관념 철학의 이론적 뼈대를 세웠다. 삼강오륜은 유교의 3가지 강령과 5가지 인륜을 말하는데 군위신강(君爲臣綱), 부위자강(父爲子綱), 부위부강(夫爲婦綱)으로 구성된 3강은 임금과 신하, 부모와 자식, 남편과 아내 사이에서 지켜야 할 도리와 각각의 질서를 말한다. 백록동서원의 으뜸 교육조항인 오륜은 부자유친(父子有親), 군신유의(君臣有義), 부부유별(夫婦有別), 장유유서(長幼有序), 붕우유신(朋友有信)으로 각각 부자간의 혈연, 임금과 신하 간의 의리, 부부간의 구별, 어른과 아이의 질서, 친구 사이의 믿음을 설파하여 역시 강력한 질서 윤리를 강조한다. 주희가 심화시킨 성리학적 질서론은 예로부터 전래되어 온 중국의 선민의식과 한족의 자국 우월주의를 자극하였고, 이로써 이론 체계를 갖춘 종교적 교의로서 중화사상이 탄생하였다. 중화사상은 주희의 모국 남송을 멸한 몽골제국 원나라를 축출하고 명나라를 건국하는 과정에서, 그리고 이후 여러 역사적 사건에서 존주대의(尊周大義), 반청복명(反淸復明), 멸만흥한(滅滿興漢), 삼민주의(三民主義) 등으로 반복하여 나타났으며 점차 강화되었다. 여기서 '존주대의(尊周大義)'란 '춘추대의(春秋大義)'로부터 나왔는데, 주(周)나라 이후 중국이 세계의 중심이고, 인간 개인뿐만 아니라 국가 간에도 위계질서가 있어야 하며, 세계의 모든 인간은 중국의 천자로부터 지배와 보호를 받고 중화민족(한족) 국가가 주변 국가의 모범으로 존경받아야 우주 질서에 부합하고 세상이 평화롭다는 중화주의 이데올로기를 표현한다.

성리학은 여러 사상 중 하나가 아니라 단 하나의 진리, 즉 우주와 자연과 역사와 창생을 관통하는 불변의 정의가 되었으며 모든 세계를 아우르는 교조적 질서 이데올로기가 되었다. 이후 명나라 때 주자학에 비판적인 양명학이 탄생하고 청나라 때 고증학이 탄생하기도 했지만, 성리학은 권력투쟁의 사상적 무기로 계속 사용되면서 자유로운 사고를 억압하는 집단심리 기제가 되었다. 또한 성리학은 동아시아로 확산되었는데, 주변 국가에서는 중화주의의 짝 개념인 사대주의가 나타났다.

성리학은 삶의 구체적, 실존적 현상보다는 그 이면의 보편적 이치를 성찰하고 깨닫는 데 주안점을 두었다. 만물의 이치를 통달한 성리학 문인만이 세상을 능히 올바르게 경영할 수 있다고 주장했다. 사회적으로는 귀족, 중인, 상민, 천민으로 구분하는 철저한 신분 질서와 남녀의 차별, 사농공상(士農工商)에 따른 직업적 위계가 중첩 적용되었다. 그리고 귀족을 다시 문인과 무인으로 나누어 성리학 이상을 지키는 문인 스스로에게는 자부심과 책임 의식을 주고, 무인에게는 멸시를 주는 이중 삼중의 신분적 위계질서가 만들어졌다. 직업적으로는 농업만을 중시하고, 상업 교역과 과학기술이 폄하되어 생산성 발달이 저해되었다. 성리학의 억압이 강화되자 새로운 시도와 진취성은 사라지고 사회는 극도로 수동적인 상태가 되어 활력을 잃었다.

귀(貴)와 천(賤)을 나누어 신분 질서를 옹호하던 주자학은 노자사상을 허망한 것으로 폄하했다. 그리고 특히 불교를 위험하고 천박한 사상으로 분류하여 경멸하고 증오했는데, 불교가 신분에 관계없이 누구나 부처가 될 수 있다는 인간평등사상을 담고 있기 때문이었다. 성리학에게 있어 불교는 우주의 질서를 부정하는 천한 것들의 천한 사고방식이었다. 성리학은 정치를 중시하는 동아시아의 독특한 문화를 만들고 배포했다. 성리학 이상을 펼치는 정치가 세상의 핵심이자 모든 것이었다. 경제, 사회, 과학기술, 국방, 문화 등 다른 분야는 부차적인 것이고, 정치는 귀한 것으로서 다른 모든 것을 압도하였다. 정치적 명분과 권력을 위해서라면 국가 경제의 후퇴, 억압적 사회문화, 국방의 포기조차 대수롭지 않게 받아들였다. 정치적 주도권을 장악하기 위한 지식인 집단의 격렬한 논쟁은 독특한 패거리 문화를 만들었다.

공자의 유교사상은 이타성과 선, 명망의 권력 질서를 설파한 가르침이었다. 그러나 공자의 사후, 노자의 우려대로 유교사상은 지속적으로 지배 이데올로기로 악용되었으며 이어져 내려오는 과정에서 점점 종교적, 이데올로기적 신념 체계로 변질되었다. 성리학은 가족관계의 보편적 윤리에서 출발한 '친(親)'과 '효(孝)'를 모든 사회에 반드시 성립되어야 하는 우주의 질서로 만들었다. 천자, 황제, 왕, 군주라 하더라도 성리학의 기본 질서 원리 '친'과 '효'를 거스를 수는 없었고, 반드시 '예(禮)'의 형식과 법도에 따라야 했다. 부모에게 효를 다하지 않는 왕은 천륜을 거스르는 폭도로서 그의 권력은 정당성이 없었다. 따라서 자연스럽게 왕에게 영향과 심리적 압박을 주는 권력투쟁의 사잇길이 생겼는데, 그것은 왕의 부모에게 정치적 영향력을 행사하는 것이었다. 이로 인해 왕과 혈연을 맺고 왕의 부모가 되기 위한 암투가 벌어졌다. 천륜과 우주의 질서를 어긴 왕은 언제든 반정의 대상이 되었는데, 가끔씩 신하들이 무리지어 왕을 독살하거나 쫓아내어 죽이고 새로운 왕을 옹립했다. 이로서 왕족의 혈연관계, 즉 혼인과 출산을 통한 권력 승계가 권력투쟁의 중심 무대가 되는 결과가 나타났다. 그리고 예법상의 형식과 절차를 두고 무리 지어 서로 암투를 벌이는 결과를 만들었다.

결국 유교사상은 사회 발전과 생산성 발달을 억압하는 집단적 심리 기제가 되었으며, 매우 오랫동안 작용하여 그 문화권의 인간 개개인의 심리에도 깊숙이 각인되었다. 성리학의 영향으로 각 개인에게 귀한 것이 표현되는 방식은 예법 형식과 사회적인 명분, 지위와 체면이었다. 동아시아에서는 현대에도 인간관계에서 형식과 체면을 중시하는 경향이 여전하다. 타인을 공격할 때도 그 사람의 지위와 체면을 깎아내리는 것을 주요 공격 포인트로 삼는데 그것은 사회적으로 그리고 심리적으로 꽤 효과가 있다. 체면이 손상된 상대방은 평판이 안 좋아지고, 자존감에 매우 큰 심리적 타격을 받는다. DNA에 각인된 집단심리는 언제든 불쑥불쑥 튀어나와 현실 세계에 영향을 준다는 점에서 매우 위협적이다.

동아시아에서는 여러 민족의 끊임없는 상호 침탈과 이합집산이 거듭되었고, 권력투쟁은 서구 유럽과는 다른 각도에서 매우 치열하게 전개되었다. 상대 국가(예를 들어 유목민족 흉노나 돌궐)가 강할 때는 조공을 바치며 엎드려 화의를 도모하다가, 약해지면 돌변하여 기회를 틈타 무력으로 정벌하곤 했다. 장기간 반복되는 권력투쟁으로 유혈이 낭자한 폭력과 대량 학살이 빈번하게 일어났다. 이러한 과정에서 동아시아에는 변동이 심한 권력 질서를 익숙하게 수용하는 문화적 특성이 만들어졌고, 각 개인에게는 주변 다수의 심리적 반응을 살피고 그것에 순응하는 생존의 처세술과 심리가 발달하였다. 권력 질서에 대한 순응과 생존을 우선하는 유교사상은 수많은 전란과 국가권력의 교체가 일어나던 중에도 계속 지배 권력으로부터 선호되며 면면히 이어져 내려왔다.

권력을 획득하고자 하는 자는 ① 삼국시대 위나라의 조조, 조비, 조예, 조방 4대에 걸친 권력자를 보필하다가 권력을 찬탈한 사마중달, ② 청 황실에 충성하다가 돌변하여 마지막 황제 푸이를 퇴위시키고 스스로 황제가 되고자 한 위안스카이, ③ 오다 노부나가, 도요토미 히데요시에 오랜 기간 충성하다가 권력을 확보하여 막부시대를 연 일본의 도쿠가와 이에야스의 사례처럼 오랜 인내와 조용한 실력 배양을 미덕으로 하였다. 한편 지배 권력 질서에 반발하는 것은 우주의 질서에 순응하지 않는 것이 되므로 반역죄는 천륜을 거역하는 것으로서 3대의 혈족 몰살, 부관참시와 같은 극형으로 다루어졌다. '지록위마(指鹿爲馬: 사슴을 가리켜 말이라 한다는 뜻이다)' 고사성어에서 보듯 권력 체계에의 순응은 생존 여부를 결정하는 것으로, 그것의 옳고 그름이나 참과 거짓보다 우선하는 것으로 인식되었다. 서구 유럽 기독교 신앙의 신성한 내면과는 달리, 거짓말이라 하더라도 권력에의 순응과 처세술이 더욱 중요하였다.

이러한 권력에의 순응은 처세술에 관한 매우 다면적 특성을 갖게 하는데, 첫째, 권력이 없는 자에게는 권력 질서에의 눈치 빠른 순응과 생존을 권유하고, 둘째, 권력을 얻고자 하는 자에 대해서는 오랜 기다림과 인내 속에서의 조용한 실력 배양, 권모술수를 통한 권력 찬탈을 찬양하고, 셋째, 권력을 드디어 획득한 자에게는 한나라의 유방, 명나라의 주원장 사례처럼 충성을 바쳤던 부하와 핵심 친위 세력, 공신 등에 대한 숙청과 배신, 대량 살상, 공포통치를 정당화하였다.

정치와 권력, 형식과 명분, 지위와 체면만을 추종했던 성리학의 영향으로 명나라는 현실감각과 사회적 활력을 잃게 되었고, 권력 승계 과정에서의 정치적 암투가 극심하였으며, 조선에서 벌어진 임진왜란에 참여하며 국운이 크게 기울었다. 결국 만주 일대 유목민이었던 여진족에 의해 정복당하면서 명나라는 청나라로 권력이 교체되었다. 청은 유목민 고유의 강인한 생명력과 사냥 기술, 몽골제국으로부터 보급된 인력과 기마 전투 전술, 명나라로부터 수입한 무기 기술로 더욱 강력한 전투력을 갖추게 되었기 때문이다.

그런데 신념 체계의 악영향은 유교만의 문제가 아니다. 권력과 동거하는 모든 종교, 모든 이데올로기에서 권력 질서의 순기능이 변질되어 억압의 역기능이 나타났다. 기독교와 이슬람이 유일한 종교 권력으로 군림하였듯이, 마르크시즘이 공포정치를 탄생시켰듯이, 공자의 '평화로운 질서의 인간 사회'는 지배 권력을 위한 사상적 도구가 되어 버렸다. 공산 유토피아 구현을 절대 선으로 놓고 그것을 이루는 과정에서의 기만, 위선, 인명 경시, 권모술수, 독재 등을 필요악으로 정당화하는 공산주의는 권력 질서를 세상의 그 무엇보다 우선하는 유교의 권력 숭배와 일맥상통한다. 중국, 북한, 베트남 등 유교 문화권 국가에서 공산주의가 매우 잘 흡수되어 유지되고 있다는 것에 시사점이 있는 것이다.

그러나 공자와 주자의 가르침은 많은 부분 정신적 고양과 깊은 성찰을 통해 현명한 삶의 자세를 일깨운다. 유교는 정치학, 사회학, 윤리학 등 정신세계에 관한 학문 발달을 촉진하였다. 그리고 유교사상은 권선징악, 미풍양속을 강조하여 공동체 정신을 드높이고, 사회 기본단위인 가족의 소중함을 일깨운다. 또한 예절을 강조함으로써 생존경쟁 과정에서의 우발적이고 충동적인 대립과 갈등을 방지한다.

한편 유교사상에 뿌리를 두고 있는 지배자의 처세술 또는 심리 매뉴얼로서 청 말에 이종오에 의해 주창된 제왕학으로서의 '후흑학(厚黑學)'은 매우 흥미롭다. '면후심흑'으로 간단히 요약할 수 있는데, 얼굴을 두껍고 뻔뻔하게 하고 마음을 검게 해서 다른 자가 알 수 없도록 한다는 뜻이다.

20세기 말에 홍콩과 베이징에서 후흑학을 재조명한 책들이 쏟아져 나왔는데, 마오쩌둥이 문화대혁명을 일으키기 전 후흑학을 읽었다는 소문 때문이었다. 1992년 출간, 2005년 번역 출간된 추친닝의 『승자의 심리학』도 후흑학 조명서 가운데 하나인데, 인생을 사는 마음가짐을 다시 살펴본다는 측면에서 일독을 권할 만하다.

권력투쟁의 전략·전술과 보편적 윤리

중국의 고사성어와 고전에 소개된 수많은 일화는 권력에 반응하는 인간 심리의 민낯과 전략·전술을 여과 없이 잘 보여 준다.

앞서 설명한 바와 같이, 마키아벨리가 로렌초 메디치에게 발탁되지 못한 것은 지식수준의 문제가 아니라 사회 통념상의 도덕적 문제와 그로 인한 감정적 거부감이었다. 어찌 보면 동서양을 가리지 않고 3,000년 이전, 어쩌면 수렵채집 시기부터 모든 권력자들이 권력투쟁의 전략·전술과 인간의 욕망, 심리 패턴에 대해 이미 잘 알고 있었는지도 모른다. 로버트 그린(Robert Greene), 주스트 엘퍼스(Joost Elffers)의 저서 『권력의 법칙』에는 권력을 쟁취하고 유지하고 확대하기 위한 마음가짐과 온갖 전략·전술이 48가지 법칙으로 소개되어 있다. 일상의 인간관계에 권력이 항상 작용할 수밖에 없다는 관점에서 주로 인간의 심리를 다루고 있는데, 몇 가지만 소개하면 다음과 같다. '홀로 선하고자 하는 사람은 반드시 파멸할 수밖에 없다…(중략)…권력은 외양을 가지고 게임하는 능력을 요구한다. 당신은 많은 가면을 활용하고 기만 전략이 가득한 가방을 들고 다녀야 한다. 여러 개의 얼굴을 가지고 있다가 그날, 그 순간에 필요한 가면을 꺼내 써야 한다…(중략)…자랑하고 떠벌리고 싶은 욕망을 통제하라.'

권력이 작용하고 변화하는 과정을 살펴보면, 많은 사례는 이타성과 명망의 리더십을 가장하되 실제로는 지배의 욕망에 매우 충실했던 것으로 보인다. 따라서 어쩌면 선하고 정의로운 명망의 권력은 이론상으로만 존재하거나 극히 제한적 영역에서 일시적으로만 가능한 것인지도 모른다. 공자의 가르침이 지배 이데올로기로 악용되었듯이, 사회정의를 주장하며 탄생한 명망의 권력도 쉽게 지배의 욕망에 이끌린다. 명망의 권력이 유지되기 위해서는 그냥 내버려 두어서는 안 되고 많은 관심과 견제가 필요하다. 올바른 신념 체계와 사회 시스템이 유지되지 않는다면 언제든 명망의 권력은 변질되어 지배의 권력이 된다.

한편 각 인간 내면에서의 정치권력에 대한 평가는 이해관계와 도덕의 이중적 관점으로 해석된다. 지배와 명망의 관점이 동시에 작용하기 때문이다. 따라서 사람들은 정치권력의 정당성을 평가할 때 꼭 이해관계로만 해석하지는 않는다. 거기에는 도덕과 사회정의에 대한 평가가 반드시 개입한다.

그렇기 때문에 가난한 유권자가 도리어 부의 불평등을 용인하는 정치 세력에게 투표하는 이상한 현상이 벌어진다. 반면 민주주의를 꿈꾸면서도 독재 위험이 큰 집단주의 정치 세력을 지지하는 현상이 벌어진다. 그것이 도덕적으로 옳거나, 사회정의에 부합하다고 믿기 때문에 벌어지는 현상인 것이다. 따라서 신념과 가치관은 보편적 윤리와의 호응이 중요하다. 어떤 신념 체계가 보편적 윤리를 벗어나 악행을 용인한다면 그로 인해 유리한 고지를 점령하겠지만, 사회가 극도로 불안해지고 서로에 대한 의심과 증오가 확대될 수 있다.

권력의 속성

 권력은 이익과 욕망을 동기로 작동하므로 주변으로부터 기술 지식과 정보, 재화를 끌어모으는 속성이 있다.

 첫째, 보유한 도구의 성능, 즉 과학기술과 지식이다. 도구는 생산성과 무력의 크기를 결정하며, 과학기술의 발전 정도를 가름한다. 인류 역사의 시대 구분을 구석기, 신석기, 청동기, 철기로 하는 이유는 도구의 성능이 그 재료에 따라 크게 달라졌기 때문이다.

 둘째, 가치 있고 중요한 정보, 정확한 정보를 획득하는 능력이다. 정보의 전달 속도와 가공 속도, 정확성이 모두 중요한데 이것이 최종적인 의사결정과 관련되기 때문이다. 교통과 통신은 모두 정보의 속도 개선과 관련이 깊다. 예전에는 봉화대, 비둘기, 화살 등으로 정보의 속도를 개선하였다면 이후 유무선 전파를 활용하면서 크게 발전하였고 최근 인터넷과 모바일기기, 인공위성을 통한 개인 정보통신기기 발전으로 획기적 전기를 이루었다.

 셋째, 경제력이다. 권력이 있음으로 해서 재화는 저절로 부차적으로 끌려오는데, 한편 재화는 생산력과 무력, 과학기술, 금융 등을 발전시키는 물적 기반이 된다.

 어느 시대, 어느 지역, 어느 분야라도 권력이 존재한다면 그것은 그 영역 내의 모든 지식 정보와 재화를 가장 먼저 끌어모은다. 가정과 학교, 군대, 회사, 국가를 막론하고 각 집단의 지휘부에 지식 정보와 재화가 모인다. 권력을 가지지 못한 자에게 중요한 정보와 과도한 재화는 오히려 자신의 목숨을 위태롭게 한다. 이미 형성된 권력은 개인의 욕망을 거침없이 발산할 수 있는 환경을 제공하여 나태해지게 하는데, 기존 권력의 나태가 권력의 변동을 발생시키는 원인이 된다. 기존 권력이 저절로 끌어모아지는 지식 정보를 민첩하게 가공하고 그에 대해 신중하게 대응한다면 새로운 세력이 기존 권력을 뒤엎거나 빼앗는 것은 매우 어렵거나 불가능한 일이다. 지식 정보는 권력을 쟁취하고, 유지하고, 확대하는 힘이다.

대체로 권력자의 정보와 지적 능력은 일반 범인의 수준을 크게 상회한다. 권력자는 새롭고 중요한 정보를 민감하게 수집하고 그것을 민첩하게 가공하고 판단하고 대응하는 격무에 시달리고 있는 것이며, 권력 유지를 위해 평시에 많은 노력과 비용을 지불하고 있는 것이다.

모든 동물과 마찬가지로 인간의 상당수(어느 정도 비중인지는 알 수 없으나, 낭시 대학 디디에 드조르의 생쥐 실험 결과를 참고한다면 50%에 육박할 것이다)는 심각한 권력투쟁을 회피하고, 정치에 무관심하거나 수동적인 경향을 갖는다는 점을 알아 둘 필요가 있다. 정치권력은 정치적 관심이 현저한 자들을 대상으로 어느 세력이 단결력을 발휘하여 지지 기반을 확대하고 장악하는가에 따라 결정된다. 권력투쟁에서 이기기 위해서는 다수 대중의 지지도 중요하지만, 핵심 지지 기반의 적극성과 친위 부대의 조직력이 필요하고 매우 유효하다는 말이다.

특정 엘리트 집단의 단결력은 인류 역사의 중요 시점에 때로 결정적 영향력을 발휘하기도 하였다. 근대 서구 사례를 보면, 권력 지향적 지식인들이 공통된 신념과 이익을 바탕으로 프리메이슨[46]

---

46) 프리메이슨(Freemason)은 '자유로운 석공'이라는 뜻으로, 1717년 영국에서 친목 단체로 탄생하였으며, 로지(작은 집)라는 집회를 단위로 조직된 중세의 석공(石工) 길드에서 비롯되었다.

18세기 영국을 시작으로 이후 유럽 각국과 미국까지 퍼졌는데, 이때 정치, 경제, 사회를 주도하는 지식인 엘리트 조직이 되었다. 기독교 조직은 아니지만 도덕성과 박애 정신 및 준법과 관용의 종교적 요소를 포함하고 있고, 프리메이슨에는 프로테스탄트 목사 입회자가 적지 않았다. 이 때문에 가톨릭 교회와 이를 옹호하는 왕실 정부로부터 탄압받게 되었다.

1738년 교황 클레멘스 12세는 프리메이슨에 가입하는 것을 '교회와 정당한 국가권력에 반하는 활동'으로 보고 파문 선고의 교서를 발행했으며, 이후 비밀결사적 성격을 띠게 되었다.

자신들만의 규약에 따라 가입이 허용되고 비공개되기 때문에 외부에는 전모가 파악되기 어렵다. 많은 부속 조직을 포함하고 있으며, 회원들이 다른 어떤 오락 단체나 유사 조직에 가입하는 것을 금지하고 이를 어길 경우에 회원자격을 박탈하기도 한다.

프리메이슨의 기원에 대해서는 여러 가지 설이 있는데, 입회 통과의례 '히람 전설'과 관련되어 솔로몬 시대까지 올라가 신전 건축가 집단이라는 설, 중세의 템플 기사단을 기원으로 한다는 설, 16~17세기 헤르메스 결사가 전신이라는 설, 1360년 영국 원저 궁전 건조 시에 왕명에 의해서 제후로부터 징용된 568명의 석공 집단을 기원으로 한다는 설 등이 있다.

원래 영국에서 석공은 오래전부터 교회나 국왕의 특권적 비호하에 있었으며, 여러 세속적 의무가 면제되었다. 이 유력한 길드도 중세 붕괴와 함께 대교회 건축의 기회가 격감했기 때문에, 대륙의 장미십자단 같은 비밀결사를 본떠 프리메이슨을 성립하게 되었을 것으로 유력하게 추정된다.

프리메이슨이 정치적으로 변화한 것은 1773년 프랑스에 그랑토리앙(Grand Orient)이 설립되고 프랑스혁명에 참가한 이후라고 한다. 자유, 평등, 박애를 신조로 하는 프랑스대혁명의 선언서는 프리메이슨의 로지 내에서 기초되고, 기존의 권력을 폭력적으로 전복할 것을 지향한 계몽결사도 독일의 로지 내에서 결성되었다. 프리메이슨은 진보적이었기 때문에, 18세기의 계몽주의 사조와 결부되었다. 가톨릭 종교 권력에 저항하고, 프랑스대혁명 시기 민주 공화주의를 고취시킨 한편, 혁명 말기에는 오히려 자코뱅당에게 보수세력으로 박해받아 단두대로 보내지기도 하였다. 또한, 유대인의 세계 정부 건설이라는 음모설이 떠돌아 그로 인해 프리메이슨 박해를 초래하기도 했다. 나치 정권에서 1933년 모든 로지가 해체되었고, 러시아 및 위성국가에서는 현재도 활동이 금지되어 있다.

조지 워싱턴, 마릴린 먼로, 루스벨트, 트루먼, 아마데우스 볼프강 모차르트, 몽테스키외, 레싱을 비롯한 많은 계몽사상가와 작가, 지롱드파를 중심으로 하는 혁명가 등 많은 인물들이 프리메이슨 회원으로 활동했다고 알려져 있다. 명확하지 않지만 헤겔도 프리메이슨이었다고도 한다. 또한 1달러 지폐의 피라미드와 그 위에 떠 있는 눈의 그림은 프리메이슨의 교의를 반영한다고 한다.

네이버 지식백과: 프리메이슨(Freimaurer) [헤겔사전, 2009. 1. 8., 가토 히사다케, 구보 요이치, 고즈 구니오, 다카야마 마모루, 다키구치 기요에이, 야마구치 세이이치, 이신철]

종교학대사전, 1998. 8. 20. [두산백과]

등의 비밀스러운 결사를 이루어 큰 영향력을 발휘하였다. 그리고 그러한 비의적 집단 활동은 현재까지 다양한 소집단들을 만들어 내며 이어져 왔다. 이들은 인간 사회에 때로 긍정적이고 때로 부정적인 영향을 주었으며, 자신들만의 독특한 집단주의 신화를 만들어 냈다. 이들 집단 지성과 인적 유대는 권력을 창출하는 기반으로 작동하지만, 집단 우월주의 또는 집단 이기주의의 심리적 함정으로도 유도한다. 우리는 지식인 소집단의 정체성을 유심히 관찰할 필요가 있다. 정치란 권력을 쟁취하는 수단이기 때문에, 정치에 관심이 현저하고 스스로 정치 지도자가 되고자 하는 사람은 권력의 이익에 대한 관심이 크다. 정치 세력은 언제든 권력의 이익에 굴복하거나, 음모를 꾸미거나, 기회주의적으로 타협할 가능성이 있다. 정치인, 금융자본, 언론인, 관료, 법률가, 학자 등 권력의 이익을 누리는 사회 지도층을 주의 깊게 눈여겨봐야 할 필요가 있는 것이다.

음모와 음모론

이런 맥락에서 음모와 음모론을 살펴볼 필요가 있다. 음모란 부정적 어감의 용어로서, 일부 집단 내부에서 모의되며 감추어진 계획이다. 다양하게 존재하는 권력 질서는 언제나 그것에 속한 인간의 삶에 영향을 준다. 음모란 모의하는 소집단의 공통 이해관계와 공유된 믿음을 반영하고 권력 질서에 영향을 주기 때문에 외부에 공개하기 힘든 계획으로, 이런 음모는 권력이 있는 한 언제 어디서나 존재한다. 그러나 국가 단위의 권력 질서 체계는 호락호락하지 않기 때문에 일부 집단의 음모만으로는 조작되기 어렵다. 음모가 있다고 해서 세상이 곧바로 그 음모대로 움직여지는 것은 아니기 때문이다. 음모란 일부 집단 내에서 모의되는 것에 불과하므로, 사회 또는 권력 질서에 실질적으로 영향력을 발휘하기 위해서는 그 계획이 공개되어 권력 질서에 이식되는 과정이 필요하다.

음모를 꾸미는 집단이 다수로서 일사불란하게 운영되고, 강력한 능력과 권력에 의해 뒷받침된다면 공개 및 이식 과정에서 현실로 구현될 가능성이 높다. 하지만 정확히 측정할 수는 없으나 무수히 많은 음모 중에서 현실로 구현되는 것은 아마 극히 일부에 불과할 것이다. 인간 다수가 공유하는 국가 단위의 대규모 사회는 일부 집단의 음모만으로 치밀하게 조작되거나 변화하기는 매우 힘들다. 거짓과 위선으로 음모를 꾸며 잠시 음모가 실현되기도 하지만, 다수의 사람들을 오랜 기간 속이기는 힘들기 때문이다.

한편 음모론은 음모와 관계를 가지되, 성격상의 차이가 있다. 음모론은 세상을 어떤 비의적 집단에 의하여 음모가 진행되는 현장으로 바라보는 가치관이고 세계관이다. 어떤 권력 집단의 사악한 음모가 소수의 용감한 사람들에 의해 사회 일반에 알려지게 되고, 이로 인해 사회적 공분이 생기는 경우가 있다. 따라서 음모론은 전혀 근거가 없는 것은 아니다. 음모론이 생겼다는 것은, 진위는 정확히 알 수 없더라도 무언가 위험 요소가 있을 수 있다는 것이며 간단히 무시되어서는 안 될 음모론이라면 그 진위 여부를 살펴봐야 할 필요가 있는 것이다.

그러나 음모론을 쉽게 일반화하여 맹신하다 보면 세상을 뒤틀리게 인식할 위험이 있다. 특히 음모론을 배포하는 주체가 정당과 정치 세력, 이념 단체일 경우에는 다른 각도에서 살펴봐야 한다. 보다 많은 경우에 음모론은 권력의 한 축에서 비등한 상대방을 공격하는 수단으로 활용되기 때문이다. 또한 합리적 의혹으로 포장하여 정적의 음모를 주장하되, 자기의 세력이 연관된 같은 사안에 대해서는 다른 잣대를 들이대기 때문이다. 정적의 음모를 주장하여 그 결과 권력을 쟁취했거나 반대 세력을 소탕할 수 있었다면, 음모론을 매우 효과적인 정치 수단으로 활용한 것이다. 진위를 알아보려 하지 않고 쉽게 음모를 상상하고, 음모론을 즐겨 주장하는 사람이라면 오히려 음모에 굴복하거나 유사한 음모를 꾸밀 가능성이 높다. 음모를 상상할수록 스스로 그것을 행한다. 음모론으로 세상을 인식하면 상대방에 대해서, 모든 인간에 대해서 음모론으로 인식한다. 음모론은 마치 색안경을 끼고 세상을 보는 '프레임 효과'처럼 그 방식대로 자신의 가치관을 형성하고 그 잣대로 상대방을 재단하기 때문이다. 따라서 어떤 사람이 음모론으로 세상을 인식하고 있는지, 혹시 나 자신이 음모론에 빠져 있는 것은 아닌지 주의할 필요가 있다.

제정 러시아의 그리고리 라스푸틴 등 동서고금의 역사적 기록을 보면 음모론은 곧잘 예언, 확신, 위선, 달변, 요사스러운 인물, 자기 암시 등과 결부된다. 미란다 트위스의 『국가를 망친 통치자들』에 소개된 사례를 보면, 욕망과 광기로 인간 사회를 고통으로 이끈 통치자에게는 언제나 선동과 궤변으로 '헛바닥을 놀린' 지식인과 이에 협조한 부역자들이 있었다. 어느 누구도 자기 혼자 사악한 행위를 저지르지 않았으며, 많은 사람들이 기꺼이 따랐고 유능한 공범자가 되었다. 이반 4세가 공포정치를 집행할 친위대 오프리츠니키를 창설했을 때는 지원자가 넘쳤다. 캄보디아의 폴포트가 동족에 대한 대량 학살을 명령했을 때 많은 무리가 권력의 부스러기를 탐하여 기꺼이 앞장섰다. 아돌프 히틀러를 뒷받침하며 나치당의 두뇌라 불리었던 요제프 괴벨스는 유창한 말솜씨를 자랑한 탁월한 기획자였다. 괴벨스는 세계 최초로 라디오와 TV 방송을 통해 선전·선동을 반복했는데, 당시 그의 방송을 들은 독일 국민들은 패전이 임박한 상황에서도 승리를 확신했다.

사회적 혼돈과 암울한 미래를 예고하는 징조로는 위선과 궤변으로 화려한 선전·선동을 이끄는 요사스러운 지식인과 그에 대한 정치적 팬덤과 집단적 호응이 있다. 이러한 경향은 언제든 나타날 수 있으며, 현재에도 존재한다. 욕망에 이끌린 많은 지식인들이 부지불식간에 정의에 대한 사명감으로 착각하여 인간 사회를 오히려 분열과 갈등으로 이끈다. 언어 능력이 뛰어난 지식인일수록, 자신이 정의롭다고 확신할수록, 나 자신이 음모를 꾸미거나 음모론에 빠져 있는 것은 아닌지 스스로를 관찰하고 반성해야 하는 것이다.

그런데 진짜 중요한 것은 음모 자체가 아니라, 음모가 공공연하게 공개되어 사회에 구현되는 과정이 진행될 때 이에 어떻게 대처하고 통제하는가다. 음모를 꾸민 주체는 자신들의 음모가 저항 없이 사회에 이식되기를 원한다. 대체로 그것은 일부 소집단을 위해 계획되고 모의된 것이기에, 방치할 경우 권력 질서를 왜곡하거나 독재로 이끌 위험성이 크다.

인간 사회에 존재할 수밖에 없는 필수 불가결한 권력이 인간을 억압하는 역기능이 될 것인지, 질서유지의 순기능으로 작용할 것인지는 결국 권력을 통제하는 역량, 즉 그 사회의 정치적 건강성에 달려 있다. 모두 소망하는 민주적인 질서 체계가 어떻게 해야 굳건히 뿌리내릴 수 있을까? 일반적으로 명망의 권력이 작동하는 정의로운 사회일수록 권력의 이익과 욕망은 감소한다. 권력을 얻기 위한 경쟁 과정에 페어플레이가 유지된다면 정의로운 사회에 가깝지만, 권력에의 음모와 집착, 권모술수가 횡행한다면 권력의 이익이 크다는 반증이며 독재로 가는 위태로운 사회다.

신념과 상상의 질서

권력의 정당성

약 3,000년 전 철학이 탄생하였지만 대부분의 인간 사회에서 권력의 정당성은 계속 종교적 신념 체계에 의해 뒷받침되었다. 로마 제국의 황제는 최고 지위의 종교 사제장이었고 이는 동서 로마 분리 후에도, 기독교를 국교로 지정한 후에도 같은 방식으로 계속되었다. 동로마제국 황제는 계속 기독교의 수호자를 겸했고, 서로마 제국 멸망 후에는 가톨릭 교황이 종교 사제장 지위를 승계하여 프랑크 왕국 등 세속 권력을 공인해 주었다. 메소포타미아 일대 여러 제국의 왕은 여전히 신의 대리인이었고, 동아시아 각국의 군주는 우주의 질서를 인간세계에 펼칠 자격과 권위를 인정받았다. 종교적 신념 체계는 대중심리를 좌우하여 지배 권력의 정당성을 인정하고 수용하게 만들었다.

이러한 현상은 종교의 탄생 이래, 근대 민주 공화정이 탄생되기 전까지 전 인류 역사에서 한 번도 바뀌지 않고 이어져 내려왔다. 오로지 종교가 만든 맹목적 신념 체계만이 대중의 감정과 집단심리를 통제하여 권력의 정당성을 뒷받침할 수 있었다. 권력은 언제나 종교와 가까이 있었다. 철학은 주로 종교의 통제가 강하지 않았던 다신교의 고대 그리스에서, 또한 르네상스 이후 시기에 발전할 수 있었다. 그리고 비교적 종교의 영향이 적었던 춘추전국시대에 제자백가사상이 탄생할 수 있었다.

인간 사회에 종교 또는 이데올로기가 중요한 것은 생명체가 가진 본성 때문이다. 생명체로서 인간은 긴급하지 않은 평상시 게을러지고, 뇌 활동을 억제하도록 설계되어 있다. 인간은 대부분의 일상사를 의식 체계의 논리적 사고에 의하지 않고 무의식적 감정에 따른다. 그리고 생존의 위협이나 이익과 관련된 중요 사안에 있어서도 이성의 합리적 사고보다 감성의 감정 반응을 우선한다. 인간의 무의식적 감정에 영향을 주는 것은 사실 철학적 사색이 아니다. 신념 체계만이 영향을 준다. 따라서 인류 역사에서 권력의 이익을 정당화하는 설명은 항상 종교, 이데올로기가 담당해 왔다. 권력은 욕망과 직접 관련된 것으로, 뇌에 감정 반응을 일으키는 심리 기제이기 때문이다.

신념은 정확성과 객관성을 요하지 않는다. 신념이란 어떠한 가치 체계가 옳다고 맹목적으로 믿는 것이다. 그리고 옳다고 믿는 권력 체계가 나에게 유리하다고 믿는 것이다. 또한 나에게 유리한 것이 옳다고 믿는 것이다. 이것이 일반적인 인간 심리다. 그러나 이상하게도, 옳다고 믿는 것이 실제 나에게 유리한지는 전혀 알 수 없다. 그리고 옳다고 믿던 것이 나중에 자신에게 큰 피해와 억압과 고통을 가져오더라도, 이상하게도 사람은 처음에 믿었던 신념을 잘 바꾸려 하지 않는다. 그 신념이 잘못되었음을 아무리 합리적으로 설명해도, 그 객관적 증거가 나타나도, 확증 편향이나 착오 귀속 효과의 방어적 심리 기제가 작동하여 믿는 것에 부합하는 사실만 찾아내 자신의 믿음을 더욱 필사적으로 공고하게 만든다. 그저 그렇게 믿고, 맹목적인 믿음에 따라 내면의 무의식이 작용하는 것이다. 따라서 사실 신념이라는 것은 별것이 아니라 그저 막연한 믿음을 추종하는 것이다. 굳은 신념으로 정의를 위해 용기를 내어 목숨을 바치는 위대한 사람을 추앙하는 이유는, 숭고한 행위를 이끌어 내는 굳은 신념이 흔하지 않기 때문이다. 그런데 인류 사회에 중요한 것은 어떤 일부 위대한 사람의 굳은 신념이 아니라, 권력의 이익과 밀접하면서 다수의 사람들이 집단적으로 공유하는 맹목적 믿음과 가치관, 세계관이다.

개인주의와 집단주의, 우파와 좌파

정치적 성향은 개인의 독자성을 중시하느냐, 집단으로서 인간 사회를 중시하느냐에 따라 개인(개체)주의와 집단(전체)주의로 나눌 수 있다. 그리고 자유와 평등 중 무엇을 더 중시하느냐에 따라 좌우로 나눌 수도 있다. 또한 전통과 변화 중 어느 것을 선호하느냐에 따라 보수와 진보로 나눌 수도 있다. 대체로 보수 우파 또는 진보 좌파로 구별하는데, 시대에 따라 전통이 각각 다를 수 있으므로 반드시 보수가 우파이고 진보가 좌파인 것은 아니다. 현재 시점에서 대체로 그렇다는 것이고, 진보 우파나 보수 좌파도 존재할 수 있다는 말이다. 보수 우파가 개인주의, 진보 좌파가 집단주의와 비교적 관련 있지만 극우 민족주의 또는 무정부주의에 뿌리를 둔 전체주의도 존재할 수 있기 때문에 반드시 그렇다고 볼 수는 없다.

수백만 년에 이르는 수렵채집 시기, 인간은 모든 다른 동물과 마찬가지로 개인주의적 가치관, 즉 개체로서의 자유를 우선하며 살아왔다. 개인주의란 생존 과정을 스스로 책임지고 그 결과에 대해서도 온전히 스스로 누리는 것이다. 생존과 번식을 위해 경쟁의 전면에 나서야 하는 자기 자신의 능력과 준비 상태에 관심을 두고 자기 정체성, 독자적 권리와 사유를 추구하는 것이다. 그러나 인간은 다른 동물 집단과 달리 개인의 권리를 일부 포기하게 만드는 권력 질서를 받아들임으로써, 유기체적 단결을 통해 집단적 능력이 극대화되었고 비로소 최상위 포식자가 될 수 있었다.

자유와 평등이 모두 필요하듯이, 개인주의와 집단주의도 어떤 하나가 반드시 옳다고 볼 수 없다는 것을 알게 하는 대목이다. 두 가지 관점은 서로 조화롭게 통합돼야 하는 것이다. 단, 집단주의는 사회 각 부분을 효율적으로 협력하게 함으로써 집단 능력을 강화하지만, 집단적 목표를 강조하고 권력을 옹호함으로써 개인의 자유와 인권을 억압할 우려가 있다. 집단주의 정치 신념의 위험성은 여기에 근거가 있다. 법 위에 있는 정치 리더, 법의 정당성을 공격하는 정치, 법치 위에 있는 인치, 남발된 위원회 제도 등은 사회를 빠르게 변혁하는 수단이 될 수 있지만 언제나 독재로 치달을 위험성과 개연성이 있다.

개인주의와 집단주의는 서로 다른 방향을 지향하지만, 사실 두 가지 경향 모두 우리 안에 내재되어 있다. 정치적 성향은 보수 우파와 진보 좌파로 나뉘지만 많은 사람에게 두 가지 성향이 동시에 존재한다. 인간 자체가 이중적이기 때문이다. 인간은 시기에 따라, 경우에 따라 정치적 성향과 입장을 바꿀 수 있고 때에 따라 자신의 정치적 성향과 상반된 생각과 주장을 하기도 한다. 그리고 당연한 말이지만, 보수 우파와 진보 좌파의 구분은 선악의 구분과는 무관하다. 어느 쪽이든 선하고 품위 있고 인격이 훌륭한 사람들이 있고, 반대로 자신의 이익을 위해 타인에게 대수롭지 않게 큰 피해를 주는 악한 사람들이 있다.

그런데 인간은 감정에 이끌리는 동물이므로 보수 우파와 진보 좌파의 의견 충돌은 쉽게 감정 대립으로 비화하고 자신을 선한 자로, 상대방을 악한 자로 생각하게 만든다. 자신이 지지하는 정치 세력에 대한 공격이 설사 그 주장에 근거가 있다 하여도 자신의 도덕성에 대한 공격이라 생각하여 반발 심리가 생긴다. 또한 어쩔 수 없이 자신의 지지를 철회해야만 할 경우에는 심리적 고통을 느낀다. 정치적 입장에는 이익뿐만 아니라 도덕적 판단이 작용하기 때문이다. 심지어 우습게도 발라드 또는 트로트로 유명한 가수가 자신과 다른 정치적 입장을 표명한다면 그 음악에 대한 감정조차도 안 좋게 바뀐다. 그러나 보수 우파와 진보 좌파 모두 조화로운 세계를 위해 없어서는 안 될 소중한 파트너다. 둘은 서로 협력하여 보완될 동료로서, 어느 하나를 압살하여 제거하면 그 자체로 심각한 위험이 된다.

보수 우파적 정치 성향을 가진 자는 대체로 인간 내면의 신성한 빛과 진실을 믿는 인본주의 가치관을 추종한다. 이들은 자신이 태어난 이유, 인생을 사는 목적, 삶이란 무엇인가 등에 대해 고민하며 인간의 자율성, 내면의 양심, 성실, 정직, 책임 의식, 배려, 자비, 연민, 동정심에 대하여 공감한다. 이들은 자신의 내면을 주의 깊게 살펴보고, 인생에 대한 싱찰을 중시히며, 무언가를 성취하기 위해서는 성실한 노력, 진지한 자세, 책임 등 상응하는 대가를 치러야 한다고 믿는다. 부지런하고, 똑똑하고, 열심히 공부하고, 인내하며 성실히 일하는 사람, 위험을 무릅쓰고 모험을 하여 고난과 역경을 이겨내고 자아실현을 성취한 사람이 훌륭하고 본받을 만한 위인이라 생각한다. 따라서 그러한 사람이 그렇지 않은 사람들보다 잘살고 사회적 우대를 받는 것은 당연하며, 노력과 책임 여하에 따라 사회적 보상이 결정되는 사회가 정의롭다고 믿는다. 이들은 세상을 그런 인과적 관점에서 바라보며, 책임과 자율, 진정성을 높은 가치로 추종하되 무책임과 방종을 경멸한다. 개인의 언행이 사회적 결과로 이어지는 일련의 과정에서 결과도 중요하지만 그런 생각이 내면에서 일어난 심리적 원인, 예의 바른 말, 신중한 행동 등 진행 과정도 중요하다고 생각한다. 삶을 바라볼 때도 노력하여 이루어나가는 과정을 중시하고, 그 평가에 대하여 비교적 엄격하다. 평가를 할 때는 집단보다는 주로 개인에 대하여 평가한다. 만약 누군가에게, 심지어 자기 자신조차도 잘못이 있었다면 그 결과를 감내해야 한다고 생각한다. 자유는 반드시 책임이 전제되어야 하고, 각 개인이 땀 흘린 노력의 결과는 보호되어야 한다. 따라서 이들은 대가를 치르겠다는 결단과 책임, 성실함과 노력도 없이 결과에 대해 불평불만을 늘어놓는 사람들을 좋아하지 않는다. 이들은 각 산업 현장에서 묵묵히 일하며 생산성을 발전시키고 경제활동을 한 주역이다.

그런데 자신에게 관심이 많은 것에서 보수 우파의 딜레마가 발생한다. 팔은 안으로 굽을 수밖에 없는 법이다. 이들은 자신들이 누리게 된 권력의 정당성을 자신이 특별하게 열심히 노력한 결과로 착각할 우려가 있다. 또한 권력의 기반은 인적 네트워크, 즉 인간 집단의 상호 관계에 존재하는데 이를 가벼이 여긴다. 그리고 자신의 능력과 노력에 스스로 도취할 개연성이 있으며 자신이 이룬 성취나 가치, 자신의 노력에 대하여 과도하게 높이 평가할 우려가 있다. 또한 자기 자신에 대하여 관심이 많고 타인과의 감정 소통에 그다지 관심이 없기 때문에 비교적 냉정하다. 자기 자신이 정직하고 똑똑하고 부지런하며 잘났기 때문에 그렇지 않아 보이는 타인에 대하여 냉담한 것이다. 그런데 현대 사회는 대중의 집단감정이 중요한 세상이 되었다. 이들은 고부가가치 산업 영역이 IT, 문화예술 또는 온라인 플랫폼 세상으로 바뀌고 생산성이 비약적으로 발전하며 글로벌 연결망이 확대된 지금, 이미 경제적 부와 사회적 지위가 상당 부분 위축되었다. 보수 우파 다수가 가난함에도, 이상하게도 이들은 자신의 이익과 무관하게 맹목적으로 부의 불공평한 대물림을 용인하는 경향이 있다. 그리고 부의 불평등을 개선하여 경제 정의를 추구하는 어떠한 시도에도 맹목적으로 반대한다.

반면 진보 좌파적 정치 성향을 가진 사람은 인간 자체보다는 인간 사이의 상대적 관계에 관심을 둔다. 개인의 내면과 삶을 대하는 태도보다는 사회현상을 주목한다. 자기 자신보다는 타인을 주목한다. 내면의 변화와 과성보나는 사회적 엉창과 결과를 중시한다 진보 좌파 다수가 사회적 약자를 돕는 일에 기꺼이 찬성하며, 그 중에는 영웅적 헌신을 하는 사람도 있다. 보수 우파가 사회적 약자에 대해 제3자 입장에서 연민과 동정심의 대상으로 바라본다면,

진보 좌파는 자기 자신을 사회적 약자의 일원으로 동일시함으로써 약자의 아픔, 분노, 절망에 공감한다. 사회 통념이나 관습에 의한 불평등한 위계나 도덕적 구속을 싫어하며, 문화적 일탈에 대해 관용적이다. 내면의 자유, 양심의 자유, 감정 과잉, 욕망의 해방을 옹호하고 윤리적 억압과 관습적 구속에 대한 반항을 추구한다. 사회적 약자들의 고통은 그들의 책임이 아니라 부의 불평등 구조가 고착된 현대 자본주의 시스템의 문제이며, 기존 질서를 바꾸어 새로운 정의를 구현하는 것이 올바르다고 믿는다. 보수 우파가 내면의 도덕성과 개인적 성취를 중시하고 자기 잘난 맛에 산다면, 진보 좌파는 인간 사이의 정서에 민감하여 더욱 확대된 인적 네트워크를 구성한다. 인간관계에 관심이 많으니 당연히 사회현상과 정치, 권력 질서에 대한 관심도 많다. 이들은 감정 소통과 대중심리 변화에 민감하므로, 정치에 대해서도 보다 집단적이고 체계적인 영향력을 발휘할 수 있다.

공감 능력이 우수한 이들은 대중의 감정을 바탕으로 산업이 발전하는 현대 사회의 새로운 경제적 주역이 되었다. 과학적이고 현실적인 방법론을 따라 권력과 부를 추종하므로 이를 바탕으로 탄탄한 사회적 연대를 구축하였으며, 정치, 경제, 문화, 예술, 엔터테인먼트, 교육, 학술, 출판, 방송, 통신, 과학기술 등 제반 분야에서 이미 주역이 되었다. 진보 좌파에게 있어 마르크시즘은 경제 정의의 상징이면서 자신의 부와 사회적 지위를 증대하는 지적 수단이다. 우수한 지적 능력을 지니거나 스스로 지식인이라 믿는 다수는 진보 좌파 성향으로서, 보수 우파를 비이성적이고 고리타분한 것으로 평가하며 심리적 우월 의식을 가진다. 이들은 기존 질서의 벽을 깨뜨리고 다른 세상을 만드는 변화를 추구한다. 기존 질서를 깨뜨려 사회정의를 이룰 수 있고, 사회 변화를 주도하는 집단의 일원이 됨으로써 자아실현과 개인적 성취도 보다 수월하게 이루어질 것으로 믿는다. 만약 사회정의를 이루기 위해 혁명이나 권력 집중이 필요하다면 그로 인해 발생할 수 있는 독재, 폭력, 억압 또한 일시적 과정으로서 수용해야 한다고 보며, 그것은 대체로 나의 이익에 부합한다고 생각한다.

그런데 타인을 주목하는 것에 진보 좌파의 딜레마가 존재한다. 사회적 약자에 대한 공감은 되돌아와 자신을 정의로운 자로 생각하게 만든다. 진보 좌파는 자신이 누리게 된 권력의 정당성을 자신이 정의롭거나 인격적으로 우월하기 때문으로 착각할 우려가 있다. 이들은 타인에게 관심이 많기에 자연스럽게 간섭도 심해진다. 타인을 배려하지만, 때에 따라 타인에게 관여하여 배제하기도 한다. 또한 타인을 주로 보다 보니 자기 자신의 허물을 잘 보지 못한다. 타인을 의식하고 타인과 비교하는 도덕관을 가지기 때문에 윤리의 기준조차 상대적이다. 내면에 양심의 명확한 기준선이 존재하지 않기에, '우리', '사회적 약사', '사회정의', '도덕적 관용'이 연결되며 피아에 따라 도덕률의 기준이 변화된다. '사회적 약자가 보호, 존중되는 사회가 정의로운 사회이다', '사회적 약자는 억압적 사회 질서의 피해자이므로 무책임, 무절제, 거짓말, 나태, 방종, 위선, 기만, 사소한 범죄 등의 잘못은 어쩔 수 없는 정당방위로 그 책임을 물을 수 없다' 등 사회적 약자에 대한 배려와 관용의 마음은 자연스럽게 사회적 약자의 일원인 자기 자신에 대한 관대한 평가로 귀착된다. 피아에 따라 도덕적 의무와 책임이 달라지고, 정치적 입장에 따라 평가하는 관점과 기준이 바뀐다. 사안에 따라 올바름이 판단되는 것이 아니라, 사람에 따라 올바름이 판단된다. 우리의 주장은 선하고 그들의 주장은 악한 것이다. 매우 자연스럽게 동일 사안에 대해서 이중 잣대를 사용하고, 결론은 항상 우리 편이 옳은 것이며, 그들에 대한 적개심과 증오는 정당한 것이다. 정의를 위해서는 정의로운 우리 편에게 절대적 지지를 보내야 한다. 그런데 부지불식간에 일어나는 이러한 심리를 꼭 의도적인 것으로 볼 수는 없다. 관용, 사회적 약자에 대한 따뜻한 공감, 사회정의를 원하는 혈기가 정치적 집단주의와 기묘하게 결합되며 집단 이기주의나 정치적 팬덤으로 나타난 것이다. 진보 좌파 권력은 자연스럽게 모든 사람들에 대한 관심과 간섭이 되며, 견제와 경계심을 잃게 되면 이는 쉽게 독재와 억압으로 전이된다. 민주주의를 열망하면서도 독재를 불러오는 동인이 된다. 이는 진보 좌파가 악하기 때문이라기보다 인간 사이의 관계성을 중시하여 나타나는 의식의 흐름이며, 스스로 인지하지 못하는 위험이다. 이미 현대 사회의 주역으로서 세계 권력 질서에 절대적 영향을 미치는 진보 좌파에 대해 관심을 가질 필요가 있다.

보수 우파 권력이 각자 독특한 개성을 지니고 스스로를 잘났다고 여기는 개인들의 느슨한 연합체라면, 진보 좌파 권력은 매우 체계적인 조직체가 된다. 보수 우파 정치투쟁이 권력을 추구하는 개인들의 이합집산 과정이라면, 진보 좌파는 파벌 간의 심각한 노선투쟁이 되고 이익집단 간의 사활을 건 정치적 헤게모니 다툼이 된다. 진보 좌파는 외부의 공동의 적 앞에서 통일전선전술의 탁월한 응집력을 보이지만, 내부 권력투쟁이 본격화되면 심각하고 치열한 정치적 분열이 나타나게 되며 그 과정에서 권력의 집중도가 확대된다.

상상의 질서

더 효과적으로 협력하는 사회를 만든다는 것은 객관적이고 합리적인 정답을 찾는 것이 아니라, 그것이 무엇이 되었든 인간들의 신념을 통합하는 것이다. 같은 신념을 통해 상상의 질서가 만들어지기 때문이다.

종이 지폐가 좋은 단 한 가지 이유는 그것을 모든 사람이 좋아한다고 내가 믿기 때문이다. 그 믿음 때문에 종이 지폐를 갖고 싶은 감정이 생기는 것이다. 또한 종이 지폐를 충분히 가지지 못했을 때 심리적 박탈감이 생기는 것이다. 상상의 질서는 상호 협력에 매우 큰 힘을 발휘하지만, 반면 그 결과 인간 사회를 폭력, 고통, 노예 상태로 몰아넣기도 하고 매우 불공정한 억압과 학대를 받아들이게 하기도 한다.

바빌로니아 제국의 함무라비 법전은 당시의 인간 사회 규범으로 만들어졌다. 남녀 구별과 신분 차별에 관한 강력한 위계질서를 내용으로 하는 그 상상의 질서는 약간의 수정·보완은 있었지만 거의 지구 전역에서 3천 년 이상 유지되었다. 함무라비 법전의 불공평을 강제하는 상상의 질서는 인류 역사에 수많은 폭력과 억압을 낳았다.

한편 이와 이질적으로 모든 인간(그러나 여전히 노예는 인간이 아니었고, 여성은 참정권에서 배제되었다)이 평등하고, 생명과 자유와 행복의 권리를 가진다는 상상의 질서가 수립되었다. 이는 1776년 제정된 미국의 독립선언서와 헌법에 명시되었다. 둘의 차이는, 함무라비 법전은 지배 권력의 이익을 확고하게 옹호하는 반면, 미국의 헌법은 어느 누구도 권력의 이익을 독점할 수 없고 모두가 동등하다고 선언하되 부의 불평등은 논외로 한다는 것이다. 인본주의적 상상의 질서는 결함을 가지고 있는데, 첫째, 권력 독점은 막되 부의 불평등은 논외로 하였으므로 권력의 이익이 우회하는 통로를 당초부터 만들어 놓은 것이다(여기에는 역사적 이유가 있다. 민주 공화정을 만든 주체가 금융자본과 기업, 지식인들의 부르주아로서 경제적 부는 그 세력이 형성된 바탕이었다). 둘째, 정치권력이 그 상상의 질서를 옹호할 분명한 이익이 존재하지 않는다는 것이다. 미국 헌법은 좋다고 수긍할 수 있지만, 어느 누구도 적극적으로 옹호하지 않는 가치 체계이기도 하다. 따라서 아무도 반대하지는 않되 중요한 결정의 순간에 정치인, 관료, 법률가로 하여금 기회주의적 태도와 부패를 만들게 하는 요인을 제공한다. 어떤 리더가 정의로운 결정을 내릴 경우에도 아무런 이익이 없고 단지 당연히 해야 할 일을 한 것으로 평가될 뿐이다. 그러나 누군가가 이러이러한 결정을 내릴 경우는 뒤에서 큰 커미션이나 특혜를 주겠다고 그를 유혹할 수 있고, 이는 이익에 민감한 정치 리더에게 기회주의적 판단을 할 가능성을 제공한다.

미국의 인본주의적 상상의 질서가 건국 후 현재까지 유지되고, 미국을 최강대국 지위에 올려놓을 수 있었던 것은 미국이 기독교 신념을 바탕으로 하고 있었기 때문이다. 인본주의가 철학적 가치 체계이므로 기독교 신념과 충돌 없이 수용되어 유지될 수 있었다. 또한 정치 리더가 아무런 이익 없이 정의로운 결정을 내릴 경우 기독교 신념이 대신 정신적 위안과 안식을 주었다. 내면의 신성한 빛을 추구하고 경건한 마음가짐을 요구하는 기독교 신념은 역동적 시장경제 체제와 서로 보완하며 미국의 국가 발전에 큰 힘이 될 수 있었다.

그러나 기독교 신념은 신의 존재를 전제로 유지될 수 있는 것이라 세대가 바뀔수록 영향력이 약화되고 있다. 이유는 다양한데, 첫째, 과학 발달로 신의 존재에 의심이 생겼고 그 결과 더 이상은 사후의 보상에 관한 정신적 위안을 확고하게 제공하지 못한다는 점이다. 둘째, 기독교 교단의 정치적 영향력과 사회적 지위가 약해져 경제적 부나 사회적 출세를 보장할 인적 네트워크 기능이 점차 사라진다는 점이다. 기독교는 현실적 이익을 더 이상 제공하지 못할 뿐만 아니라, 기독교 가치 체계를 거스를 경우의 불이익과 두려움을 부과하지도 못한다. 이에 따라 독실한 신도들의 연령대가 점점 노인이 되고, 젊은이들에게 더 이상의 관심과 흥미, 감동, 필요성을 주지 못한다. 노인 신도들은 힘겹게 기독교 전통 가치를 수호하지만, 새로운 난관을 극복할 힘이 없고 점점 에너지가 소실되고 있다. 그들은 신의 뜻에 따른다면 어떠한 불의의 세력도 물리칠 수 있다고 착각하며, 신의 은총에 기대어 현실 문제를 해결하려 할 가능성이 높다. 종교적 희망으로 현실 정치 상황을 냉정히 보지 못하는 것이다.

'누군가의 도움으로 간절히 원하던 바를 이루었다면, 그것은 신의 은총이다. 신을 믿고 의지한다면, 언제든 다시 축복받을 것이다.' 이러한 믿음은 맞기도 하고 틀리기도 하다. 무언가를 간절히 원하고 열심히 노력한다면 그에 상응하는 성과가 따르는 것이기에, 신의 존재와 관계없이 다른 이의 등장과 도움보다는 자신의 의지와 자세가 더 중요하다. 그런데 이를 정치 신념의 관점으로 판단한다면 매우 아쉽고 어리석다. 인간이라는 사회적 동물이 일생을 통해 거둘 성과의 가장 중요한 자산은 사실 인적 네트워크이기 때문이다. 인적 자산을 기반으로 자신의 역량과 돈, 지위, 명예 등 권력의 이익이 생기기 때문이다. 신에 대한 맹목적 믿음은 진짜 중요한 인간관계의 중요성과 역동성을 간과하게 만든다. 종교적 네트워크에 관심을 한정하게 하고, 삶의 과정에서 맺는 다채로운 인연을 가볍게 생각하게 만들기에 기독교의 정치적, 사회적 영향력은 약화되고 있다.

이것은 기독교 신념을 폄하하려는 의도가 아니고, 정치 신념으로서의 한계를 지적하기 위함이다. 물질만능주의를 조장하는 사회 시스템 안에서 기적처럼 오랜 기간 미국의 힘이 유지되었던 것은 그간 기독교 신념이 미국 사회를 받쳐 주었기 때문이다. 그러나 기존에 그랬기 때문에 앞으로도 그런 것은 아니다. 미국이 천명하였던 명망의 권력 질서는 붕괴되고 있으며, 지배 욕망을 추구하는 정치 세력의 부패는 심각한 상황에 이르렀다. 배금주의 확산에 따라 세대가 바뀌고, 인간들의 인식과 심리가 바뀌고, 그에 따라 문화가 바뀌고, 집단 신념이 바뀌고 있다. 집단 신념의 변화는 사회의 근본 토대조차 변하게 만든다. 예를 들어 법치의 개념조차 변한다. 만약 그동안 잘 유지되었던 법치가 더 이상 먹혀들지 않거나 다른 방식으로 작동한다면, 이미 사회의 다수가 법치의 존재 이유를 잘 모르게 되었고, 그때까지 합의되었던 상상의 질서와 권력 질서가 변화하고 있다는 것을 말한다.

현실에서는 정직하고 선하다고 하여 반드시 승리하는 것은 아니다. 권력투쟁의 핵심 수단은 폭력과 선전·선동이기 때문에 그것에 따라 승패가 결정된다. 중요한 것은 상황 판단에 절대 자만하지 않고, 피아의 현실과 세력 구도를 냉철하게 인식하고, 각 시나리오에 따라 철두철미한 계획을 수립하고, 민감하게 상황변화를 주시하며, 시의적절한 대응책을 과감하고 신속하고 철저하고 단호하게 실행하는 것이다. 역사적 사건이 결정된 후에는 그 승패가 어떤 계기로 한 번에 드라마틱하게 이루어지는 것처럼 보이지만 사실은 그렇지 않다. 한 번에 기적이 일어나는 것이 아니라 단계별 성과의 축적에 따라 승패가 결정된다. 냉철한 판단과 시의적절한 대응책의 효과가 제3자들과 주변 기회주의자들에게 영향을 주고, 세력구도와 시류의 방향이 변화 조정되고, 각 단계별 변화가 축적되어 결과가 정해지는 것이다.

내면의 빛을 따르는 미국의 인본주의적 상상의 질서가 올바르고 정의로울 가능성은 있으나, 과연 함무라비 법전의 상상의 질서만큼 오랫동안 지지와 공감을 받을 수 있을지는 매우 불투명하다. 인류 역사에서 종교적 신념이 지배 권력의 정당성을 옹호하여 오랫동안 위계질서를 유지시킬 수 있었음을 잊지 말아야 한다. 권력의 이익은 정치권력, 명예, 자부심, 사회적 지위, 경제적 부를 모두 포함한다. 기독교 신념의 인본주의적 상상의 질서는 권력의 이익을 보장하는 신념 체계와 결합하지 못하는 한 결국 붕괴될 것이다.

잘 알려져 있는 바와 같이, 마르크시즘은 맹목적인 믿음을 배포하는 모든 종교를 매우 혐오한다. 또한 종교는 세계관에 관여하므로, 신념을 두고 다투는 이데올로기로서 마르크시즘은 모든 종교를 몰아내고 싶어 한다. 마르크시즘이 종교 중에서도 기독교를 특히 혐오하는 이유는, 상징적인 적대 국가 미국이 청교도 신념을 바탕으로 오랜 기간 최강대국의 지위를 유지했기 때문이다. 따라서 마르크시즘 정치 세력은 오랜 기간 기독교적 가치를 부정하고 폄하하고 약화하는 교육에 대해 많은 노력을 기울여 왔다.

하지만 마르크시즘의 영향만으로 미국의 청교도 신념이 약화된 것은 아니다. 미국의 물질만능주의 시스템 안에 종교적 신념이 점차 약화될 수밖에 없는 기회주의 경향이 이미 내재되어 있는 것이다. 상상의 질서는 현실 권력 질서의 변화를 반영하므로, 기독교 신념도 현실과 타협하여 계속 변화하고 있다. 마르크시즘이 현실적으로 강한 이유는 함무라비 법전의 상상의 질서와 같은 방식으로 그 신념 체계가 정치권력, 경제적 부, 사회적 출세, 명예, 자부심 등 권력의 이익과 밀접히 관계를 맺고 있다는 사실이다.

종교와 사상의 자유

미국 헌법에서 규정한 종교와 사상의 자유는 인간 내면의 자유를 말한다. 이는 인간 내면의 신성한 빛을 보호하기 위한 것이지만 자유는 무제한적인 절대적 가치가 아니며, 자유에는 다른 사람과 사회에 대한 배려와 책임이 전제되어야 한다. 특히 신념과 가치관은 정치 세력을 형성시켜 권력 질서에 반영되므로, 종교와 사상의 자유에는 공동 규범이 필요하다. 종교와 사상의 자유를 제멋대로 할 수 있는 무제한적 방종으로 해석하여 헌법을 붕괴시키는 자유, 범죄를 모의하는 자유, 공동체 사회를 파괴하는 신념과 사상의 자유로 신봉하는 것은 어리석다. 르네상스 이후 근대 유럽에서는 가톨릭 권력이 주는 억압이 최대의 위협이었으므로 당시의 자유란 프로테스탄티즘의 자유를 의미하며, 미국 건국의 아버지들이 보았을 때는 그것만으로 충분하였다. 그리고 250년간 기독교 신념이 작동한 미국 사회는 내란과 권력투쟁의 소용돌이 속에서도 대부분 이익집단 사이의 분쟁이었으므로 연방제는 무리 없이 유지될 수 있었다. 그러나 인간 사회가 평화롭게 유지되려면 각각의 신념 체계가 조화롭게 공존할 수 있어야 하므로 자유의 범위가 존재한다. 하나의 사회에 서로 대립하는 신념을 각각 신봉하는 세력이 발생하여 서로 배타성을 지니면 그 인간 사회에는 종교 분쟁, 이데올로기 분쟁, 신념의 분쟁이 생기며, 극단적인 대립과 갈등이 발생한다.

그러한 측면에서 기독교 신념과 마르크시즘의 적대적 감정에 대하여 생각할 필요가 있다. 둘 다 신념 체계이므로 상호 배타성을 갖는다는 것은 앞서 충분히 살펴보았다. 그런데 현재 시점에서 그것이 타당한지, 그리고 회피할 수 없는 것인지, 또한 두 신념 체계가 하나의 질서 안으로 통합될 수 있는 것인지 살펴볼 필요가 있다.

	기독교	마르크시즘	비고
정치적 목표	정의로운 인간 사회	정의로운 인간 사회	
사상적 분류	종교	이데올로기	
중시하는 가치관	정치적 자유 (내면의 신성한 빛)	경제적 평등	자유와 평등은 함께 추구
정치적 입장	보수 우파	진보 좌파	상호 보완적 관계
관점	개인주의	집단주의	집단주의의 위험성 경계
사고 체계	신이 주신 사명	과학적 사고, 현실주의	과학적 사고의 수용 필요
경제 시스템	자본주의 시장경제 체제	사회주의, 공산주의	부의 공정한 분배 필요
자본가에 대한 인식	보호	타도	협력과 견제 필요
도덕 윤리	진실, 정직, 선, 이타성	선, 이타성 (수단의 정당화)	수단에서도 도덕 윤리 필요
정치권력 시스템	선거를 통한 평화적 교체	국가별, 정치 세력별 다양	명망의 권력 질서 필요
추구하는 욕망	정신적 안식	현실적 권력의 이익	
지적 자산	정체	증대	
인적 자산	정체, 감소	증대	
물적 자산	정체, 감소	증대	

　　과연 두 신념 체계 사이에서 관용과 화해는 불가능한 것인가? 사실 둘 다 공정하고 정의로운 인간 사회를 정치적 목표로 하고 있다. 이 때문에 둘 사이에서 화해하지 못할 이유가 없지만, 중시하는 가치가 다르고 세부 입장에서 차이가 있다.

정치적 자유와 경제적 평등은 함께 추구할 가치고, 보수 우파와 진보 좌파도 상호 보완을 위해 서로 필요하다. 개인주의와 집단주의의 관계 또한 마찬가지다. 공공의 선을 위하여 개인의 자유는 일부 제한될 필요가 있고, 이를 위해 집단주의 관점의 개선 방안 모색도 필요하다. 다만 집단주의에 대해서는 나치즘이나 파시즘, 스탈린의 공포정치 같은 극단주의의 위험성을 회피하기 위해 많은 경계가 필요한 것은 사실이다. 현재 기독교 신념이 위축되는 이유는 과학적 사고와 현실감각 부족이다. 이로 인해 지적, 인적, 물적 자산과 사회적 연대가 정체되거나 감소되고 있다. 약자와 빈자의 사회적 안전망을 확보하고, 경제적 불공정은 반드시 개선될 필요가 있다. 그런 맥락에서 자본가의 지식과 능력을 활용하여 협력하되, 자본가의 과도한 욕망을 견제할 필요가 있다.

한편 마르크시즘에 우려를 표하며 반대하는 사람들이 부르주아의 계급 이익을 얻거나 지키기 위해 반대하는 것이 아니라는 점을 이해할 필요가 있다. 마르크시즘에 대한 거부감에는 독재정치에 대한 위험성, 보편적 윤리의 붕괴에 대한 우려와 반발이 작용한다. 물론 하이에크의 『노예의 길』에 소개된 바와 같이 19세기 자유주의를 그리워하며 부르주아 가치관을 추종하는 보수 우파도 존재한다. 반면 다양한 마르크시즘이 존재하고, 그중 일부는 극단주의 정치 세력을 형성한다. 이러한 신념의 갈등은 우려와 불편함, 방어적 심리 기제로부터 시작된다는 것을 상호 간에 이해할 필요가 있다.

거대한 포커판

현대 사회의 시장경제 체제를 인간 사회 모든 구성원이 참여하는 거대한 포커판이라 가정해 보자. 룰은 단순하다. 판돈이 고갈되면 포커판에서 쫓겨나고, 쫓겨난 사람은 사회에서 도태되고, 경제적으로 궁핍해지는 것이다. 포커판에서 살아남는 한 사회적 지위를 유지할 수 있고, 경제적으로 윤택한 삶을 살 수 있다. 포커판의 승부는 각 개인의 능력도 중요하고, 행운도 필요하다. 더 이상 베팅할 돈이 없는 많은 사람들이 포커판에서 쫓겨난다. 능력 있고 운 좋은 몇몇 사람들은 판돈을 엄청나게 불렸고, 다른 사람들이 따라올 수 없는 큰 금액을 베팅하여 판돈이 부족한 사람들이 베팅을 포기하게 만든다. 판돈을 동원한 어떠한 행위도 가능하고 합법이다. 함께 포커판에 참여한 다른 플레이어를 매수하여 자신의 의도대로 동원할 수도 있고, 서로 집단을 이루어 판을 벌일 수도 있다.

성공한 플레이어는 자신이 죽을 때 자신이 이룬 네트워크와 판돈을 아이에게 물려준다. 그 아이는 물려받은 네트워크와 판돈을 바탕으로 여전히 판돈이 간당간당 부족한 사람들을 압박하여 베팅하고 판돈을 불릴 수 있다. 빈면 불행히게도 판돈을 물려받지 못한 아이는 포커판에서 살아남기 위해 많은 어려움을 겪는다.

이렇게 운영되는 포커판에서 극우파의 가치관은 재수 좋고, 능력 있는 사람들이 돈을 쉽게 모으고, 자기 판돈을 마음대로 처분할 수 있는 흥미로운 포커판 룰을 변함없도록 계속 유지하자는 것이다. 룰에 영향을 줄 수 있는 과도하게 강력한 권력은 그 자체로 위험하고, 룰을 변경하면 흥미가 반감되어 경제 효율이 떨어진다는 주장이다. 선출된 권력이 임의로 포커판의 룰에 손을 대서는 안 되며, 모든 것은 개인의 자유에 맡겨야 한다는 주장이다. 자유야말로 가장 소중한 가치이며, 포커판의 룰은 단순할수록 좋고, 소유권을 무엇보다 우선적으로 보호해야 한다는 것이다. 개인의 소유권을 무제한 보장해야만 자유가 있다는 이런 류의 주장은 인간 개인의 권리에 관심이 집중된 가치관이다.

반면 극좌파의 가치관은 강력한 권력을 만들어 기득권의 배만 불리는 이 포커판을 엎어 버리고, 어떻게 베팅해도 평등하게 비슷한 결과가 나오는 새로운 룰의 포커판을 만들자는 것이다. 평등이야말로 인간 사회의 가장 소중한 가치고 다른 모든 것들은 하위 가치라는 것이다. 사람들이 포커판에 대한 흥미를 잃을 우려에 대해서는, 새로운 룰에 대해서도 흥미로움을 느낄 수 있도록 세뇌 교육을 통해 인간의 본성을 바꾸자고 주장한다. 그리고 혁명으로 새로운 권력 질서를 창출한 우수하고 정의로운 사람들에게, 법을 바꾸고 포커판의 룰을 새로 계획하고 조정하며 심지어 인간의 본성을 개조할 수 있는 무제한의 신적 권한을 주자는 것이다. 판을 깨부수고 새로 만드는 사이의 극단적 혼란과 경제적 붕괴는 환상적 미래를 위하여 어쩔 수 없이 받아들여야 하는 일시적 과정이라는 것이다. 그러나 이러한 방식의 포커판이 세워지는 경우에는 포커판 자체는 별로 중요하지 않고, 권력을 움켜쥐는 집단에 들어갈 수 있느냐 없느냐로 인생의 승부가 결정된다. 포커판에는 흥미가 떨어질 수밖에 없을 것이다. 어쩌면 사람들을 포커판에 앉혀 놓는 것이 힘든 일이 될지도 모른다. 이런 류의 주장은 개인의 권리보다는 권력을 장악함으로써 얻는 권력의 이익에 관심이 집중된 가치관이다.

이런 좌우 극단적 주장은 현재에도 여전히 존재한다. 극단주의는 이념적 순수성을 추구하는 것이다. 이념적 순수성을 추구하면 복잡한 현실보다 훨씬 논리가 명쾌해진다. 다소 들어맞지 않는 사회현상은 권력을 통해 새로운 힘을 가함으로써 충분히 수정 또는 변화될 수 있다는 확신이 생긴다. 또한 회색 지대에 속하여 갈팡질팡하는 어정쩡한 사람들에게 용기 없는 자들이라 비난할 자격이 생긴다고 믿음으로써, 스스로 보다 멋지고 선명하고 우월한 감정을 느낄 수 있다. 그리고 선명한 만큼 비록 소수라도 적극적 지지층을 확보하고, 친위 세력의 옹위에 힘을 얻어 권력을 쟁취할 가능성도 높아진다. 극단주의가 계속 번성하는 또 다른 이유는 주변 회색 지대 사람들로부터 암묵적 지지와 물질적 보조를 얻을 수 있기 때문이다. 기회주의자를 욕하면서 그들로부터 지원을 받을 수 있다니, 얼마나 좋은가? 그러나 이념적 순수는 허구다. 이념적 순수성을 주장하는 당사자의 내면에도 생존과 번식을 위한 욕망과 감정이 꿈틀대며 작용하고 있다. 인간 사회가 평화롭게 작동하기 위해서는 극단주의로부터 탈피해야 한다. 극단주의는 사회적으로 매우 위험한 신호이며, 혼돈과 폭력, 억압을 가져올 뿐이다.

이념적 순수는 현실 사회를 설명하지 못하고, 왜곡하고, 강제적 변형을 가하고, 인간 사회에 고통을 초래하는 동력이 된다. 우리에게 필요한 것은 사회적 현실을 있는 그대로 직시하고, 문제점을 파악하며, 보다 올바른 방향으로 변화시킬 대책을 마련하는 것이다. 때로 변화를 거부하는 기득권이 강고하게 고착되어 기존 질서를 타파하기 위해 강제력이 동원되어야 할 필요가 생길 수 있다. 그러나 강제력 동원에 앞서, 순수한 이념에서 추상화된 해결 방안이 또 다른 문제를 야기하지 않는지 미리 검토되어야 한다. 만약 반대 세력이 있다면, 적어도 그 이유를 들어보고 그 이유 중 타당한 부분이 있다면 그에 대한 대책도 함께 마련해야 한다. 반대 측의 협조를 얻을 수 있다면 더욱 좋다. 사실 이념적 순수성에 근거한 대책은 대부분 오히려 문제를 악화시킨다. 이념적 순수는 사회정의의 문제를 아전인수로 해석하여 더욱 혼란스럽게 만들 우려가 있는 것이다.

같은 맥락에서 과거의 전통에 과도하게 얽매여서도 안 된다. 전통적 가치를 보호하고 존중하는 이유는 그 전통 가치가 오랫동안의 다양한 사회문제와 해결 방안에 대한 경험과 지혜를 담고 있기 때문이다. 그러나 그렇다고 하여 전통적 가치가 새롭게 등장한 사회 현실 문제를 해결할 수 있는 만병통치약이 되는 것은 아니다.

또한 그 전통 가치가 새롭게 제기된 사회 현실 문제를 해결하는 것보다 중요하거나 특별하고 우월한 가치가 있기 때문이 아니다. 따라서 전통문화와 가치는 보호하고 존중해야 하지만 그것을 꼭 고수해야 하는 것은 아니다. 그것은 지나간 경험과 지식으로부터 현재를, 또 미래를 사는 교훈을 얻고 문화적 다양성을 보호하는 수준에서 전통 가치가 그 존재 자체로 의미가 있을 뿐이다.

상상의 질서는 매우 중요하다. 그러나 그것이 공정하고, 공평하고, 정의롭고, 바람직하다고 모든 사람들에게 공감되어 심리적으로 수용될 때 인간 사회가 평화롭게 유지될 수 있으며, 사회 통합과 협력의 큰 힘이 발휘될 수 있는 것이다.

미·중 패권 경쟁

우선 2015년 여름 필자가 썼던 글을 옮긴다. 이미 그 이전부터 미·중 간의 패권 경쟁은 수면 위로 올라오고 있었고, 약 8년의 시간 차이는 그 사이의 빠른 변화를 알 수 있게 해 준다. 새롭게 변화된 부분은 다시 살펴보기로 하자.

미국과 중국

미국은 세력범위를 대륙과 해양의 모든 곳, 지구의 끝과 우주까지 확장한 현존하는 최강의 제국이다. 현대의 인간들은 대부분 미국의 힘을 느끼며 살아간다. 세계 곳곳에 미국의 힘이 미치지 않는 곳은 없다. 유사한 맥락의 서

유럽 국가뿐만 아니라 호주, 중동, 동남아시아, 아프리카, 동유럽, 북유럽, 중남미, 러시아, 그리고 동아시아에도 미국의 영향력은 강력하다. 전 세계의 경제가 비약적으로 발전하며 미국의 영향력이 약화되고 있으나, 지금 당장 미국과 세력을 다투는 것은 쉬운 일이 아니다. 그리고 미국인의 애국심은 국가를 지탱하는 정신적 기반이며, 미국 사회의 건강성을 뒷받침한다. 한편 인종 문제 등 사회적 갈등이 증가하고 있고, 최근 들어 미국 사회는 기독교 신념과 개척 정신의 구심력이 약화되는 듯하다. 미국은 스스로를 민주주의 이데올로기가 살아 숨 쉬는 나라라 소개하고 싶겠지만, 모든 나라가 그렇게 주장하고 있기 때문에 그로 인한 차별성은 생기지 않는다.

한편, 유사 이래 동아시아 패권을 유지해 온 중국은 현재 G2로서 미국 다음의 강국이 되었다. 청 말의 약화되었던 국력이 현대 중국을 건국하며 자존심을 되찾고, 덩샤오핑 이후 미국의 도움으로 비약적 경제 발전을 이루면서 다시 강대국의 지위에 올랐다.

미국 이야기

먼저 미국에 대하여 알아보자. 패권을 형성하는 물질적 기반에는 경제력, 과학기술, 정보 능력 등의 소프트웨어와 영토, 군사력 등의 하드웨어가 있고 정신적 기반에는 그들이 형성하고 유지해 온 공동체로서의 정체성이 있으며 이 모두가 매우 중요하다.

르네상스 이후 유럽은 종교 권력의 정신적 압박의 굴레에서 벗어나 과학과 인문학의 발전을 이루며 생산력 발전의 토대를 마련하였다. 대항해시대 이후 도시 간 경쟁과 상업 교역 발달은 선순환되어 인간 정신의 해방을 가져왔고, 이로부터 촉발된 사고력의 발전은 이후 산업혁명을 낳게 되었으며, 이후 세계의 중심은 유럽으로 바뀌었다. 국력이 급성장한 영국은 '해가 지지 않는 나라'로 지구 곳곳에 식민지를 경영하였고, 세계 금융시장을 장악하였다. 영국을 토양으로 성장한 세계 금융자본은 활발한 경제 발전을 보이는 미국으로 이전하였고, 새로운 땅에서 급속도의 산업 발전을 촉진하였다.

미국의 문화적 뿌리는 유럽 각국으로부터 기원한다. 미국은 유럽의 산업혁명과 프로테스탄트 정신을 계승하되, 유럽 귀족주의에 기인하는 권모술수적 정치 문화로부터는 자유로울 수 있었다. 미국은 진취성, 솔선수범과 근면함, 그리고 실천적 풍토를 가졌고 열심히 노력하는 자는 성공할 수 있다는 아메리칸 드림을 만들어 냈다.

미국과 유럽이 연합하여 금융자본시장을 지배하고, 그 지배력을 활용한 경제봉쇄 능력은 가공할 수준이다. 글로벌 자본은 이미 통합되어 있어 국경과 자본재의 경계를 초월한다. 모든 물체에는 가격이 매겨져 있으며, 자본의 글로벌 통합 체계에서 거래된다. 거래 시장에서 외면당하는 순간 가격은 폭락하고, 그것이 속해 있거나 영향을 받는 경제는 순식간에 위기에 봉착한다. 일개 다국적 투자은행의 자본 이동만으로 어느 한 국가의 경제가 위기에 봉착할 수 있으며, 90년대 말 당시 세계 3위의 경제력을 자랑했던 일본조차 금융자본의 일격에 의해 경제 체계가 휘청이게 된다. 최근 러시아가 크림반도 침략 후 미국과 유럽의 경제봉쇄에 의해 경제가 압박을 받고 점차 위태롭게 되는 현실이다.

미국의 금융시장 장악

통합된 세계 경제 체계는 매우 유연하며 민감하다. 신용거래가 실물거래의 수십, 수백 배에 이르고 신용에 미치는 다양한 요소는 직접적으로 여러 국가 경제에 영향을 준다. 단지 소문과 위협만으로 쉽게 신용이 붕괴되기도 하고 신용평가 회사의 보고서만으로 한 나라의 외국환 조달 비용이 급격히 증가하기도 한다.

전 세계 신용 시장은 미국이 쥐고 있으며 이를 적절히 지속적으로 활용하고 있다. 자본시장의 이해관계와 미국의 이해관계는 불가분의 관계로, 장기간에 걸쳐 지속적인 시스템 업그레이드를 하고 있다. 미국은 세계 최대의 채무국이면서도 화폐는 가장 안정적인 가치를 인정받고 있다. 미국이 망하는 순간 세계 경제 시스템 자체가 붕괴되기 때문에 어느 자본 세력도 이를 원하지 않게 되있다. 미국은 경제의 매개체, 즉 최폐를 잡아하고 자본이 이동 수단과 거래 기준을 세계 금융자본 세력과 공유함으로써 경제를 지배하고 있다. 또한 지배력 약화를 예방하기 위하여 자본 이익을 공유하는 유럽 국가들과 협력하여 중앙은행의 화폐정책과 경제정책을 조율한다.

잭슨 홀 회의는 미국이 주도하는 세계 최정상급 경제 리더들의 심포지엄으로서, 1982년 당시 FRB 의장인 폴 볼커가 참여하며 주목을 받았다. 매년 8월 미국 옐로스톤 국립공원 아래 와이오밍주의 산골 마을인 잭슨 홀에서 개최되는 이 회의는 초대받은 자만이 참가할 수 있는 비공개 회의로서 초대받은 것 자체가 큰 명예가 되는 회의다. 잭슨 홀 회의를 통해 FRB 밴 버냉키 의장의 양적완화 시사가 있었고, 2014년에는 처음 참여하는 FRB 신임 의장 옐런과 드라기 유럽중앙은행 총재, 주요 각국의 중앙은행장, 저명한 경제학자들이 참여하여 금리 인상 시기와 고용 시장 현황에 대한 논의가 있었다. 각국의 경제 수장이 경제정책과 통화정책 방향을 논의하는 이 회의는 회의 명칭이 변경되면서도 지속적으로 개최되어 왔는데, 세계 경제에 미치는 영향이 지대하므로 비공개 전통을 가지고 있다.

미국은 세계 금융자본과 함께 세계 경제와 금융 시스템 운영 방향에 대하여 지속적으로 영향력을 행사한다. 세계 금융자본의 금권 원천에 달러화와 미국의 국채가 연관되어 있다. 세계 최대 채무국으로서 경제가 붕괴되어야 함에도 불구하고 여전히 가장 안전한 통화 자산으로 남아 있는 이유가 바로 여기에 있다.

기술력과 애국심 마케팅

세계 최강대국 지위를 유지시키는 또 다른 측면에서 미국의 기술력은 여전히 세계 최고다. 미국이 가진 기술력의 원천은 무엇인가? 미국인은 과도하게 국수적인 태도로 자국 제품을 애용한다. 우리나라에는 애플 추종자 (흔히 '애플빠'라 불린다)들이 많이 존재하나 미국에는 삼성 추종자가 없다. 우리나라의 애플 추종자들은 여러 측면에서 정신병리학적 증상을 보인다. 삼성이 우리나라 국민과 소비자를 우롱했고 노동자를 착취한다고 주장하며 자기 합리화 명분을 세운다. 그러면서 애플이 비교적 낮은 원가로 이윤을 가장 많이 남기는 회사라는 사실에 대해서는 경영 능력이 탁월하다고 추켜세운다.

애플은 하드웨어 회사가 아니라 소프트웨어 기술과 마케팅, 세계 보급망을 유지하는 능력으로 운영되는 회사다. 대부분의 부품과 하드웨어는 대만이나 중국에 위탁 생산하며, 생산에 관한 인력을 최소로 한다. 노동자 파업 위험은 회피하면서도 인건비는 직접 생산하는 경우보다 더욱 낮춘다. 그런데 미국은 애플 추종자를 조직하고 세계에 수출한다. 세계 기술 지도력을 유지하기 위해서 자국 회사의 제품을 의도적으로 구매하고 적극적인 홍보와 판매 촉진 활동을 한다. 이에는 명확한 이유가 있다. 기술력의 보호와 유지가 중요하나는 것을 모두 알고 있는 것이다.

2007년 리먼브러더스 파산으로 시작된 글로벌 금융위기 후, 전 세계가 여전히 침체된 상황에서 최근 미국만이 경기가 활황세를 보이고 있다. 새로운 미국 시장의 트렌드는 미국 소비자들이 'Made in USA'를 중요한 구매 결정 요소로 생각한다는 것이다. 해리스 인터랙티브라는 기관의 조사에 의하면 미국 소비자의 75%가 미국 내 생산 여부가 중요한 의사결정 요소라 답하였고, 응답자의 90%가 미국 내 생산이 중요한 이유로 고용 창출을 꼽았다. 우리에게는 이미 성공할 수도 없고 비열한 마케팅이라 여겨지게까지 하는 애국심 마케팅이 최강대국 미국에서 가장 중요한 소비 트렌드로 확산되고 있다.

이런 현상이 갑자기 생겨난 것은 아니다. 미국인들에게 애국심은 건국 이래 모두가 공유하는 매우 중요한 가치다. 최근 확산되는 애국 소비는 글로벌 금융위기로 표출된 세계 최대 채무국으로서의 위기감이 이를 극복하고자 하는 단결된 집단심리로 나타나는 경제 현상이다. 정부는 미국 내 고용 확대를 위해 해외 생산 기지를 본토 내로 회귀시키는 기업을 지원하는 정책을 추진하고 있고, 각 기업들도 소비자들의 미국산 선호에 따라 'Made in USA'를 강조하는 홍보를 강화하고 있다. 월마트는 'Buy Made in USA' 캠페인을 벌이고 있으며, 자동차용 매트 생산 기업 Weather Tech는 'We are proudly made in USA'라는 2014년 슈퍼볼 광고를 통해 대히트를 쳤다. 구글도 'Designed & Manufactured in USA'라는 광고 카피를 사용하고, 애플도 'Designed by Apple in California'라는 문구로 애국심 마케팅을 활용하고 있다. 이런 기업들의 움직임은 미국에 진출한 타 국가의 경우도 마찬가지인데, 일본의 혼다는 미국 판매 차의 93%가 미국산이라는 광고를 하고 있고, 중국의 레노버와 우리나라 현대차는 미국 내 공장에서 생산하는 제품을 판매한다는 광고를 하고 있다. 미국인들의 'Made in USA' 선호는 단지 최종 상품의 생산에 머무르지 않는다. 미국 소비자의 47%는 'Made in USA'라면 최종 상품에 들어가는 부품과 소재까지 미국산이어야만 한다고 인식한다. 캘리포니아의 청바지 업체는 청바지에 사용된 원단과 단추를 해외로부터 수입하였다는 이유로 소비자 단체로부터 'Made in USA' 표시 금지 소송을 당했다. 그들이 가지고 있는 USA에 대한 자부심은 생활 곳곳에 스며들어 있다.

미국인의 집단심리

미국의 외교 행위의 특징을 살펴보면, 미국은 아주 오랜 기간 이어진 침략의 역사에서 몇 가지 교훈을 가지고 있다. 침략한 나라나 민족을 완전히 전멸시키지 못한다면 나의 이익을 안전하게 장기적으로 관철하는 것이 유리하다는 것과, 그것을 위해 마무리는 항상 협상 테이블에서 상대방의 동의를 얻는 과정을 반드시 거친다는 것이다.

미국인은 그들 각자에게 주어진 권한 범위 내에서만 말하고 행동한다. 자기 권한 내라면 다소 무리하거나 오만불손하거나 힙리적이지 않은 판단이라 하더라도 재량권으로서 양해가 된다. 그래서 오히려 로비 행위가 빈번하게 일어날 수 있으며, 인맥에 의해 그 사회가 움직이게 되며, 그래서 신용이라는 것이 한 나라, 회사 등의 조직뿐만 아니라 각 개개인에게도 매우 중요하다. 미국의 조직 구조는 철저한 분화라고 할 수 있다. 책임과 권한이 항상 함께하며, 임금이 싼 인력에게는 책임도 묻지 않고 기대 이상의 성과를 재촉하지도 않는다. 규정된 틀 내에서만 움직이길 기대하며, 똑똑한 자라 하더라도 권한 범위를 벗어난 행위를 용서하지 않는다.

미국의 이해에 반하는 국가는 우선 국제적 금융거래에서 불이익을 감수해야 한다. 미국의 경우 국익을 위한 대응 측면에서 정부와 경제주체 간의 구분이 없다. 어떤 경우 금융자본과 각 경제주체는 미국 정부보다 선제적으로 움직이기도 한다. 일부 인사에 의해 미국 정부와 상반되는 논문이 발표되고 논의되기도 하지만 주류 학문은 그렇지 않다. 그런 행위를 용인하는 이유는 미국 사회에 미치는 영향이 미미하기 때문이다.

미국은 정부로부터 기업, 일반 소비자까지 혼연일체가 되어 국익과 공익을 우선하는 공리주의적 가치를 공유하고 있다. 미국은 언젠가는 다른 제국과 같이 쇠퇴하고 분열될 것이다. 그러나 아직은 때가 아닌 것으로 보인다. 미국인들은 스스로 세계의 1등 국민이라 믿고, 미국이 세계 경찰국가로서 자유민주주의를 보호하는 사명을 가지고 있다고 믿으며, 그 공익을 추구하는 행위는 개개인의 사익보다 우선해야 한다고 믿는다. 미국의 세계에 대한 영향력 유지와 이를 뒷받침하는 공권력 유지에 대한 사회적 합의는 아직 굳건하다. 미국 정부가 견지하는 대외정책의 모토 '힘으로 국익을 보호한다'는 미국인들 모두가 견지하고 있다.

미국이 세계의 패권을 가지게 된 가장 큰 이유는 무엇일까? 미국이 단순하게 2등과 경쟁하는 1등의 국가인 것은 아니다. 타의 추종을 불허하는 이유는 마치 포커판의 플레이어 중 하나이면서 포커판의 게임 규정을 정하고 필요하면 조정할 수 있는 힘을 가진 것과 같다. 이에 대하여 당연히 다른 플레이어는 불만을 가지고 공정하게 하라고 요구하지만 어쩔 수 없이 이미 오랜 기간 운용되어 대체하기 어려운 측면이 있다. 그 이유의 첫 번째로 그들이 사용하는 언어의 국제적 통용성과 그것에서 비롯된 문화의 지배력을 들 수 있고, 둘째로 그들의 화폐가 시장경제 자본 시스템의 근간을 이루고 있다는 점이다. 그리고 하나를 덧붙인다면, 미국 지휘부의 유능한 지식인들이 자국의 세계 지배권을 유지, 확대하고자 항상 예민하게 전 세계 동향을 주시하며 개입하고 이를 미국인들 다수가 지지한다는 점이다.

어떤 제국도 외침만으로 망하지는 않았다. 먼저 내분이 일어나고 제국 내부의 경제 시스템이 붕괴하며 약해진다. 국력의 약화가 외부에 알려지고 이 과정이 상당 기간 지속된 후 외침이 일어나고, 내외부가 같이 혼란에 빠져 마침내 제국이 붕괴된다. 그렇다면 미국이 붕괴되고 있는가? 미국은 아직 너무 강하며, 내부적으로 안정적 공동체가 유지되는 듯하다. 그러나 TV 뉴스를 보면 미국에서 인종 갈등이 증가하고 있는 것은 비교적 분명한 듯하다. 일반적 사건 개요는 이렇다. 경찰이 어떠한 이유로든 비무장한 흑인을 총으로 쏴서 사망사고가 발생하고, 이에 분개한 흑인들이 시위를 벌이다가 편의시설과 상가를 침입하여 물건을 강탈하는 대형 폭력 시대로 변질되고, 인명과 재산 피해가 일어나는 흐름이다. 또한 최근에는 크리스마스에 대한 사회적 인식이 바뀌어 가고 있음이 드러난다. 미국 사회에 미치는 기독교의 영향력이 약해지고 있는 것이다. 그러나 미국 사회에서는 각종 사회문제가 발생해도 공동체를 위하여 함께 노력해야 한다는 주장이 아직도 주류를 이루고 있다. 그래서 미국은 '월 스트리트를 점령하라'라는 시위가 발생하든, 인종 폭력이 발생하든 미국 자체를 전복시키겠다는 의도를 가진 활동은 아직 존재하지 않는다. 그런 동기를 가진 자들이 있다면 그들에게 내려지는 형벌은 가혹하다.

중국 이야기

이번에는 중국을 살펴보자. 우리나라와 인접한 중국은 인적 왕래, 문화 교류, 무력 충돌, 사상 체계 등 여러 측면에서 불가분의 관계를 가지고 있다. 또한 동아시아의 독특한 세계관, 인간관을 공유하고 있고 장기적으로 우리나라에 가장 영향을 줄 타국이 있다면 당연히 그 답은 중국이 될 것이다. 그만큼 중국과 우리나라는 떼려야 뗄 수 없는 관계에 있으며, 좋은 경우는 동반자고 나쁜 경우는 힘의 우열에 의해 종속적 관계성을 맺게 될 것이다.

중국인들은 미국인들과 마찬가지로 그들의 나라가 세계의 중심 국가이며 세계의 진보와 발전에 중요한 역할을 담당해야 한다고 믿고 있다. 그들의 민족적 자긍심은 대단한 수준이며, 항상 세계는 중국을 중심으로 작동했으며 앞으로도 그래야만 한다는 중화사상을 집단심리로 보유하고 있다.

다만 현재 미국이 보다 우월하고, 그들을 이기기 위해서는 더 많은 노력이 필요하다고 생각하는 듯하다. 따라서 미국을 대하는 중국의 태도는 미국의 직선적이고 노골적인 대외정책과 비교하여 우회적 태도를 보이는데, 여기에는 국력이라는 현실적 이유가 작동하고 있다. 미국이 세계의 대륙과 대양을 지배하여 경영하고 있다면, 중국은 동아시아에서의 패권을 확고히 인정받고 지역 패권을 기반으로 세계로 영향력을 확대하고자 하는 전략을 구사한다. 따라서 미국과 직접 충돌하기보다는 중국의 지지 기반 확대에 주력하며, 미국의 영향력이 약한 나라들부터 순서대로 우호 관계를 확장하고자 한다. 최근의 AIIB 창설 과정에서 증명했듯이, 미국과 일본을 제외한 거의 모든 선진국이 참여했다. 중국인은 동남아시아, 중앙아시아, 중남미, 아프리카 등에 활발하게 진출하고 있으며 서구인의 무대인 북미, 유럽, 오세아니아에도 계속 그 영향력을 확장하고 있다. 중국은 세계 최대 제조국이며 채권국이다. 경제적 동기에서 많은 나라들이 중국과 우호 관계를 맺기를 바라고 있고, 이를 기반으로 중국은 대외 영향력 확대에 더욱 매진하고 있다. 중국의 강력한 힘은 그들의 인구에 기반하며, 세계 각지에 진출하여 다양한 형태의 전초기지를 구축하였다. 세계 어느 나라의 주요 도시에서나, 심지어 분쟁이 발생하는 중동 지역이나 아프리카 오지에도 중국인 마을을 쉽게 볼 수 있으며 이들은 상당한 규모의 자치적 공동체를 구성하고 있다.

한족과 인종 통합

당초 한족은 농경민족이었다. 광활한 곡창지대가 있었으므로 인구는 상당한 수를 유지할 수 있었고, 권력 질서 체계도 일찍부터 발전시킬 수 있었다. 높은 수준의 경제력을 가진 중국 평원을 당연히 외곽 이민족들이 넘보게 되었고, 농경민족보다 기마민족이 보다 호전적이므로 자주 침략을 당할 수밖에 없었다. 역사적으로 중국을 침략하여 지배하거나 복속되는 이민족이 많았다. 중국인들이 동이족으로 불렀던 우리나라 민족은 기마민족의 후예로서 용맹성이 있고, 문화적 수준이 상당한 편이라 중국에게 항상 위협으로 존재하였다. 중국은 동이족에 대하여 분열하여 서로 싸우게 만드는 대외정책을 사용하였다. 우리나라 민족과 DNA가 유사한 거란, 여진, 몽고 등 많은 유목민족은 중국과 우리나라의 변방에 거주하고 있다가 일시에 중국을 점령하여 지배 세력이 되기도 하였다.

중국인의 우수성은 이민족과의 결합과 문화의 융합에서 나왔다. 지배하거나 복속되었던 이민족들은 점차 한족이 되었다. 중국은 남방계열과 북방계열의 혈통적 차이가 크고 각 지역마다 문화적 특성에 많은 차이가 있으나, 점차 다 같이 한족으로 불리며 스스로 그렇게 믿고 있다. 따라서 진시황 때의 한족과 지금의 한족은 전혀 다른 범주의 한족이다. 역사적으로 매우 오랫동안 다채로운 인종이 계속 혼입되며 현재의 중국이 만들어졌으며, 말이 통합되며 한족의 정체성이 형성되었다. 중국에 편입된 많은 소수민족은 이미 한족이 되어 버렸고, 지금도 소수민족의 한족화는 계속 진행 중이다. 그런 측면에서 미국보다 중국이 민족적 정체성 측면에서 유리하다. 미국은 여전히 외관상 구별되는 다양한 인종이 섞여 국가를 운영한다면, 중국은 특이하게도 지배 민족이 점차 확대되는 방법으로 서로 다른 DNA를 가진 인종들이 모두 서로 한족이라 믿으며 중국을 운영하고 있다.

따라서 중국의 한족은 아랍인만큼이나 복합적인 혈통을 가진 민족이다. 한족을 판별하는 기준은 첫째, 외모가 몽골로이드되 신체 외관상 비슷한 수준이면 된다. 둘째, 사용 언어가 중국어면 된다. 셋째, 본인 스스로 한족 이라 믿으면 된다. 현재 스스로 한족이라 믿는 사람들의 숫자가 중국 본토 내에서만 13억 명에 육박한다. 그들의 주장이 맞다면 국외 화교를 포함하여 세계 인구의 약 20%가 한족으로 하나의 민족인 셈이다. 이 불가사의한 최대 단일민족의 정체성은 몽골인이든, 일본인이든, 아메리카 원주민이든 누구라도 황인종으로서 외관상 그리 차이가 없고 중국어를 사용하여 문화 적 동질성이 있고 스스로 한족이고자 한다면 누구라도 한족이 될 수 있다 는 것에서 나온다. 미국이 가장 두려워야 할 중국의 특성은 바로 중국 역사 를 통해 면면히 계승되어 온 민족 통합력일 것이다.

대국의식

소련 붕괴 이후 중국은 경제적으로 도약하기 시작하였다. 개혁개방 이후 중국은 연평균 10% 내외의 비약적 경제성장을 최근까지도 계속하였다. 중국이 시장경제 체제를 용인하자 미국은 중국의 제조업 발전과 경제 발전을 용인하였다. 상호 간의 경제적 의존은 현대 중국이 국제사회에서 G2로서 확고한 실체를 인정받고 대국으로서 위상을 드높이게 만들었다. 우리나라 의 경우도 1990년대 이전과 2000년대, 그리고 현재 2010년대의 중국을 바라보는 인식이 많이 바뀌었다. 1990년대 이전의 중국이 덩치는 크나 못 살고 군사적으로 허약한 국가였다면, 2000년대 중국은 경제가 급속히 발 전하는 기회의 땅이었으며, 현재 2010년대의 중국은 우리나라 경제에 막대 한 영향을 미치는 대국이다. 중국은 덩샤오핑 이후 장쩌민, 후진타오를 거 쳐 시진핑까지 경제적으로 개혁개방과 경제 발전 노선을 견지하고 있으나, 대외 외교는 초기 명분주의적 외교정책에서 실리적이고 민족 중심적이고 국가주의적 입장으로 변모하고 있다.

국가에 대한 중국인들의 자신감과 자존감, 자긍심은 하늘을 찌를 듯하 다. 중국이 과거의 영화를 재현할 것이라는 강한 믿음을 공유하고 있고, 어 느 누구라도 중화제국의 재현을 막을 수 없으며, 그 상대가 미국이라도 한 번 해볼 만하다는 배짱을 가지고 있다. 그리고 대국에 걸맞은 자기 인식을 가지고 대국인의 폭넓은 시야와 태도를 가지며 그 방향으로 자신과 가족, 기업, 국가를 운영하려 하고 있다. 미국인이 세계 챔피언으로서의 심리를 공유한다면 중국인들은 세계 타이틀 도전자로서의 집단심리를 공유하는 셈이다.

쓰촨성 지진에서의 대형 재난 처리와 최근 진행되는 중국 정부의 부패 척결 운동은 중국인들의 사회적 심리의 단면을 보여 준다. 10만 명 가까이 인명 피해가 난 쓰촨성 지진 피해지역에서 더 이상 살아 있는 자가 없을 것으로 판단되자, 중앙정부(중앙상임위원회)는 피해 지역 전체를 지진 피해 유물 지역으로 지정한 후 더 이상의 복원이나 개수 없이 매몰 처리하는 것으로 결정했다. 거대한 무덤이 탄생한 것이다. 인명 피해가 10만 명이나 되니 각 개개인의 사연이 얼마나 많겠는가? 그러나 중앙정부는 그렇게 결정했고 즉각적 피해 구제가 없었다고 지방정부 관료를 고발했던 많은 피해자와 유가족은 중앙정부의 결정에 따라 근처에 급하게 새로 만든 도시로 이주하였다. 쓰촨성의 처리 방법과 그 결정에 대한 중국인들의 수긍(물론 사회주의 속성상 언론 매체를 중앙정부가 통제할 수 있기 때문에 가능하였을 것이다)은 일본 쓰나미 후의 침착하고 이타적인 일본인들의 대응과 함께 금세기에 서양 선진국들을 깜짝 놀라게 한 사건이다.

중국 내의 교통사고 사망자는 연간 20만 명에 육박한다. 우리나라 사람들의 일반적 감각을 완전히 벗어나 있는 숫자다. 쓰촨성 지진의 피해 규모를 듣고 놀랐으나, 이를 추월하는 숫자의 인명이 매년 교통사고로 사망한다는 통계는 귀를 의심케 한다.

그런데 쓰촨성 지진을 포함한 대형 재난 사고를 수습하는 중국인들의 태도를 후진성으로 매도하는 것은 잘못된 판단일 것이다. 국가를 기반으로 세계와 접촉하고 관계를 맺는 현실에서, 국가의 의사와 나의 이해를 동조화하려는 태도는 미국인들이 보여 주는 그것과 일맥상통하고, 일본인들의 친차한 집단주의와 맥을 같이한다.

중국인들은 사회 어느 한구석에서 어떤 사건에 의해 고통받거나 손해 보는 개인과 집단이 있더라도 국가적 차원에서 반드시 필요한 일이라면 감내해야 한다고 믿는다. 설혹 그 일이 나 자신에게 벌어질 수 있더라도 어쩔 수 없는 일이고, 다수의 발전과 행복을 위해 소수의 희생이 발생한다면 받아들여야 할 일이라고 생각한다. 중국에서 큰 홍수가 발생하여 양쯔강이 범람할 위기가 닥쳤을 때 중국 정부는 하류의 대도시를 보호하기 위하여 상류의 강둑을 일부러 붕괴시켜 일부 마을을 수몰하는 결정을 내렸다. 소거 명령이 내려졌고 희생키로 결정된 사람들은 그들의 의사는 무시된 채 아무런 대책 없이 모든 재산을 남겨 두고 삶의 터전에서 내쫓겼다.

언뜻 보면 매우 타당한 결정이고, 또 중국인들의 수용도 당연해 보인다. 그런데 사실은 그렇지 않다. 상류의 강둑을 붕괴시키지 않았을 때 하류의 대도시에 큰 피해가 날지는 사실상 알 수 없는 일이었고, 또 그 방법 외에 다른 방법이 전혀 없었는지도 알 수 없는 것이었다. 대도시의 큰 피해는 단지 예측에 불과한 불확정적 피해였고, 국가의 결정으로 인한 피해는 구체적으로 확정되는 재산과 인명의 손실이었다. 나중에 과도한 결정이었다고 판단된다면 그것을 결정한 관료는 어떻게 되어야 하는가? 또 어느 선에서 그 책임을 물어야 하는가? 한 국가에서 공동체 가치를 보전하려면 그 구성원 각자는 어떻게 인식하고 행동해야 하는가?

중국인들의 국가적 사건 사고에 대한 태도는 미국인들의 그것과 유사한 점이 있다. 정책적 과오로 많은 인명과 재산 피해가 나더라도 중국인들이 지도부에게 물러가라고 하지 않는 것처럼, 미국에서 총기사건으로 학교에서 집단 학살이 일어났다 하여 유족들이 대통령이 책임져야 한다고 주장하는 일은 발생하지 않는다. 허리케인과 지진, 토네이도로 매년 많은 재산과 인명의 피해가 발생해도 그것을 정부의 탓으로 돌려 국가권력을 약화시키려는 시도를 했다는 것을 들은 적이 없다. 오히려 그들은 위기의 순간에 헌신적 노력을 한 의인을 영웅으로 추모하고, 다시 그런 일이 발생할 때 모두가 어떤 행동을 해야 하는지 되새긴다. 세계를 이끌어가는 대국인으로서의 자부심과 책임감이 사건 사고에 대한 중국인과 미국인의 태도를 결정하는 것으로 보인다.

중국의 경제력과 과학기술

중국의 경제력은 확고한 세계 2위의 총생산 규모를 다지고 있으며, 큰 변화가 없는 한 당분간 유지 또는 확대될 것이다. 특히 최근의 괄목할 만한 중국 제조업의 발전은 장밋빛 미래를 그리게도 한다. 중국의 경제력은 14억 명이라는 인구수가 기회요인과 위협요인을 동시에 제공한다. 마오쩌둥 식 경제는 당연히 위협요인이 더 부각되었으나, 덩샤오핑의 시장경제 체제 도입 이후 미국 주도의 글로벌 경제 네트워크에 편입되면서 해외 분업 체계의 세계 제조기지로 자리매김함으로써 막대한 부를 오랜 기간 끌어모을 수 있었다.

중국 정부는 경제 발전에 도움이 되는 적극적 사고와 행위를 권장하는 방식으로 매우 현명한 정책 방향을 제시하고 장기간 유지하였는데, 이때 중국민의 억눌린 잠재력이 경제 발전을 목표로 터져 나왔다. 경제 규모가 급속 성장하는 과정에서 내부적 경제 모순과 거품, 허위의 회계 수치, 부패도 함께 축적되었지만 시장경제의 운영상 미숙함과 필요 자본 조달은 미국과 세계 금융자본이 도와주었고 그 결과 경제 강국으로 부상하였다. 중국의 인구수는 현재 기회요인으로 작용하는데, 반면 중국 경제의 가장 큰 위협 은 식량과 에너지가 된다.

전 세계를 지배하는 금융 시스템과 화폐가 바뀌지 않는 한 중국 경제가 미국을 추월하기는 아마 어려울 것이다. 중동의 오일머니가 이슬람 금융을 발달시켰으나 시스템 변화까지는 가져오지 못했고, 아마 앞으로도 그럴 것 이다. 중국의 경우도 이미 운용되는 금융 시스템을 외면하면 경제가 성장할 수 없고, 의존하면 할수록 더욱 종속적인 자본 구조를 가지게 되어 미국이 벌여 놓은 포커판에서 벗어날 수 없게 된다. 미국이 차려 놓은 포커판에서 2등 국가의 경쟁자는 독일, 일본 정도로 볼 수 있으나, 중국은 인구 기반의 경제 규모, 안정적 정치 구조, 중국인들의 공동체 정신과 자부심 등에 힘입 어 미국과 큰 마찰이 없는 한 당분간 확고하게 2등의 지위를 유지할 수 있 을 것이다.

아마 중국은 이런 근본적 불리함을 극복하는 방안에 대하여 여러 가지 연구와 조사를 하고 있을 것이다. 중국이 미국의 포커판에서 벗어나 새로운 포커판을 만들고 싶다 해도 움직일 플레이어가 마땅치 않으며, 결과적으로 소련과 같은 운명을 벗어나기가 쉽지 않다. 소련은 미국과 경쟁하기 위해 동유럽 국가와 결속을 다졌으나 고립과 경제성장 둔화를 가져왔을 뿐이다. 중국이 미국과 경쟁할 만한 새로운 포커판을 만들어 운용하고 싶다면 EU 와 긴밀히 협력할 수 있어야 한다. 아니면 적어도 동아시아 3국(중국, 일본,

한국)과 러시아를 하나로 묶을 수 있어야 미국과의 경쟁을 위한 최소한의 시장 장악력을 가질 수 있을 것이다.

이번에는 그들의 기술력을 살펴보자. 그동안 중국의 기술력은 균형이 맞지 않는 측면이 많았으나 경제력 발달과 함께 상당히 균형감이 좋아지고 있다. 현재와 같은 템포가 유지된다면 머지않은 미래에 최고 수준의 첨단 기술력을 확보할 수 있을 것이다. 중국은 제조업을 기반으로 경제력을 증대시켰으며 그에 비례하여 제조 및 과학기술이 발달하였다. 미국으로부터 소프트웨어, 일본과 한국으로부터 제조공학 기술을 탈취하여 왔으며 이미 그 기술 수준은 일부를 제외하고 탈취한 국가의 기술 수준과 맞먹는다. 대규모 인구 시장에 기반한 생체보안 및 감시 기술, 5G 통신 네트워크 기술, 빅데이터와 AI, 플랫폼 소프트웨어 등 일부는 세계 최고 수준을 확보할 것으로 예상된다.

2004년부터 2014년까지 인용된 과학기술 논문의 순위를 보면 미국(64,132편), 영국(20,139편), 독일(14,603편), 중국(13,005편), 프랑스(9,592편) 순이며, 우리나라는 15위(3,100편)를 차지했다. 10년 전에 10위권이던 중국은 최근 4위로 올랐고, 우리나라는 3~4계단 내려앉았다. 과학기술 논문의 숫자가 그 나라의 기술력을 대변한다고는 볼 수 없으나, 2000년까지 후진국으로 평가되던 중국의 성장세는 괄목할 만하나.

군사력과 외교안보

중국의 군사력은 나날이 증대되고 있다. 경제력을 기반으로 군의 현대화를 위해 매진하고 있으며, 군사적 지배권과 패권을 강화하려 하고 있다. 이는 필연적으로 주변 국가와 마찰을 발생시킨다. 남중국해 일대는 필리핀, 베트남 등의 이해관계와 상충되고 있고, 우리나라 및 일본과는 마라도 해역 및 다오위다오열도와 관련하여 분쟁이 생기고 있다. 우리나라와는 고대 역사의 복원 문제로 말썽이 있는데, 상당히 의도적으로 동북공정 정책을 추진하고 있다. 중국은 현재 동아시아 패권을 정당화하려는 논리로 역사를 조작하는 것조차 서슴지 않는 것이다. 그러나 중국은 미국의 동향을 계속 의식할 수밖에 없는데, 그 때문에 우리나라와는 비교적 우호적인 외교안보적 관계를 맺고 있다.

역사적으로 군사적 충돌은 주로 인접국과 발생하며, 동맹 관계는 비교적 먼 곳에 위치한 나라와 맺는다. 이런 현상은 현재도 마찬가지인데, 먼 곳의 나라는 자국 영토와 지배권에 관심을 두지 않고 군사적 충돌이 발생하는 인접국을 협공할 수 있는 지리적 이점을 공유하기 때문이다. 인접한 국가는 상호 간에 활발히 교류하며 도움을 주고받거나 이해관계 상충으로 군사적 충돌이 일어날 수 있는 양날의 칼과 같은 존재인 것이다. 일본은 확실하게 이 교훈을 그대로 따르고 있다. 먼 곳에 있는 미국과의 군사적 동맹 관계를 더욱 확고히 하고, 가까운 곳에 있는 중국과는 긴장을 조성한다.

중국의 현재 군사력은 어느 정도일까? 중국은 베트남과의 단기전쟁에서 실패한 후 군의 현대화 필요성을 느끼고 이후 지속적으로 군사력을 증강시키고 있다. 2014년 기준 인터넷에 소개된 군사력 순위를 보면 미국, 러시아, 중국, 인도, 영국 순으로 순위가 매겨져 있고 우리나라의 경우 9위로 되어 있다. 인구, 군인의 수, 경제력, 국방 예산, 주요 무기의 수 등을 고려해서 순위를 정했다 하지만, 핵무기 등 대량 살상 무기의 영향력은 제외시켰으니 의미 있는 순위로 보기는 어렵다. 특히 북한처럼 비대칭 전략을 구사하는 나라의 경우에는 순위를 정하기가 더욱 어렵다. 영국 국제전략연구소에서 발표한 국방 예산 순위를 보면 조금 다르다. 미국, 중국, 사우디아라비아, 러시아, 영국, 프랑스 순이고 우리나라는 10위다. 국방 예산만을 비교해 본다면 1위 미국의 국방 예산이 2위부터 25위 나라의 국방 예산을 모두 합한 것과 같다. 거의 전 세계 국방 예산의 반을 미국이 지출하는 셈이다. 단, 각 나라의 물가가 모두 다르고 군과 무기 체계의 유지 비용 자체가 상이하므로 국방 예산 총액의 규모가 군사력을 그대로 반영한다고 보기는 어렵다.

현재로선 미국이 중국보다 상당 수준 우월한 군사력을 가지고 있다고 보는 것이 타당해 보인다. 미국은 전 세계에서 항상 전쟁을 수행하고 있다. 또한 미군은 순환 근무 체계를 유지하고 있어 일정 계급 이상의 군인은 거의 모두 실전 전투 경험을 가지고 있다. 미국은 대량 살상 무기의 성능과 기술력, 재래식 무기의 보유량에서 타 국가를 압도하지만 대량 살상 무기 기술의 발달은 미국도 전면적인 군사 충돌에서 반드시 승리한다는 장담을 할 수 없게 만들었다. 지지는 않더라도 미국 본토 내에 심각한 타격이 있다면 그 자체로 실패한 전쟁이 되어 버리기 때문이다. 미국은 첨단 기술을 이용한 정밀타격 기술을 발전시키고 전쟁의 양상을 변화시킬 수 있는 절대적 우위의 무기 체계를 만들기 위해 연구하고 있으며, 세계 각처의 국지전에서 이를 실험하고 있다. 그러나 정보 통신 기술의 발달과 대량 살상 무기 등장은 도리어 미국의 군사상 절대적 우위를 저해하는 요소가 되었다. 세계는 어느 때보다 공멸의 위기를 함께 공유하므로, 미국은 각 지역별로 다른 작전을 수립하고 있다. 미 본토에 직접적 위험을 초래할 경쟁국가에는 군사작전보다는 경제봉쇄 작전을 즐겨 사용한다. 중동과 같이 미 본토로부터 비교적 멀리 떨어진 지역에서는 정밀타격에 의한 위협 세력의 근거지 궤멸 작전을 수행한다.

중동 각국의 분쟁에 개입하는 미국의 전술을 보면, 개전 초기에는 우세한 제공·제해권과 화력을 사용한 정밀타격으로 적의 지휘부와 군사시설을 초토화하고, 군사상의 큰 위협이 사라진 것을 확인한 후에 지상군을 적의 영토로 진입시킨다. 미국은 수행한 모든 전쟁에서 개전 초기부터 승기를 잡고 전쟁을 시작한다. 미국의 문제는 지상군을 투입한 이후부터 발생한다. 적의 항복을 받아 내기까지 많은 전쟁 유지 비용과 인명 피해가 발생하는데, 그것을 감당할 수 없는 사회적 상황에 봉착하는 것이다. 패배하지 않지만 승리하지도 못하는 결과를 가져오고, 적 내부의 권력 체계를 교란하는 역할만 하게 된다.

중국의 군사력은 군의 현대화, 전쟁 경험 및 전투 능력 측면에서 현재로서는 미국의 적수가 되지 못하나 잠재력은 충분하다. 무기의 질적, 양적 측면에서 많이 부족한 상태이나 거의 모든 분야의 독자적 첨단 무기 기술을 발전시키고, 대량 살상 무기를 보유하며, 미국, 러시아 등과 함께 우주발사체를 직접 운영할 수 있는 나라다. 중국은 아마 미국과의 전면전에서 무승부 이상의 결과를 얻어낼 수 있을 것이다.

하지만 현재 상황에서 냉정하게 바라본다면 단기 승부를 가르는 국지전에서는 도리어 취약할 수 있다. 국지전 승부의 승패는 현재 준비된 군의 전투 능력과 재래식 무기의 정확도, 화력, 실전 경험 등이 좌우하기 때문인데 이런 측면에서 보면 미국이 아니더라도 우리나라, 일본, 러시아, 인도, 베트남 등 인접국과 전쟁을 하여도 확실하게 중국이 우위에 있다고 할 수 없을지도 모른다. 중국은 군사력 강화를 통해 동아시아 일대에 대한 지배권 강화를 추진하는데, 그조차도 미일동맹, 한미동맹, 한미일 삼각연대 등으로 여의치 않은 것이 현실이다.

최근의 동아시아 정세는 매우 불안하며 유동적이다. 한반도와 주변 바다는 현존 최대의 군사대국들이 경합을 벌이는 곳으로서 미국과 중국의 이해관계가 상충되는 곳이다.

마틴 뎀프시 미국 합참의장이 2015년 7월 1일 발표한 '2015 군사전략보고서'를 보면 9·11 테러 후 IS 등 테러 집단이 평화를 위협하는 상황에서도 미국의 국가안보와 국제 질서를 위협하는 세력으로 북한, 중국, 러시아, 이란의 4개국을 지목했다. 미군 수뇌부는 테러리즘보다 이들 국가들이 세계에 더욱 위험하다는 것이다. 북한은 핵부기와 미사일 위협을, 러시아는 크림반도에서의 지역 패권을, 이란은 핵 개발 의지가 있다는 점을, 중국은 남중국해 일대의 지역 패권을 강화하기 위해 건설하는 인공 섬을 이유로 위협 국가로 지목하였다. '아시아 재균형 전략'을 전략 과제로 선정하였으며, 동맹국과의 안보 협력을 주문하였다. 한반도를 중심으로 하는 제국의 충돌은 우리나라의 생존 자체를 위협하고 있다.

여기까지 2015년 필자 본인이 쓴 글이지만, 지금 시점에서 다시 읽어 보면 두 나라에 대하여 상당히 호의적인 시각을 가지고 있었음을 느낄 수 있다. 그보다 비관적인 관점에서 변화된 내용을 본다면, 첫째, 미국은 도덕성이 붕괴되고 사회 분열과 갈등이 심각해졌다는 점이다. 둘째, 중국은 강화된 국력을 중화 패권의 투사에 사용하여 다른 국가와 외교 갈등을 유발하고 확산시켰다는 점이다. 이로 인한 문제점과 현안에 대해서 살펴보자.

미국의 도덕성 붕괴

먼저 세계 패권국가 미국의 도덕성이 붕괴되었다는 점이다. 세계 리더로서 미국의 도덕성이 소비에트 붕괴 이후 퇴행적으로 변질되었고, 이는 점점 가속화되어 통제력을 잃고 폭주하기 시작했다. 역사상 거의 모든 제국은 주변 경쟁국을 분열하여 서로 싸우게 만드는 외교 전략을 사용했기 때문에 세계 여러 지역에 개입하여 미국의 이익을 관철하는 정책을 그 자체로 잘못했다 말할 수는 없다.

그러나 시리아, 우크라이나 등에서 잔존 나치, 이슬람 원리주의 무장단체 등 극단주의 세력을 활용한 미국의 사악한 개입은 선을 넘었다. 기득권 지배 엘리트들이 자신들만의 이익을 위해 세계 각지에 분쟁을 유발하고, 미국의 힘을 부당하게 투사하여 개입하고, 언론은 이를 감추는 거짓 선전·선동에 몰두하고 있다. 그리고 이는 되돌아와 미국의 패권을 무너뜨리는 단초가 되고 있다.

어떻게 이런 일이 일어나게 된 것일까? 정직을 리더십의 중요한 덕목으로 생각하고, 거짓이 드러났을 때 스스로 부끄러워하던 미국이 사라져 버렸다. 미국을 이끌었던 보편적 도덕과 개척정신, 프로테스탄티즘은 어디로 가 버린 것인가? 미국이 비교적 소수의 엘리트 그룹이 이끌어 온 국가라는 특징을 고려한다면, 미국의 도덕성 붕괴는 결국 지배 엘리트의 도덕성 붕괴로부터 나온 것이다. 도덕성과 염치를 잃어버린 부패한 지배 엘리트의 자녀들은 심지어 사타니즘에 빠지고, 소돔과 고모라를 21세기 현실 무대에서 연출하고 있다. 그리고 그들은 자신의 잘못과 부패를 감추려고 미국민을 향해, 세계를 향해 거짓을 쏟아내고 있다. 한편 거기에 더하여 미국 사회 일부 대중이 지배 엘리트의 거짓을 눈감고, 위선과 기만을 용인하며, 하찮은 이익에 편승하기 시작했다.

이러한 현상이 야기된 것은 소비에트 붕괴 후 샴페인을 너무 일찍 터뜨린 것에서 비롯되었다. 미국은 소련과의 경쟁에서 자유주의 기독교 신념이 마르크시즘을 이긴 것으로 착각했다. 신자유주의 물결이 광범위하게 확산되며 냉전이 붕괴되고, 이질적 신념 체계의 중국과 경제협력 및 상호 교류가 급속도로 확대되었다. 금융 자본과 정치권력, 관료 엘리트 그룹은 탐욕으로 타락하고 부패하기 시작하였으며, 기독교적 신념 체계는 물질만능주의로 무너지기 시작했다. 미국은 기독교적 신념이 떠난 자리에 무제한의 이기성이 발현되도록 설계된 시장경제 체제에서 배금주의 욕망을 바탕으로 부에 대한 탐닉과 정치 세력 부패가 만연하게 된 것이다. 또한 마르크시즘은 미국의 정치권력과 유연하게 결합하여 기존 기독교 신념을 아래로부터 붕괴시켰다.

반면 중국 공산당은 매우 현명하게 미국 지배 엘리트의 심리적 우월 의식과 부에 대한 탐욕에 비위를 맞춰 주면서, 중화민족주의에 투철한 공산당 간부를 경제협력 사업의 전면에 배치하여 국가 경제 발전을 이루면서도 중국 사회 전반의 권력 질서를 확고하게 유지시킬 수 있었다.

그것에 더하여, 미국의 패권을 현실적으로 위협하는 것은 도덕성 붕괴와 병행하여 나타나는 정책 판단 착오다. 미국의 국가이익을 위해서, 지배 엘리트의 집단적 입장에서, 또 그들 각 개인의 이익을 위해서 장기적 혹은 단기적으로 모든 경우의 수에 부합하는 정책이란 것이 과연 있는가? 있다면 그것은 무엇인가? 지적 능력이 제법 뛰어난 엘리트지만, 도덕성 붕괴로 말미암아 도대체 무엇이 옳은 것인지 판단할 수 없게 되었다. 미래 예측이 불투명하니 그저 당장의 이익에 눈이 멀게 된 것이다.

폴란드 태생으로 소비에트에 대한 반감이 있을 수밖에 없었던 『거대한 체스판(The Grand Chessboard)』의 저자 즈비그뉴 브레진스키(Zbigniew Brzezinsi, 1928~2017)는 미국의 대 유라시아 전략에 대하여, 우크라이나를 이용한 소련 압박이 효율적이라 하면서도 미국 패권을 유지하기 위해서는 절대 러시아와 중국이 가까워지지 않도록 해야 한다고 충고하였다. 그러나 미국의 지배 엘리트 그룹은 장기간에 걸쳐 우크라이나에 농업, 에너지, 바이오, 제약 등 여러 분야에서 자신들만의 부패한 이해관계를 만들고, 스테판 반데라(Stepan Bandera, 1909~1959)를 추종하는 잔존 나치 극단주의 세력을 이용하여 대 러시아 분쟁의 불씨를 지폈다. 중국과의 경쟁이 그리 만만치 않은 상황에서 러시아와의 분쟁을 유발하였고, 이로 인해 감당할 수 없는 수준으로 전선이 확대되었다. 제3세계 국가에 이어 미국의 우방국도 어려움에 봉착했고, 그 결과 세계 질서의 원심력이 증가했으며, 자연스럽게 중국의 국제적 영향력이 증대되었다. 미국은 어리석게도 스스로 고립되는 상황을 자초하였다. 2022년 봄, 러시아의 우크라이나 침공으로 전쟁이 시작되자 미국의 패권에 대한 여러 의문이 생겨났다. 자유주의 종주국으로 자타가 공인했던 미국은 과연 도덕성이 있는가? 미국은 과연 선량한 친구로서 믿을 만한가? 미국의 군사력은 과연 타의 추종을 불허할 정도로 강한가? 미국의 과학기술과 산업 경쟁력은 과연 세계 최고인가? 미국의 달러 패권은 과연 언제까지 지속 가능한가? 브레진스키가 우려한 러시아와 중국의 협력이 시작되었다. 더욱 안 좋은 것은 세계 곳곳에 미국 패권의 정당성을 믿지 않고, 미국의 외교정책에 반발하는 국가가 증가하기 시작했다는 점이다.

탐욕과 부패

탐욕적 자본과 부패 정치 세력이 연합한 이익 공동체가 형성되었다. 미국은 기독교 가치관에서 이해관계의 가치관으로 변화되고 있다. 미국 내부의 주도 세력을 보자.

첫째, 악한 배타적 이기심으로 부를 탐닉하는 일부 탐욕적 세계 금융자본이다. 시장경제 체제 금융 시스템에서 이미 거대한 부를 형성한 금융자본의 일부는 글로벌 엘리트 네트워크 구축에 오랫동안 공을 들였고, 이미 일정 수준 네트워크 연대를 구축하였다. 그리고 지적 능력이 우수한 언론인, 관료, 정치인, 학자, 법률인, 기업인, 예술인, 과학자 등의 욕망을 자극하여 그 구성원으로 참여하도록 해서 계속 규모를 키우고 있다. 이들은 지배력을 더욱 강화하기 위해 정치권력을 유혹하여 부패하게 하고, 그들의 하수인을 여러 국가의 기업집단, 관료, 언론, 정치, 학원, 법률 시스템 내부에 침투시켰다. 이들은 사회 전반을 부패하게 만들며 자신들의 의도에 따라 여러 국가의 정책이 결정되도록 획책하고 있다. 한편 이들은 더욱 큰 부를 위해 중국 공산당 정부와도 거래를 시작하였다. 이들의 입장에서 중국 공산당은 확실한 거래 이익을 보증할 매우 분명하고 알기 쉬운 파트너인데, 자유 국가에서는 여러 이해관계가 복잡하여 미래를 예단하기 어렵지만 공산당은 자신의 의사를 확고하게 관철시킬 수 있으므로 이들에게 있어 이보다 더 좋은 거래 대상은 없는 셈이다.

이들은 기축통화 달러 장악을 통해 금융시장의 지배력을 확고하게 유지하는 한편, 자신들의 부에 대한 위협을 예방하는 보험 수단으로서 다양한 경제적 실험을 시도하고 있다. 우선 이들은 미국 중심에서 탈피한 다자적, 균형적, 상호 견제적 세계 권력 체계로의 개편 가능성을 조심스럽게 타진하고 있으며, 그 일환으로 자신들이 통제하는, 국경 없는 여러 유형의 화폐를 실험하고 있다. 이는 당초 금융자본이 성장하기 위해 필요했던 환경을 재조성하기 위한 시도다. 강력한 중앙집권 국가에서는 금융자본이 독자 세력으로 성장할 수 없었다. 국경에 의해 쪼개진 근대 유럽에서 금융자본은 독자적 권력을 구축할 수 있었다. 정치권력의 영향력은 국경으로 제한되나, 세계 금융자본은 그것을 자유롭게 넘나들기 때문에 안전하게 독자 세력을 형성시킬 수 있었던 것이다. 이들의 부를 안전하게 보전하기 위해서는 세계 권력 체계가 다자적이고 균형적일 필요가 있다. 이들은 금융시장에 대한 지배력을 활용하여 미래의 다양한 상황에 대비한 대안을 실험하고 있다. 그중 하나의 수단인 가상화폐에 대한 것은 나중에 잠깐 살펴보자.

또한 자신들의 능력을 과신하여, 마르크시즘을 용인하고 확산시키며 공산주의 정치 세력과 연대하는 등 다소간 변종의 모험을 시도하고 있다. 탐욕적 금융자본은 자신의 의도대로 중국 정부를 조종할 수 있다고 판단하는 오만과 착각에 빠졌다. 이들이 의도한 세계 권력 체계 개편이 성공했을 때 미국 내의 재화를 일부라도 옮기기 위해서는 중국의 대규모 시장이 매우 필요했던 이유도 있다. 그리고 그러한 협조가 가능해 보였던 상하이방 세력을 그리워하며, 3연임을 시작한 시진핑 정부에게도 금권을 동원해 유혹하는 한편 협력하라고 위협하고 있다.

그런데 이는 신념의 작용을 오해한 데서 비롯한다. 이들이 가진 유혹적 금력보다 이데올로기적 신념의 힘이 훨씬 강하다. 자유 국가에서 경제적 부는 각 개인에게 중요하게 취급되지만, 권력의 이익 중에서는 일부를 차지할 수 있을 뿐이다. 이들은 스스로 만든 이익 공동체의 힘을 과신하지만 사실은 그렇지 않다. 이익 공동체는 결국 이익을 동기로 모여 있는 것이기 때문에, 이익이 달라지면 즉시 그 대오는 깨어진다. 강력한 신념의 권력 앞에서는 이들의 금력은 아무것도 아니고, 한순간에 부는 몰수되고 이들의 생명조차 소멸된다. 화폐는 인간이 만든 여러 상상의 질서 중 하나일 뿐이고, 어떤 계기로 이들의 화폐가 가치 없는 휴지라고 선언되면 그 순간 이들이 보유한 모든 자산과 재화는 사라진다. 이들이 보유한 재화의 존재를 증명하는 자랑스러운 금융 시스템이 더 이상 같은 방식으로 작동하지 않거나, 어느 곳에서도 사용되지 않게 된다. 신념에 의해 뒷받침되는, 현존하는 가장 강력한 중국 공산당 권력은 현재 필요에 의해 탐욕적 금융자본에 장단을 맞춰 주지만 그들이 바라는 권력 질서가 구축되는 즉시 탐욕적 금융자본의 금력은 소멸된다. 신념에 기초한 권력은 이익 공동체의 금력을 압도하기 때문에 이익 공동체는 신념의 공동체보다 약할 수밖에 없고, 이들의 금권은 무기력할 수밖에 없다.

가장 파렴치한 태도를 보이는 것은 역시 이러한 일부의 탐욕적 금융자본이다. 이들의 위험한 줄타기는 탐욕의 끝이 결국 자기 자신의 파멸인 줄도 모르고, 많은 선량한 사람들과 세계를 불안정한 위협과 고통으로 몰고 간다. 이들은 자신들의 잘못으로 발생한 2008년 세계 금융위기에 대한 책임을 지지 않았을 뿐만 아니라, 그 이후의 세계를 배금주의와 물질만능주의로 몰아간 주범이다. 이들의 나쁜 돈은 이후에도 세계 곳곳의 갈등과 분쟁, 폭력의 자금이 될 가능성이 높다. 이들에게는 진실이냐 거짓이냐가 전혀 의미가 없으며, 오로지 나의 이익이 최고의 정의다.

이들은 중국 공산당 지배자와 거래하며 많은 중국 민중들의 우수한 노동력을 매우 저렴한 비용으로 착취하였다. 이들은 중국 정부와 직접 거래하며 자신의 탐욕을 독재 권력의 지배력까지 확대할 가능성을 엿보기 시작했다. 금력 자체로는 인간의 사고와 신체를 억압하는 수준의 강제력을 발휘할 수 없었는데, 이들의 거대한 부는 독재 권력의 유혹에 빠지는 지경까지 나아갔다. 이들이 이 정도의 심각한 탐욕에 지배당하게 된 계기는 중국 공산당 지배 권력의 안정성과 탁월한 지적 능력, 중국 시장의 거대한 규모, 또한 시장경제 체제를 더욱 확대하여 이들의 탐욕을 보호하겠다는 중국 정부의 약속과 정책 비전이었다. 이들은 중국 권력과의 은밀한 우호 관계를 유지하면서, 미국을 대체할 중국의 패권을 인정하거나 또는 중국의 잠재력을 과소평가함으로써 사익에 거리낌 없이 몰두하였다. 이들은 불나방이 불을 향해 뛰어들듯, 자신들의 능력을 과신하여 스스로를 파멸로 몰아가고 있다.

둘째, 이익에 집착하는 기득권 부패 정치 세력이다. 일부 탐욕적 거대 자본의 약진은 정치 세력의 부패를 가져왔다. 탐욕적 금융자본의 약진은 관료 엘리트와 정치 세력 일부에서 강력한 반향을 일으켰으며, 이들은 상호 긴밀히 내응하면서 서로를 협력 파트너로 끌어당겼다. 부패의 물꼬를 튼 것은 당초 개인의 자유를 옹호하며 부의 불평등과 대물림을 용인하던 보수 우파 정치 세력이었다. 이들은 부패에 대한 정치적 타협으로 사회 전반에 마르크시즘이 확산되도록 방치하였다. 보수 우파 정치 세력의 도덕적 타락은 미국 사회 전반에 반발을 가져왔다. 이를 계기로 진보 좌파의 도덕성을 믿는 광범위한 지지 세력이 형성되었는데, 유물론 관점의 현실주의 세계관, 전통 도덕관념에 대한 경멸과 조롱, 신을 배제한 과학적 사고, 문화적 일탈, 감정 소비적 대중문화 등이 확산되었다.

그러한 가운데 아이러니하게도 부패 정치의 주도 세력이 진보 좌파로 바뀌기 시작하며 더욱 세련되게 조직되기 시작하였다. 보수 우파는 자신만의 이익에 몰두하여 기회주의적이고 무능한 정치 행위를 반복한 반면, 진보 좌파는 이에 반발하는 대중의 지지를 기반으로 사회 제반 영역의 정치적 연대를 크게 확대시켰다. 마르크시즘은 경제 정의를 지향하여, 정신적 만족감과 자기 위안을 제공하면서도 목적을 위한 수단의 정당화를 함께 제공하였다. 또한 마르크시즘은 언론 및 헤게모니 장악, 정보 통제와 활용, 이미지 메이킹, 통계 및 여론조사, 조직 침투, 대중심리 등 현실적이고 실용적인 지식을 함께 제공하였다. 다양한 사회운동 추진 과정에서 인간 사회와 집단심리에 관한 많은 데이터를 축적했고 디테일을 발전시켰다. 그리고 이를 차용한 진보 좌파 정치 세력은 유능하고 체계적인 정치 역량을 발휘할 수 있었다.

원래 진보 좌파는 내면의 자유를 중시하고 이기적 자본가들에게 적개심을 보이며 부의 평등과 공정성, 사회정의, 도덕성, 투명성, 정직성을 외치던 젊은이들의 세력이었다. 진보 좌파는 경제 정의에 관한 동질감을 바탕으로 과학적 지식에 대한 관심과 부지런함을 갖추어 우월한 지적 능력과 사회적 연대를 구축할 수 있었다. 그러나 권력을 장악한 부패 징치 세력이 탐욕적 금융자본의 은밀한 유혹에 따라 타락하기 시작하였다. 이들은 방어적 심리 기제를 작동하면서 시간이 가며 점점 더 타락했는데, 중국과의 경제협력이 다방면에서 심화되자 중국 정부와 이권으로 맺어진 미국 내

일단의 지식인들이 자연스럽게 동질화된 세력을 구축하게 되었다. 이들은 중국 정부의 융숭한 대접을 받고 개인적 부를 축적하면서 기꺼이 중국 공산당의 정치적, 경제적, 신념적 이익에 봉사하는 대리인이 되었다. 이들은 자연스럽게 중국 지배 권력에 대한 호의를 가지게 되었으며, 사회적 영향력이 큰 이들의 생각과 언행을 통해 정치, 언론, 학교, 기업 등 미국 지식인 사회에 광범위하게 친 중국 또는 친 마르크시즘 세력이 형성되었다. 사실 이들 대부분이 마르크시즘을 추종했던 것은 아니다. 이는 그것이 현실적으로 더 큰 부와 출세의 기회를 제공하였기 때문이다. 그리고 전통적 기독교 신념에 얽매이거나 반공주의적 이념 지향을 갖는 것은 자신의 출세에 방해가 되었기 때문이다. 이들은 보수 우파를 공격함으로써 자신들의 정당성을 선전·선동하는 동시에, 자신들의 권력을 보다 공고히 하기 위해 보수 우파 기회주의 세력과도 연합하였다. 문제는 좌우 어느 쪽이든 정치 지도자들이 부패의 유혹에 노출되어 있다는 사실이다. 이런 경우 보수 우파 정치인은 무능하고 무기력하거나 기회주의자가 되고, 진보 좌파 정치인은 무리를 지어 이익 공동체를 만들고 음모를 꾸미는 주체로서 정치적으로 유능하지만 위선과 기만에 익숙하게 된다.

사실 엄밀히 말한다면, 이들 이익 공동체의 집단행동은 인류 역사에서 나타난 많은 권력 집단과 크게 다르지 않다. 이들의 행동은 일반적이고, 그 과정은 지극히 자연스러운 것이다. 그리고 어찌 보면 인적 네트워크는 공통된 사고방식, 성장 과정에서 만나게 되는 사람과의 인연, 사회활동에서의 이해관계 등에 의해 형성되는 것이기 때문에 이들의 집단적 움직임은 당연하기도 하다. 이들은 우월한 지적 역량과 부지런함을 바탕으로 사회적 연대를 구축하고 자신들의 이익을 위해 정치적 영향력을 확대하고 있는 것이다.

그러나 이익 공동체의 정치 행동은 사회정의에 부합되지 않으며, 올바르지도 않다. 이들이 권력을 독점하려 하자 사회 전체가 동요하고 분열과 갈등이 심화되었다. 이들의 집단적 정치 행동을 우려하는 사람들은 좌우를 막론하고 개개인으로 존재하는 양심적 지식인들, 전통 가치를 지키는 기독교 신도들, 보편적 도덕을 따르는 광범위한 대중들이다. 미국 사회의 건전성을 바라는 각 개인들은 정치 현실에 대하여 위기감을 느끼고 부패한 이익 공동체에 반발하며 제반 영역에서 목소리를 높여 가는 중이다. 그러나 아직은 대오가 갖추어지지 않았고, 그 목소리는 산발적이다.

현재 좌우의 부패 세력이 함께 모인 이익 공동체는 민주주의, 사회정의 등으로 위장하고 자신의 권력을 목표로 위선, 기만, 협박 등 모든 수단을 동원하여 헤게모니 장악에 몰두하고 있다. 이들은 스스로를 정의의 대리인으로 규정하고, 이들이 하는 일은 모두 옳고 이들에게 반대하는 자들은 모두 불의의 세력으로서 타두되어야 한다는 착오와 자기암시에 빠져 있다. 이들은 스스로 만든 기만을 진실로 믿고 자신들에 반대하는 자들에게 하는 어떠한 행위도 모두 정당하다 생각한다. 이들에게는 이미 진실, 양심, 염치 등이 사라지고 말았다.

2023년 현재, 부패한 이익 공동체는 우크라이나에서의 실패를 인정할 수 없기에 세계를 더욱 혼란스럽게 하고 있다. 국익보다 자기들만의 이익을 주목하고, 공동체로서의 미국보다 자기 세력의 권력 유지를 보다 중시하며, 그 수단으로서 인종 문제, 성별 문제, LGBT 문제 등에 집착하고 있다. 그런데 문제는 이 중요한 사회문제를 권력 유지를 위해 이용함으로써 도리어 갈등을 확대시킨다는 것이다.

확대되는 인종 갈등

모든 국가에서 동질성 확보는 매우 중요한 이슈로 떠올랐는데, 처음부터 이민자의 국가로 탄생한 미국은 더욱 그렇다. 인종적, 문화적 동질성이 비교적 뚜렷한 국가에서도 정치 성향에 따른 분열과 갈등이 첨예한데, 다종다양한 인종으로 구성된 미국의 경우에는 이해 갈등이 쉽게 인종 갈등으로 비화되어 국가 정체성의 혼란을 낳는다.

미국은 유럽의 다양한 민족과 아프리카 흑인이 함께 모여 그 세력을 팽창한 것에서 시작된 국가다. 미국은 남북전쟁의 참상을 겪고 스스로 노예제도를 폐지하였다. 그때까지 최하위 신분으로서 비참한 생활을 견디면서 국가 발전에 큰 역할을 담당했던 흑인들은 노예 신분에서 해방되어 자유인이 되었다. 그러나 노예 해방 후 KKK단 등 인종 테러가 나타났고, 오래 묵은 인종차별 심리를 양분으로 흑인에 대한 차별이 되풀이되었다. 오랜 기간의 신분적 질서에 지배된 인간 사회가 순식간에 평등한 인간관계로 변할 수는 없다는 점이 그대로 문제로 남았다.

고착화된 신분 질서가 해체된 경우, 남아 있는 관습과 편견은 여전히 각 개인에게 영향을 미친다. 미국에서 이 문제의 해결이 어려운 이유는, 겉으로 드러나는 피부색과 생김새가 사회적 편견을 계속 유지시킨다는 점이다. 인류 역사에서 사실 이런 경우는 없었다. 같은 생김새의 인간들로 구성된 국가에서는 신분 질서 해체 후 시간이 충분히 지나가면 더 이상 외모로 판별하기 어렵기에, 신분 차별은 더 이상 사회적 이슈가 되지 못한다. 만약 신분 차별이 부의 불평등으로 변형되어 실제로 대물림을 통해 여전히 남아 있더라도, 더 이상은 신분 차별이라 인식되지 않고 부의 불평등으로 설명된다. 사회적, 교육적 기회가 박탈된 노예의 후손이 가난하여 생계형 범죄를 저지른다 하더라도 생김새가 구별되지 않기에 일반적 사회 병폐 문제로 인식된다. 그리고 시간이 가며 사회 전반에 흡수되어 신분 차별의 흔적은 사라져 버린다. 그러나 미국의 서로 다른 인종은 생김새를 통해 모든 사회현상을 인종의 문제로 치환하여 반복 확인한다. 따라서 미국은 일반 사례에 비하여 더 많은 노력과 더 많은 시간이 필요하다. 미국이 가진 인종 이슈는 인종 간의 문화적 차이와 신분 차별에 따른 불평등과 사회적 편견이 복합된 문제인 것이다.

미국은 흑백 간의 문제 외에도 다른 인종 문제가 추가되었다. 아메리칸 드림을 따라 세계 각지로부터 히스패닉, 몽골로이드 등 다양한 민족들이 모여들어 현재의 미국이 되었다. 백인, 흑인과 생김새와 문화가 다른 여러 민족들은 미국 안에서 독특한 자신만의 정체성을 유지하였는데, 미국과 자신들의 고국을 연결하는 인적 네트워크 기능을 발휘하며 미국을 정점으로 하는 세계화에 중심적 역할을 담당하기도 하였다. 미국 발전의 동력을 제공하였고 별문제가 되지 않았던 그들이었는데, 부패한 기득권 세력이 장기 집권을 위해 폭주하면서 미국의 내부 분열을 유도하는 기폭제가 되고 있다. 흑백 갈등에 더해 소수인종 간의 복잡한 갈등 양상도 나타나고, 또한 정치적으로 부추겨지고 있다.

그러나 그들은 전혀 그런 상황을 의도하지 않았다. 그들은 미국 내 자신들의 권한과 정치적 영향력 확대, 경제적 성공 등을 동기로 하여 움직일 뿐이다. 한편 그들의 고유 문화에 따라 비교적 많은 아이가 태어나고, 이에 따라 선거권 비중도 점차 증가하고 있다.

문제는 인종 갈등에 편승하여 선거에서 표를 받아먹고 계속 확대하려는 정치적 기회주의가 나타나는 것이다. 이는 미국 전체의 동질성을 해치고 백인우월주의, 인종차별주의, 흑인저항운동 등 사회 갈등을 부추겨 분열을 조장한다. 공동체의 자멸을 부추기는 정치 슬로건이 등장하고 미국 전통을 부정하는 경향으로 되먹임되어 돌아온다. 이는 결과적으로 민족적 동질성이 강고한 중국과의 경쟁에서 매우 불리한 요소로 작용한다.

인종 갈등의 심리적 영향은 어느 한쪽에서만 일어나는 것이 아니다. 흑인들뿐 아니라 백인들에게도, 또 다른 소수인종에게도 나타난다. 인종 갈등은 미국 사회를 분열하고 해체하여 불안정을 심화시키는 근원이자 동인이다. 그러나, 최근 미국 사회는 이를 될 대로 되라고 방치하면서 공동체로서의 동질성을 포기한 것처럼 보인다. 기득권 부패 정치 세력은 인종 갈등의 실질적 해결은 외면한 채, 가식적으로 차별 철폐와 소수자 보호를 외치며 도리어 갈등을 조장하여 자신들의 정치적 이익을 위해 이용한다. 그 결과 모든 미국인이 사회에 대한 불안과 경계심을 가진 채, 자신만을 위한 각자도생에 내몰리고 있다. 이는 또 다른 사회문제를 발생시키는 자극이 된다. 평범한 미국 서민들의 일상생활까지 파고든 마약 문제는 일관성 없는 정책적 대응으로 더욱 심각해진다. 또한 인구가 밀집한 대도시의 일상적 치안 불안은 국가 사회 전체로 더욱 확대되고 있다. 미국의 공동체 정신은 산산조각 나고, 사람들은 두려움 속에서 파편화되는 현실이다. 이는 결국 미국을 지탱하여 온 정신적 기반이 무너지고 있다는 것을 상징한다. 이는 미국을 약화하고 붕괴시키는 단초가 될 것이다.

미국의 인종 갈등이 원만히 해결되는 것은 인류의 평화로운 미래를 위해서도 매우 중요하다. 그러나 미국민의 동질성은 쉽게 회복되기 어려워 보인다. 도리어 이민자들이 쇄도하는 유럽으로도 인종 갈등이 심각한 양상으로 확산되고 있다.

독점의 심화

미국에 나타난 또 한 가지 중대한 위협은, 오래전에 마르크스가 예견했던 독점 현상이 본격화되기 시작한 것이다. 독점은 공동체 사회의 안정성을 해치고, 경제 체질의 허약성을 가져오며, 국가의 힘과 건강성을 약화시킨다. 미국은 실물과 실체가 없이 자산 가치의 버블만 쫓고 있는 형국이다. 미국은 가지고 있던 많은 제조업 기술력을 중국에 팔아먹었다. 더 이상 부가가치가 낮은 제조업을 하고 싶지 않고, 노동자 파업 등 시끄러운 사회문제를 대면하기도 싫고, 그저 돈만 많이 벌고 싶은 것이다. 그리고 비교적 부가가치가 높은 서비스업의 확장에 몰두하여 적게 일하고 많이 취하는 경제 시스템을 즐겨 왔다.

그러나 이는 크게 착각한 것이다. 미국은 자신도 모르는 사이 생산력의 우위, 기술의 우위를 경쟁국에 팔아넘겨 버린 것이다. 피터 나바로(Peter Navarro, 1949~)의 저서 『슈퍼파워 중국(The Coming China Wars)』, 『중국이 세상을 지배하는 그날(Death by China)』을 보면, 중국에 대한 전략 실패로 인하여 미국이 당면한 현상이 소개되었고, 이에 대한 그의 우려를 느낄 수 있다.

미국을 강대국으로 만든 핵심 동력은 진취적 기업문화였는데, 현재 미국을 이끄는 첨단 기술 기업들에게서 독점의 이익에 탐닉하는 현상이 목도되고 있다. 혁신의 상징이었던 애플을 보면, 스티브 잡스 때에는 새로운 개념과 신기술에 대한 기대가 있었는데 지금은 그 기대가 많이 사라졌다. 그러나 아이러니하게 돈은 더 잘 벌고 있는데, 애플의 우위를 지키고 싶은 미국민들의 애국심이 작용하는 한편 애플은 그것을 지렛대로 마치 통행세를 받듯 독점적 지위를 이용해 기존에 구축된 네트워크 사용 대가를 더 많이 징수하여 이익을 확대한다. 통행세의 징수는 새로운 노력 없이 그들의 이익을 확대해 주지만 언젠가는 반드시 대가를 지불해야 하며, 그때는 자신뿐만 아니라 미국 사회 전체가 함께 대가를 지불해야 한다. 미국의 기술력이 약해지고 그 기반이 붕괴되는 것이다. 이는 애플의 기술력을 폄하하려는 의도가 아니다. 독점의 이익이 보장되는 한 누구라도 당연히 신기술 개발보다 통행세에 관심을 갖게 된다는 것이다. 이러한 현상은 비단 애플뿐만이 아니다. FAANG이라 불리는 플랫폼 기업들에서 모두 그러한 현상이 나타나는데, 플랫폼 기술 자체가 그런 경향을 내포한다. 플랫폼 기업은 새로운 개념의 기술을 개발했다거나 무언가 획기적인 과학기술에 기여했다기보다 기존 인터넷망을 이용해 감정을 소모할 수 있는 플랫폼을 구축하고 이를 광고하여 점유율을 높인 것이다.

물론 플랫폼 기술의 발전을 통해 현대 사회의 생활 패턴이 바뀔 정도로 큰 변혁이 나타났다는 것은 의심할 여지가 없다. 세계의 젊은 세대가 지극히 감정에 대한 소비 욕구가 강하여, 플랫폼을 기반으로 여러 비즈니스 모델이 등장하고 있는 것은 분명하다. 그러나 이들의 독과점과 과도한 금전적 성공은 과학기술 발전을 가져오는

것이 아니라, 도리어 신기술 개발 의욕을 억제하고 불균형과 불공
정을 낳는다. 그들의 플랫폼 기술은 새로운 것이 아니고, 플랫폼의
독점적 지위를 유지 확대하여 통행세를 받아내는 것에 불과하다.
모든 통행세는 민간 기업이 받도록 허용해서는 안 된다. 통행세는
세금의 일부로서 사회 공동의 자산이다. 오프라인 시장에서는 자
신의 주거지에서 가까운 시설들이 애용되고 그들은 여러 측면에서
민감하게 비교 평가되지만, 온라인에서는 잘 알려진 대표적인 앱에
몰리는 현상이 심화된다. 컴퓨터 모니터로 보는 것이 비교 가능한
모든 것이므로 앱의 독점적 지배력은 더욱 쉽게 강화된다. 심지어
온라인을 통해 간편하고 쉽게 세계로 시장이 확대된다.

 이들 플랫폼 기업에 대해서는 그들이 특허제도[47]의 보호를 받아
야 할 기술 기업인지 아닌지 생각해 볼 필요가 있다. 미국 하버드
대학교의 역사가인 데이비드 랜더스는 영국 특허제도가 영국의 산
업혁명을 유도해 냈다고 평가했다. 이후 특허제도를 국가 경쟁력의
차원에서 본격적으로 활용한 것은 미국이다. 미국은 국력에 있어

---

47) 특허제도는 일반적으로 베니스 공국의 특허법을 그 시초로 본다. 당시 베니스의 기술자들은 자신
    의 기술이 공개되어 독점적 권리를 상실할 것을 두려워하여 비밀을 유지하고자 했는데, 이런 기술
    지식은 공개되어야만 사회 전반적인 발전에 도움이 되지, 감추면 사장되어 버리고 만다. 이러한 인
    식에 기반하여 1474년 특허법이 시행되었으며, 현대적 특허법의 모태는 1623년 시행된 영국의 전
    매 조례다. 당시 영국은 대륙의 국가들에 비해 기술이 뒤처져 있어 이러한 상황을 개선하기를 원했
    으나, 당시 모든 국가들은 기술 공개를 극도로 꺼려 노하우로 철저하게 보호하고 있었다. 전매 조례
    는 이러한 노하우를 가진 기술자들을 유치하기 위하여 공개를 조건으로 제도적인 독점권을 부여한
    것이다.

기술 특허의 중요성을 간파하고 독립 후 즉각 특허법을 채택하였고, 이후 특허의 대상을 점차 확대해 왔다. 미국의 특허제도에서 심사주의, 진보성 등이 도입되어 현대적인 특허법의 기틀이 마련되었다. 미국이 특허를 국가 전체의 성장동력으로 보는 시각은 여전히 유효하며, 최근에는 기업 간의 특허권 침해 문제를 국가 간 무역 보복의 수단으로까지 삼고 있기도 하다. 이러한 특허제도는 결국 새로운 기술 개발을 유도하여 국가 발전을 도모하기 위한 것이다. 미국 국력에 의해서 보호되는 특허 기술이 보호할 가치가 없는 것이라면 미국 경제는 왜곡되어 버리고 만다.

대표적 기술 기업의 새로운 기술이 화려한 슬로건으로만 존재하고 있는 것은 아닌지, 과연 실체가 있는 것인지, 독점 이익만 추구하고 있는 것은 아닌지 잘 관찰할 필요가 있다. 그들 기업도 자신들의 상황을 잘 인지하고 있을 것으로 추정된다. 알파벳과 페이스북, 아마존, 넷플릭스 등은 현재 4차 산업의 새로운 기술을 사업으로 만드는 방법에 대해 많은 연구와 투자를 하고 있을 것이다. 이들은 미국을 세계 최강의 기술 대국으로 만든 당사자이자, 과학기술을 개발하는 장본인이다. 하지만 독과점이 용납된다면 독점의 이익은 너무 달콤하므로, 그것을 맛본 후로는 통행세를 받는 독점적 사업 영역에 대한 관심이 더 높아질 개연성이 있다.

또한 이들은 일부 탐욕적 금융자본과 마찬가지로 막강한 공산당 정부와의 직거래 유혹에 직면할 것이다. 심지어 세계 금융자본이 자본의 순환만으로 막대한 불로소득을 벌어들이듯 그들도 더욱 막대한 돈을 쉽게 벌어들이는 초독점사업을 원하게 될지도 모른다. 이들이 향후 어떤 판단과 행보를 하느냐에 따라 그들의 운명과 미국의 미래가 결정될 것이다. MS의 빌 게이츠가 기계어를 인간의 오감에 반응할 수 있도록 개선한 Windows 운영 시스템을 개발하여 개인정보통신 시대를 연 것이나, 스티브 잡스가 아이폰을 개발하여 모바일 시대를 연 것과 같은 진정한 혁신적 기술 개발은 현재 미국에서 잘 나타나지 않는다. 그나마 기술혁신에 대한 가능성을 보이는 기업은 테슬라지만, 신뢰성에 대한 보완이 긴요하다. 진취적 기업이 많아지고, 화려한 미사여구나 슬로건뿐만 아니라 실제 그것을 이루어 내고, 그 기술적 성취가 다시 다음의 도약을 이끄는 과학기술의 선순환이 어느 때보다 절실하게 요구된다. 현재 미국 기업의 퇴행적 경향은 스스로를 약화시키는 중이며, 새로운 변화가 없는 한 그들의 우위는 시간이 가며 점차 간격이 좁혀질 것이다.

중국의 부상

절대 과소평가되어서는 안 되는, 최강대국으로 부상하려는 중국을 살펴보자. 중국에서 권력과 부의 경로는 오직 한 곳, 공산당이다. 공산당에 대한 충성을 통해서만 권력과 부의 일부라도 접근이 가능하다. 공산당은 비대한 관료체계로서 내부 각 파벌 세력 간의 고도의 정치투쟁과 처세술이 요구된다. 권력의 힘은 강력하고 무섭기에 절대 함부로 개인의 욕망을 내세울 수 없으며, 세력의 결속과 함께 뒤로 은근히 도모되어야 한다. 기존 세력과의 교감이 없는, 개인적 순발력만으로 이루어지는 정치 행동과 포퓰리즘은 그 수명을 단축할 뿐이다. 정치적으로 안정되어 있기 때문에 국가 내부 민중 저항에 의한 권력 교체는 그리 쉽사리 일어나기 힘들다. 중국 권력 체계의 변화가 발생한다면, 가톨릭 교단이 십자군 원정으로 자신의 약점을 노출시키고 외부 변화를 유도하여 스스로 무덤을 팠듯이, 중국 공산당의 자해 행위 이후에나 내외부의 세력 변동이 유발되어 가능할 것이다. 중국은 현재 마르크시즘 종주국으로서 정치적 안정성을 기반으로, 그리고 군사력, 과학기술, 경제력을 바탕으로 한 자신감으로 중화 패권을 전 세계에 투사하려는 시도를 하고 있다. 중국은 대내외적인 인적 네트워크와 최첨단 플랫폼 기술을 활용한 선전·선동을 적절하게 구사하며 영향력을 과시하고 있다.

2019년 이후 미국의 견제가 시각되었다. 처음에는 관세 압박을 통해 중국의 기존 경제 관행을 개선하는 선에서 멈추리라 예측되었으나, 중국의 저항과 반대 선전·선동이 다시 영향을 주어 다양한 방식의 견제가 검토되는 중이다. 그러나 미국의 견제에도 불구하고 중국이 쉽게 무릎 꿇으리라고는 생각되지 않는다. 여기에는 중국의 경제력 향방, 현 정부의 정책 방향, 이미 상당 수준의 경제적 지위를 확보한 지식인과 공산당원의 동향 등이 영향을 줄 것이다. 미국이 우호국들과 연합하여 견제를 계속하고 그 결과 중국이 실질적으로 압박을 받게 된다면, 애국주의를 고취하여 장기적 버티기로 들어가며 중국 내부 시장을 대상으로 하는 순환 경제를 시도할 수밖에 없을 것이다. 국제적 정치경제 동향은 한 치 앞도 예측하기 어렵게 변화하는데, 이때 그 전개 과정에 따라 중국의 정책과 미래도 변하게 될 것이다.

중국의 상황을 살펴보면 그들의 정치적 안정성, 국제적 영향력, 기술 능력, 보유 무력 등은 더욱 확고해졌다. 중국의 정책과 제도가 인류 보편의 도덕 윤리에 따른다면, 많은 국가들의 호응에 힘입어 미래의 최강국이 될 가능성이 매우 높다.

중국의 문제는 그들의 능력 부족이 아니라, 정책 방향의 과도한 공격적 태도 때문이다. 유연한 자신감은 사라지고, 자신들이 중심이 되는 중화 패권으로 모든 국가를 굴복시키겠다는 의사를 내비치고 있다. 이러한 태도는 여러 국가, 여러 인간 집단의 심리적 반발을 불러일으켰다. 중국은 스스로 국제적 갈등 구조를 만들고 그 한가운데로 자신을 밀어 넣는 중이다. 결과는 지켜봐야 하겠지만, 중국은 많은 인구의 기회요인과 위협요인을 함께 가지고 있다. 다른 국가들의 경계심을 자극하면 기회요인은 사라지고 위협요인이 부상하여 스스로를 매우 어려운 궁지로 몰아넣을 가능성이 있다.

어쩌면 공자의 사상을 계승하는 현대 중국이, 기독교 신념이 몰락하여 혼돈 상태에 있는 미국보다 오히려 보편적 윤리에 부합한 조화로운 권력 질서로 전환하여 나갈 수 있을지도 모른다. 중국은 매우 우수한 인적자원을 가지고 있고, 그것이야말로 그들의 가장 큰 경쟁력이다. 중국은 충분한 지적, 정신적 바탕을 가지고 있기에 그들의 미래 사회구조를 어떻게 도덕적으로 발전시킬지에 대한 개방적이고 유연한 논의를 계속할 필요가 있다.

만약 급격한 변화로 혼란이 우려된다면, 공산당 내부의 의사결정과 인사 시스템이라도 우선 유연하게 만들 수 있을 것이다. 예를 들어 미래 중국의 정책 방향에 대해 개방적인 토론을 하고, 서로 다른 주장을 하는 경쟁자들이 있다면 그 정책 방향을 두고 자유의사에 따르는 선거로써 의사결정을 하고 그 세부 사항을 담당할 주요 인사를 결정하는 방식이다. 방대한 규모의 인력이 유연하게 조정되는 것은 항상 쉬운 일이 아니다. 많은 사람들이 평화적으로 합의할 수 있는 길을 만드는 것은 중국이 당면한 중요 과제 중 하나가 될 것이다.

공자의 유교사상은 춘추전국시대의 사회적 혼란과 전쟁을 종식시키기 위해, 사회질서에 대한 여러 인간 집단의 순응과 협력을 권장하는 도덕규범으로 탄생하였다. 그러나 이후 역사에서 지배 권력은 공자 말씀을 자신의 권력을 안정시키는 이데올로기적 수단으로 활용하였다. 후세에 이르러 주자는 공자 말씀을 더욱 위계적인 하방 지배 이데올로기로 재해석하여 중국의 천자를 정점으로 하는 국제 관계 질서로 확장하였다. 이는 결국 극심한 사고의 억압과 경직된 사회구조를 가져왔는데 그것이 중화사상이다. 공자의 고귀한 가르침을 진정으로 올바르게 따라 인류의 밝은 미래를 열어 가기 위해서는 모든 인간이 정치적으로 억압되지 않으며 상호 조화롭게 협력하는 상방 민주주의 사회질서 이념으로 새롭게 재해석되어야 한다.

중국의 내적 역량은 이미 굳이 마르크시즘을 필요로 하지 않을 정도로 성장했다. 패권 심리를 부추기는 마르크시즘, 제국주의, 중화사상이 아니라 조화로운 세상을 만들 유연한 지적 기반을 만드는 것이 중국이 진정 대국으로서 인류 사회를 이끌어 나갈 수 있는 길이며 그들의 자부심에 부합하는 길이다. 그리고 그것이야말로 중국이 미국을 제치고 세계를 선도하는 진정한 의미의 중심 국가가 되는 길이다. 중국이 현재 보이고 있는 정치적 경직성은 스스로를 어렵게 만들 뿐이다.

현시점, 세계 패권을 두고 경쟁하는 미국과 중국 두 나라의 지배 엘리트는 서로 자신들의 이익을 위해 여러 방식의 이해관계 조정과 변화를 타진하고 있다. 이들은 더욱 긴밀하게 짜여 뭉치는 것을 옵션 중 하나로 모색하고 있으며, 그렇게 될 개연성은 적지 않다.

현재 정치적 안정성이 확고하게 유지되고 있는 중국 공산당은 예상되는 이익에 따라 항상 그럴 준비가 되어 있는 것으로 보인다. 사회 분열이 확대되고 있는 미국은 혼돈의 상태로, 앞으로 어디로 향할지 예측하기 어려운 상황이다. 미국은 마치 힘이 엄청 강한 거인이지만, 뇌의 작동이 안정적이지 못한 상태와 같다.

미·중 패권 경쟁의 향방은 현대 인류 사회에 미치는 영향이 매우 클 수밖에 없다. 인류가 평화로운 과정으로 모두 함께 밝은 미래로 나아갈 수 있기를 바란다. 그것이 모든 인류에게 좋고, 올바르고, 선하며, 진실된 방향이기 때문이다.

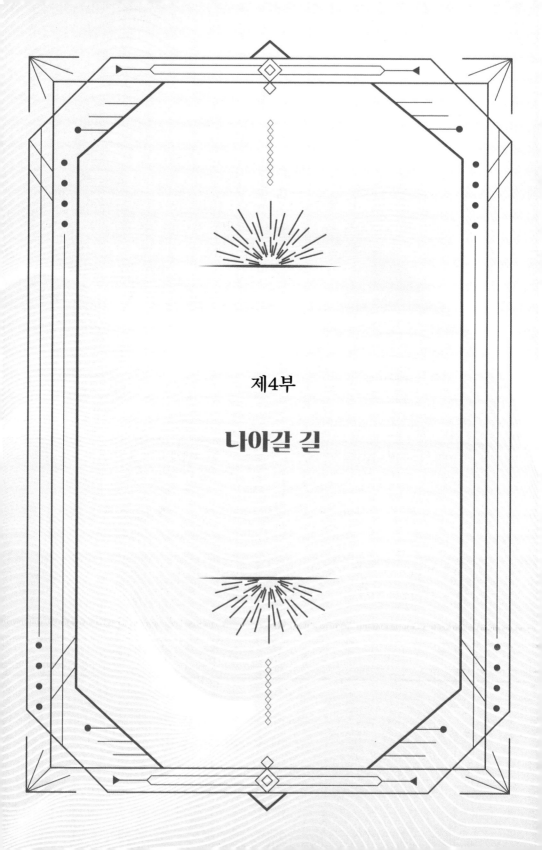

제4부

나아갈 길

우리는 누구이고,
지금 여기는 어디인가?

우리, 인간은 어떤 존재인가?

우리는 누구인가? 인간의 과거와 현재를 적절하게 인식할 수 있다면 우리 자신을 이해할 수 있을 것이고, 우리에게 다가올 미래를 보다 잘 예측할 수 있을 것이다.

46억 년 전 무한히 넓은 우주의 한쪽 구석에서 적당한 에너지를 일관적으로 고르게 방출하는 적당한 크기의 별, 태양이 탄생하였다. 이때 지구라는 더없이 아름다운 행성도 함께 만들어졌고, 이후 지구에서 생명체가 탄생하고 진화하여 다양한 생물 종으로 구성된 풍성한 생태계가 만들어졌다. 이 아름다운 행성에서 인간이라는 지적 생명체가 등장할 때까지 46억 년이라는 기간이 온전히 필요했다.

우리는 당초 모든 동물은 먹잇감일 뿐, 감히 나에게 덤벼들 배짱 있는 동물은 없다고 하찮게 생각하는 최상위 포식자가 아니었다. 우리는 생태계 주변에서 어슬렁거리며 먹잇감을 찾고, 상위 포식 동물에 잡아먹힐까 늘 두려워하던 중간적, 틈새적 동물이었다. 생존의 갈림길에서 공포에 떨며 위태롭게 살아오던 인간은 불을 다루며 상위 포식자 대열에 합류하였다.

이는 인간이 스스로 만든 진화의 역사이며, 지적 생명체로 향하는 첫 번째 도약이었다. 불을 다루며 잘 먹을 수 있게 됨으로써 신체와 뇌를 키우는 진화를 할 수 있었고, 진화의 결과로 더욱 사냥 기술을 발전시킬 수 있었다. 우리 선조는 자신감을 갖고 지구 곳곳으로 진출하였다. 그러나 그 후에도 위기는 찾아왔다. 인간 개체수가 증가하면서 오랜 기간 먹거리를 찾아 서로 경쟁하였고, 그 결과 생존 환경이 악화되었다. 사나운 맹수들은 여전히 인간을 위협했고, 더 이상의 발전은 어려웠다.

약 1~3만 년 전 수렵채집 시기, 인류의 두 번째 도약인 종교의 탄생을 계기로 인간 사회 내부에 권력 질서가 정착되었다. 이때의 종교는 세상 모든 것에 대한 지식과 인간 집단의 공통된 믿음이었다. 이를 통해 인간 사회 자체가 하나의 유기체로서 집단 능력이 향상되어 최상위 포식자로서의 생태적 지위가 상승하였다. 인간은 협동 사냥 능력의 발달에 따라 어디든 거침없이 진출할 수 있었고, 대형 포유류를 포함하여 대폭 확대된 먹잇감으로 수렵채집의 풍요가 찾아왔다. 이때부터 인간의 능력은 모든 다른 동물을 압도하였고, 일부 동물들은 인간의 우월을 받아들이고 순종하기 시작했다. 인간 사회의 규모가 확대되면서 확장된 공간 안에서 인지능력이 발전하고, 이야기가 생겨나고, 농경과 사육이 실험되며, 각종 지적 자산이 발생하였다.

그러나 최상위 포식자로서 수렵채집의 풍요를 즐기던 인간에게 또 위기가 찾아왔다. 인간의 과도한 개체 수 증가와 남획은 곧 먹거리의 부족을 가져왔다. 식생의 한계, 즉 생태계의 냉혹한 자율 조절 기능이 어김없이 찾아온 것이다. 인간은 생존을 위해 먹잇감을 찾아 이동해야 했고, 식생의 한계에 봉착한 인간 집단은 여러 곳에서 사멸하였다. 더 이상의 개체 수 증가는 불가능했고, 또다시 위기가 찾아온 것이다.

종교적 위계질서로 확장된 인간 사회 공간에서 오랫동안 실험했던 농경과 사육의 생산성이 굶주림의 고통 속에서 향상되기 시작했다. 약 1만 년 전 본격적으로 시작된 농경과 사육은 먹거리 공급을 해결함과 동시에 다른 생물의 진화에 인간이 개입함으로써 인간과 다른 동물들 사이의 심리적 간극을 확대하였다. 인간은 동물이 아닌, 특별히 우월한 존재가 되었다. 농경과 사육의 생산성이 향상되며 인구는 증가하였고, 사회 규모는 확대되었다. 농경과 함께 인간에게 밀집된 정착 생활이 강요되었고, 계절과 시간의 통제가 부과되었고, 경제적 성과물은 각 지역 거점마다 축적되었다. 경제적 성과물이 각 지역 거점에 축적되자 그것을 빼앗기 위한 약탈이 시작되었다. 권력투쟁은 점차 격렬해졌고, 수천 년간 이어지는 대규모 약탈과 폭력의 시대가 열렸다. 뿔뿔이 흩어졌던 인간 사회는 약탈을 통해 통합되었고, 일부 거점에서는 그것을 기반으로 고대 문명이 꽃피우게 되었다. 권력투쟁에서 승리한 소수의 지배 권력 집단은 신의 혈족이나 대리인으로서 다른 모든 인간들 위에 군림하였다.

약 3,000년 전 인간 사회의 지식 축적에 따라 종교로부터 철학이 분리되어 탄생하였고, 철학은 다시 여러 학문으로 분화하기 시작했다. 인류의 세 번째 도약인 철학의 탄생은 인간이 지적 생명체로서 거듭나는 계기가 되었다. 인간은 주변 환경과 인간 사회를 객관적으로 탐구하고 사유하기 시작했으며, 이를 통해 이성에 기초한 지적 자산이 축적되기 시작하였다. 생산성이 대폭 향상되었고, 이에 따라 인구와 인간 사회 규모가 더욱 확대되었다. 인간 사회는 약탈과 정복에 의해 상호 영향을 주고받으며 계속 통합되었고, 상상의 질서도 이에 비례하여 규모가 확대되었다.

그러나 권력 질서는 여전히 종교적 신념이 뒷받침하였다. 신과 우주 질서의 대리인으로서 특별한 지위를 지닌 모든 지배 권력은 폭력과 선전·선동으로 자신의 권력과 부를 쟁취하고, 확대하고, 유지하고, 승계하고, 붕괴하여 멸망했으며 이는 반복되었다. 그렇게 시간이 흐르던 중, 종교의 정신적 억압을 완화하고 권력 체계로부터 종교의 영향을 분리하려는 새로운 시도, 르네상스가 일어났다.

르네상스

르네상스는 서구(유럽과 이로부터 파생된 미국)가 인류 문명을 주도하는 현 세계 질서의 시발점이 되었다. 르네상스는 종교의 억압으로부터 사고를 자유롭게 하여 인간의 자발성, 호기심, 모험심을 되찾게 해 주었다. 그러나 여기에는 반론이 있다. 르네상스라는 용어 자체가 19세기 서구의 관점에서 만들어진 것으로서, 서구가 르네상스 이후 인류 문명을 주도하게 되었다는 스토리 구성 자체에 반감을 가진 사람들도 제법 있다. 이러한 반론은 대체적으로 다음과 같은 논거를 지닌다.

첫째, 시대적 구분이 명확하지 않고, 르네상스는 단지 중세 말기에 해당되거나 중세에서 근대로 넘어가는 애매모호한 과도기적 전환기에 지나지 않는다. 둘째, 르네상스에 갑자기 그리스 로마 고전을 사랑하게 된 것이 아니며, 중세 시대에도 그러한 경향은 존재했다. 셋째, 르네상스의 본고장 이탈리아는 당시 스페인, 프랑스 등의 변방에 불과하였고 서유럽의 백년전쟁과 흑사병으로 인한 혼란에서 반사이익을 봤을 뿐이다. 넷째, 이탈리아는 당초부터 그리스 로마의 고전 지식이 보관된 동로마제국과 활발히 교류하였고, 동로마제국 멸망 후에 지식인들 다수가 이탈리아로 왔으며 이로 인해 학문이 발전한 것이다. 다섯째, 르네상스 시기는 세속화된 가톨릭 교단을 포함한 거의 모든 정치 세력 사이에서 권력 다툼과 전쟁이 극심했던 혼란의 시대였다. 새로운 문화가 꽃필 수 있었던 곳은 교황청과 도시국가 궁정 등 극히 일부분에 불과했다.

반론의 논거는 이 밖에도 많다. 그런데 이상의 주장을 모두 인용한다 하여도 당시 중세와 근대를 가르는 커다란 문화적 변환과 사고의 전환, 세계를 바라보는 관점의 변화가 진행되었다는 사실은 부정할 수 없다. 여기서는 구체적 시기를 말하는 것이 아니라 변환기라는 의미로서 르네상스를 사용한다. 이상과 같은 반론이 존재한다는 것을 전제로, 르네상스라는 새로운 시도가 어떻게 상상의 질서를 변화시키게 되었는지 살펴보자.

예루살렘을 차지하던 셀주크 튀르크가 성지순례자를 박해하고 동로마제국(비잔티움제국)까지 세력을 뻗치자, 이에 비잔티움제국 황제가 로마 교황에게 도움을 요청하였다. 이를 계기로 1095년 로마 교황 우르바누스 2세가 성지 회복을 명분으로 일으킨 기독교도의 원정을 십자군 전쟁이라 부르며, 약 200년에 걸쳐 8차례의 원정이 시도되었다. 서유럽에서는 천 년 동안 가톨릭 교단과 각 지역의 세속 권력이 병립하여 상호 보완적으로 유지되었는데, 십자군 전쟁으로 유럽에 장기간 지속되는 안정되고 강고한 종교 권력 체계에 금이 가서 틈이 만들어졌다. 전쟁으로 인한 공포와 조우한 십자군들에게는 깊은 외상 후 스트레스가 생겼고, 이러한 전쟁 경험이 반복하여 축적된 유럽 사회는 점차 교황의 권위와 두려움에 둔감[48]해지게 되었으며, 결과적으로 교황권의 쇠퇴를 가져오게 되었다.

십자군 원정을 계기로 이질적 문화 풍습을 가진 이슬람 문화와의 인적, 물적 교류가 활발하게 일어나면서 피렌체, 베니스, 밀라노 등 상업 교역 도시에 새로운 정보가 확산되고 막대한 재화가 집중되어 변화의 계기가 마련되었다. 새롭게 부상하는 도시국가에 지식 정보가 축적되며 가톨릭 교단과의 능력 격차를 점차 좁혀 나갔다. 도시국가 입장에서는 상업 교역의 번영을 위해 교황으로부터 독자적인 영역 확보가 필요하였고, 보다 자유로운 사회 환경을 제공할 필요가 있었다. 물론 그렇다고 하더라도 지방 권력이 교황과 교단의 권력과 권위를 무시할 수 있었던 수준은 아니었다. 비록 교단이 직접 보유한 직속 부대의 규모는 크지 않았더라도 교황은 서유럽 전체에 영향력을 유지하고, 필요시 폭력 수단을 동원할 정치력을 보유하고 있었다. 이들은 교황의 영향력을 인정하고 협조하는 한편, 필요에 따라 교황의 권위를 적절하게 이용하였다. 그리고

---

48) 생쥐를 대상으로 공포 학습을 실험하였다. 바닥에 전기충격을 줄 수 있는 장치를 만들어 놓고 정해진 시간 동안 경고음이 나게 한 후, 경고음이 끝나는 동시에 생쥐에게 전기충격을 가하였다. 다음 날 생쥐를 다른 장소에 넣어 놓고 똑같은 경고음을 주었더니 매우 두려워하며 경고음이 들리는 동안 겁을 먹고 얼어붙었다. 하지만, 이것도 계속 반복하면 겁을 덜 먹는다. 공포심이 줄어들고 자극에 둔감해지는 것을 소거라고 한다.
신희섭, 렉처사이언스 KAOS 02 뇌, 「1강 - 뇌, 신비한 세계로의 초대」, p. 35

종교 권력과의 충돌을 회피하면서 자신의 권력 기반을 강화하였고 사회적 영향력을 확대하였다. 새롭게 문화의 용광로가 된 독립 왕국과 상업 교역 도시 안으로는 가톨릭의 강력한 정신 지배가 비교적 완화되었다. 당대의 유능한 지식인들과 천재 예술가들이 종교 권력의 영향력을 벗어나고 있는 자유로운 문화 환경을 찾아 거점 도시로 모여들기 시작했다.

이렇게 확보된 자유로운 공간 속에서 젊은 지식인들이 모여 이슬람의 선진 신지식을 살펴보니 놀랍게도 그것이 천 년 이전의 그리스 로마 시대에 뿌리를 두고 있었다. 이를 계기로 고전 문화에 대한 흥미가 생겨나고 합리적으로 생각하는 문화 사조가 확산되었으니, 이것이 바로 재생(Rebirth)을 말하는 르네상스다. 르네상스는 장기간 억압되었던 인간의 정신에 생동감과 활력을 부여하였고, 신세계에 대한 모험심과 예술 분야의 휴머니즘 회복을 자극하였다. 이후 코페르니쿠스, 갈릴레오 갈릴레이, 아이작 뉴턴 등의 과학자와 베이컨, 데카르트 등의 철학자가 등장했다. 또 레오나르도 다빈치, 미켈란젤로, 라파엘로, 브루넬레스키 등의 예술가와 콜럼버스, 마젤란 등의 탐험가가 나타났다. 이는 대항해시대와 산업혁명을 통해 서유럽이 더욱 발전하는 계기가 되었다.

기존 종교 권력은 세상의 모든 것을 다 알고 있는 존재였고, 종교 권력이 관심을 두지 않는 것은 중요하지 않은 것이었다. 그러나 고대 그리스 철학과 합리적 사고에 관심이 환기되자 이 세상이 새롭게 다시 보이기 시작하였다. 조사와 연구를 거듭할수록 이 세상에 관한 중요한 지식을 대부분 모르고 있다는 것을 알게 되었다. 호기심이 급격히 증가하고, 인간 내면의 자율성과 진취성을 일깨웠다. 고대 그리스 철학의 사유 체계를 다시 되새기고, 주변 자연환경을 정밀하게 관찰하기 시작했다. 관찰 결과 종교적 신념에 바탕을 둔 많은 지식이 잘못되어 있음이 확인되었고, 이후 새롭게 가설을 세우고 그 결과를 확인하는 실험과 실증 기반의 과학적 사고가 자리 잡기 시작했다.

하나하나 새롭게 알게 된 과학 지식을 주변에 알리고 그 결과에 대한 사회적 호응이 높아지자, 지식인들은 더욱 신이 나서 더욱 열심히 새로운 과학적 발견에 매진하였다. 과학 지식이 축적되고 성취가 반복되며 과학 문명 발전의 결실로 나타났다. 과학기술 발전과 과학적 사고의 확산에 따라 철학의 지위가 다시 상승하기 시작했다. 르네상스가 촉발한 과학적 사고를 통해 제반 학문이 싹을 틔우고 꽃을 피우며 열매를 맺기 시작했다. 이는 현대 문명이 탄생한 기원이 되었다.

그런데 가톨릭 교단 또한 매우 민첩하고 현명하였다. 교황은 로마의 직속령을 직접 지배하면서도, 서유럽의 주요 거점마다 종교 책임자를 파견하여 급속히 성장하는 지방 권력과 동거 관계를 유지하였다. 어떤 지역에서 전쟁이나 내란 등으로 권력 변동이 발생하면 교황의 승인을 통해 새로운 권력자를 공식화하도록 절차를 만들고 이를 공인함으로써 세력권을 유지하였다.

　직접 보유하는 군대의 규모를 제한적으로 운용하면서도 오랜 기간 유럽 전역에 가톨릭의 영향력이 유지된 것은, 신도의 독실한 신앙심뿐만 아니라 교단이 보유한 고도의 정치력도 큰 역할을 하였다. 가톨릭은 프로테스탄트가 공개적으로 반발하고 민주 공화정이 수립되는 시점까지 오랫동안 권력을 유지하였고, 현재까지도 종교적 권위를 유지하고 있다.

　독립 왕국의 왕이나 상업 교역 도시의 지배자인 귀족들은 계속 개인적으로 신앙심을 유지하였다. 그러나 정치사회제도와 관료 기구 개편, 정책 수립 과정에서는 점차 종교의 영향력을 배제하기 시작했다. 당시 지식인들 입장에게는 종교 권력보다 인간으로서 권력을 가진 세속 지방 군주나 전제왕권이 대화하기 훨씬 편하다는 사실이 새삼 돋보였다. 종교 권력은 신의 권위에 대한 무조건적 복종을 요구했다면, 세속 권력은 그럴듯한 이익을 제시할 경우 거래가 가능하였다. 르네상스를 계기로 인간 사회의 권력 질서 체계에서 신이 배제되기 시작하였다. 이런 일은 동서고금의 인류 역사에서 처음 시도되는 것이었다. 아랍 제국의 술탄은 여전히 지상에서 알라의 권위를 대리하고 있었고, 동아시아의 왕은 우주의 섭리를 지상에 구현하는 천자(天子)의 지위를 유지하고 있었다. 이때까지 종교는 지구 어디에서나 권력을 뒷받침하는 정치 신념이었다. 종교와 사상의 자유는 없었고, 그 사회 구성원에게 강요되었다. 감히 종교적 구속에서 벗어나려 시도하는 개인에게는 색출하여 벌을 주었다.

그러나 르네상스 이후 점차 가톨릭 종교 권력에 대한 반발이 거세졌고, 이에 호응한 루터의 개신교가 전 유럽으로 확산되었다. 이에 유럽 각국의 왕은 신에 대한 믿음은 유지하되, 세속 권력자로서 자신의 지위를 높이기 시작하였다. 인간들끼리 단합하여 신의 대리인에게 도전하기 시작한 것이다. 교황은 이를 막으려 하였고, 스페인 왕실 등의 세속 권력이 이를 지원하였으나 유럽 사회의 거대한 집단심리 변화는 결국 막을 수 없었다. 유럽에서는 장기간의 종교 권력 질서 체계가 깨어지고, 왕, 귀족, 자본가, 기업가, 부르주아[49] 등이 권력투쟁의 주체가 되어 이들 사이의 힘의 변화에 따라 급격하게 요동치기 시작하였다.

유럽 사회는 르네상스 이후 정신적, 물질적으로 급변하기 시작했다. 생산성과 사회적 부가 급속히 성장하자 인간의 욕망이 분출하

---

49)   부르주아(Bourgeois: 有産者)의 Bourg는 프랑스어로 성(城)을 의미하는데, '성안에 거주하는 부유한 자'들이란 의미로 풀이하는 것이 일반적 정의다. 부르주아는 14, 15세기 이후 교회와 영주 권력의 봉건 체제가 흔들리며 나타나, 구체적으로 16세기 지리상의 발견이나 해상 무역의 확대로 인해 경제적 실권을 쥐게 된 상인이나 자본가, 직인(職人), 도제(徒弟) 등 신흥 경제권력 계층을 의미한다. 일반적으로 부르주아는 마르크스 이데올로기에 의해 생성된 용어인 만큼 사회주의적 관점에서 보다 잘 설명될 수 있다. 부르주아는 프롤레타리아(無産階級)의 값싼 노동력을 활용하여 이익을 극대화하는 계층이다. 그들 중 일부는 생산력을 극대화하기 위해 노동자들에게 돌아가야 할 보수를 삭감하거나 몰수하여 무산계급을 착취하였다.
　　네이버 지식백과: 부르주아(有産者, Bourgeois) [문학비평용어사전, 2006. 1. 30., 한국문학평론가협회]

며 대립과 갈등으로 충돌하는 일이 많아졌다. 종교 권력을 부정한 지 얼마 안 되어 전제왕권과 귀족의 특권도 부정하기 시작했다. 전제왕권에 기대어 자신의 세력을 형성한 부르주아와 지식인 집단은 다시 전제왕권조차 무너뜨리고 대중 중심의 새로운 권력 질서를 수립하는 혁명 세력이 되었다. 이들은 공리주의 철학을 바탕으로 신이 주신 신성한 인권을 보장하는 인본주의 가치 체계를 수립하였다. 또한 자신들을 성장시킨 시장경제를 사회경제의 기본 질서 체계로 발전시켰다.

기존의 모든 권력은 종교적 신념으로부터 그 정당성이 인정되었는데, 이들에 의해 새롭게 만들어진 권력 질서는 인간의 합의에 의해 권력을 선출하는 것이었다. 종교적 신념에서 독립한 인간들만의 권력 질서가 만들어졌고, 권력의 유지를 위해 더 이상 신의 권위에 기댈 필요가 없어졌다. 이후 인간 집단 사이의 힘의 변화에 따라 권력 질서가 때로는 균형을 이루고, 때로는 완만하게 변화하고, 때로는 폭동에 의해 급격하게 변화하는 유연한 사회구조가 만들어졌다. 이것은 다시 독립 왕국의 성장, 국가 간 경쟁, 각 국가 내부의 격렬한 권력투쟁을 촉발하였다.

르네상스 이후 인간들만의 권력 질서가 형성되고 변화하는 과정에서 인간 개개인의 정신적 기반인 기독교 신앙이 인본주의 신념으로 곧바로 대체될 수 있었던 것은 아니었다. 신이 사라진 자리에 저절로 혼자 남게 된 인간들은 스스로를 믿기에는 너무 사악한 점이 많았다. 인간은 자신의 이익을 위해서는 패거리를 이루어 위선과 기만, 배신, 폭력 등 어떠한 악행도 거리낌 없이 저지를 수 있었다. 그러므로 정신적 안식을 바라는 인간의 내면은 여전히 신을 버릴 수 없었다. 르네상스 이후 유럽 사회에서는 두 가지 가치관이 동시에 중첩되어 상상의 질서에 영향력을 발휘하였다. 첫째, 여전히 강력한 기독교 신앙에 따라 내면의 신성한 가치는 다른 사람이 어떻게 생각하느냐에 따라 달라지지 않고, 내면의 눈부신 빛이 우리의 삶에 의미를 부여한다는 전통적 가치관이었다. 둘째, 인간 사회의 권력 질서는 인간 집단 상호 간의 이해관계와 결속력에 따라 변화한다는 현실주의적 세속주의적 세계관이었으며, 이는 이후 시대 변화에 따라 차츰 강화되었다.

권력 질서에서 신을 몰아낸 인간은 인본주의적 정치, 경제, 사회의 제도를 수립하였다. 인본주의는 인간 스스로를 믿고 자율적으로 협력하자는 이야기이므로 철학적 사유에 의한 합리적 판단이었다. 그러나 인본주의는 집단적 신념으로 성장하지 못하였고, 신이 사라지고 나자 그 자리에 인간만이 덜렁 남아 있게 되었다. 신이 사라지자 인간을 억누르던 억압이 사라져서 과학과 철학, 각종 학문과 예술이 폭발적으로 발전하였지만 그전에 신이 주던 완벽한 정신적 안식과 마음의 평화는 신과 함께 떠나 버리고 다시 돌아오지 않았다. 신이 떠난 빈 공간을 메우기 위한 시도로 많은 근대 철학이 나타났다. 그러나 철학적 사유는 철학적 사유일 뿐, 과학적 사고에 기초한 그 어떠한 이성도 인간의 허전함을 달래주지는 못하였다. 인본주의는 신앙이 되지 못하였으며, 인간 각자의 정신적 안식은 가톨릭, 프로테스탄트 등 권력에서 분리되던 기존 보편적 종교가 계속 수행하였다. 종교와 정치권력 체계가 서로 분리되어 각자 생존을 모색하기 시작하였다.

다섯 번째 도약

팔이 안으로 굽는 것처럼 자화자찬에 불과하지만, 인간이 쌓아온 성취는 눈부시다. 공룡이 자연 생태계 최상위 포식자로서 지구를 지배하였으나 식생의 한계를 넘지 못하고 멸종한 것과 달리, 인간은 수많은 한계를 돌파하는 지적 능력을 입증하였다. 인간이 발전시킨 생산성과 과학기술은 물질적 풍요를 이끌었고, 방대한 인공 자산을 만들어 냈다.

그런데 인간의 성취는 비단 물질적 성공의 규모가 컸다는 것만을 의미하지 않는다. 인간은 인류 역사를 통해 이미 여러 번의 정신적 도약과 성취를 이루었다. 다른 모든 동물은 이러한 깨달음을 얻지 못하였다. 인간은 위기 때마다 그것을 극복하여 도약하면서 점점 더 강해졌고, 우주에 희귀하게 존재하는 지적 생명체가 되었다. 존재만으로 특별한 의미가 있는 동물이 된 것이다.

인간이 이룬 정신적 도약은 첫째 불의 사용, 둘째 집단 신념 체계인 종교의 탄생, 셋째 지적 생명체로 거듭나는 계기가 된 철학의 탄생, 넷째 인간에 대한 재인식의 계기가 된 르네상스다. 르네상스로 인간의 새로운 유형, 즉 내면의 빛을 따르는 자율적 인간이 탄생하였다. 르네상스 전에는 지구 어디에서나 종교적 집단주의가 권력 질서의 동력이었고 대세였다. 그런데 르네상스를 통해 수렵채집 원시 사회의 개인주의가 다시 대두되었다. 각 개인의 자유의지와 진취성이 살아났고, 이로부터 파생된 근대 과학기술과 민주 공화정은 전 세계에 파급되었다. 이는 현대 문명사회의 물질적 풍요를 가져왔고, 인권에 관한 정신적 각성의 바탕이 되었다. 생산성 발달과 함께 발전한 화폐는 요술 같은 상상의 질서를 구축했다. 당초 화폐는 생산물의 교환 수단에 불과했으나, 부의 축적 수단이 되고, 보험이 되고, 대부와 자본순환만으로 이익이 생기는 투자 수단이 되고, 경제적 부의 계량 지표가 되었으며, 화폐 자체가 생산성을 이끄는 선도적 실체가 되었다.

그러나 르네상스로 촉발된 생산성 발달이 현대의 물질적 풍요를 가져온 반면, 인간 내면의 배타적 이기심도 함께 자극되어 배금주의가 나타나고 신념 질서가 어지러워졌다. 신의 존재에 대한 의심이 확산되자 기존 보편적 종교가 퇴조하는 대신 나치즘 같은 극단주의 이데올로기가 나타났으며, 이들로 인한 대립은 더욱 파괴적인 전쟁으로 나타났다. 국가 간의 경쟁과 화폐가 만들어 낸 성장 신화는 급속한 발전의 동력이 되는 한편, 집단적 신념 충돌에 따라 사회는 불안정하게 되었다.

현재 진행 중인 인간의 다섯 번째 도약은 인류 공존과 조화를 위한 정신적, 도덕적 각성이다. 인간은 세계 전쟁을 통해 공멸에 이르는 위태로운 순간을 경험하였고, 이후 대량 살상 무기, 생명과학 등 스스로를 멸망으로 이끌 수도 있는 기술적 성취를 이루었다. 인류는 서로의 존재를 인정하고 공생하는 방향으로 정신적 성취를 이루기 위해 노력하는 중이다. 그러나 다섯 번째 도약은 아직 이루지 못했으며, 우리는 지금 미래의 생존 여부를 판가름하는 매우 중요한 전환기에 살고 있다.

물질적 성취와 그것을 뒷받침하는 과학기술과 생산성은 비록 충분하다 하여도 조화와 공존의 가치관이 모두에게 수용되지 않는다면, 어쩌면 머지않아 이 모든 인류의 성취가 물거품이 되어 사라질지도 모른다. 미래에도 인류의 생존이 이어져 더 큰 성취를 이루기 위해서는, 인간은 다시 합의하여 다섯 번째 정신적 도약을 이루어야 한다.

태아가 hPL을 분비하여 만약 산모의 인슐린 분비 방어 능력이 무너지면 당장은 영양분을 충분히 공급받아 태중에서 '거대아'가 될 수 있으나 그 끝은 불행한 공멸이다. 마찬가지로 인류 역사를 돌이켜 보면, 과도한 권력투쟁의 결과 모두의 공멸을 불러온 수많은 사건이 있었다. 지금은 사라져서 존재하지 않는 수렵채집 집단 충돌, 농경과 사육의 개시 후 잉여 생산물을 빼앗기 위한 약탈, 고대 문명의 발흥과 멸망, 수천 년간 이어진 약탈과 정복 전쟁, 그 이후에도 아주 많은 공멸이 있었다. 권력투쟁이 일정 수준 이상 강화되면 인간 사회 자체가 멸망해서 그 흔적이 사라져 버렸다.

현재까지 인류가 생존할 수 있었던 이유는, 그 많은 인간 집단의 공멸에도 불구하고 인간의 힘과 과학기술이 우리 모두와 지구환경을 파괴할 수준까지 발전하지는 못했기 때문이다. 충분한 힘을 가지게 된 우리는 현재, 지속 가능한 미래가 존재할지 장담할 수 없는 생존의 갈림길 위에 서 있다. 우리에게 닥친 미래는 모두 함께 공존할 수 있느냐, 아니면 공멸을 맞느냐의 문제다.

미래의 단초

인간은 감정에 따른 선택을 선호하도록 DNA에 설계된 생명체다. 그런데 인류 역사가 피로 얼룩졌던 이유는 감정을 중시하는 인간의 본성 때문이 아니다. 오히려 인간은 감정에 이끌리기에 서로를 따뜻하게 바라볼 수 있었고, 끌어안을 수 있었으며, 문명을 발전시켜 올 수 있었다. 그리고 긴밀히 상호 소통하는 현대 사회는 대중의 감정과 욕망, 집단심리가 더욱 중요하게 되었다. 그런데 대중의 집단심리는 그리 간단하지 않고, 대중의 욕망이 억압되면 무언가 사달이 난다. 현대 사회가 불안정한 이유는 비교적 평화롭게 지속된 이 시대가 그 어느 때보다 감성적 본능에 충실한 시대이기 때문이다. 인간은 점점 책을 통한 체계적 지식의 습득과 합리적 사고는 멀리하고, 단편적 정보를 통한 감정 소비를 선호한다. 뉴스의 진위 여부는 중요하지 않고, 자신의 세계관에 부합하는 정보만을 취사선택하여 정신적 만족을 좇는 것을 즐긴다. 개인정보통신기술 발달은 정보의 확산과 소멸 속도에도 영향을 주어 현대 사회의 불안정성을 더욱 강화한다. 보편적 종교가 천년 이상 인간 사회를 지배했던 것에 비해 전혀 다른 세계가 펼쳐질 수 있는 것이다.

그런데, 그러면 그럴수록 현대 사회에서 치열한 선전·선동이 벌어질 것은 자명하다, 거기에는 위선과 기만, 거짓 정보가 난무할 것이다. 언론은 스스로 선전·선동의 도구가 되어 순기능보다 역기능과 부작용이 부각될 가능성이 높은데, 그 이유는 언론 집단 자체가 이기성이 극대화된 특수 권력 집단이기 때문이다. 문제는 이런 사회적 불안정이 강화될 때, 공동체 사회의 분열이 증폭된다는 데 있다.

과연 인류의 미래는 지속 가능할까? 만약 그렇다면 인류 앞에 펼쳐질 미래의 모습은 과연 어떤 것일까? 우선 과학기술은 더욱 급격하게 발달될 가능성이 높다. 과학기술 발달은 생활 편의를 제공하고, 병을 고쳐서 수명을 늘리고, 신제품을 사용하는 혜택을 제공하지만 그것만으로는 인류가 당면한 상실감과 피해의식, 정신적 공허를 해결하지 못한다.

과학기술 발전의 혜택을 누가 보느냐는 미래의 모습을 밝거나 어둡게 보는 기준으로 작용한다. SF 영화에서 그려지는 미래는 대체로 화려하지만 무언가 결함이 있는 모습인데, 그 결함은 인간 사회의 배타적 이기성과 권력투쟁의 영향에서 나온다. 그렇다면 미래를 짐작하는 데 있어, 과학기술 발달과 권력 질서 체계라는 두 가지 측면에서 그 단초에 대한 추론이 가능하다.

과학의 미래

먼저 과학기술 발달이 인류에게 주는 영향력을 보자. 과학기술 발달이 인간 사회에 주는 영향에 대해서는, 이미 많은 학자의 연구 결과와 비즈니스적 접근이 있었기에 그것을 인용하기로 하자.

미래 과학기술의 전망을 살펴보기 위해서는 정보통신기술(ICT)의 융합으로 이뤄지는 4차 산업혁명의 개념을 살펴볼 필요가 있다. 4차 산업혁명은 빅데이터와 인공지능(AI), 사물인터넷(IoT), 로봇, 드론, 자율주행차, 생체보안 및 감시 체계, 가상현실(VR), 원격 의료, 블록체인 등 발달된 과학기술의 상호 연결성과 지능성, 융합성을 강조하며 등장하였다. 이 용어는 2016년 6월 스위스에서 열린 다보스 포럼(Davos Forum)에서 의장 클라우스 슈밥 (Klaus Schwab)[50]이 처음으로 사용하면서 이슈가 됐다.

---

50) 당시 슈밥 의장은 "이전의 1, 2, 3차 산업혁명이 세계를 혁명적으로 바꿔 놓은 것처럼 4차 산업혁명이 전 세계 질서를 새롭게 만느는 동인이 될 것"이라고 말하였다. 4차 산업혁명은 1784년 영국에서 시작된 증기기관과 기계화로 대표되는 1차 산업혁명, 1870년 전기를 이용한 대량생산의 2차 산업혁명, 1969년 인터넷 컴퓨터 정보화 및 자동 생산 시스템이 주도한 3차 산업혁명에 이어 로봇이나 AI를 통해 실제와 가상이 통합돼 사물을 자동적, 지능적으로 제어할 수 있는 가상 물리 시스템이 기대되는 산업상의 변화를 일컫는다.

블록체인과 가상화폐

　많은 신기술이 있지만, 일반 대중에게 알려진 경제 기반 기술로서의 블록체인에 대해 잠깐 살펴보자. 2017년부터 세계인의 일상으로 블록체인과 가상화폐가 진격하기 시작하였다. 비트코인 가격 상승으로 촉발된 전 세계의 가상화폐 투자 붐은 컴퓨팅 채굴과 ICO(initial coin offering)의 확산을 가져왔다. 빅테크 기업은 4차 산업에 집중 투자하고, 4차 산업은 상호 불가분의 역동적 네트워크를 구성한다. 블록체인과 가상화폐는 4차 산업 네트워크를 경제적으로 이어 주는 기반 기술로 인식되며, 기술 경제의 첨병으로 등장하였다. 블록체인과 가상화폐가 급속하게 일반 대중에게 파고들 수 있었던 이유는, 대중이 접근할 수 없는 심층 과학기술이 아니라 간단한 거래만으로 부의 기회를 잡을 수 있는 미래형 화폐이기 때문이었다.

　블록체인과 가상화폐는 초기부터 '금융 산업을 대체할 미래의 경제 기반 기술'이라는 옹호론자와 '탈세와 범죄 자금 세탁기로서 전혀 가치가 없는 숫자에 불과'하다는 반대론자의 격렬한 찬반 양론과 사회적 논란을 가져왔으며, 가장 많은 뉴스를 생산하는 기술 분야가 되었다. 블록체인과 가상화폐는 실제 양 측면의 명암이 공존하는데, 현재 주로 통용되는 비트코인과 이더리움 등의 1세대 가상화폐는 유틸리티형 코인으로서 경제생활에 적용되기 위한 정밀한 가치 부여 체계를 갖추지 못하고 있기 때문이다. 대부분의 유틸리티형 가상화폐는 특정 블록체인 플랫폼에서 유통되는 것을 전제로 설계된 화폐로서 사람들의 신뢰 여부에 따라 가치가 변동된다. 거래 당사자들이 가치가 있다고 믿는 경우에만 가치가 있고, 어떤 이유이든 신뢰성에 의심이 생기면 그 가치가 사라진다. 코인 자체로서는 아무 내재 가치가 없고, 거래에 참여하는 사람들의 신뢰도에 따라 극심한 변동성이 생긴다. 예를 들어, 비트코인은 대표 가상화폐로서 희소성이 더 크다고 여겨지므로 타 코인 대비 가격이 높게 유지된다. 가상화폐 가격은 2018년 말부터 2020년 초까지 신뢰성에 대한 의심으로 하락하였고, 2020년 말부터 코로나19로 인한 화폐 공급 증가로 다시 상승하였고, 이후 다시 조정되는 등 가격 변동성이 매우 높다. 현재 통용되는 가상화폐는 첫째, 적절한 과세 방법이 미해결 또는 정비 상태에 있고, 둘째, ICO 과정에서 사기, 배임, 횡령 등 피해자 양산 우려가 있다. 가상화폐는 기술과 자본 모집 기능이 결합된 형태로서 인터넷망을 따라 손쉽게 국경을 넘나들 수 있으므로 특정 국가에서 정책적 대응 방안을 내놓기 어려운 상황이다. 어떤 한 국가에서 규제하면 국경 없는 네트워크를 따라 기술과 아이디어, 건전한 벤처기업과 투자자 등 국내 자원이 해외로 유출되므로 섣불리 강한 규제를 내놓기 어려운 형편이다.

한편, 실질 경제생활과 밀접한 가치보유형 2세대 가상화폐가 다양한 방식으로 검토되고 있다. 가치보유형 코인의 하나로 보색뇌는 증권형 코인(security coin)은 회사의 주식을 가상화폐로 치환한 것으로, 코인 보유자는 주주로서 배당을 받고 주주총회 의결권을 행사할 수 있다. 증권형 코인은 주식시장에서 거래되는 증권과 유사하게 인식되며, 향후 가상화폐거래소는 증권거래소로, ICO는 IPO와 유사하게 법적 규제가 적용될 수 있다. 그러나 대부분의 국가에서 자본시장법 등 금융 제도가 엄격히 통제되고 있으므로 이후 전개에 대하여 단정 지을 수는 없는 상황이다. 가상화폐와 실생활의 접목을 위해서는 가상화폐와 일반 법정화폐와의 호환성 개선이 중요한 요소다. 그런데 현재 호환 방법은 거래소를 통한 매매, 특정 플랫폼에서의 거래, 특정 시설에서의 사용 등 제한적인 시도가 이루어지고 있을 뿐이다. 현재 세계 각지에서 시장 한계를 극복하기 위한 실험이 시도되고 있으며, 이것에서 성공하는 화폐를 통해 진정한 가상화폐 시대가 열리게 될 것이다. 실제 경제적 가치가 있는 가상화폐가 나온다면, 그것이 지식기반 4차 산업의 경제적 네트워크를 이루는 기반이 되고 사회 각 분야의 경제 기반 기술로 확산될 가능성이 있다.

블록체인과 가상화폐의 등장 배경을 보면 첫째, 교통과 통신의 발달, 금융의 세계화, 4차 산업 대두 등에 따라 국경을 넘나드는 재화의 양이 폭발적으로 증가했다는 점이다. 둘째, 소수가 독점한 금융자본의 탐욕에서 2008년 글로벌 금융위기가 발생했다는 인식이 확산되었다는 점이다. 셋째, 소수 금융기관에 거래 기록이 집중되어 해킹의 표적이 되기 쉽다는 점이다.

따라서 블록체인과 가상화폐의 개발 원칙은 첫째, 탈중앙화, 반독점, 네트워크 공유화로서 ① 정부 보증 불필요, ② 공유 네트워크로 발전, ③ 국경을 자유롭게 넘나드는 개방성이다. 둘째, 분산화, 분권화로서 기존 금융기관 거래원장에서 탈피하고, 공동 거래 원장에 기록하여 해킹 표적을 분산시키겠다는 점이다. 셋째, 거래 원장을 일반에게 공개하겠다는 투명성이다. 넷째, 모두가 참여하는 공유 경제 생태계로 확장하겠다는 포부다.

현재 블록체인과 가상화폐에는 젊은 기술 인재들, 다국적 기술 기업 등에 의해 투자가 이루어지고 있다. 디지털로 형태를 바꾼 화폐는 현재에도 경제 환경과 산업 체계 구도가 근본적으로 재편되는 미래에는 더욱 유망한 금융 비즈니스로 부각될 가능성이 있다.

디지털 화폐의 잠재적 가치와 장점을 살펴보면, 첫째, 채굴 비용 측면에서 비교적 저렴하다. 둘째, 화폐의 희소성 측면에서 비트코인 사례와 같이 기술적으로 통제 가능함이 증명되었다. 셋째, 스마트폰을 매개로 한 디지털 콘텐츠 시장의 융합과 4차 산업 발달에 따라 광범위한 통용성 측면에서 유리한 환경이 조성되고, 더욱 큰 기회 요소가 포착되었다. 넷째, 재산 축적과 교환 수단으로서의 효율성 측면에서 기존 화폐보다 유리하고 효과적이다.

디지털 화폐의 향후 도전과제는 첫째, 경제적 도전으로서 ① 화폐 내재 가치의 부여, ② 실물경제 편입에 장애가 되는 가격 변동 과다와 신뢰성 부족에 대한 해결이다. 둘째, 사회적 도전으로서 ①

여신, 수신, 신용 등 경제적 관습과의 조화, ② 과세 문제, 자금 세탁 문제 등의 해결, ③ 법정화폐와의 호환 영역 확대다. 셋째, 기술적 도전으로서 ① 거래소 해킹 공격에 대한 대응, ② 공동 거래원장의 데이터양이 계속 증가하는 문제 극복, ③ 교환, 거래, 송금, 결제 등의 실시간 처리 시스템 개발이다. 이들 과제 중 기술적 도전에 대해서는 기술 축적에 따라 시간이 가면 해결될 것으로 보인다. 사회적 도전은 하나의 사업 주체가 아닌 사회 구성원 간 합의와 협력으로 풀어 나가야 할 문제다. 화폐로서의 내재 가치와 신뢰성을 획득하는 경제적 도전에 대해서는 우선 해결 방법에 대한 면밀한 연구가 필요하다.

블록체인과 가상화폐는 미래 경제 기반 기술로 잠재적 가치가 있다고 여겨지나, 당장 새로운 범용화폐로 통용될 가능성은 많지 않다. 그러나 블록체인과 가상화폐에 대한 연구를 통해 화폐라는 개념의 근본적 통찰에 대해 관심을 환기할 필요가 있다. 화폐란 사회적 부가 인간 공통의 신뢰 속에서 분배되는 원리이고, 그 매개체다. 현대 사회의 문제를 개선하고, 미래 사회의 경제를 건강하게 하기 위하여 많은 연구가 필요하다. 기존에 과다하게 발행되어 일부 소수에게 집중된 화폐는 이제 더 이상 회피할 수 없는 중요한 사회문제가 되었다.

과학기술 발달의 영향

이번에는 과학기술 발달이 줄 영향력을 보자. 미래 과학기술로는 빅데이터의 수집, 통합, 추출을 통한 의사결정 기술로서 AI, 새로운 에너지원으로서 위험 물질을 다루는 기술, 로켓을 통한 지구 바깥으로의 공간 확장 기술, 발전을 거듭하는 물질 특성에 관한 기초과학과 신물질 개발 기술, 생명을 연장하는 의학 기술, 초정밀 기계 기술 등이 있다.

과학기술 발전은 지구 자연이 인간에게 부과한 한계를 돌파하게 하고, 이후 더욱 급속한 발전을 예고하며, 인간을 신의 경지로 이끌고 있다. 과학기술은 매우 폭넓게, 서로 긴밀하게 영향을 주고받으며 발전하고 있는데 크게 세 가지 계통으로 나누어 생각해 보자.

첫 번째는 정보통신기술(ICT)의 융합과 AI가 중심이 되는 4차 산업혁명 기술이다. 빅데이터와 인공지능(AI), 사물인터넷(IoT), 로봇, 드론, 자율주행차, 생체보안 및 감시 체계, 가상현실(VR), 원격의료, 블록체인 등 현재 매우 빠른 속도로 발전하는 과학기술 영역이다. 그것에 더하여 5G로 명명된 실시간 정보통신기술이 결합하여 4차 산업기술의 결과물들이 모두 모여 거대한 네트워크를 형성한다. 여기에 인간의 지능이 들어설 틈은 많지 않으며, 발달하면 할수록 지속적으로 네트워크 자신으로부터 인간의 개입을 배제시켜 나갈 것이다. 너무나도 빠른 속도로 정보를 주고받고, 알고리즘에 따라 상호 반응하고, 그 결과는 어떤 의사결정으로 나타나고, 그 결과는 다시 빅데이터로 생성, 가공되어 새로운 의사결정의 기초가 된다.

이 거대한 네트워크는 너무나도 빨리 처리되어 인간의 개입이 배제될 수밖에 없다. 과학기술 결과물 상호 간의 연결과 융합이 강화될수록, 부정확하고 오류가 많으며 불안정한 인간 노동력이 불필요한 자동화된 세상을 보여 준다. 이는 바꾸어 말하면, 생산의 영역에서 더 이상 인간이 필요 없는 세상이 되는 것이다. 거대한 네트워크에게 명령을 내리는 소수는 신의 경지에 오를 수 있는 반면, 거대한 네트워크로부터 명령과 감시를 받는 다수는 하류 인간들로서 신으로 신분이 상승한 소수 엘리트 그룹의 통제를 받게 된다. 암울한 미래의 전체주의적 감시사회를 그린 SF 영화로는 '1984', '브라질' 등이 있다.

두 번째는 에너지 과학기술이다. 여기에는 에너지의 생산, 저장, 공급, 활용, 소비의 각 단계를 포함하며 각 단계별 에너지 효율의 증대, 새로운 에너지원과 신물질의 개발 등을 모두 포함한다. 탄소 기반 에너지원은 대기 환경에 큰 영향을 주므로 에너지 기술 발전은 지구의 환경보호와 밀접한 관련이 있다.

또한 에너지 과학기술은 우주와 지구의 물리적 한계를 돌파하는 기반이 된다. 예를 들어 우주나 심해 등 인간의 발길이 닿기 어려운 곳으로 더 멀리, 더 깊숙이 나아가고 다시 돌아오기 위해서는 에너지 과학의 발전이 반드시 전제되어야 한다. 무한히 넓은 우주 공간으로 인간의 영역이 확장될 수 있다면, 공간과 시간이 중첩되어 상호작용하는 새로운 경험을 하게 될지도 모른다. 먼 우주로 나아가서 겪는 새로운 경험에 대한 상상력을 보여 주는 SF 영화로는 '로스트 인 스페이스', '인터스텔라' 등이 있다.

세 번째는 DNA 유전학의 응용과학 분야로서, 폭발적으로 발전하는 생명의학과 뇌과학 분야다. 일부 빅테크, 각종 재단, 소수 엘리트 그룹은 인류의 미래를 개척한다는 명분으로 수명을 연장하는 과학 연구에 집중 투자하고 있다. 이들은 자신의 수명을 200세, 500세, 1,000세 이상 연장하며 영원히 사는 꿈을 꾼다. 이들의 지원을 받는 과학자는 이미 지렁이 같은 비교적 단순한 동물의 수명을 수배에서 수십 배 연장하는 기술을 축적하였다. 세포 노화를 일으키는 DNA 염기서열을 변형하여 노화를 중단시키거나, 이미 여러 차례 분화 복제된 노화 세포를 마치 싱싱한 아기의 세포처럼 헷갈리게 하는 유전자 조작을 가하여 생명을 유지하고 연장한다.

그러나 고등동물의 신체 구조는 그리 단순하지 않기 때문에 인간의 생명을 연장하기 위해서는 더욱 많은 연구가 필요하다. 다양한 인체 기관의 노화를 막기 위해서는 극히 미세한 영역에서의 생명 메커니즘을 모두 확인하고 규명해야 한다. 특히 뇌와 신성세포 조직의 기능 연장과 노화 방지가 필요하다. 불멸의 꿈을 이루게 해

줄 생명 연장 기술이 상용화되려면 아직 더 많은 비용과 시간이 요구되고, 우선은 자신의 시신을 상하지 않도록 보관할 필요가 있을 것이다. 만약 나중에 냉동 상태에서 깨어난다면 새로운 인생을 살 가능성이 있기 때문이다.

데이비드 이글먼의 『The Brain』 250쪽에는 시신의 냉동 보관 현황이 소개되어 있다. 지난 50년 동안 알코어 생명 연장 재단(Alcor Life Extension Foundation)은 시신의 냉동 보관 기술을 개발해 왔으며, 현재 다수의 시신을 보존 중이다. 냉각 보존 절차는 이렇다. 의뢰인은 자신의 생명보험금 수익자를 알코어 재단으로 지정한다. 그 후 그가 법적 사망선고를 받으면 알코어 재단 시신관리팀이 즉시 투입된다. 시신의 세포가 파괴되지 않도록 화학물질을 혈관에 주입한 후, 극저온 질소 시스템으로 급속 냉각한다. 목표는 얼음이 얼지 않도록 모든 신체 부위를 신속히 냉각하는 것이다. 세 시간 정도 소요되는 이 과정이 끝나면 시신은 안정된 상태에 이르고, 이어서 더 냉각되어 영하 196도에 머문다. 모든 처리가 끝나면 의뢰인의 시신은 듀어(Dewar)라 불리는 대형 스테인리스 원통의 극저온 액체에 담겨 훗날 새로운 생명 기술이 개발될 때까지 보관된다.

뇌과학의 발달은 인간에 대한 새로운 정의를 요구하는 수준에 이르렀다. 뇌가 만약 인간의 정체성 자체라면, 수명이 다한 여러 인체 기관을 갈아 끼우는 것도 가능하다. 또한 뇌만 따로 보전하여 복제된 육체로 이식하며 영원히 사는 것도 가능하다. 심지어 뇌의 기록을 전자 칩으로 만들어 새로운 육체에 갈아 끼울 수도 있다.

또한 전자파 상태의 뇌가 온라인 가상 세계를 떠돌며 영원히 살 수도 있다, 심지어 뇌를 복사하거나, 이메일로 전송하거나, 같은 인격의 로봇 군단을 만들어 낼 수도 있다. 육체를 필요로 하지 않고 신호정보로만 존재하는 뇌는 로봇, 우주선 등 어느 기계든 접속하여 그곳의 카메라나 마이크를 통해 감각하고, 스스로 사고하고, 필요 동작을 명령한다. 이런 기괴한 미래와 전혀 다른 정체성을 갖춘 인간이 실체로서 존재 가능하다면, 현존하는 인간의 존재 가치는 위협받을 가능성이 높다.

이러한 상상력을 보여 주는 흥미로운 SF 영화로는 '바닐라 스카이', '알터드 카본' 등이 있다. 한편 이보다 앞선 1977년 마츠모토 레이지의 만화 '은하철도 999'는 영원한 삶을 위해 기계인간이 되려는 호시노 테츠로와 신비로운 여인 메텔이 안드로메다행 우주열차를 타고 함께 가는 긴 여정을 그린 작품이다. 흥행에 성공한 애니메이션으로서 어린이를 위한 작품이지만, 기착지로 방문하게 되는 행성마다 극단적으로 특수한 사회를 그려내어, 인간의 본질에 관한 묵직한 화두를 건넨 매우 철학적인 작품이기도 하다. 불멸의 꿈과 관련된 생명의학과 뇌과학은 신이 되고 싶은 소수의 엘리트가 특히 많은 관심을 보이는 과학 분야다. 문제는 과학적 성취가 결실을 맺을 때 아마도 그 혜택을 누리는 인간의 범위가 미래 권력투쟁의 핵심 이슈가 될 거라는 짐이다. 그리고 그 혜택을 누리느냐 그렇지 못하느냐에 따라 존재 가치는 더욱 크게 벌어지고, 심지어 DNA가 서로 다른 이질적 존재가 될 수도 있다. 보편적 도덕 윤리의 문제가 다시 상기되는 이유다.

　당초 자연이 생명체에 준 의무는 먹이를 구하는 반복 노동에 종사하는 것이었다. 그러나 인간이 발전시킨 기술은 인간보다 반복 노동을 더 효율적으로 잘할 수 있는 대리물을 다양하게 만들어냈다.

　과학기술은 문명 발전과 인간의 생존에 큰 혜택을 주었으나, 분명한 것은 과학기술 발달만으로는 인간의 행복을 보장하지 못한다는 사실이다. 자동화된 세상은 대규모 직업 변화를 예고하고, 인간을 창의적이지 않은 반복 노동으로부터 해방하여 향후 인간의 화려하고 안락한 삶에 대한 기대를 높인다. 그러나 반면 미래 대다수 인간의 경제력 상실과 양극화 우려를 높이고 있는데, 이때의 주도 세력과 주변인 지위를 둘러싼 치열한 권력 다툼이 예고된 것이다.

질서 이데올로기

이번에는 인간 사회의 권력 질서라는 측면에서 미래의 단초를 살펴보자.

세 부류의 권력

인류의 권력투쟁 구도는 현재 세 부류의 권력으로 압축되었다. 첫째, 자유 국가의 기득권 엘리트, 둘째, 권력과 부를 독점한 공산당, 셋째, 제정일치의 이슬람 종교 권력이다. 이들은 대다수 선량한 사람들의 무기력과 방심을 이용하고, 기회주의자들의 옹위에 힘입어 자신의 권력을 정당화하였다. 이것이야말로 정말 기묘하고 아이러니한 상황이다. 물질만능주의를 부추기도록 작동하는 시장경제 체제를 기반으로 세 가지 권력 집단이 위선과 기만으로 서로 각축을 벌이고 있다. 자유 국가의 인본주의는 기독교 신념을 바탕으로 정의와 진실을 추구하지만, 기득권 지배 엘리트는 입으로는 정의를 말하면서 점차 자신만을 위한 이익 공동체 집단이 되었다. 공산당은 민중으로부터 권력이 나온다고 하고 물질적 평등을 주장하지만 사실은 탐욕적 세계 금융자본에 협력하면서 공산당만의 지배 권력을 강화하고 있다. 이슬람 종교 권력은 알라의 뜻에 따르는 경건한 삶을 주장하고 세속주의 신념을 경멸하지만 그로부터 정치적, 물질적 이익을 얻는 것은 그들 지배 권력뿐이다. 이들 집단은 폭력 수단을 독점(자유 국가는 아직 독점되었다고는 볼 수 없으나, 이익 공동체를 관료, 입법, 사법, 언론 등 사회 주요 영역에 침투시키는 방식으로 군사, 경찰, 정보 등 국가의 공식 폭력 집단에 대한 영향력을 점차 확대하고 있다)하고, 온·오프라인의 지식 정보를 통제함으로써 선전·선동을 동원하여 자신들을 정점으로 하는 권력 질서를 고착화하고 있다.

기독교 신념의 위축과 마찬가지로 이슬람 종교 권력도 향후 위축될 가능성이 높다. 아직은 강력한 정치 신념의 재생산 구조가 유지되고 있지만, 교리 해석과 현실 상황의 괴리 문제에 얽매일 수밖에 없기 때문이다. 따라서 미래의 권력 질서 시나리오는 마르크시즘이 주도할 가능성이 높다. 어떻게 이런 현상이 진행되었는지 생각해 보도록 하자.

자유 국가와 공산 국가 모두에서 마르크시즘이 권력투쟁에서의 주도권을 잡아가고 있는데, 차용하는 마르크시즘 교리의 내용에서 약간 차이가 있다. 자유 국가의 지배 엘리트 이익 공동체는 자본가를 타도하는 프롤레타리아 혁명과 거리를 두되, '목적을 위한 수단의 정당화' 교리를 차용하여 탐욕적 자본가가 핵심 세력의 일원이 되는 장기 집권을 도모한다. 어이없게도 탐욕적 자본가가 마르크시즘을 이용하는 현상이 벌어진 것이다. 한편 공산당은 마르크시즘의 '공산당 영도' 교리를 차용하여 정치 지배력을 안정되게 유지하고, 세계 권력 질서의 재편을 통해 장기적인 집권을 추구하고 있다. 이 두 세력은 당초 사회정의를 중요한 가치로 내걸었지만, 어느 누구도 실제 그것을 지향하지 않는다. 두 세력은 마르크시즘을 차용하여 권력을 장기 독점하려 하되, 정작 마르크스가 제기한 경제 정의에는 별 관심이 없는 것이다.

　그들은 자신들의 장기 권력 독점을 지상 최대의 과제로 선정하고, 각자의 필요에 의해 서로 협력하며 국제적 네트워크를 형성한다. 그들은 스스로 모인 글로벌 네트워크를 권력 기반으로 각 국가에서 정치권력을 획득하고, 유지하며, 서로 협력하는 것을 목표로 한다.

　마르크시즘이 인간의 심리에 미치는 영향은 국가 정치제도에 따라 다르게 나타난다. 공산당 녹재국가의 민중에게는 마르크시즘에 대한 추종보다는 강력한 권력에 억압되어 수동적으로 심리에 수용되고 두려움으로 각인된다.

반면 자유 국가의 이익 공동체에게는 자신의 권력 욕망을 위해서 보편적 윤리와 양심의 구속을 벗어던지게 하는 심리적 해방을 준다. 수단의 악행을 용인한 마르크시즘의 악영향은 오히려 자유 국가에서 더 활발하다.

우리 앞에 펼쳐진 미래는 인간 스스로 만드는 합의와 선택, 권력투쟁의 결과로서 결정될 것이다. 그런데 모든 물질적 부와 과학 발달의 성과물은 결국 권력 체계에 종속될 수밖에 없다.

조화로운 통합의 인간 사회가 이루어지지 않는다면, 화려하고 새롭고 획기적인 그 모든 과학기술은 소수의 지배 권력에게 독점될 뿐이다. 그리고 과학기술의 힘은 지배 권력에게 신적 능력을 제공함으로써, 대중이 저항하지 못하도록 만들어 도리어 인간 사회를 더 큰 고통과 위험으로 안내한다. 지배 권력에 대한 유혹과 욕망을 인간 사회가 스스로 제어할 수 있을 때 비로소 밝은 미래가 보장될 수 있다. 그러나 과연 인간이 권력을 인간모두의 공유물로 인정하여, 평화롭고 공평하고 조화롭게 밝은 미래로 가는 것에 합의할 수 있을까?

두 가지 시나리오

현재 벌어지는 국가적, 사회적 갈등과 권력투쟁이 향후 어떻게 전개될 것인가에 대한 미래의 단초를 살펴보자. 물론 이것은 인류의 선택에 달린 것으로, 그 선택에 따라 앞으로 펼쳐질 미래는 많이 달라질 것이다.

권력 질서에 관한 수많은 시나리오가 있을 것이나, 대표적 시나리오를 두 가지 정도 간략히 생각해 보는 것이 좋을 듯하다. 아마 인류의 미래는 그 사이의 어딘가로, 또는 더욱 극단적인 파멸을 맞을지도 모르는 일이다.

첫 번째 시나리오는 자유 국가, 예를 들어 미국에서 정치적 공정성, 부의 불평등에 대한 해결 대안이 마련되지 않고 현재의 사회적 갈등이 점점 격화되는 경우다. 탐욕적 이익 공동체는 장기적으로 권력을 장악하기 위해 공동체 사회를 심리적으로 해체한다. 해체된 사회는 심리적 구심력이 붕괴되었으므로, 비교적 지적 능력이 우월한 이익 공동체의 단결된 힘으로 사회 전체를 통제하기 수월하게 만들 수 있기 때문이다. 예를 들어 사회적 구심력을 유지해 주었던 역사적 위인에 대한 존경심이나 보편적 윤리에 대한 공감, 즉 상상의 질서를 붕괴시킴으로써 공동체 의식은 해체된다. 이러한 공격은 꼭 정확한 지식이나 사실적 판단에 근거하지 않아도 된다. 심지어 역사적 관점에서 전혀 문제되지 않거나 당시에 존재하지 않았던 지금의 정치적 잣대로 위인을 공격하더라도 효과가 있다. 예를 들어 중세의 어떤 위인이 귀족 신분으로서 남존여비 또는 노예노동에 온건한 태도를 가졌다면, 이는 인간성이 나쁘다는 증거이므로 위인으로 존중되어서는 안 된다고 언론을 통해 주장하고 선전·선동하는 매우 단순한 방식이다. 그러나 이러한 공격은 현실 이익과 정치적 욕망을 자극하기 때문에 단순하더라도 희한하게도 잘 먹히고 효과가 있다.

이 과정이 공개적으로 수차례 되풀이되면 올바른 것과 도덕적인 것이 어떤 것인지, 추구해야 하는 가치가 무엇인지, 어떤 인생을 살아야 하는지 알 수 없게 된다. 이것은 마치 공동체 사회에 존재한 상상의 질서에 거꾸로 역작용을 가하는 것과 같다. 공통된 신념을 붕괴시킴으로써 상상의 질서를 깨뜨리는 것이다. 심리 질서가 해체된 사회에서는 권력 질서를 새로 설계하고 건설할 소수 인간 집단의 지적 능력이 중요하고 절대적이다. 탐욕적 이익 공동체는 상상의 질서를 붕괴시킴으로써 장기 권력을 장악하는 지적 능력과 단결력을 보여 준다. 그러나 문제는 그다음부터 시작된다.

이 세계의 모든 것이 그들 마음대로 쉽사리 통제되거나 움직여지지는 않을 것이다. 중국과 또 다른 많은 국가들은 그들과 전혀 다른 여건에 있으므로 전혀 다른 판단과 행동을 할 가능성이 높다. 중국 정부는 자신의 계획에 따라 그들의 계획에 반발할 수도, 그들 입맛에 맞춰 줄 수도 있다. 만약 반발한다면, 세계는 복잡한 양상의 다극화로 갈 것이다. 그럴 경우 반발하는 세력 중 일부는 미국의 포커판을 뒤집어엎으려 시도할 것이다. 미국은 그것을 막으려 하겠지만, 이미 도덕성을 상실한 지배 엘리트는 점점 힘에 부치게 되고 결국 어느 순간 될 대로 되라며 포기하거나 굴복하게 될지도 모른다. 미국은 로마제국이 몰락했듯 천천히 부패와 분열로 망해 가고, 세계는 복잡하고 불안정한 경로를 걷게 될 것이다.

여기서는 두 나라 지배 엘리트가 이해관계 조정에 성공하여 중국 정부가 탐욕적 이익 공동체의 입맛에 맞춰 준다고 가정해 보자. 탐욕적 이익 공동체는 중국과의 거래를 통해 이익을 도모하면서도, 중국의 힘을 깔보고 중국의 잠재력을 과소평가하며 탐욕에 몰두한다. 그들은 중국 정부가 자신들의 이익을 보장하는 말랑말랑한 파트너이기를 원한다. 그리고 그들은 자신의 집단적 능력을 과신하고, 사회 저변에서 중국과의 거래가 확대되도록 만든다. 그들은 민중에 대한 독재의 억압에는 관용적이고, 중국 공산당 정부가 자신들의 욕망을 방해할까 우려할 뿐이다. 그런데 중국이 가진 거대 시장의 매력은 자유 국가 내부에서 중국의 이익을 대변하는 세력이 계속 탄생하고, 유지되고, 확대되게 한다. 이를 바탕으로 중국에 동화되거나 유화적인 정치 세력이 선거에서 이기는 횟수가 점점 많아지고, 자유 국가 내부에 중국과 이해관계가 일치하는 세력이 점점 다수가 되며 중국의 국력은 우호적 대외 관계에 힘입어 강화된다. 그 과정에서 자유 국가의 인본주의는 부패 기득권 세력과 지식인 엘리트, 젊은이들의 분노, 사회 내부 마르크시즘 세력, 중국 공산당 정부에 의해 이중 삼중으로 협공을 당하게 된다. 그리고 내부 갈등과 사회적 불안이 첨예하게 가중되어 공동체 붕괴가 시작된다. 그렇게 계속 진행될 경우, 소수 엘리트 세력이 자신들의 이익을 보호하기 위해 중국 지배 권력에게 의지하게 될 가능성이 있으며, 그 효과는 전 세계를 재구축하여 중국 중심의 새로운 국제 권력 질서를 형성하게 된다.

물론 이렇게 되기 위해서는 중국의 리더십, 도덕적 능력 등이 세계로부터 인정받아야 할 것이다. 중국의 패권이 적어도 자신들만이라도 위태롭게 하지 않을 것이라는 안심을 주어야 한다. 중국의 권력 질서가 유연하고 개방적으로 변모하고, 사회구조에 인권 존중 시스템이 마련되어야 할 것이다. 적어도 겉으로만이라도 그렇게 보여진다면, 이때부터 비교적 약한 고리였던 자유 국가에 친 중국 정부가 고착화되고 국제 무대에서 중국의 패권이 공식화되며 일정 기간 후 중국은 실제 세계 패권을 차지하게 된다. 중국은 정치적 안정성이 유지되어 의사결정이 신속하게 내려질 수 있으므로, 이후 전 세계를 대상으로 거침없이 패권을 투사한다. 약소국가는 외교적 압박이나 무력에 의해 위성 국가에 편입되고, 점차 그 수가 확대된다. 이후 중국의 패권에 위협을 느낀 잔존 자유 국가는 반공주의를 강화하고, 부의 불평등을 개선하며, 사회적 구심력을 보완하기 시작한다. 또한 서로 연합하여 중국을 견제하기 시작한다. 그러나 이미 패권을 차지한 중국은 정치적 안정성, 경제력, 과학기술, 군사력 등을 기반으로 더욱 국력을 증대한다. 세계의 1등 국가로서 세계 질서를 주도하는 중심이 된다.

중국 국력이 대부분을 압도하는 시점이 되면, 세계 금융자본도 흡수하여 소멸시키고, 기존 시장경제 체제의 룰을 바꾸고, 중국 공산당을 세계 권력의 원천으로 하는 새로운 질서를 구축하여 지배한다. 자유 국가의 타락한 이익 공동체의 성공은 이때 모두 종료된다. 그때까지는 탐욕에 기반한 권력과 부를 누릴 수 있었지만, 그들은 신념을 기반으로 한 공산당 권력에 단계적으로 흡수되어 비참한 결말을 맞게 된다.

이후 진로는 다시 여러 경우가 존재할 것이다. 권력의 집중은 더욱 큰 권력투쟁을 야기한다. 모든 권력을 독점한 공산당 내부의 부패와 권력 남용이 축적되어 더욱 심각한 세계 차원의 사회문제가 야기되는 진로다. 이때 발생하는 권력투쟁은 대규모 분열을 발생시키고, 인류는 공멸을 부르는 폭력의 소용돌이에 빠져든다. 여러 세력들의 이기적 준동은 대다수 양심적인 사람들에게 각성을 촉발하여 그들과 맞서 싸울 용기를 가져오고 온갖 어려움을 이겨내게 하겠지만, 그 과정은 또 한 번의 큰 고통을 수반할 것이다. 그리고 그 결과는 알 수 없다. 소수 엘리트 집단이 다시 승리한다면 그들은 신의 경지에 오른 신귀족 집단이 되어 미래를 주도하고, 나머지는 노동력 제공조차 필요 없는 주변인으로서 살아간다.

또 다른 진로는, 비교적 스스로의 탐욕을 억제할 도덕적 능력이 있는 중국 정부가 공자의 유교사상을 싱빙 민주주의로 재해석하여 조화로운 권력 질서를 구축하는 것이다. 이 경우가 현실화되려면 중국 정부의 선제적 제도 개선 노력이 지금부터 필요할 것이다.

사회 권력 질서와 인간 내면의 상상의 질서는 순식간에 만들어지지 않기 때문이다.

이 첫 번째 시나리오에서 군사대국 간 전쟁은 대량 살상 무기의 위험성 때문에 자제될 확률이 높으므로, 전쟁은 항상 주변부 약소 국가에서 일방적인 양상으로 일어난다. 미국 등 일부 강국은 보유 군사력을 바탕으로 중화 질서에 편입되지 않고 생존할 가능성이 있으나, 그렇다 해도 국제 질서에서 주변 국가로 밀려나고 정치제도도 독재 요소를 강화한 형태로 변질될 것이다. 각국의 피지배 민중은 경제력을 상실하여 궁핍해질 수 있는데, 이 경우에도 정치적 안정성이 확보된 중국이 내부 반발과 저항을 극복하는 데 가장 유리하다. 세계 차원의 대규모 권력투쟁이 현실화되면 이후 인류의 미래는 매우 암담할 수밖에 없다. 첫 번째 시나리오를 따라간다면, 중심 국가가 된 중국이 유연한 권력 질서 체계로 전환하여 인권이 존중되는 조화롭고 평화로운 미래 세계를 만들기를 바란다.

두 번째 시나리오는 자유 국가에서 탐욕적 정치 세력이 위축되어 사회 갈등이 점점 해소되는 경우다. 분열과 증오를 낳고 결과적으로 독재로 귀착되는 마르크시즘의 허상에 대한 인식이 확산되는 반면, 마르크스가 제기한 경제 정의는 단계적으로 구현되어 정착된다. 이 경우 기회의 불평등이 완화되고, 사회적 부는 증가하며, 리더들은 가진 부를 사회에 환원하여 대중사회의 존경을 받게 된다. 공동체 가치가 정착되어 권력에 대한 사회 구성원의 갈망이 점차 줄어드는 사회로 진입한다. 그 결과 공동체 사회의 자유롭고 진취적이고 자발적인 문제 해결 능력이 향상된다. 인간이 반복적 육체노동에서 해방되는 대신 창의성이 요구되는 공공 직업이 늘어나, 적게 일하고도 생존의 기반이 훼손되지 않는 부의 분배 시스템이 구축된다. 비교적 스스로의 탐욕을 억제할 도덕적 능력이 있는 중국 정부가 권력 체계의 경직성을 탈피하여 민주적 권력 질서로 재편되기 시작한다. 보편적 윤리에 기반한 중국은 문화적 저력을 바탕으로 미래를 이끌 세계 중심 국가가 될 가능성이 높다. 이에 따라 세계 곳곳에 뿌리내리고 있는 독재정치가 자극되어 붕괴되기 시작하며, 난민과 이민자 발생 등의 국제사회적 압박이 줄어든다. 인류 사회는 신뢰를 기반으로 서로 협력하여 더욱 번영하고, 경제력이 취약한 주변부부터 독재정치가 점차 사라지고 민주화가 점차 뿌리내린다. 이후 모든 독재 체제가 참된 민주화의 길을 따르고 평화로운 세계가 온다.

두 번째 시나리오는 사회 구성원의 자발적 합의가 필요하다는 측면에서 첫 번째 시나리오보다 현실적으로 쉽지 않다. 어찌 되었든 이 경우에도 군사 강국 간의 유혈 충돌은 최대한 억제될 것이다. 세계 곳곳의 독재 권력은 외력에 의해 쉽게 굴복되지 않는 강력한 내부 통제 시스템이 구축되어 있으므로, 이를 통제하려면 먼저 그 국가의 경제력을 약화시킬 필요가 있다. 독재 권력이 붕괴되고 그곳에 민주화가 평화롭게 뿌리내리려면, 사회의 공동체 의식이 부활하고 조화로운 통합의 신념 체계가 굳건히 뿌리내려야 한다.

또한 선순환을 이끌어 내기 위해서는 현재 사회 지도층, 부유층의 자발적 희생과 기여가 필요하다.

질서 이데올로기

우주는 질서 있게 유지되고 있는가? 우주의 질서는 종교, 사상, 이데올로기 등 신념 체계에서 자주 나오는 이야기다. 태양계를 보면 태양을 공전하는 행성들이 자기 궤도에 잘 머무르고 있고, 달이 지구를 여전히 공전하고 있는 것을 보면 무언가 질서가 있는 것도 같다. 하지만 우주는 질서 있게 움직이는 것이 아니다. 우리의 위대한 태양은 조금씩 에너지 방출을 증가시켜, 10억 년쯤 후에는 이곳 아름다운 지구에서도 더 이상 풍성한 생태계가 유지되지 못할 것이다. 우주에서는 제멋대로 별이 생성되고, 붕괴되고, 폭발하고, 충돌하고 있다. 그렇다면 은하계가 블랙홀을 중심으로 수많은 별들이 질서 있게 회전하며 무리를 이루고 태양계가 질서 있게 움직이는 것을 어떻게 설명해야 할까? 그것은 질서로 설명하는 것보다 변화와 균형으로 설명하는 것이 더 타당하다. 우주가 탄생하여 물질이 생기고 그 물질은 제각각 운동하는데, 일정 영역과 일정 시기에 각각의 운동에 균형이 생긴 것이다.

자연 생태계는 어떠한가? 인간을 중심으로 모든 동식물이 질서 있게 각자의 주어진 소명에 따라 먹고 먹히며 생존하고 있는가? 사실 인류 역사의 오랜 기간 이러한 질서 관점의 세계관이 주류였다. 그러나 자연 생태계도 질서보다는 변화와 균형으로 설명하는 것이 더 타당하다. 바다에서 생명체가 탄생하여 육지로 올라오고, 식물을 배경으로 동물 생태계가 함께 진화하며 균형을 유지하다가 갑자기 닥친 유성 충돌로 많은 생물이 멸종했고, 또다시 진화가 시작되었다. 비록 지금은 인간이 모든 것에 개입하여 지구 자연을 조작하고 있지만, 자연 생태계는 여러 동식물의 생태적 균형이 유지되다가 깨어지고, 또다시 균형이 생기면서 변화하는 과정 속에 있다. 이후 어떤 이유로든 인간이 멸종한다면, 살아남은 다른 생명체는 다시 진화하여 생태계의 균형을 맞출 것이다. 그리고 또 변화는 계속된다.

모든 종교는 자연과 인간 사회의 질서를 주장하였다. 왜 인간은 이토록 질서론적 사고관에 매달리는 것일까? 그 이유는 우선 인간의 수명 주기가 충분히 길지 않은 탓일 것이다. 인류의 수백만 년 역사도 우주의 시간에 비하면 찰나에 불과한데, 한 개인의 수명이야 오죽한가? 인간의 수명 주기가 짧은 이유로, 관측되는 모든 자연환경은 질서 있게 순환되고 반복되는 것으로 인식되었을 것이다. 하지만 어느 동물도, 설사 인간보다 수명이 짧더라도 질서론적 사고에 얽매이지는 않는다. 많은 사회적 동물이 무리 지어 삶을 영위하지만 대부분 생존의 직접적 필요에 의한 것이고, 스스로 질서론적 관점을 가지고 권력 체계를 고착화하지 않는다. 언제든 변화할 수 있고, 때에 따라 균형이 생기며, 상황에 따라 잠시 내부 질서가 유지되는 것이다.

사실 인간조차도 생존했던 거의 대부분의 기간 동안 질서론적 세계관을 부정하였다. 따라서 인간 사회가 권력 질서를 집단심리로 수용하는 데 그토록 오랜 시간이 걸린 것이다. 수렵채집민이 상상한 자연현상의 이야기가 모여 종교가 되고 그 종교가 계속 질서론적 세계관을 주입한 결과 인간 사회에 권력 질서가 안착될 수 있었다. 그 시기는 불과 1~3만 년 전일 것이다. 그런데 질서론적 가치관이 매우 유용하였던 것은 틀림없다. 질서 있는 인간 사회가 만들어지고 나니, 그 인간 사회는 마치 하나의 유기체처럼 결속력과 단결된 힘을 가질 수 있었다. 인간 집단은 어느 동물 집단보다 강력한 통합과 협력의 힘을 발휘하였고, 그 결과 인간이 유일한 지배적 종의 지위에 오를 수 있었다. 또한 이웃 부족과의 전투에서도 승리를 가져올 수 있었다. 로마제국의 군대가 대부분의 주변 이민족을 정복할 수 있었던 것은 그들이 훨씬 우월한 무기를 가지고 있거나 탁월한 군사전략을 가지고 있기 때문이 아니라 강력한 위계 질서의 단결력을 가졌기 때문이었다. 질서론적 가치관을 집단심리로서 수용한 후에는 인간 사회는 다시 질서가 없는 시기로 돌아갈 수 없었다. 돌아올 수 없는 다리를 건넌 것이다.

오랜 수렵채집 시기에 인간은 다른 동물과 마찬가지로 시간의 흐름에 특별히 구속되지 않았다. 자연 생태계는 위대하고 경이로운 그 상태 그대로 숭배되었다. 그러나 인간이 최상위 포식자로서 생태적 지위를 확보한 후 모든 것이 바뀌기 시작했다. 맹수들에 대한 두려움이 사라지자, 심리적 여유를 바탕으로 자연현상을 매우 세밀하게 관찰할 수 있었고 관찰과 사유를 통해 변화의 주기를 측정할 수 있었다. 농업과 사육이 시작되자 더욱 계절과 시간의 주기적 흐름에 구속되었다. 때맞춰 땅을 개간하고 씨앗을 뿌려야 수확할 수 있게 된 것이다. 인간의 수명 주기를 통한 최대한의 관측에서 자연 생태계는 거대한 순환 주기를 가진 질서 체계가 되었으며, 예측될 수 있는 것으로 인식되었다. 자연환경과 인간 사회 모두 질서 있게 조직되고 운영되어야 했다.

질서론적 신념 체계가 인간을 장악하고 나자 인간은 그것으로부터 벗어날 수 없었다. 질서론적 가치관은 인간의 내면에서 상상의 질서를 발전시켰고 그것에 친숙해지게 만들었다. 고대 문명을 이룬 인간 사회는 지배 권력자에게 신의 자손으로서 절대적 권위를 부여하였고, 사회 구성 원리로 위계적 신분 질서를 도입하였다. 가톨릭과 이슬람도 교단의 절대적 권위 아래 모든 신도가 평등하되, 각 역할에 따른 위계질서를 도입하였다. 동아시아의 유교사상과 중화사상은 세계의 모든 것이 질서 있게 상호 관계를 맺도록 권유하였다. 공산주의는 지식인 엘리트로 구성된 비대한 관료 집단인 공산당에 모두 복종하는 질서를 구축하였다. 이 모든 친숙한 질서론에서 질서를 구축하고 유지하기 위해 자행되는 모든 행위가 정당화되었다.

　인간이 질서론적 세계관에 매달리게 된 보다 중요한 두 번째 이유는, 인류 역사의 오랜 기간 지배 권력이 질서의 중요성을 강화하고 강요할 필요가 있었기 때문이다. 지배 권력은 자신의 권력 체계를 어지럽히는 무리를 용납할 수 없었고, 종교와 이데올로기는 열심히 질서의 정당성과 지배 권력의 이익을 옹호하여 설명하였고 인간 집단의 내면에 신념화되었다. 신념화된 질서는 인간 모두를 위계 권력체의 수렁으로 안내했다. 질서 이데올로기가 한번 깊게 짜여 뿌리내리면 스스로 그 위계질서를 해체하기가 매우 어렵다. 지배자와 피지배자로 나뉘며 시작된 위계질서는 관료계급이 중간에 끼고, 노예계급이 아래로 끼고, 남녀 간의 구별이 생기며, 계속 분화되며 인간의 집단심리에 깊숙이 각인되었다.

　약 3천 년 전, 인도아리아 사람들이 인도를 점령하고 현지인을 복속시키며 발생한 카스트제도는 힌두교 신념으로 인도 사회에 깊게 뿌리내렸다. 힌두교의 네 개의 신분은 종교를 담당하는 브라만, 정치 관료와 군대의 일을 맡는 크샤트리아, 상업과 농업을 담당하는 바이샤, 노예 역할의 수드라다. 사회적 역할의 구분으로 시작된 카스트제도는 택할 수 있는 직업, 먹을 수 있는 음식, 거주 장소, 결혼 상대, 사회적 지위를 정하는 세부적인 차별제도가 되었다. 어떠한 카스트로도 인정받지 못한 인간 집단은 사회적 지위조차 없는 최하층의 불가촉천민이 되었다. 이들은 다른 정상적인 사람들과 격리되어 살아야 했고, 쓰레기 더미를 뒤지는 굴욕적 생활 방식으로 근근이 먹고살아야 했으며, 오물 인간으로 취급되었다. 최하위 카스트인 수드라조차도 이들과 섞이거나, 식사를 함께하거나, 몸이 닿는 것을 꺼렸다. 현재 인도 민주 정부는 카스트제도의 차별적 관습을 없애기 위해 많은 노력을 하고 있으나 아직도 질서 이데올로기의 심리적 영향은 크게 남아 있다.

대물림되는 신분제도의 관습은 정치적, 사회적, 교육적 기회도 신분에 따라 차별적으로 제공한다. 동등한 수준의 선천적 재능이 있다 하더라도, 상위 신분과 하위 신분은 그 결과가 전혀 다르게 나타난다. 귀족 자제는 태어날 때부터 주변으로부터 존중을 받고 자라며, 자신의 재능을 펼칠 충분한 교육 기회를 제공받는다. 특혜를 받은 결과, 귀족은 본인이 스스로 방탕한 생활에 빠져 게으름을 피우지 않는다면 성인이 되었을 때 타고난 재능을 발휘하며 성공을 거둘 가능성이 높다. 그 성공의 대가는 정치적 영향력과 사회적 지위, 물질적 부, 심리적 자신감, 명예 등으로 되돌아온다. 이는 귀족의 우수성이라는 사회적 편견을 정당화하는 실질적 능력, 지식, 세계관, 성격의 차이를 가져오게 된다. 또한 그 차이는 더욱 확대되며 대물림된다. 반면 평민은 귀족의 특권을 인정하고 떠받드는 역할을 하는 것을 전제로, 아주 미미한 사회적 기회와 노예를 괄시할 수 있는 자격을 제공받는다. 평민의 자식은 귀족의 자제와 동등한 수준의 선천적 재능을 타고났다 하더라도 자신의 재능을 갈고닦을 기회를 제공받을 수 없고 정치적, 사회적, 물질적 성공을 거두지 못하게 되며 그 결과 심리적으로 더욱 위축되고 예속된다. 그리고 귀족은 자신과 다른 특별한 혈통의 존귀한 사람이라 스스로 생각하게 된다.

질서 이데올로기가 뿌리내린 인간 사회에서는 신분이나 물질적 부가 대물림되며 그 영향력은 더욱 강화된다. 유교사상의 질서 이데올로기에 지배된 청나라와 조선은 쉽사리 그 늪에서 빠져나올 수 없었다. 청나라는 서구의 침탈에 무기력하게 농락당한 후, 한족의 민족적 자부심이 지배계급을 형성하던 만주족에 대한 분노로 전환되었다. 한족의 민족적 각성은 중세 신분 질서를 타파하여 현재의 중국을 탄생시켰지만, 그 때문에 도리어 시대착오적인 중화사상이 강화되는 현상을 가져왔다. 조선도 역시 제국주의 침탈을 겪고 나서야 오랜 신분 질서의 늪에서 빠져나와 현재의 한국을 탄생시킬 수 있었다.

질서 이데올로기는 현재에도 모든 국가, 모든 인간 사회에서 핵심적 통합 원리로 작동한다. 질서는 이미 인간 사회의 필수적 구조가 되었고, 그것으로부터 벗어나는 것은 불가능하다. 다만 우리에게는 고착된 위계가 아닌, 공평하고 정의로운 질서 체계가 필요한 것이다. 모든 인간에게 공통적으로 중요한 것은, 폭력이나 억압으로부터 인권이 보호되고 심리적 안정성을 느낄 수 있도록 인간 사회가 작동하는가다. 권력 질서는 생존의 이익을 좌우한다. 생존의 이익은 말 그대로 생명 유지 가능성의 문제다. 인류의 생존, 인간 사회의 안녕과 보전을 위해서는 조화롭고 정의로운 질서가 가장 중요하다.

험난한 역사 속에서도 인류는 한 발짝씩 폭력을 제거하고, 인권을 보호하고, 상호 존재를 인정하고, 모두 함께 공존하는 방향으로 전진해 왔다. 억압과 불평등을 정당화하는 잘못된 질서론을 몰아내고, 공존 공생의 조화로운 질서론을 인류 사회의 신념 체계로 자리매김하는 새 시대가 시작되고 있다.

조화로운 통합
- 유일한 생존의 길

조화와 공존

조화(Harmony)는 서로 잘 어울려서 함께 존재할 수 있도록 하는 것을 뜻한다. 서로 다른 모양과 성질을 가진 동식물이 함께 어울려서 균형을 이루며 생존하는 것을 두고 생태계의 조화라 하고, 어느 한쪽으로 치우침 없이 균형이 잘 잡힌 삶을 조화로운 삶이라 할 수 있겠다.

서로 이질적인 것들이 공생할 수 있도록 하는 것, 그것이 조화다. 조화를 이루기 위해서는 어느 한쪽으로 치우치지 아니하고 균형을 유지하며, 중용의 가치가 사회 모두에 의해 규범으로서 인정되는 것이 필요하다. 모두가 함께 조화롭게 공존하기 위해서는 독단성, 배타성을 배격하고 다른 것을 인정해 주려는 태도가 필요하다. '우리'의 범주가 나에게 이익을 주는 가족이나 소규모 집단에 머무르지 않고, 같이 어울려 사는 지역공동체 사회, 국가, 모든 인간, 지구의 모든 생명체, 태양계와 은하계, 우주로 확장될 수 있도록 우리의 범위를 보다 넓게 가져갈 때 조화롭게 공생하는 길을 찾을 수 있을 것이다.

인간 상호 간의 권력투쟁을 완화하는 조화의 가치에 대해서는 아마 수렵채집 시기의 오랜 선조부터 그 필요성을 알고 있었을 것이다. 힌두교와 불교에서 이야기하는 다르마, 아리스토텔레스의 중용, 예수의 사랑, 공자의 중용, 무함마드의 형제애 등 모두 보편적 윤리에 기반하여 조화롭게 공존할 것을 오래전부터 가르치고 있었다. 생태계 내의 상호 의존적이고 조화로운 관계가 공존의 기초이고, 인간 사회에서도 자신만의 이기심을 추구하는 것보다 조화의 관계를 유지하는 삶의 방식이 편안하고 바람직하다. 더구나 전 세계가 긴밀하게 하나로 묶이고 있고, 과학기술 발달의 결과 인간이 가지게 된 힘이 인류 모두를 파멸로 이끌 수도 있는 현시대는 증오와 갈등을 해소하여 공존과 조화로운 통합, 균형을 이루는 것이 절실하다. 그리고 이는 더 이상 늦출 수 없는 필요성과 절박성을 가지고 있기도 하다. 그러나 현대 사회에서는 부의 탐닉, 극단적인 종교, 이데올로기로부터 조화의 가치가 위협받고 있다. 부에 대한 탐닉은 지구의 다른 곳에서 벌어지는 굶주림과 환경 파괴를 외면하게 만들고, 국가 간 부의 편중을 조장한다. 다른 나라의 자원을 값싸게 수탈할 수 있도록 시장 가격이 조작되고, 다른 사람의 재산을 이용하여 자신의 배를 불리는 금융 사기가 만연하다. 또한 극단적인 종교와 이데올로기는 배타성, 분열성을 부추겨 인간 상호 간의 갈등과 증오, 적대감을 조장한다.

공존을 위한 오랜 기간의 깨달음과 가르침이 있었음에도, 조화는 중요한 신념 체계가 되거나 행동 규범이 되지 못했다. 그 이유는 아마 조화의 메시지가 권력의 이익을 주는 정치 신념이 되지 못하였고, 단지 추구해야 할 가치라는 철학적 사색에 머물렀기 때문일 것이다. 또한 지배 권력이 스스로 조화라는 이타적 가치를 배포하기에는 그것이 곧 자기의 이익을 포기하도록 만들기 때문이다. 공존과 상생을 위해 중요한 조화의 가치는 지배 권력에 의해 아주 오랫동안 외면되어 왔다. 따라서 우리는 조화를 단지 철학의 범주에 머무르게 해서는 안 된다. 스피노자는 대중의 욕망의 자기관리가 필요하며, 이를 위해 공동 규범에 종속하라고 하였다. 대중이 공동 규범을 준수함으로써, 윤리적이고 정치적인 능력을 길러서 자기 통치를 하는 것이 민주주의의 정수라고 본 것이다. 우리에게는 조화의 가치에 기반한 공동 규범이 필요하다. 대중이 종속하여 행동 규범을 지키도록 만드는 사회적 장치가 필요하다. 조화에 따르는 공동 규범으로 보편적 윤리를 회복시키고, 인간 사회의 미풍양속을 재건하여야 한다.

아름다운 차이

조화의 신념 체계가 수립되기 위해서는 인간의 이중성을 인식하고, 나와 다른 사람의 차이점에 대하여 인정하며, 서로 사랑할 수 있어야 한다. 인간은 성별, 인종별, 개개인별로 육체적, 정신적 기질 차이와 그로 인한 경향성의 차이가 존재한다. 물론 그 차이는 서로가 모두 같은 사피엔스에 속하는 정도로 매우 미미한 차이다. 그 차이는 생태계를 풍요롭게 하고, 문화의 다양성을 낳고, 각각의 존재 이유가 되고, 서로를 매력적으로 느끼게 하는 아름다운 차이다. 그러나 역사의 흐름에서 이러한 자연스런 기질의 차이를 폄하하거나 조롱하거나 비하하는 심리를 함께 가져왔다. 우리는 그 차이를 그대로 인정하고, 각각의 현안에 따라 어떻게 조정되어야 가장 현명한지를 합의하고, 상호 간의 장점을 잘 부각하여 매력을 증진시키도록 해야 한다.

로버트 트리버스(Robert Trivers)는 저서 『성 선택과 인간의 유래』에서 암수 차이를 이렇게 설명한다. '암수의 차이는 생식세포의 차이이고, 누가 아이를 돌보느냐는 암수 구별과 관계없다. 포유류는 주로 암컷, 조류는 암수가 함께, 어류는 주로 수컷이 아이를 돌본다. 암컷은 크고, 비운동성이고, 영양분이 풍부한 난자를 만들고, 수컷은 매우 작고, 운동성이고, 유전물질만 담은 정자를 매우 많이 만든다. 부모투자[51]는 임신, 출산, 수유, 음식 공급, 보호 등 부

---

51) Trivers R.L.(1972) Parental Investment and Sexual Selection in B. Campbell (Ed.), Sexual Selection & The Descent of Man, pp. 136~179, Chicago: Aldine de Gruyter.

모가 자식을 위해 투입하는 모든 노력의 합으로서, 부모투자의 양이 적은 쪽이 서로 경쟁하고, 부모투자의 양이 많은 쪽이 상대방을 고른다. 대부분의 수컷 동물이 배우자를 얻기 위한 경쟁(성 선택: Sexual Selection)을 하는 이유는 부모투자의 양이 암컷보다 적기 때문이고, 암컷은 대체로 신중하게 성관계를 할 수컷을 고른다.'

인간에게도 이와 같은 기제가 적용된다. 남성과 여성은 서로의 성기가 다르고, 임신하여 자손을 낳는 생명체 증식을 담당하는 중대한 기관이 여성에게만 있다는 점에서 차이가 있다. 그리고 여성의 육체적 완력과 순발력, 민첩성이 남성보다 비교적 뒤떨어진다는 차이가 부가하여 발생하였다. 한편 여성의 육체적 차이는 임신과 육아 기간에 사회적으로 보호받아야 할 필요성을 낳게 했으며, 그로 인해 여성의 뇌가 사회적 연결을 중시하는 경향성을 가지게 되었다. 남녀의 육체적, 정신적 기질 차이는 미미하지만 역사를 이어오는 과정에서 사회적 역할의 차이를 가져왔다. 주로 남성은 집단 사냥과 전투, 사회 내부 권력투쟁을 수행하고 그 과정에서 스스로의 자질과 성취에 따라 사회적 지위가 정해지게 되었다. 남성의 정신적 기질은 첫째, 이성적 판단을 중시하고 스스로의 육체적, 정신적 능력과 경쟁 상대방의 능력을 항시 비교 평가하는 경향성을 가지게 되었다. 이로 인해 남성은 대체로 자신의 장점과 개성을 자신이 속한 사회로부터 인정받는 것을 매우 좋아하고 그 가치를 인정해 주는 사람에게 감동하며, 충직하다. 둘째, 스스로 폭력을 행사하는 주체로서 폭력에 매우 민감하다. 셋째, 사회적 공감 능력이 덜 발달한 이유로 자기 자신만의 고집과 오기에 빠질 가능성이 높다. 이로 인해 비난, 조롱 등의 심리적 압박이나 사회적 고립에 심리적 저항력을 지녀, 비교적 자신의 정체성을 잘 유지할 수 있다. 넷째, 현실적 상황 인식이 뒤떨어지고, 이상주의적 경향이 있다. 심지어 냉정하게 현실을 인식하지 못하고, 자신만의 환상이나 자신만의 세상에 빠질 수 있다.

한편 임신과 출산, 수유의 짐을 짊어지고 육체적 완력이 열위에 있는 여성은 수렵보다는 채집활동을 주로 하게 되었다. 이로 인해 자연스럽게 권력투쟁의 주체가 되지 못하고, 인연을 맺게 된 남성의 사회적 위계에 따라 본인의 사회적 지위가 결정되게 되었다. 여성은 뒷담화를 통해 사회 정보를 공유하면서 인간 사회의 온화한 정서적 통합에 기여하는 동시에, 인간의 상호 관계와 우열을 재빨리 파악하는 사회적 지능과 공감 능력을 발달시켰다. 여성의 정신적 기질은 첫째, 인간관계의 핵심이 되는 감정을 중시하고, 집단 내부의 사회적 위계, 보다 우수한 기질의 사람, 사람의 감정 상태 등에 대한 직관적 판단 능력이 뛰어나게 되었다. 둘째, 가해지는 폭력을 물리적으로 수용할 수밖에 없는 입장에서, 고통과 압제를 참아내는 인내심과 심리적 저항력을 발달시켰다. 셋째, 진실, 명예, 명팡 등의 이상에 치우치지 않는 현실적인 상황 감각을 키워 실질적 이익에 민감한 경향성을 갖게 되었다. 넷째, 발달된 공감 능력으로 '우리'라 불리는 가까운 내집단에 대한 결속과 사회적 연결을 중시하게 되었다. 그리고 사회적 고립을 두려워하며 사회적 관계에서 오는 심리적 압박에 쉽게 굴복하여 감정적으로 동화되는 경향성을 가지게 되었다. 이로 인해 여성은 사회 분위기와 시류의 변화를 민감하게 수용하고, 새로운 트렌드나 유행에 예민한 특성을 가지게 되었다.

이 네 번째 특질은 폭력적 억압이 제한되는 현대 사회에서 여성들의 취향과 심리를 잘 공략하는 집단이 정치권력을 획득할 가능성을 높여 주었다. 여성 뇌의 경향성은 장단점을 함께 가진다. 여성은 대체로 현실적이고 관계 지향적 세계관을 가지기 때문에, '이기는 편 우리 편'이라는 권력관계의 진리, 즉 스스로를 우세한 집단에 속하도록 만드는 능력이 뛰어나다. 독자적 생존보다 사회적 연결을 중시하고, 관계 중심적 사고와 공감 능력이 발달된 여성은 선전·선동에 탁월한 능력이 있는 반면 스스로 선전·선동에 쉽게 굴복하고 심리적 동조를 한다. 만약 어떤 세력이 선전·선동을 통해 여성 다수에게 세력을 확대할 수 있다면, 그로 인해 더욱 선전·선동을 잘하는 능력을 갖추게 되는 것이다. 따라서 정치 세력이 성공하려면 추구하는 신념 가치의 진실과 정의도 중요하지만, 유능함을 갖추어 여성 다수의 심리적 지지를 얻기 위해 노력해야 한다. 여성의 지지는 그 사회의 건강성을 측정하는 지표가 된다. 여성 다수가 공정하고 조화로운 정치 세력을 지지한다면 그 사회는 건강한 것이다. 반대로 여성 다수가 극단주의 세력을 지지한다면 그 사회는 매우 위태롭고, 사회 시스템에 무언가 문제가 있는 것이다.

그러나 남녀의 정신적 기질의 차이는 미미하며, 각 개개인별 기질 차이보다 정도가 작다. 또한 기질 차이의 일부가 선천적으로 타고난 자연스러운 차이라면, 또 다른 일부는 남성 위주 위계질서 체계 속에서 예법, 여성성의 규정, 성적 금기와 억압 등이 사회적으로 강제되면서 확대되어 온 것이다. 오랫동안 이어진 여성에 대한 사회적 강제를 정당화한 위계질서 체계는 인간 각각의 내면에 차별 심리를 형성하게 하였다. 그리고 서로에게 아름답고 매력적인 성의 차이를 비난하고 경멸하는 감정으로 바꿔 놓게 하였다. 여성에 대한 성적인 억압과 구속에는 기존의 전통적 도덕규범이 악영향을 주었고, 이에 대하여 젊은 여성, 지식인, 광범위한 일반 대중들이 반발한 것은 당연한 심리 표출이었다.

남성이 여성에 비하여 육체적 완력은 비교적 우세하나, 인간 뇌 용량의 아주 많은 부분이 언어와 사회성에 사용됨을 고려하면 언어와 사회적 지능이 대체로 발달한 여성의 지적 능력이 미세하나마 남성보다 우세할 가능성이 있다. 따라서 남성우월주의적 사고나 심리는 남성 위주 위계질서 문화의 영향일 뿐, 생물학적 근거가 박약하다. 똑똑한 여성 입장에서는 충분히 어처구니없고, 아니꼬울 수 있는 것이다. 남성과 여성은 서로를 매력적으로 느끼게 하는 아름다운 차이를 가지고 있을 뿐, 육체적 또는 지적 능력의 차이로 서로 차별되어야 하거나 인격이 평등하지 않은 것은 아니다. DNA에 확고하게 명시된 같은 인간이고, 반드시 서로를 존중하고 아껴야 할 생존과 번식의 파트너다. 따라서 남성과 여성을 분리하여 서로의 차이를 나쁘게 생각하고, 서로의 기질 차이를 비난하고, 서로를 투쟁 상대로 규정하고, 서로를 나쁜 감정으로 만드는 것은 절대 올바르지 않다.

남성우월주의적 문화의 악영향을 극복하기 위하여, 남녀의 차이 자체를 부정하고 없애 버려야 할 대상으로 생각하는 것은 문제를 해소하는 것이 아니라 오히려 확대한다. 일부에서 벌어지는 남성 우월주의와 극단주의 여성운동은 갈등을 유발하고 문제를 확대할 뿐만 아니라, 또 다른 권력투쟁에 이용당할 가능성이 높다. 또는 그것은 자신들만의 정치적, 사회적 이익을 위한 집단행동일 뿐이다. 서로를 대립적 존재로 보는 사고관이 오히려 문제 해결을 어렵게 만들고, 대다수 선량한 남성과 여성의 서로에 대한 자연스러운 호감을 심리적으로 억압한다. 남성과 여성이 서로 사랑스럽고 매력적인 것은 그 차이가 존재하기 때문이다. 그 차이를 부정하고 인위적으로 동질화하려는 시도는 오히려 사회를 불안정하게 만들고 증오를 배태한다.

필요한 것은 공통점과 차이점을 분명하게 알고, 서로 조화되도록 만들고, 서로 의존하도록 만드는 것이다. 올바른 성(性)운동 방향은 분열과 갈등이 아니라 조화로운 통합으로 가는 길이다. 남성과 여성의 차이는 그 자체로 아름답고 조화로운 것이다. 남녀의 기질적 차이는 어떤 일부 영역에서만 불리하고 다른 곳에서는 매우 유리한 특성이다. 하지만 그렇게 되기 위해서는 상호 간의 차이를 인정하는 자세와 상대의 입장에서 생각하는 여유와 조화로운 통합을 위한 배려가 우선 요구된다. 각각의 현안에서 어떻게 합의되어야 각각의 장점이 부각되고 단점이 보완되는 가장 올바른 결과가 도출될 수 있는지 세밀한 연구 검토가 필요하다.

보호되어야 할 인종의 다양성

인종 간의 차이도 남녀의 차이와 동일한 관점에서 바라봐야 한다. 지구의 여러 인종은 각자 처하게 된 자연환경에 적응하면서 피부색이나 생김새가 독특하게 달라지게 되었다. 또한 각 인종은 서로 분리된 지역에서 독자적으로 발전시켜 온 역사에 따라 각자 고유한 문화적 풍습과 정신적 기질을 발달시키게 되었다. 흑인종은 대체로 육체적 탄력이 좋고, 예술적 지능이 뛰어나며, 감성이 잘 발달하였다. 황인종은 뛰어난 환경 적응력을 보여 가장 더운 곳부터 가장 추운 곳까지 견디었다. 백인종은 르네상스를 주도했던 이들의 후예로서 대체로 진취성을 가지고 있다. 그러나 이러한 인종 간의 차이는 서로의 독자성을 증명할 뿐, 어느 하나가 더 우월함을 입증하지 않는다. DNA는 서로 평등한 사피엔스임을 말해 준다. 각각의 인종은 독자적 기질과 고유한 경향성을 가지게 된 것뿐이다. 이런 경향성의 차이는 미미하며, 개개인별 기질 차이에 비하여 정도가 작다.

그러나 이러한 아주 미미한 차이가 오랜 역사의 흐름을 통해 관습이나 사고방식에 영향을 주었고, 독특한 심리적 경향성을 가져와 때로 커지고, 때로 작아지고, 때로 변형되기도 하였다. 이 미미한 기질의 차이는 상대방에 대한 무지와 두려움, 호기심과 매력을 가져온다. 그리고 그것이 모여 인간 생태계의 다양성과 풍성함을 가져온다. 지구에 똑같은 인종만 존재한다면 얼마나 황량하고 무미건조하고 재미없을 것인가? 이러한 다양성을 은혜로운 축복으로 생각해야 한다.

다만 인정해야 할 것은 상대방에 대한 무지와 그로 인한 두려움은 당연한 것이라는 점이다. 서로 저마다 다르게 형성된 문화의 영향으로 상대방의 생각과 관습, 감정 반응, 사고의 패턴을 정확히 이해하기 어렵기 때문에 항상 오해가 생기기 쉽다. 우리의 선조는 두려움 때문에 방어적 폭력을 행사하여 많은 대형 동물과 호모속의 형제 인종을 멸종시켰다. 사피엔스는 그 후 또다시 수많은 참혹한 전쟁과 살육을 벌였지만, 다행히 인종 분화가 풍성하게 일어나고 다양하게 보존될 수 있었다. 상대방에 대한 무지에서 비롯된 두려움을, 폭력을 통해 상대방의 존재 자체를 압살하는 방식으로 해결하려는 것은 수백만 년에 이르는 인류 역사에서 잘못되었음이 증명되었다. 상호 두려움을 줄이고 평화롭게 공존하기 위해서는 무엇보다 상호 간의 공통점과 차이를 정확히 인식하고, 서로 상대방의 존재와 그 약간의 차이를 인정하는 것이 필요하다. 그러기 위해서는 인종 차별적 선입관을 버리고 서로에 대한 관심과 매력의 관점에서 서로를 잘 알기 위한 공동의 연구와 논의가 필요하다. 여러 사회적 현안에 대해 집단 이기주의적 관점을 버리고 상대방의 관점과 사고방식을 이해하려는 자세가 필요하다. 그리고 어떻게 합의되어야 우리 인종만이 아니라 인류 모두에게 공통적으로 좋은 방향인지를 검토하는 것이 필요하다. 중요한 것은 특정 집단, 특정 인종의 이익이 아니라 우리 모두를 위해 무엇이 올바른 것인가다.

그런 의미에서 현재 일어나는 각종 인종 관련 사회운동은 거의 대부분 잘못된 방향으로 가고 있다. 백인우월주의, 흑인저항운동, 인종차별주의 등이 모두 인종 간의 차이와 독특성을 인정하지 않거나, 이간질과 폭력을 통해 상호 간 갈등을 도리어 확대한다. 인종차별은 정당하지 않으므로, 이와 관련된 어떤 사건의 당사자나 정치인, 사회 지도층 등에 대한 비난은 당연한 것이다. 그러나 이를 일반화하고 확대하여 인종별로 구별 짓고 상대방을 공격하는 것은 서로에 대한 감정을 오히려 악화시킨다. 그중 한쪽이 세력을 얻는 듯싶으면 반대의 세력도 더욱 강화되며 심정적으로 격앙된다. 이러한 사회운동을 주도하는 세력은 대부분 다른 정치적 이익을 얻기 위하여 공동체 가치를 파괴하고 인간 사회를 불행으로 인도한다. 각각의 차이를 인정하지 않는 사회운동은 오히려 문제섬을 확대하고, 인종적 집단 이기주의는 분쟁과 파멸을 가져오게 된다. 인종 이슈는 상대방에 대한 공격을 통해서 해결될 문제가 아니다. 또한 성급히 서두른다고 해서 빨리 해결될 문제도 아니다. 서로의 차이를 인정하고, 그 차이를 존중하는 마음을 집단심리로서 받아들여야 하는 것이다. 인내심을 가지고 서로 상대방의 입장을 이해하고, 이익을 배려하고, 서로 보완하며 조화로운 통합으로 함께 나아가는 것이 밝은 미래로 가는 길이다.

환경보전의 허와 실

지구환경을 보전할 필요가 있다는 것에는 아마도 거의 모든 인간들이 동의할 것이다. 실제 우리가 가장 주의 깊게 집단적인 노력을 집중하여야 할 부분은 지구 자연의 환경을 보호하는 것이다. 환경이 계속 파괴되는 현실을 고려하면 환경 복원을 위하여 우리들에게 남겨진 시간이 얼마 없다는 것은 심각한 문제다. 아직은 불편함이 발생하는 정도지만, 지구 생태계의 복원 탄력을 벗어나서 그 한계를 넘어서는 경우에는 모든 생명체에게 실질적인 생명의 위협이 초래될 것이다.

여러 위험한 요소 중 하나는 극지방의 빙하가 녹아 바다 염도에 불균형한 교란이 발생하고, 빙하 아래 동토층에 광범위하게 얼어 있는 메탄가스가 대기 중에 방출되는 것이다. 이미 탄소 배출량이 과도하게 증가하고 있으며, 대기와 대양의 온도가 빠른 속도로 상승하고 있다. 그리고 지금 이 순간에도 농경지 마련, 광물 채취, 도시 개발 등을 위해 지구 여러 곳의 울창한 산림이 심각하게 훼손되고 있다. 계속 그렇게 진행된다면 대기 환경이 큰 영향을 받고, 해수면이 상승하고, 해류가 변동되며, 이로 인하여 급격한 기후변화와 심대한 지구환경 변동이 야기될 것이다.

이미 산업혁명 이후 인간의 개입으로 인해 발생된 기온 변화가 상당 수준 축적되었다. 그리고 그로 인한 불길한 효과가 나타나기 시작하였다. 지금과 같은 인간들의 생활 패턴과 산업 활동이 유지된다면, 머지않은 미래 우리 후손들의 생명이 위태롭게 될 것이다. 또한, 지구 생명체 모두의 생존이 위태롭게 될 것이다.

지금 지구의 생명체들은 과연 어느 정도로 불균형한 상황에 처해 있는 것일까? 이스라엘 바이츠만 과학 연구소의 론 밀로(Ron Milo)교수[52]가 이끄는 국제공동연구진이 미국 「국립과학원회보(PNAS)」에 게재한 연구 결과를 보자. 2020년 현재 전 세계 인구는 78억 명에 이른다. 200년 사이에 8배가 늘었다. 하지만 인간은 지구 전체의 생물체 총량에 비하면 미미한 숫자다. 지구상 모든 생명

---

52)   곽노필(한겨레신문 선임기자), 2018. 5. 25. 기고
      http://plug.hani.co.kr/futures

체의 0.01%에 불과한 인간이 모든 야생 포유동물의 83%와 식물의 절반을 파괴했다는 분석이다. 최근 50년 사이 동물 절반이 사라졌고, 인간이 유일하게 개체 보전을 지켜 준 생명체는 가축이다. 현재 지구상 모든 포유동물의 3분의 1이 인간이며, 60% 이상의 나머지 대부분은 돼지 등의 가축이다. 야생에서 서식하는 포유동물은 4%에 불과하다. 또한, 인간이 먹기 위해 사육하는 닭, 오리 등 가금류는 모든 조류의 70%를 차지한다. 한 해 600억 마리의 닭이 인간의 먹거리가 된다. 바다에선 해양 포유동물의 5분의 1만이 살아남았으며, 현존하는 바다 생물량 비중은 1%밖에 되지 않는다. 바다가 지구 표면적의 70%에 이른다는 점을 고려할 때 엄청난 불균형이다. 이 데이터에 따르면 지구의 생명체는 인간과 인간의 먹거리만 존재한다는 이야기다. 앞으로 인간이 늘어나면 가축의 총량과 농경지는 더욱 늘어나고, 산림은 더욱 심각하게 파괴되고 훼손될 것이다. 인간의 생존을 위한 농경, 사육, 벌목, 각종 개발 등 자연 파괴행위들은 결국 지구 생태계 전체의 파멸을 부를 것이다. 더욱 큰 문제는, 인간에 의해 자행되는 생태계 파괴가 더욱 가속적으로 전개되고 있다는 점이다.

이 모든 것은 인간이 초래하였다. 인구가 늘어남으로써 발생한 문제다. 농경과 사육 도입 이후 불과 1만 년 안팎 사이에 지구에서 벌어진 일이다. 인간이 극단적으로 착취하는 지구 자원은 지구 생명체의 목숨뿐만이 아니다. 지구 곳곳에 도시를 건설하고, 에너지와 광물자원을 채취하기 위한 난개발이 진행되며, 광범위한 지구 파괴가 자행되고 있다. 인간이 만든 쓰레기가 지구 곳곳에 매립되거나 방치되고, 육지와 해양 전역에서 환경을 오염시키고 있다.

환경문제의 심각성에는 모두 공감하면서 그 해결책이 어려운 이유는 경제활동의 근본적 성격이 환경을 파괴하는 행위라는 것이다. 문명 발전과 인류의 생존 과정 자체가 환경을 파괴하고 있는 것이다. 또한 지구환경은 상호 영향을 주고받으므로, 어떤 한 지역, 몇 개 국가의 노력만으로 환경문제를 해결할 수는 없다는 것이다. 그리고 환경을 복원하고 환경 파괴를 최소화하는 기술의 사용에는 매우 큰 비용이 소요된다. 선진국은 어느 정도 기술적 진보를 이루어 환경 파괴를 최소화할 수 있다 하여도, 현실에는 그런 역량을 축적하지 못한 국가가 너무 많이 존재한다. 또한 기술 역량이 부족한 국가일수록 환경을 파괴하지 않고는 경제활동이 어렵다. 당장 한 끼의 식사를 걱정하는 국가에서 환경보호는 먼 나라이야기에 불과하다. 인간이 먹고살기 위해서는 계속 환경을 파괴해야 하는 것이다. 이러한 현실과 이상의 괴리가 환경문제에 대한 해결책을 어렵게 만든다. 각 지역별, 국가별로 입장이 다르고 환경문제의 시급성에 대한 인식이 다르다. 이런 딜레마는 환경문제를 다루는 정치적 입장의 차이, 경제적 관점의 차이를 가져오고 실질적 해결보다 갈등을 불러오게 된다. 이러한 가운데 다양한 환경이슈를 주장하는 매우 많은 사회단체가 활동하고 있다.

그러나 자연환경을 보전하자고 주장하는 수많은 집단들의 의도와 이유가 각자 다르다는 데 문제가 심각하다. 그래서 도리어 문제 해결을 방해하고 있다. 많은 환경운동 단체가 누구나 수긍할 만한 환경보호를 목표로 그럴듯한 주장을 하면서, 사실상 자신들의 밥벌이를 하고 있다. 그리고 정치적, 경제적 이익을 위해 움직이고 있다. 일부 건전한 단체도 존재하지만, 사실 많은 단체는 기만과 위선으로 사회 갈등을 일으키면서 자기 자신을 위해 환경운동을 하고 있는 것이다.

환경보호에 관심을 둔 누구나 더 이상의 자연 파괴를 막기 위해서는 자신의 노력만으로 어떤 것도 이룰 수 없다는 것을 실감한다. 인간들 자체가 문제고, 인간의 편의적 생활 패턴과 끊임없이 솟아나는 환경 파괴의 수요가 문제다. 포퓰리즘이 문제고, 정치적 경제적 이익을 환경보다 우선하는 인간 집단의 배타적 이기심이 문제다. 환경보호에 대해서도 균형 잡힌 시각이 요구된다. 흔히 빠지게 되는 위험은 스스로가 매우 정의롭다는 착각이다. 그 착각은 전혀 의도치 않게 인간 사회의 분열과 갈등을 초래하며, 다른 세력의 정치적 이익에 이용된다. 환경문제를 거론하며 사실상 지구환경의 실질적 개선보다는 정치적 이익의 변화와 자신의 경제적, 사회적 이익을 추구하게 되는 것이다. 미성숙된 신재생에너지 개발을 그럴듯하게 내세우며 대중에게 에너지 재난을 가져오는 한편, 이익 집단을 만들어 독점적 돈벌이를 한다. 원자력 피해를 없앤다는 명분으로 더욱 큰 환경 피해를 가져오는 화력발전을 용인한다. 심지어 일부 기회주의적 지식인들이 이에 편승하여 환경 조사 자료와 연구 분석 결과, 통계를 조작하는 일까지 벌어진다. 그리고 일부 파렴치한 환경운동 단체는 환경보호 이슈로 정적을 공격하고 자신들의 돈벌이 수단으로 이용한다. 그리고 이는 또 다른 부작용을 초래하며 사회적, 정치적 갈등을 유발한다. 자신들의 정치적, 경제적 이익을 뒤에 숨기고 자신의 판단에 따라 편의적으로 특정한 타인을 감시하고 억압하겠다는 의도 자체가 문제 해결을 어렵게 만든다.

그러나 이는 환경 파괴에 대한 감시를 하지 말자는 이야기가 아니다. 환경보호를 위한 순수한 의도에서 고난과 역경을 견디며 자연보호에 대한 세계적 공감을 이끌어 낸 초기 환경운동 선구자들을 폄하하려는 의도는 더욱 아니다. 오히려 환경보호 이슈의 허와 실을 규명하고, 현실적이고 효과적인 환경보호를 위해 어떻게 협력해야 하는지 무엇에 주목해야 하는지 문제 제기가 필요한 시점이기 때문이다. 모든 인간 집단의 목적 활동에는 명분과 이익이라는 이중성이 관여한다. 지금의 많은 민간 환경 단체 활동에는 둘 중 어느 쪽의 비중이 더 크게 작용하는지 잘 살펴볼 일이다. 환경보호는 자발적인 민간 활동도 일부 필요하겠지만, 지금 벌어지는 광범위한 환경 파괴를 멈추게 하기 위해서는 공공 영역의 활동과 세계적인 협력이 보다 중요하다. 그리고 자연보호에 대해서는 공공의 영역에서 다 같이 고통을 감내하는 합의가 이루어져야 한다.

환경보호는 자신들이 정의롭고 우월하여 타인을 비난할 수 있는 특권이 아니다. 환경보호는 인간 모두의 불편함과 고통을 감내하도록 만드는 일깨움이다. 불편하더라도 일회용품을 근절하고, 배고프더라도 육식을 지양하고 적게 먹도록 노력하는 과정이다. 환경보호는 심도 깊은 논의를 필요로 하고, 모두의 인내를 요구한다.

경제 정의의 길

이번에는 마르크시즘의 현실적 영향력과 시사점에 대해 고민해볼 필요가 있겠다. 마르크시즘은 현대 사회의 가장 강력한 신념 체계를 형성하고 있으며, 그것을 원하든 원치 않든, 그것을 인지하고 있든 아니든, 모두가 마르크시즘의 영향을 받고 있다. 또한 현실을 인정하고 싶지 않은 많은 사람들이 있지만 이미 마르크시즘은 세계를 주도하고 있다. 일부 적극적으로 추종하는 사람도 있고, 극렬히 반대하는 사람도 있고, 중도적 입장에서 일부 수용하거나 일부 반대하는 사람도 있다. 이해관계나 신념 등 각각의 입장에 따라 마르크시즘을 옹호하거나 거부하는 차이가 있지만, 그 광범위한 영향으로부터 자유로운 사람은 없는 것이다.

마르크스는 시장경제 체제가 본질적으로 불평등, 불공정이라는 내적모순을 가지고 있다고 오래전에 예견하였다. 마르크스의 예리한 지적은 아직까지 인류 역사에서 전혀 해소되지 않았으며 여전히 유효하다. 우리는 마르크스가 인류 보편의 경제 정의를 지지하고 있으며, 차가운 가치중립적 시장경제 체제에서 야기되는 부의 불공평 문제를 제기하고 있다는 측면에서 그 핵심을 받아들일 필요가 있다. 그러나 마르크스가 제기한 정치적 실천론은, 이후 여러 정치 세력에 의하여 왜곡되고 악용되어 왔다. 가장 안타까운 것은 마르크스의 경제 정의는 어딘가로 소실되어 사라지고, 권력을 움켜쥐기 위한 이데올로기적, 지적 수단으로 활용되고 있는 것이다. 마르크스 자신도 프롤레타리아 혁명을 통해 경제 정의가 수립될 수 있다고 오해하기는 했지만, 문제는 마르크스 사후 공산당과 마르크시즘 정치 세력이 추진한 실천론이 잘못된 방향을 가리키고 있는 것이다. 그래서 그 모든 책임을 마르크스에게 돌리는 것은 적절하지 않다. 마르크시즘의 극단주의적 경향도 마르크스가 만든 것이 아니라 공산당과 탐욕적 정치 세력이 자신의 이익을 위해 임의로 악용한 결과인 것이다. 그 결과 마르크시즘이 수단적 악행의 권장, 공산당 독재, 사회 분열 등 보편적 윤리에 상충되는 극단주의 경향성을 가지게 된 것이다.

군이 정반합의 변증법을 거론하지 않더라도, 마르크시즘의 악영향은 경계하되 경제 정의를 수립하는 것은 반드시 해결해야 하는 과제임이 분명하다. 또한 마르크시즘은 사회 구성과 운영에 관한 매우 유용하고 실증적인 지식 체계를 만들었으며, 이는 이후 적절하게 활용하여야 할 인류의 지적 유산으로서 신념의 문제 때문에 폐기하여야 할 대상은 아니다. 인간의 이기심은 여전히 여러 사회적 문제를 낳고 있고, 이에 대하여 우려하는 많은 지식인들은 마르크스가 제기한 경제 정의의 가치에 동의하며 지지를 보내고 있다. 이들의 지적 역량은 올바르게 활용되어야 할 인류 공동의 자산이다. 따라서 우리가 경계하고 제거해야 할 것은 극단주의 정치 신념인 마르크시즘이고, 경제 정의 철학으로서 마르크스가 제기한 핵심적 문제는 인류의 미래를 위해 수용하고 해결해야 할 과제인 것이다.

또한 마르크시즘이 가진 심각한 문제에도 불구하고 양심적 지식인들이 경제 정의를 추구하는 한, 인간 사회의 도덕적 상호 관계를 뿌리내리게 하는 긍정적 효과도 분명히 있다. 우리는 마르크시즘을 실제 구현 가능한 평화롭고 도덕적인 경제 정의 신념 체계로 대체하거나, 다시 재정립할 필요가 있는 것이다. 또는 비판적으로 경제 정의의 가치를 승계해야 하는 것이다. 마르크스의 문제 제기는 올바른 것이었으나, 제시한 해결 방안은 잘못된 것이었다. 문제의 원천으로 잠시 돌아가 보자. 이를 위해서는 최초의 근대적 경제학을 수립한 애덤 스미스(Adam Smith, 1723~1790)를 반드시 이해하여야 한다.

애덤 스미스는 사회관계에서의 자발적 도덕의 중요성을 일깨운 도덕철학자였다. 애덤 스미스는 1751년부터 스코틀랜드 글래스고 대학 도덕철학 교수를 역임하면서 스스로 가장 중요한 저술로 생각한 『도덕감정론』을 1759년 출간(이후 6차례 개정)했다. '보이지 않는 손'이라는 개념을 처음 거론한 것도 『도덕감정론』에서였다. 애덤 스미스는 인간이 자연적인 이기심에도 불구하고 도덕적 공감 능력을 가지고 있으며, 공감 능력을 바탕으로 다른 사람들과 사회적 관계를 맺고 자신에게 공감해 주는 외부 관찰자의 기대에 부응하기를 원하는 욕구가 있다고 보았다. 이는 인간에게 내재된 이기심과 이타심의 이중성을 말한다.

1763년 애덤 스미스는 절친한 철학자 데이비드 흄의 소개로 찰스 타운젠드의 양아들 헨리 스코트를 가르치는 개인 교사 제의를 받게 되었다. 그는 12년간의 교수직을 사임하고 헨리 스코트와 함께 3년간 유럽을 여행하며 그를 가르쳤다. 애덤 스미스는 프랑스 여행 후 제네바로 가서 철학자 볼테르와 만났고, 이후 파리로 가서 벤자민 프랭클린, 튀르고, 엘베티우스, 프랑수아 케네 등을 만났다. 애덤 스미스는 특히 중농주의 케네를 존경했는데, 중농주의자들은 중상주의자들과 달리 국가의 부가 생산 능력(특히 농업 생산)에서 비롯된다고 보았다. 1766년 경제학으로 관심이 환기된 3년간의 여행을 마치고 고향에 돌아간 애덤 스미스는 10년간 저술에 몰두하는데 그것이 국부론이고, 원제목은 『국부의 형성과 그 본질에 관한 연구(An Inquiry into the Nature and Causes of the Wealth of Nations)』다. 애덤 스미스는 단순히 화폐를 많이 가지고 있다 하여 국가가 부유한 것은 아니고, 국가적 부는 사회적 생산성을 향상시키는 시스템이라고 정의하였다. 그는 기존 상업무역론에 가까운 중상주의를 반박하고 중농주의에 대한 보충의 형식으로 경제학이란 새로운 학문을 탄생시켰으며, 이것이 고전 경제학의 시발점이 되었다.

　당시 산업혁명을 바탕으로 성장한 영국이 세계적 부국으로 등극하고 있었다. 당초 부의 원천은 토지에서 온다고 생각하는 사람들이 많았고, 실제로 중세 시대는 토지가 많은 귀족이 부자이던 시대였다. 그런데 콜럼버스의 신대륙 발견 이후 식민지에서 쏟아지는 금, 은과 상업 교역이 새로운 부의 원천이 되었다. 부의 원천은 토지가 아니라 화폐라는 주장이 대두된 것이다. 그러나 기름진 땅을 가진 중농주의 프랑스도, 독점 무역을 해 오던 중상주의 스페인도 아닌 보잘것없는 섬나라에 불과하던 영국이 이 두 나라를 제치고 부국으로 부상한 이유를 설명해야 할 필요가 생겼다.

　애덤 스미스는 국부론에서 영국의 산업혁명이 가져온 변화에 대하여 ① 분업과 생산성 향상, ② 화폐[53] 사용, ③ 시장경제 체제의 형성 등으로 설명하였다. 그리고 분업에 의해 생산성이 향상되는 원인은 ① 노동자들의 숙련도 향상, ② 작업 공정 전환 시의 낭비되는 시간 절약, ③ 공구나 기계가 고안되어 생산성이 더욱 상승할 수 있기 때문이라고 하였다. 또한 애덤 스미스는 화폐와 시장경제

---

[53]　네이버 지식백과: 애덤 스미스(Adam Smith) - 정치경제학과 경제학 분야를 개척한 스코틀랜드 철학자 [인물세계사, 표정훈]

체제를 기반으로 인간의 이기심이 경제 발전을 가져온다고 보았다. 빵집 사장이 빵을 만드는 목적은 소비자들에 대한 자비가 아닌 개인의 사리사욕 추구이지만 결과적으로 소비자는 빵을 먹고, 사장은 돈을 벌며, 인간 사회는 부가 증대한다고 보았다.

인간은 이익을 얻고자 하는 이기심 때문에 더 열심히 일한다.
인간의 이기심은 한정된 자원으로 더 많은 이익을 얻기 위해 노력하게 한다.
자원은 한정되어 있기 때문에, 이를 가지기 위한 경쟁이 생긴다.
경쟁에서 이기기 위해 상대방보다 더 좋은 방법을 끝없이 연구한다.
더 많은 이익을 위해 새로운 관점에서 생각하게 된다.

시장경제 체제에서 이익을 얻기 위해 이기심을 발휘하는 것은 당연하지만, 애덤 스미스는 이 시장경제 체제가 잘 작동되기 위해서는 이기심의 허용 한계가 필요하다고 생각했다. 그리고 각 주체가 도덕적인 사회관계를 유지해야 한다고 생각했다. 그것을 위해 애덤 스미스는 독점에 반대하고, 경제적 약자의 자유를 제약하는 법을 없애자고 주장했다. 독점과 경제적 집중은 토지, 노동, 자본 등에 공정하고 합당한 대가를 제공하는 능력, 즉 공정한 가격을 형성하는 자유 시장의 본질적 능력을 왜곡시킨다고 보았다. 독점은 시장

을 왜곡시키고 사회와 국가 전체의 이익을 해칠 수 있다고 본 것이다. 또한 애덤 스미스는 분업으로 인한 노동자들의 억압된 삶에 대한 우려를 표시하였다. "민중 대다수의 고용은 한두 가지의 단순 작업으로 한정된다. 거의 같은 것이나 다름없는 한두 가지 단순 작업을 하는 데 생애를 보내야 하는 사람들이 다수가 되는 것이다. 그런 사람들은 자신의 이해력을 마음껏 발휘하지도, 독창성을 시험해볼 수도 없다."

1998년 노벨경제학상 수상자인 하버드 대학교 경영학 교수 아마르티아 센(Amartya Kumar Sen, 1933~)은 저서 『자유로서의 발전(Development as Freedom)』에서 애덤 스미스의 사상이 자유방임주의나 시장만능주의로 왜곡되는 현실을 개탄했다. "시장이 '보이지 않는 손'에 의해 스스로 조정된다는 것은 오류이며, 애덤 스미스는 영국의 중상주의적 유착 관계를 비판하고 경계하고 반대하는 의미에서 '보이지 않는 손'이라는 개념을 사용하였다"라고 지적하였다. 아마르티아 센은 사회적 책임에 관한 논쟁에서 '보이지 않는 손'을 편의적으로 인용하는 신자유주의자들을 비판하였다.

애덤 스미스는 도덕적 사회관계 바탕 위에서 시장의 '보이지 않는 손'이라는 메커니즘이 작동하여 자연스런 분배를 가져올 수 있다고 보았다. '보이지 않는 손'은 후대 정치학자들의 위변조에 이용되었으나, 애덤 스미스는 경계 없는 탐욕을 매우 걱정하였고 이를 막기 위한 사회적 장치, 즉 공공의 선을 담보할 정부의 개입이 필요하다고 본 것이다. 그리고 자본의 우월한 힘을 이용한 가격 조작, 경제 사기, 기만과 위선, 상대방의 무지를 이용한 경제적 착취 등은 시장경제 체제를 파괴할 매우 위험한 요소라고 보았다. 그러나 기만과 위선, 사기, 착취 등을 통해 분명하게 이익을 볼 수 있다면 누가 그것을 마다하겠는가? 그리고 누가 자기 이기심의 경계를 알아차릴 수 있겠는가?

애덤 스미스 경제학은 두 가지로 나뉘어 계승되었다. 하나는 리카도, 알프레드 마샬, 케인즈로 이어지는 학파인데 이들은 인간의 이기심을 인정하되 국가 개입에 의해 시장의 모순을 해결 또는 완화하자는 쪽이다. 그리고 또 다른 쪽은 자본가의 탐욕적 이기심 때문에 결국 독점이 발생하여 시장경제 체제는 붕괴될 것이므로 그 시기를 더 빨리 앞당기도록 프롤레타리아 혁명을 통해 이상향을 건설하자는 마르크시즘이다.

도덕철학자였던 애덤 스미스가 경제학 원리에 대하여 저술한 것은 현재 시점에서 다소 이상하게 보인다. 그러나 당시는 경제학으로의 학문적 분화가 이루어지기 전이었고 도덕철학이 다루는 관심 분야의 하나가 사회관계에서의 경제였기 때문에 애덤 스미스는 자연스럽게 도덕적 관섬에서 경제 이론을 만들게 된 것이다. 반면 마르크스가 살던 당시는 자본가의 탐욕이 노농자의 삶을 피폐히게 만들고 있었다. 마르크스는 애덤 스미스의 저작을 읽고 그 경제 원리를 계승하되 자본가들의 자발적인 공감 능력으로는 도덕적 사회관계가 이루어질 수 없다고 보았다. 마르크스는 노동의 가치를 높게 평가하는 동시에, 시장경제 체제의 독점과 경제 집중이 필연적으로 야기된다고 예견한 『자본론』을 집필하였다. 두 천재 사이의 핵심적 차이는 인간의 선과 악, 즉 인간의 본성을 바라보는 관점의 차이다.

이기심에 대한 애덤 스미스의 관대한 태도와 '보이지 않는 손'의 의미는 당시나 지금이나 논란거리다. 사회적 공감과 이기심 사이의 모순을 '애덤 스미스 문제(Adam Smith Problem)'라고 부른다. 애덤 스미스는 탁월한 통찰력으로 시장경제 체제가 운영되는 원리와 발생될 수 있는 문제점을 밝혔는데, 이는 현재까지도 변함없이 이어져 오는 핵심적 모순을 보여 준다. 애덤 스미스 문제는 인간의 이중성과 맞닿아 있다. 후대 학자들의 머리를 복잡하게 만든 '이익'과 '도덕성'의 단절 문제 역시 인간의 이기심으로 인해 시장경제 체제가 도덕적 사회관계에 놓일 수 없다는 모순에서 비롯된다. 문제의 핵심은 이것이다. 어떻게 이기심을 기반으로 작동하는 시장경제 체제가 이타심이 함께 조화롭게 작동하도록 만들 수 있는가? 어떻게 이기심의 허용 경계를 정하고, 지키도록 만들 수 있는가?

경제 정의에 대한 문제 제기는 오래되었으나, 아직 그 해결책은 명확히 나오지 않았다. 가장 큰 이유는 모든 주체가 경제 정의보다 자신의 이익에 더 많은 관심을 가지기 때문이다. 경제학과 금융 산업 영역에 종사하는 인적자원 중에는 시장경제 체제의 모순과 불평등을 완화하는 효과적 해결 방안을 제시할 수준의 지적 역량을 지닌 사람들이 제법 존재함에도, 그러한 사명감보다는 현재의 거래 시스템에서 보다 많은 이익을 추구하는 것에 관심을 집중하고 있다. 공산당이 내리는 극단적 경제 조치로 사회경제에 충격을 주는 경우 극심한 사회 혼란과 경제 후퇴가 야기될 뿐, 문제가 해결되지 않는 것을 충분히 경험하였다. 마르크스와 순수한 열정의 혁명가들이 오해한 것은, 정치적 억압은 사회를 극도로 수동적으로 만들어 국가 경제의 붕괴를 초래할 뿐 경제가 원하는 대로 통제되지는 않는다는 점이다. 강력한 독재 권력을 구축하여 신의 지위에 올랐던 스탈린과 마오쩌둥도 경제 활성화에 실패하였고, 이는 앞으로도 반복될 것이다. 마르크시즘 정치 세력은 권력만 쟁취할 뿐, 이상으로 제시한 경제 정의 실천에는 또다시 실패할 우려가 있는 것이다.

세계 곳곳에서 자기가 보유한 집값을 올리려는 담합이 불로소득을 얻고 싶은 모두에 의해 조직적으로 펼쳐지고는 한다. 서민 경제 생활의 안정과 부동산 거래 가격을 통제하기 위해, 현재 많은 정부가 실거래가 등록, 중과세 등 집값 안정 정책을 쏟아내며 개입하지만 오히려 역효과만 나는 경우를 흔히 볼 수 있다. 집값 안정이라는 권력 집단의 정치적 필요가 현실적으로 충족되기 어려운 이유는, 경제를 집단심리로서 총괄적으로 이해하는 연구 노력이 부족하기 때문이다. 그리고 통제에서 벗어나 있는 세계 금융자본의 역할과 기능에 대한 세밀한 대응 방안과 그들과의 상호 관계가 적절히 수립되지 않았기 때문이다.

경제 정의 문제의 해결을 위해서는, 경제란 인간 내면의 욕망과 집단심리를 조절하는 행위라는 것을 이해할 필요가 있다. 인간이 오랜 역사를 통해 구축해 온 상상의 질서를 급격히 부수고 바꾸는 것이 아니라, 집단심리를 조절하여 올바른 방향으로 통제해야 하는 것이다. 또 한 가지 알아야 할 것은, 경제란 국경을 넘나드는 상상의 질서이므로 하나의 국가 단위로는 원하는 경제 정의의 효과를 거두기 어렵다는 점이다. 만약 어떤 특정 국가에서 급격하게 자본을 통제하는 경우, 그 자본은 다른 곳으로 유출되어 해당 국가 경제의 파국을 가져오게 할 뿐이다. 따라서 경제 정의는 세계 자본의 흐름을 통제할 수 있는 능력의 확보가 전제되어야 한다. 그러므로 선진국들이 함께 모여 집단적으로 추구하는 도덕성이 중요하다. 이를 위해서는 경제 정의에 대한 많은 관심과 연구가 필요하고, 경제주체의 자발적 참여가 요구된다.

경제 정의를 실현하는 것은 인간 사회를 평화롭게 하는 핵심적 과제다. 이를 위해서는 경제적 부를 축적하는 방법이나 부의 대물림 범위에 제한이 필요하다. 시장경제 체제의 포커판이 계속 운영되기 위해서는 어떤 힘 있는 개인의 포커판 판돈이 비정상적이고 비도덕적으로 축적되지 않았는지 감시할 필요가 있고, 판돈을 자손에게 물려주더라도 일정 범위로 제한을 둘 필요가 있다. 모든 이의 판돈을 공개할 필요도 있다. 만약 그냥 계속 방치한다면, 대부분의 사람들은 포커판에서 쫓겨나고 포커판에는 극히 일부의 엘리트 패밀리 그룹만 남게 될 것이다. 심지어 포커판이 중단될 수도 있다. 포커판은 계속 돌아가야 되지 않겠는가? 대다수의 선량한 사람들이 받아들일 수 있도록 포커판의 룰을 보완하는 것은 인류의 밝은 미래를 위한 핵심 과제다.

합법적으로 이루어지는 금융거래 시스템의 가격 조작이나 분식회계, 기만, 횡령, 배임 등 지능형 경제 사기 범죄는 엄격히 금지되어야 하며 일벌백계의 취지로 강력하게 처벌되어야 한다. 또한 무기명 주식과 같은 부의 축적 경로를 감추거나 우회할 수 있도록 만드는, 어둠에 뿌리를 둔 경제 제도는 단계적으로 폐지해야 한다. 또한 자금 세탁 등에 의해 범죄 자금으로 활용 가능한 유동성은 일정 범위 이내로 관리하여 필요 시 축적 경로와 이동 경로를 확인할 수 있어야 한다. 인간의 자유, 자발성과 진취성을 해치지 않는 범위에서 보편적 윤리에 부합하는 경제활동 행위규범이 수립되어야 한다. 부의 불평등과 불공정을 개선하고, 약자와 빈자에 대한 사회 안전망을 구축하는 대책이 반드시 나와야 인류에게 밝은 미래가 있다.

조화주의

인간에게는 이기성과 이타성이라는 이중적 본능이 관여한다. 인간 자체가 야누스적이고 이중적인 존재이기에, 인간의 자발적인 도덕에 의해 움직이면서 무한의 이기심을 허용하는 시장경제 체제는 더 이상 안정적으로 유지될 수 없다. 그리고 인간의 이기적 본성을 세뇌로 개조하겠다는 공포의 독재정치는 더욱 바람직하지 못하다. 인간은 내면의 자유와 자율성을 인정받는 한편, 보편적 윤리에 대한 두려움도 동시에 유지해야 한다. 인간이 공동 규범을 지키도록 강제하면서도, 그 규범의 억압적 요소를 차차 제거하며 유연한 힘을 가질 수 있도록 만들어 나가야 한다.

보편적 윤리의 회복은 대다수의 선량한 사람들을 보호하기 위해서도 반드시 필요하다. 이를 위해 권력과 선전·선동의 일선에서 활동하는 지식인들을 항상 주의 깊게 관찰하고, 그들의 위선, 기만, 악행을 벌하고 금지하여야 한다. 그리고 우리는 지배 욕망을 부추기는 정치권력의 악행과 음모의 지식까지도 잘 보관하고 사용할 수 있어야 한다. 지배의 욕망을 따르는 정치 세력과 이데올로기는 언제든 다시 등장할 개연성이 있으므로, 그들을 상대하여 제압할 수 있으려면 우리가 함께 만든 조화주의 공공 기관에서 그 지식과 기술을 연마하고 그 악의 세력을 찾아내고 징벌하여 선량한 인간 사회로부터 분리, 제거할 수 있어야 한다.

조화주의(하모니즘: Harmonism)는 조화를 좋은 가치로 권유하는 것에 머물지 않고 조화의 심성을 강제함으로써, 부의 편중과 불공평한 분배를 개선하고 독재 권력을 낳는 극단주의를 제거하는 신념에 관한 것이다. 두려움, 경외심, 경건한 마음가짐, 소명 의식 등 반드시 공유하여야 하는 집단심리에 관한 것이다. 인간 사회로부터 극단주의 종교와 이데올로기를 제거하여 집단심리의 허용 경계선을 설정하는 것이다. 독단성, 배타성, 집단 이기주의를 조장하는 각종 신념 체계의 악영향과 위협을 제거하는 사회적 임무에 관한 것이다. 거짓과 위선에 기반한 대립과 갈등을 극복하고, 서로를 향한 따뜻한 동료애로 권선징악과 미풍양속을 계승하는 사회 공동 규범에 관한 것이다. 타인의 삶을 짓밟아 버리는 탐욕과 배타적 이기성으로부터 우리 내면의 이타성을 살려낼 수 있도록 보편적 윤리를 환기하는 것이다. 이기심을 기반으로 작동하는 시장경제 체제에서 이타심이 함께 조화롭게 작동하도록 만드는 심리적 강제력에 관한 것이다. 사회 각 분야가 조화롭고 평화롭게 운영되게 하며, 공평하고 지속 가능한 경제 정의 시스템을 구축하는 것이다. 조화주의는 국민적 합의를 득하여 모든 국가의 헌법과 법 제도에 그 정신이 기록, 유지되는 것을 목표로 하는 정치 신념 체계이다. 조화주의는 인류 대부분을 차지하는 선량한 사람의 염원을 기반으로 반드시 이루어지는 이상이다. 그리고 지배 욕망을 추구하는 권력투쟁을 종료하고, 조화로운 명망의 권력 질서의 새 시대로 나아가는 깃발이다.

조화주의는 참 인본주의와 참 민주주의를 구현하여, 모두가 자유롭고 물질적 풍요를 누리는 지속 가능한 공존 사회를 만드는 것을 추구한다. 조화주의는 중용의 원칙에 따라 균형을 이루는 통합 사회를 만들 수 있도록 서로 인정하는 공생의 심리적 태도를 권장한다. 조화주의는 배타적 이기성을 경계하고, 따뜻한 이기성과 이타성을 권장한다. 조화주의는 인간의 행복을 바라는 위대한 선지자들의 가르침으로 되돌아가는 것이다. 우리의 믿음이 특정한 사명에 과도하게 몰입되면, 어딘가에 기대어 삶의 고통을 위로받고 싶은 인간의 외로움과 반응하여 우리 안에 적대 개념을 부추길 가능성이 높다. 우리는 적대 개념이 아니라 선지자들이 꿈꾸었던 평화로운 공존의 미래, 따뜻한 인류애를 진정한 가르침으로 받아들이고 그것을 향해 노력해야 한다. 우리 모두는 보편적 윤리를 기반으로 인류 공존과 상생의 길로 나아가 조화로운 통합을 이루어야 한다. 그것이야말로 모든 위대한 선지자의 꿈이자 가르침이고, 평화로운 인간 사회를 위해 사회정의를 실현하는 길이다.

조화주의는 모든 선량한 사람이 모여 주도적인 정치 신념으로 성장한다. 기독교, 불교, 이슬람, 힌두교 등 모든 보편적 종교, 보편적 도덕 윤리를 존중하는 모든 사람, 경제 정의를 실현하고자 하는 모든 지식인, 진보 좌파와 보수 우파를 막론하고 정의로운 인간 사회를 꿈꾸는 사람들, 공산당 내 정의롭고 용기 있는 지식인, 선량한 금융자본, 정치인, 군인과 관료, 직장인과 기업인, 과학기술자, 문화예술인, 학생, 그 밖의 누구라도 어떤 세력도 조화주의에 동참할 것을 권유하고 촉구한다. 특히 이미 현대 사회의 주역이 된 진보 좌파 중 사회정의와 보편적 도덕을 추구하는 대다수의 건전한 사람들에게 조화주의의 주체로서 참여하기를 권장한다. 조화주의는 모든 양심적인 이들이 함께 모여 인류의 다섯 번째 위대한 도약을 이루고, 새 시대를 여는 횃불이 된다.

조화주의는 이타성과 공공의 선을 추구하는 명망의 권력 질서가 항상 유지되도록 강제한다. 이를 위해 지배 권력을 감시, 견제하고 모든 정치인, 사회 지도층을 통제한다. 부의 경로와 규모를 투명하게 공개하고, 악행에 사용되는 나쁜 부를 몰수하며, 부자의 자격과 경계를 정해 준다. 조화주의는 모든 종교, 이데올로기 등과 병립하여 공존 가능하되, 그 모든 가치 체계가 반드시 지켜야 하는 경계를 설정하는 규범으로서 존재한다. 그 경계 내에서의 활동을 보호하고 권장하며, 각각의 종교적 신념과 문화적 독특성을 존중한다. 조화주의는 권력과 부를 소유한 모든 현존 정치 세력과 기업집단 및 자본의 의무 규범이 되고, 새로 권력과 부를 가지려고 진입하는 정당과 기업집단 및 자본의 자격조건이 되며, 그들이 가진 권력과 부의 정당성을 평가하는 기준이 된다. 조화주의는 미래 인류 사회를 이끌 세계정부의 초석이 된다. 시장경제 체제에 대한 반발로서 마르크시즘이 나타났는데, 조화주의는 변증법적 합의 단계로서 새로운 미래의 출발점이 된다. 그리고 미래에 또다시 분열과 갈등을 부추기는 극단주의가 나타날 것이기에, 조화주의는 그

로 인한 악영향을 막기 위해 종교와 사상, 권력을 통제하는 규범
이데올로기로서 영원히 존재한다.

생존을 위한 질문

인류가 앞으로도 계속 생존할 수 있으려면 현재 우리 삶의 터전인 지구의 상황을 되짚어보고, 몇 가지 질문을 던지고, 그에 대한 답을 모두 함께 찾아보아야 할 것이다.

첫째, 지구환경이 파괴된 후 지구 자연의 선택에 따라 진화하여 온 생명체인 인간이 과연 지구를 떠나 생존이 가능할까?

에리히 폰 데니켄[54]은 지구 고대 문명이 외계인과 외계인으로부

---

54) 에리히 안톤 파울 폰 데니켄(독일어: Erich Anton Paul von Däniken, 1935년 4월생)은 스위스의 작가이자 호텔 경영인, 의사, 고고학자다. 『신들의 전차』(1968)와 같은 저작을 통해 인류의 고대 문명이 외계 생명체에게서 영향을 받았다는 주장으로 유명하다. 저서로는 『신들의 귀환』, 『미래의 수수께끼』 등이 있다.

터 과학기술을 전수받은 인간으로부터 만들어졌고, 인간으로의 진화도 외계인이 유전공학을 활용해 특정한 염기서열을 주입하여 이루어졌다는 주장을 하였다. 그의 책은 20개국 이상의 나라에서 6,000만 권 이상 팔렸다 하니 그의 상상력이 뛰어나고 흥미롭다는 것만큼은 틀림없다. 그가 증거로 제시했던 고대 유적들이 많은 부분 사실과 다른 것으로 드러나면서 학설로 인정받지는 못하였다.

그러나 신석기시대 또는 청동기시대에 건설된 고대 문명의 과학기술 수준에 경이롭고 불가사의한 측면이 많이 존재한다는 것만큼은 부정하기 어렵다. 또한 외계인이 지구를 방문한 적이 없었다는 것도 증명하기 어렵다. 데니켄의 주장은 리들리 스콧의 '프로메테우스', J. J. 에이브럼스의 '스타트렉 다크니스' 등 많은 SF 영화에 단골로 차용되는 아이디어가 되었으며 현재에도 다수의 UFO 목격자가 존재하게 된 배경이 되었다. 인간이 지구 영역을 물리적으로 벗어나는 과학기술을 이미 만들어 냈기 때문에, 지적 생명체가 다른 행성을 방문하는 것과 외계인을 만난다는 것은 어찌 보면 당연한 상상의 산물이라 하겠다.

환경 파괴 후 지구를 떠나 인간이 생존을 모색한다는 상상은 ① '인간이 집단으로 지구를 떠나 우주를 유영하여 다른 행성에 이주할 수 있는 기술의 발전'에 소요되는 시간이 ② '인간이 생존하기 어려울 정도까지 지구환경을 파괴'하는 데 걸리는 시간보다 빠른 경우에만 의미가 있다. 인간의 몸은 지구 중력과 온도, 공기, 물 등 환경에 적응하도록 진화되어 왔다. 그러므로 인간이 지구를 떠나 보호 장비 없이 생존하려면 당연히 지구의 현재 상태와 같은 환경을 유지하고 있는 행성을 찾아서 이주해야 한다. 그러나 적어도 태양계 내에는 지구와 같은 자연환경을 유지하고 있는 행성이 없다. 그리고 다른 항성계라 하더라도 지구와 같은 조건의 행성을 찾기가 쉽지 않다. 또한 설사 엄청난 기술 발전을 이루어 멀고 먼 우주의 한쪽에 마침내 완벽하게 같은 조건의 행성을 찾아낸다 하더라도 그 행성에 이미 나름의 생태계가 존재하고 있을 것이라는 점을 고려해야 한다.

지구를 떠나 다른 행성에 이주하여 정착한다는 것은 매우 어려운 일이다. 어쩌면 광속으로 또는 우주를 접어 순간적으로 이동할 수 있는 우주선을 만들고, 머나먼 우주를 탐색하고, 집단을 이루어 이주하는 데 소요되는 시간보다 태양계의 일부 행성을 인간이 거주할 수 있는 행성으로 바꾸는 기술을 개발하는 것이 더 빠를지도 모르겠다. 그리고 인간이 다른 행성으로 이주하는 기술을 개발하는 것보다는 지구의 파괴된 환경을 복구하고 치유하는 기술을 개발하는 것이 훨씬 수월하고 빠를 것이다. 인간과 생태계가 보존될 수 있도록 지구의 환경을 보호하는 것은 더욱 수월한 일일 것이다.

결국 인간은 지구환경을 파괴하면 더 이상 생존하기 어렵다. 만약 인간이 환경을 파괴하여 더 이상 지구에 생존하기 어려운 상황이 온다면, 이후 인간에게 닥칠 생명의 위협으로부터 생존할 가능성은 거의 없다. 설사 어딘가로 집단 이주가 가능하다 하더라도 인간 집단의 일부만 선택적으로 생존할 수 있다면 그것 역시 불행인 것은 마찬가지다. 따라서 인간이 우주유영 기술 발달로 우주를 자유롭게 여행하는 시기가 오더라도, 인간은 지구를 집과 근거지로 삼아 계속 살아가야 한다.

인간은 지구가 낳고 키워낸 생명체 중 하나로서, 지구의 생태계를 인간 스스로 파괴하는 것을 막을 의무가 있다. 인간 스스로 더이상 지구환경을 파괴하지 못하도록 집단적인 노력을 할 필요가 있다. 인간은 매우 다양한 방식으로 환경을 파괴하고 있는데, 이미 북태평양 등 거의 모든 대양 한가운데 플라스틱 대형 쓰레기 섬이 만들어져 해류에 따라 이리저리 이동하고 있다. 이 플라스틱 쓰레기는 태양광과 비바람에 분해되는 과정에서 미세 플라스틱이 되어 수생동물의 먹이가 되고, 다시 먹이사슬 피라미드를 따라 지구의 전 생태계를 위협하고 있다. 인간은 쓰레기를 안 보이게 바다에 내다 버리거나, 지하에 묻어 버리거나, 태워서 대기 중에 방출하여 당장 눈앞에서 치워 버리고 있지만 그 쓰레기는 절대 없어지지 않고 어딘가로 옮겨질 뿐이다.

모든 쓰레기는 지구환경에 피해가 가지 않도록 천천히 분해되게 하거나, 어떠한 조작을 통해 환경에 영향이 작은 다른 자연 상태의 물질로 변환시켜야 한다. 그리고 자연 분해에 오랜 시간이 걸리는 플라스틱, 비닐 등의 재료를 사용하는 상품의 생산과 사용은 모두 엄격히 제한되어야 한다.

지구의 온도 변화는 아직은 주로 인간에게 불편한 영향을 주는 수준이다. 지구의 온도 변화가 생태계의 수용 한계를 넘어섰다는 증거는 없지만, 급격한 변화로 통제 범위를 넘어서지 않도록 모두가 의식적으로 노력할 필요가 있다.

문제는 현재의 국가 단위 권력 체계에서 인간 모두의 노력을 강제하기 어렵다는 점이다. 그리고 자연환경의 치유에 갖는 관심과 노력보다 자연환경을 파괴하는 경제활동이 인간의 생존과 함께 여전히 유지되고 있다는 점이다. 쓰레기 수거보다 배출이 많을 수밖에 없다는 점이다. 결국 인간의 생존 자체가 지구에 부담을 주고, 생존 행위 자체가 자연환경을 계속 파괴하고 있는 것이다.

환경오염은 현존하는 지구 생태계 입장에서 대재앙을 불러올 수 있다. 다만 지구는 지금보다도 훨씬 극단적인 상태를 아무렇지 않게 견뎌낼 수 있기 때문에, 인간의 방종에 전혀 괘념치 않고 또 한 번의 대량 멸종 사태를 준비하고 있는지도 모른다.

만약 대재앙이 현실화된다면, 우리에게 친숙한 지금의 아름다운 지구 생태계는 멸망하고 우리가 예측할 수 없는 생태계 진화의 역사가 새로 시작될 것이다. 우리가 앞으로도 생존하고 싶다면 중요한 것은 환경 변화의 속도다. 감당할 수 없는 속도는 현존 생명체에게 죽음을 안겨줄 것이다.

둘째, 인간의 개체 수는 과연 얼마까지 늘어도 괜찮은 걸까?

지구 자연의 생태계는 원래 기가 막힐 정도로 정교하게 균형이 유지되도록 설계되어 있었다. 생산자(producer)인 식물은 광합성을 통하여 유기물을 합성하고, 이 식물을 소비자(consumer)인 동물이 섭취하고, 사체나 배설물 등은 구더기, 지렁이, 새우 등의 데트리터스 식자(detritus feeder)에게 먹히고, 나머지는 박테리아가 분해하여 식물이 사용할 수 있는 무기물로 다시 전환시키는 순환계를 형성한다. 이 순환계의 어느 과정이든 쓰레기가 나오는 일이 없다.

또한 먹이사슬 생태 피라미드의 아래쪽에 위치한 플랑크톤, 곤충, 어류 등은 번식에 있어 새끼를 엄청나게 많이 낳음으로써 스스로 먹이가 될 가능성에 대비한다. 반면 위쪽의 포식자는 한 번에 낳는 새끼도 적고, 주로 사냥하는 동물이 있되 여러 종류의 생명체를 섭취할 수 있다. 특히 상위 포식자는 먹이를 과도하게 사냥하여 먹잇감이 부족해지면 굶어 죽게 되고, 포유류 동물은 발정기와 육아에 의한 제한도 받게 되어 있어 먹이사슬에 의한 개체 수 조절이 저절로 이루어지게 되어 있다.

지구 자연이 당초 인간에게 허용했던 개체 수는 수렵채집민 상태로 전 지구에 퍼져 생존 가능했던 개체 수로서, 잘 알 수는 없지만 많아도 1,000만 명을 넘지 않았을 것으로 추정된다. 이미 농경과 사육 이후, 일만 년 이상에 걸친 인간의 지구 생태계 지배의 역사로 인간의 개체 수를 제한하던 자연의 위협은 사라지고, 인간 개체 수의 조절은 순전히 인간의 자발적 의지에 달리게 되었다. 이따금 발생한 전염병이나 전쟁으로 인간이 인간을 죽여 가며 조절되던 개체 수가 과학기술과 인권 의식이 발전한 현대에 와서는 인간 개개인의 자발적 의사에 따라 결정되는 상황이 된 것이다.

인구는 생산성이 비약적으로 발달한 19세기 이후 폭발적으로 늘기 시작했는데, 2020년 말 기준 약 78억 명으로 추산된다. 다행히 선진국에서는 자발적으로 출산율이 줄기 시작했는데, 비교적 근대화가 늦었고 문화 관습과 종교의 영향이 강한 지역은 여전히 인구 급증이 일어나고 있다. 이러한 지역적으로 불균등한 인구 증가는 분쟁의 위협을 높이고, 식량 부족이나 여러 가지 불행한 사건을 발생시킨다.

어떤 불의의 사건으로 인해 결과적으로 인구가 다시 줄어들 수도 있겠지만, 그보다 앞서 인구를 다 같이 줄여 나가는 의식적 노력이 필요하다. 최근 국력의 바탕이 인구라는 인식이 확산되는 것은 인류 전체에게 아주 안 좋은 일이다. 인구 증가는 지금도 버거워하는 지구환경에 더욱 큰 재앙을 줄 것이고, 제한 없는 인구의 증가는 결국 인류에게 파멸을 가져올 것이다.

셋째, 위험 물질과 현상을 다루는 기술이 인간 사회 전반으로 확산되는 것이 과연 괜찮을까?

인간은 과학 지식의 탐구를 통해 자연에 존재하는 위험 물질과 위험 현상을 다루는 기술을 계속 발전시켜 왔다. 인류는 제2차 세계대전 전후로 원자력과 방사선이라는 더욱 위험한 물질 현상을 다루기 시작하였고, 최근에는 인공 태양과 블랙홀 등 더욱 가공할 위력을 가진 자연의 위험 현상을 인공적으로 만드는 연구와 실험을 하고 있다.

19세기 말 A. H. 베크렐, 퀴리 부인 등에 의해 방사성 원소가 발견되며 인간은 불과 달리 공기 중의 산소와 결합하지 아니하고도 강력한 방사선을 내뿜는, 매우 위험하고 그 잠재 에너지가 엄청나게 큰 물질 현상을 다루기 시작하였다. 방사성 원소 발견 후 불과 50년도 지나지 않은 1945년 8월 6일 미국은 '리틀 보이'라 이름 지은 최초의 원자폭탄을 히로시마에 투하하여 태평양 전쟁을 끝냈다.

방사성 물질은 외부 조작 없이도 지속적으로 방사선을 내뿜는데, 이 에너지는 인간이 불을 이용해 만든 에너지 수준을 월등하게 상회하며 생명체에 주는 영향이 치명적으로 위험하고 장기간 계속 발휘된다. 현재는 주로 방사선을 통한 의료 기술, 유물 등의 검사 방법, 원자력 발전 등 제한된 분야에만 사용하고 있으며 이를 위해서는 에너지 방출을 적절 범위 내로 관리하는 기술이 특히 중요하다.

원자력 에너지는 그 효율이 뛰어나 우라늄 1kg으로 석유 1만 배럴의 큰 에너지를 얻을 수 있어, 인구 증가에 따른 에너지 부족 문제와 기존 탄소계 연료의 대기오염 영향을 개선하는 데 유용하다. 또한 산소를 사용하지 않으므로 우주나 지하, 심해 등 극한의 환경에서 에너지원으로 매우 유용하다.

미시물리학의 발달에 따라 인간은 우주의 근원적 힘의 구성 원리로 계속 접근하고 있으며 원자폭탄보다 수천, 수만 배 강한 힘을 계속 발견하고 발전시켜 나가고 있다. 핵분열 에너지를 활용한 원자폭탄 상용화 후 불과 십여 년 만에 인간은 핵융합 에너지를 이용한 수소폭탄을 개발했다. 1961년 10월 소련이 북극권 내 무인도에 투하한 무게 27톤의 수소폭탄 '폭탄의 제왕 차르'는 히로시마 원자폭탄보다 3,800배나 강하여, 화염은 960㎞ 떨어진 곳에서도 목격됐고 충격파는 지구를 3바퀴나 돌았다. 이 사건은 전쟁에 의한 상호 공멸의 시대를 예고했다.

우주 공간은 모든 별에서 내뿜어진 방사선으로 가득 찬 공간이고, 별로부터 가까울수록 방사선의 영향을 크게 받는다. 태양은 수시로 강력한 태양 플레어를 폭발시키고, 흑점의 변화를 일으키며, 이때 지구에 자기폭풍[55]이 일어난다 태양풍과 우주 방사선에

---

55) 네이버 지식백과: 자기폭풍(Magnetic Storm, 磁氣暴風) [두산백과]

포함된 높은 에너지 입자는 지구 자전에 따라 발생한 반알렌대[56]라는 이름의 자기장에 의해 붙잡히거나 차폐되어 대기권 아래 생명체가 살아 숨 쉴 수 있게 되었다. 태양을 포함한 별에는 생명체가 존재하기 어려울 것으로 추정되는데, 너무 에너지가 강해 생명체를 구성하는 복잡한 원소의 결합 상태와 유기체로서의 독자적 정체성이 유지되기 어렵다는 이유다.

별이 반짝반짝 빛나는 이유는 핵융합 과정에서 발생하는 핵에너지 때문이고, 별은 한마디로 거대한 핵융합 발전소다. 수소로 이루어진 거대한 가스 덩어리가 높은 열을 받아 헬륨으로 변하는 핵융합이 끊임없이 계속되는 것인데, 그런 우주의 핵융합을 지구에서 실현하려는 게 인공 태양 프로젝트다. 태양은 태양계 내에서 스스로 빛을 내는 유일한 별로서, 거느리고 있는 행성, 위성, 수많은 소행성, 혜성 등에 에너지를 제공하는 근원이다. 사실상 지구의 나무나 석탄, 석유 등 모든 탄소계 연료는 태양에너지가 장기간에 걸쳐 생명체를 통해 축적된 것이고, 이것을 캐내어 사용하며 인간이 문명을 발전시킨 것이다.

원자력 발전소가 핵분열을 이용한 에너지 생산 설비라면, 인공 태양 프로젝트는 중수소 원자핵 4개가 모여 1개의 헬륨 원자핵을 만드는 핵융합 과정에서 줄어든 질량만큼 에너지로 바꾸어 생산

---

56) 한국지구과학회, 2009, 지구과학사전, 북스힐, p. 408
안병호, 지건화 저(2014), 지식 노마드, p. 142
네이버 지식백과: 반알렌 복사대(Van Allen Radiation Belts) [기상학백과]

하는 프로젝트다. 핵융합 에너지 연료인 중수소는 바닷물에 들어 있는데, 중수소 연료 1그램으로 석유 8톤에 해당하는 에너지를 얻을 수 있으며, 탄소계 연료 대비 환경오염 영향이 적다. 하지만 핵융합 반응을 인공적으로 일으키려면 중수소, 삼중수소를 원료로 가열하는 데 필요한 온도가 1억 도나 되며, 아직 실험 수준의 연구가 진행되는 중이다. '아이언맨', '스파이더맨 2' 등의 영화에는 몸에 부착 가능한 소형 핵에너지 생산 설비가 등장하는데, 이러한 고효율의 강력한 에너지원은 과학기술 발달과 인간의 물리적 한계를 넘어서는 동력이 된다.

이러한 강력한 고효율 에너지는 과학기술 접근 영역의 한계를 돌파하기 위한 유효한 수단이나, 그것을 사용하는 인간의 의도나 관리 능력(관리 소홀이나 부주의), 사고 등에 따라 인류 전체를 파멸로 이끌 수 있으므로 양면의 칼과도 같은 존재다. 이미 원자폭탄 등의 대량 살상 무기는 독재자들이 자신의 지배 체제를 공고히 하기 위해 불특정 다수의 인간을 위협하는 수단으로서 확보하고 싶어하는 최우선 선호물이 되었다.

우주의 근원적 힘의 원리에 기반을 둔 핵력, 핵융합 에너지, 물질과 반물질, 중력과 블랙홀 등 위험 물질 현상을 다루는 기술은 언제든 지구 생명체의 멸종을 가져올 수 있어 매우 세심한 주의가 필요하다. 그리고 이러한 기술은 인간이 범용으로 다룰 수 있는 경계를 넘어서는 것으로서, 인간 사회 전반에 기술이 확산되는 것은 그 자체로 위험한 측면이 있다.

따라서 위험 물질 현상의 과학기술 발전에는 국가 간 경쟁은 지양되어야 하고, 세계정부가 총괄하여 관리할 필요가 있다. 이러한 기술에 대해서는 과학기술 윤리가 우선 마련되어야 한다. 또한 그 연장선에서 신의 영역에 도전하는 생명의학, 유전자 기술 등의 과학기술 분야에 대해서도 우선 윤리에 관한 공동의 합의를 마련하여야 한다.

넷째, 중국 우한에서 발생한 바이러스 '코로나19' 사례처럼, 인류 생존에 관한 전 세계적 위협에 어떻게 대응해야 하는가?

2019년 중국 우한에서 발생하여 2020년 초 세계로 확산된 코로나19 사례는 호흡기를 통한 전파라는 점에서 심리적 공포심과 경제적 영향력이 매우 크고, 현재도 그 영향이 지속되고 있다. 지난 역사에서 치명적 타격을 주었던 흑사병(페스트), 홍역, 콜레라 등 대부분 전염병은 미생물에 의해 감염되는 것으로 호흡기보다는 물과 같은 매개체를 기반으로 오염이 전파되었다. 반면 최근 유행하는 바이러스성 전염병은 바이러스가 생물과 무생물의 중간적 성격을 지닌 반생명체적 존재라는 점에서 대응하기 어려워진 측면이 있다.

그런데 지구 생태계 입장에서는 오히려 인간이라는 종의 개체수 감소만을 가져와 생태계 전체로서는 긍정적 측면이 있다. 따라서 최근의 코로나19 사태는 인간 관점에서만 심각하게 다루어지는데, 국력과 경제력 변동, 사회적 혼란 등에 영향을 미친다.

유전자 가위[57] 등 유기체 생명공학 기술의 발달로 바이러스는 이미 충분히 조작될 수 있는데, 코로나19가 인공적으로 개발되었는지의 사실적 판단과는 별개로 그것이 어떤 상황을 초래하는지를 생각해 볼 필요가 있다.

① 국가 간 영향력의 차별성이다. 중국처럼 정치적 안정성이 유지되는 사회에서는 코로나19에 의한 내부 혼란과 그로 인한 부작용의 가능성이 작지만, 자유 국가에서는 이동의 자유로 인한 전파 가능성 증대, 신속한 경제 침체, 치료와 생명 존중의 평등을 요구하는 인권 문제로 강력한 사회적 관심을 불러일으키며 그 책임을 두고 매우 민감한 정치적 이슈가 된다. 이번 코로나19는 비교적 치명률이 낮은 편이지만, 더욱 치명적인 바이러스가 개발되거나 자연 발생하여 유행하는 경우에는 국가 간 영향력의 차이가 더욱 커진다. 자유 국가에서는 단기적으로 궤멸적 타격이 나타날 수 있고, 이후의 대외 관계 재편에서 새로운 국제정치적 이슈가 부상할 수 있다. 경제력 변화나

---

57)   네이버 지식백과: 유전자 가위(遺傳子-) [두산백과]

국력 변동이 부지불식간에 일어날 수 있고, 사회 혼란에 따른 소요와 내란 등 국제 질서의 급격한 변동이 일어날 수 있다. 한편 코로나19와 같이 치명률이 낮은 경우에는 국제 협력이 일정 기간 차단된 후속 영향으로 세계 협력 네트워크가 변동될 수 있다.

② 유기체를 조작하는 기술은 이미 상당 수준 개발되었다. 인간은 농업과 사육에 있어 특정한 유전적 형질을 지닌 새로운 동식물을 탄생시키고, 많은 동식물을 멸종시키고 있다. 그리고 한 발 더 나가 인간을 대상으로 새로운 형질을 주입하는 각종 실험이 진행 중인데, '자연선택'이 아닌 '인간선택'에 의한 새로운 인간 종이 탄생할 수 있는 상황까지 왔다. 어쩌면 지능이 더욱 좋아지거나, 유전자 조작에 의해 특정 성인병에 내성을 갖거나, 노화 메커니즘이 차단되어 영원히 사는 새로운 인류가 탄생할지도 모른다. 바이러스나 미생물의 조작 기술은 비교적 쉬운 편의 기술로 각국에 이미 광범위하게 확산되어 있다는 것이 이번 코로나19 사태로 인하여 증명되었다. 확산된 생명과학기술은 단순한 관리 부주의에 의해서도 충분히 지역사회에 전파되고, 전 인류로 쉽사리 전파될 수 있다.

③ 생물학 무기와의 연계 가능성이다. 핵의 가공할 파괴력은 모든 생명체에 영향을 주는 반면, 화학 무기는 보다 제한된 범위의 생명체에 국한하여 파괴력을 발휘하고, 생물학 무기는 특정한 생명체를 겨냥하는 것이 가능하다. 이는 인간만을 대상으

로 하는 매우 효과적 무기가 만들어질 수 있다는 것이다. 전염원인 숙주를 이동시켜 적국을 공격하고, 백신과 치료제를 미리 개발하여 접종함으로써 자국을 방어하는 생물학 무기가 등장할 가능성이 있다는 말이다.

다섯째, 위험을 방지하기 위한 인간의 끊임없는 의식 각성이 과연 가능할까?

인간은 참혹한 전쟁의 고통을 겪고 다시는 전쟁을 하면 안 된다는 각성으로 평화의 시기에 진입했더라도, 세대가 바뀌고 기억이 가물해지면 다시 전쟁을 불러오는 권력투쟁에 몰두한다. 상대적 우월의 욕구와 권력투쟁이 인류 역사를 이끈 원동력이라면, 인간에게 위험 방지를 위한 끊임없는 의식 각성이 과연 가능할까? 종교 권력의 위험을 알고 있다 하더라도 다시 그렇게 몰입할 위험은 없는 것일까?

이것이야말로 문제의 근원이며 핵심이다. 인간은 타인의 고통을 외면하는 악한 마음과 타인의 고통에 눈물 흘리는 선한 마음을 함께 가지고 있다. 인간은 이 세상에 존재했던 모든 아름다움과 추악함을, 차가운 이기성과 따뜻한 이타성을 함께 보여 준 당사자이면서 모든 것을 내면에 함께 가진 존재다. 우리는 언제나 살아가면서 당연히 자기 자신에게 이로운 의사결정을 하고, 크고 작은 권력투쟁에 참여한다. 어떤 계기로 지배 욕망의 위험성에 대한 각성이 일어난다 해도, 지속적인 알람 시스템과 그것을 유지시킬 사회적 장치가 마련되어 있지 않으면 언제든 자연스럽게 권력의 이익과 지배의 욕망에 집착하고 몰입한다. 그리고 그 욕망의 충족을 위하여, 그럴 필요가 전혀 없음에도 스스로를 통제하지 못하고 끝까지 밀어붙인다. 위험의 경계를 알아차리기 어렵기 때문에, 심지어 자신을 파멸시키고 모두 공멸할 수준까지 밀어붙인다. 우리 내면에 이타성의 심리적 장치가 있음에도 말이다.

현재 맹위를 떨치는 극단적 종교와 이데올로기가 소멸한다 해도 미래에 또다시 갈등을 부추기는 극단적 신념 체계가 나타날 수 있다. 인간은 괴물 이데올로기가 낳은 독재 권력의 인권유린, 집단적 도취와 광기, 참혹한 전쟁의 고통을 겪고 나서도 다시 갈등과 분열을 낳는 권력투쟁에 몰두하였다.

인간의 본성은 이중적인 것이므로 평화를 향한 의식적 각성의 유지는 매우 어렵다. 인간은 언제든 다시 위험한 시기를 맞이할 확률이 높다. 그러므로 더욱 조화주의 규범 이데올로기가 필요할 것으로 생각된다.

여섯째, 자동화된 생산 시스템이 가동되면 인간은 무엇을 하며 살아야 하나?

인간이 인간다운 것은 기계와 다른 뇌의 특성에 있다. 인간의 뇌는 많은 정보를 유통하지만 저장하는 것은 아주 선택적이다. 가깝고 먼 기억에 따라 중요도가 차별적으로 랭크되지만, 먼 기억이라 해도 매우 중요하게 랭크되는 기억도 있다.

그 모든 기억이 한 인간의 정체성을 결정하는데, 기계에게는 먼 기억과 가까운 기억의 중요도가 따로 존재하지 않는다. 모든 것을 그대로 저장하는 기계의 특성은 매우 정확한 판단과 세밀한 자동화 생산 시스템을 구성하는 중요한 특성이 된다. 따라서 적어도 생산성 측면에서 인간은 기계를 이길 수 없다. 앞으로의 세계는 모든 생산 영역에서 기계가 인간을 대체할 것이다. 기계를 새로 개발하고 유지하여 손보는 것까지도 기계가 더 잘할 것이므로, 생산 현장에서의 인간의 영역은 점차 축소될 것이고 이는 필연적으로 인간의 존재 이유에 대한 의심을 불러올 것이다. 어쩌면 인간의 존재 가치에 대한 생각 자체를 완전히 바꿔야 할지도 모른다.

원숭이 사회가 먹이 활동 외에 서로 모여 앉아 서로의 몸에 있는 이, 벼룩을 잡아 주며 시간을 보내는 것처럼 앞으로의 인간은 서로에 대한 친밀한 서비스를 가장 즐겁고 중요하며 가치 있는 임무로 생각해야 할지 모른다. 어쨌든 되었든 인류는 당장은 아니더라도 이것에 대한 답변을 준비해야 한다. 인류가 공존하기 위한 답변을 만들고 또 합의해야 한다.

일곱째, 인류가 기술을 통제할 수 있는가? 속도를 오히려 늦추어야 하지 않는가?

기술은 발달하며 그 효과가 상호 중첩되고 연계된다. 그러면서 그것을 기반으로 다른 기술이 탄생하게 되어 더욱 급속한 기술 발전이 촉진된다. 산업혁명 이후 기술 문명의 발전 속도는 점점 더 가속되고 있다. 그 결과 새로 개발된 기술이 어떤 영향을 끼치는지 알 수 없는 상태로, 그 끝을 알 수 없이 마구 미래로 달려가는 형국이다.

그리고 이미 불행히도 인류가 기술의 사회적 영향을 통제하지 못하는 지경까지 이르렀다. 그렇다면 인류 생존을 위해서라면 오히려 그 발전 속도를 늦추고, 미래에 당면하게 될 위험을 예측하고 대응 방안도 함께 마련하면서 천천히 나아가야 되지 않을까?

이러한 앞뒤 없는 무조건적 기술 개발은 국가 간 경쟁과 권력투쟁에 의해 더욱 압박 받는 측면이 분명히 있다. 모든 인류가 다 함께 인간다운 삶이 무엇인지 고민하는 시간적 여유와 천천히 나가는 지혜가 필요한 시점이다. 세대 간 간극조차 멀어지고 있는 현세태를 천천히 관찰해 볼 필요가 있다.

여덟째, 현재 권력을 쥐고 행사하는 모든 지배자는 과연 천성적으로 나쁘고 악한 사람들인가?

극히 일부를 제외하고는 아마 그렇지 않을 것이다. 본질적으로 사람은 선과 악을 같이 가지고 있고, 권력의 지배자가 나쁜 행위를 하는 이유는 그 사람의 심성이 나쁘기 때문이 아니라, 자발적으로 또는 압박에 의해 나쁜 역할을 하고 있는 것이다.

자유 국가의 지배 권력은 적어도 표면적으로라도 국민을 섬기는 자세를 보여 주지 못하면 그 자리에 오를 수 없으니, 심성적으로 나쁘고 악하기만 할 가능성은 크지 않다. 또한 독재 권력의 지배자라 하더라도 대부분의 경우 그가 내린 결정은 개인의 취향보다는 그가 속한 집단의 기대와 심리적 압력에 영향을 받는다. 그러한 지배자의 지위에 오른 사람은 출신 배경이나 행운, 지적 역량의 우수성뿐만 아니라 강한 인내력, 진취성, 불굴의 의지, 정서적 감화력, 사명감 등 충분히 인정될 만한 그 개인의 장점을 가지고 있다. 또한 그는 맹복적 추종자와 달리 종교적, 이데올로기적 신념의 영향과 그것의 부작용, 권력의 이익과 효과에 대하여 상당히 정확하게 파악하고 있다.

그런 훌륭한 자질을 가진 사람이 독재 권력의 지배자로 일말의 거리낌도 없이 인간에게 고통을 주는 폭력이나 억압, 그 밖의 나쁜 결정을 하는 이유는 그가 그 행위를 쾌락으로 즐기기보다는 그 행위에 어떤 상황의 압박과 신념과 역사적 사명감이 작용하고 있을 가능성이 높다. 그 판단과 결정의 근저에는 그가 가진 세계관, 인간관, 가치관 등과 세력 집단의 복잡한 이해관계가 함께 작용하고 있는 것이다. 따라서 그가 어떤 계기에 의해 보다 따뜻한 마음으로 인간과 세계를 바라보게 된다면, 그는 그가 속한 집단의 나아갈 방향에 대하여 상당한 영향력을 발휘할 능력을 갖추고 있으므로 그는 언제든 조화로운 통합의 주도자로서 매우 큰 힘이 될 수 있다. 많은 위대한 권력자들이 모두 공존 상생의 길로 동참하기를 기대한다. 그것은 그가 원래 진정 원하였던 자아 성취를 이루는 길이 될 것이며, 후손에게 아름다운 세상을 물려주는 용기 있는 자로서 역사적 평가를 받을 수 있게 해 줄 것이다.

마지막으로, 미래 세대인 젊은이들과 그 후손들에게 이후 어떤 일이 일어날 것인가?

모든 젊은이는 공통적으로 자기 자신의 미래에 대해 걱정하며 그것을 개선시키기 위한 노력을 한다. 그중 특출난 행운과 창의력을 가진 젊은이는 창업으로 성공하여 큰 부를 일구기도 하지만, 대부분은 걱정이 더욱 많을 수밖에 없다. 미국을 포함한 자유 국가의 모든 젊은이는 미래의 부와 사회적 기반 확대를 위해 노력하지만 사회의 벽을 느끼며 절망과 무기력, 분노에 휩싸여 있다. 그들은 누릴 수 있는 자유는 있되, 권력과 부를 이루는 경로는 거의 차단되어 있다.

정치권력은 오랜 기간 지배 엘리트 그룹에 의해 장악되었고, 일부 탐욕적 금융자본은 뒤에 숨어 정치권력을 조종하며 계속 끝없이 부를 탐닉한다. 이러한 정경유착은 정치 리더의 기만과 위선을 낳는다. 너무 인상 좋고, 정의롭고, 선해 보이는 얼굴을 하고 있는 가식적인 정치 리더의 감춰진 이면에는 추악한 욕망이 꿈틀댄다. 각종 정치조직과 민간 사회단체는 자신의 이익을 뒤로 숨긴 채 입에 발린 뒤틀린 정의를 부르짖으며 자기 자신을 속이고, 사회를 속인다.

인류는 아주 최근에 와서야 권력 질서로부터 부를 분리하였다. 권력과 부가 서로 끌어당기는 속성 때문에 지금까지 정치적 부패 외 많은 사회문제가 발생하고 있다. 그러나 많은 문제에도 불구하고 적어도 정치권력과 경제적 부가 분리되어 있다는 사실은 아직 희망이 있음을 알려 준다.

우리가 지금 파렴치한 금력과 타락한 정치 세력에 저항해야 하는 이유는, 극단주의 종교나 이데올로기 권력 체계에 비해서는 자유가 있기 때문이다. 젊은이들의 분노와 고통을 해소할 책임을 우리 모두가 함께 부담해야 한다. 정치권력을 선택할 수 있듯이, 부의 경로도 더욱 투명하게 그리고 공정하게 공개하여야 한다.

인간 각 개체는 사실 인류 역사의 방향을 선택할 만한 힘이 없다. 그러나 인간 각각의 힘이 모여 여러 경향을 만들 것이고, 상충되는 각각의 경향이 합의에 의해서든 분쟁에 의해서든 어떤 사건에 의해 선택되어져 우리의 미래를 만들게 될 것이다. 선택이 당황스러운 이유는 우리는 늘 처음으로 그 선택 상황을 마주한다는 점이다. 우리 모두는 이번 인생을 처음 살아 보며, 어느 누구도 지금 우리가 당면한 현실을 미리 살아 보지 못했다. 우리의 선택이 가져올 변화는 미리 알 수 없으며, 그 선택의 결과는 되돌릴 수 없다. 현세대가 선택하여 결정된 미래는 다음 세대의 과거가 되고, 그들이 그것을 기반으로 선택하는 바에 따라 후손들의 미래가 결정될 것이다.

인류 역사는 처참한 피로 얼룩져 있음에도 불구하고 폭력의 제한, 인권 존중, 억압의 완화를 향해 조금씩 조금씩 전진해 왔다. 미래는 언제나 젊은이들의 몫이다. 우리의 미래를 이끌 젊은이들과 그 후손들이 모든 위협에도 불구하고 조화로운 통합의 밝은 미래로 전진할 것을 믿고, 기대하고, 희망한다.

먼저 기독교, 불교, 이슬람, 힌두교 등 보편적 종교를 믿는 여러 분들께 죄송하다는 말씀을 드린다. 여러 가지 내용이 불편할 수 있겠다고 생각한다. 그러나 이 글은 인간과 인간 사회, 인류 역사의 관점에서 종교를 살펴보기 위한 것일 뿐, 종교의 가치를 폄하하고자 하는 의도가 아니다. 오히려 인간은 종교를 떠날 수 없기에, 보편적 도덕 윤리의 배포자로서 종교가 가진 순기능은 그 무엇도 대체할 수 없는 소중한 자산이다. 오히려 최근 대두되는 극단적 반종교 이념이 더욱 위험하다. 보편적 종교가 강제로 부정되는 사회에서는 도리어 심리적 공허함으로 인한 사회적 문제가 양산될 수밖에 없는 것이다.

매스미디어와 SNS 등 발달된 정보통신기술로 쏟아지는 정보와 지식들을 주체할 수 없는 현재, 우리는 뇌를 자극하는 뉴스(인간이 뉴스에 민감하게 반응하기에, 모든 뉴스는 가공되거나 조작될 유인이 있다)와 가십거리, 분출되는 감정의 홍수 속에 갇혀 허우적거리고 있다. 그리고 미래에 대한 공포, 어디로부터 올지 알 수 없는 잠재적 위협에 불안해하고 있다.

당초 글짓기를 하려 했던 이유는 꽤나 거창하게도, 잠재적 위협에 불안해하는 우리 사회에 뭔가 도움이 될 만한 통찰력 있는 글을 써서 서로에 대한 증오와 갈등을 완화시키고 싶다는 마음에서 출발했다. 현대 사회의 각종 불행한 현상의 원인을 진단하고, 그것에 대한 해결의 단초나 어떤 문제의식 같은 것을 제시할 수 있다면 공존을 향한 공감대가 만들어질 수 있지 않을까 하는 기대였다. 우리 사회의 신념적 부조화를 해결하지 않는 한 분열과 대립은 해소되지 않고, 따라서 밝은 미래도 없으리라는 불안감 때문이었다. 그것에 조금이라도 다가갈 수 있을지 모르겠지만, 이 글이 조화로운 통합의 미래를 만드는 하나의 문제 제기가 되고, 서로에게 따뜻한 이해와 배려의 마음이 생기는 계기가 되기를 희망한다.

지적 역량이나 자질이 부족한 필자가 이 글을 쓰면서 수많은 위대한 학자들을 내 나름의 잣대로 재단하거나 인용한 것은 그분들의 생각과 지식을 잘 알고 있기 때문이 아니다. 대부분 모름에도 불구하고 그리한 것은 그들이 미친 다양한 정치적, 사회적, 역사적, 문화적 영향 중에서 내가 관심을 가진 부분에만 주목했기 때문이다. 마르크스라는 천재를 평가하면서도 나는 그의 발끝에도 미치지 못하는 존재임을 알고 있다. 그의 탁월한 재능과 일생을 다 바친 열정을 가볍게 보았기 때문이 아니라, 다행스럽게도 나는 그의 사후 인류 역사에서 벌어진 사건들과 현재에 미치는 영향을 알고 있기 때문이다. 그리고 그의 사후에 있었던 비약적 과학기술 발달로 컴퓨터와 스마트폰을 사용하며 쏟아지는 지식과 정보를 쉽게 검색할 수 있는 혜택을 누리고 있기 때문이다. 만약 그가 지금 시대를 살았다면 현재 벌어지는 모든 갈등과 증오, 대립과 반목을 해결하는 획기적 방안을 제시할 수 있을지도 모른다.

이 글을 쓰게 된 지적 자극을 제공한 것은 유발 노아 하라리의 『사피엔스』다. 이 자리를 빌어 그의 예리한 통찰력에 찬사를 보낸다. 그리고 데이비드 이글먼의 『The Brain』, 전중환의 『본격진화심리학』, 빌 브라이슨의 『거의 모든 것의 역사』, 김운하의 『마이크로인문학 03 선택, 선택의 재발견』은 이 글을 구성하는 핵심 재료가 되었다. 깊은 감사를 드린다.

사실 이 글은 여러 위대한 학자들의 지식과 모두가 알고 있을 만한 정보를 내 나름의 사유에 따라 다시 정리한 것에 불과하다. 내 스스로 연구하여 얻은 지식은 단 하나도 없으며, 모두 훌륭한 선학들의 지식을 차용하여 줄거리를 만들었을 뿐이다. 내가 차용한 지식은 인터넷에 지식을 공유하여 게재한, 이름도 알 수 없는 수많은 분들이 도움이 되었다. 위키피디아, 네이버 지식백과, 두산백과, 세계인명사전, 철학사전 등은 많은 도움이 되었으며, 이외에도 인터넷망에 자신의 소중한 지식을 공개한 많은 분들께 감사의 말씀을 드린다.

나의 단정적 표현은 100% 그렇다는 것을 의미하지 않는다. 세상에는 서로 상충되는 많은 경향이 공존하고 서로 영향을 주고받으며 각각 존재한다. 나는 다만 그중 그 시대 또는 다음 시대에 중요한 영향을 끼쳤다고 판단되는 사건의 상호 관계에 대하여 가설을 세운 것이다. 따라서 많은 분들이 이 글의 내용에 동의하지 않을 수도 있고, 다른 증거를 제시할 수도 있지만 나의 글은 모든 분들을 함께 만족시켜 드릴 수 없다는 한계가 있다. 또한 나의 지식이 미천하여 많은 부분 오류가 있을 것으로 생각된다. 어리석은 글 읽어 주신 모든 분들께 진심으로 감사의 말씀을 드린다.

나에게는 고마운 분들이 참 많다. 내 인생이 조금이라도 의미가 있다면, 그런 고마운 분들과 함께 우주의 가장 풍요로운 천체 지구에서 변함없이 곁에 머무는 아름다운 달을 바라볼 수 있었다는 점이다.

먼저 이 책의 출간을 도와준 북랩 출판사와 김회란 출판사업본부장께 감사드린다. 그리고 나의 얕은 지식과 게으름, 자신감 부족에도 불구하고 관심 가지고 지켜보며 질타해 주신 이용호 형과 항상 마음의 위안이 되어 주신 임형남 형, 이한일 형, 민선홍 형께 감사드린다. 또한 여기 열거하지 못한 모든 친구와 친지들에게, 그리고 이미 죽은 친구 최귀봉에게도 감사의 마음을 전한다. 끝으로 어머니가 100살 넘도록 오래오래 사시기를 소망하고, 이 책의 이미지 작업을 도와준 사랑스러운 딸 지선이를 아빠가 항상 응원하고 있다고 전한다. 모든 분들께 진심으로 고맙다.

어재혁

- 『거의 모든 것의 역사』, 빌 브라이슨(Bill Bryson), 이덕환 역, 까치

- 『지구인들은 모르는 우주 이야기』, 필립 플레이트(Philip C. Plait), 조상호 역, 가람기획

- 『사피엔스』, 유발 노아 하라리(Yuval Noah Harari), 조현욱 역, 김영사

- 『호모데우스』, 유발 노아 하라리(Yuval Noah Harari), 김명주 역, 김영사

- 『21세기를 위한 21가지 제언』, 유발 노아 하라리(Yuval Noah Harari), 전병근 역, 김영사

- 『르네상스 전쟁회고록』, 유발 노아 하라리(Yuval Noah Harari), 김승옥 역, 김영사

- 『총 균 쇠』, 제레드 다이아몬드(Jared Mason Diamond), 김진준 역, 문학사상사

- 『세계사를 움직이는 다섯 가지 힘』, 사이토 다카시(Saito Takashi), 홍성민 역, 뜨인돌

- 『또 다른 인도를 만나다』, 공영수, 평단문화사

- 『초예측』, 유발 노아 하라리(Yuval Noah Harari), 세레드 나이아몬드(Jared Mason Diamond), 닉 보스트롬(Nick Bostrom), 린다 그래튼(Lynda Gratton), 다니엘 코엔(Daniel Cohen), 조앤 윌리엄스(Joan C. Williams), 넬 페인터

(Nell I. Painter), 윌리엄 페리(William J. Perry) 공저, 오노 카즈모토(Ono Kazumoto) 편, 정현옥 역, 웅진지식하우스

- 『심리학, 즐거운 발견』, 에드리언 펀햄(Adrian Furnham), 오혜경 역, 북로드
- 『설득의 심리학』, 로버트 치얼디니(Robert B. Cialdini), 이현우 역, 21세기북스
- 『설득의 심리학 2』, 로버트 치얼디니(Robert B. Cialdini), 노아 골드스타인 (Noah J. Goldstein), 스티브 마틴(Steve J. Martin) 공저, 이현우 역, 21세기 북스
- 『도덕적 인간은 왜 나쁜 사회를 만드는가』, 로랑 베그(Laurent Begue), 이 세진 역, 부키
- 『우연은 얼마나 내 삶을 지배하는가』, 플로리안 아이그너(Florian Aigner), 서유리 역, 동양북스
- 『주역 인문학』, 김승호, 다산북스
- 『소설 주역』, 김화수, 선영사
- 『알기 쉬운 역의 원리』, 강진원, 정신세계사
- 『군주론』, 마키아벨리, 권혁 역, 돋을새김
- 『이슬람』, 이희수, 청아출판사
- 『이슬람의 눈으로 본 세계사』, 타밈 안사리(Tamim Ansary), 류한원 역, 뿌 리와 이파리
- 『이슬람, 그 반역의 역사』, 김종순, 소통
- 『중동경제와 이슬람금융』, 심의섭, 김종도, 김중관, 이경희, 홍성민 공저, 세창출판사
- 『왜 지금 지리학인가』, 하름 데 블레이(Harm J. de Blij), 유나영 역, 사회 평론
- 『외교 상상력』, 김정섭, MID

- 『왜 상인이 지배하는가』, 데이비드 프리스틀랜드(David Priestland), 이유영 역, 원더박스

- 『거대한 체스판』, 지그비뉴 브레진스키, 김명섭 역, 삼인

- 『만주족 이야기』, 이훈, 너머북스

- 『분열하는 미국』, 콜린 우다드(Colin Woodard), 정유진 역, 글항아리

- 『미중의 한반도전략』, 주재우, 종이와 나무

- 『중국이 세상을 지배하는 그날』, 피터 나바로(Peter Navarro), 그랙 오트리(Greg Autry) 공저, 서정아 역, 지식갤러리

- 『미국 외교의 거대한 환상』, 존 J 미어샤이머(John J. Mearsheimer), 이춘근 역, 김앤김북스

- 『후흑학』, 이종오, 신동준 역, 인간사랑

- 『승자의 심리학』, 추친닝(朱津寧), 함규진 역, 씨앗을 뿌리는 사람

- 『제3인류』, 베르나르 베르베르(Bernard Werber), 이세욱 역, 열린책들

- 『상상력사전』, 베르나르 베르베르(Bernard Werber), 이세욱, 임호경 역, 열린책들

- 『웃음』, 베르나르 베르베르(Bernard Werber), 이세욱 역, 열린책들

- 『뇌를 이해하기 가장 쉬운 책』, 아마르 알 찰라비(Ammar Al Chalabi), 마틴 터너(Martin R. Turner), R. 셰인 델라먼트(R. Shane Delamont) 공저, 김상훈 역, 사람의 무늬

- 『권력은 사람의 뇌를 바꾼다』, 강준만, 인물과사상사

- 『권력의 법칙』, 로버트 그린(Robert Greene), 수스트 엘퍼스(Joost Elffers) 공저, 안진환, 이수경 역, 웅진지식하우스

- 『우리 기억은 진짜 기억일까?』, 엘리자베스 로프터스(Elizabeth Lofters), 캐서린 케첨(Katherine Ketcham) 공저, 정준형 역, 도솔

- 『인간 본성에 대하여』, 에드워드 윌슨(Edward O. Wilson), 이한음 역, 사이언스 북스
- 『국가를 망친 통치자들』, 미란드 트위스, 한정석 역, 이가서
- 『The Brain』, 데이비드 이글먼, 전대호 역, 해나무
- 『SUM』, 데이비드 이글먼, 이진 역, 문학동네
- 『이기적 유전자』, 리처드 도킨스(Richard Dawkins), 홍영남 역, 을유문화사
- 『렉처사이언스 KAOS 02 뇌』, 강봉균, 강웅구, 권준수, 김경진, 김은준, 김종성, 신희섭, 전중환, 정수영 공저, 재단법인 카오스 기획
- 『빅데이터, 경영을 바꾸다』, 함유근, 채승병 공저, 삼성경제연구소
- 『마이크로인문학 03 선택, 선택의 재발견』, 김운하, 은행나무
- 『단순한 뇌 복잡한 나』, 이케가야 유지(池谷裕二), 이규원 역, 은행나무
- 『선택의 과학』, 리드 몬터규(Read Montague), 박중서 역, 사이언스 북스
- 『무의식은 답을 알고 있다』, 석정훈, 알키출판
- 『더 해빙』, 이서연, 홍주연 공저, 수오서재
- 『자본(론) 1』, 칼 마르크스(Karl Marx), 김영민 역, 이론과 실천
- 『노예의 길』, 프리드리히 A. 하이에크(Friedrich A. Hayek), 김이석 역, 자유기업원
- 『세계미래보고서 2019』, 박영숙, 제롬 글렌(Jerome Glenn) 공저, 이희령 역, 비즈니스북스
- 『인조의 나라』, 김형진, 새로운사람들